THE TREND AND
STRATEGIES OF M&A AND
RESTRUCTURING
OF LISTED COMPANIES

上市公司
并购重组的势与术

温正存◎编著

洞悉资本大作手之道
并购重组新规详尽解读
方案设计范本逐一罗列
最新案例解析全程指引

中国金融出版社

责任编辑：王效端　王　君
责任校对：刘　明
责任印制：丁淮宾

图书在版编目（CIP）数据

上市公司并购重组的势与术（Shangshi Gongsi Binggou Chongzu de Shiyushu）/温
正存编著 . —北京：中国金融出版社，2017. 8
　ISBN 978 - 7 - 5049 - 9066 - 2

　Ⅰ. ①上…　　Ⅱ. ①温…　　Ⅲ. ①上市公司—企业兼并—研究　　Ⅳ. ①F276. 6

　中国版本图书馆 CIP 数据核字（2017）第 139382 号

出版
发行　**中国金融出版社**

社址　北京市丰台区益泽路 2 号
市场开发部　（010）63266347，63805472，63439533（传真）
网 上 书 店　http://www.chinafph.com
　　　　　　　（010）63286832，63365686（传真）
读者服务部　（010）66070833，62568380
邮编　100071
经销　新华书店
印刷　北京市松源印刷有限公司
尺寸　185 毫米×260 毫米
印张　24. 5
字数　518 千
版次　2017 年 8 月第 1 版
印次　2017 年 8 月第 1 次印刷
定价　69. 00 元
ISBN 978 - 7 - 5049 - 9066 - 2
如出现印装错误本社负责调换　联系电话（010）63263947

序

《孙子兵法·势篇》有言："故善战者，求之于势，不责于人，故能择人而任势。任势者，其战人也，如转木石。木石之性，安则静，危则动，方则止，圆则行。故善战人之势，如转圆石于千仞之山者，势也。"

商海浮沉，硝烟弥漫。竞争中制敌取胜的要诀之一，便是任势而择人。"激水之疾，至于漂石者，势也；鸷鸟之疾，至于毁折者，节也。"在一个趋势到来时，能乘势而起、因势利导者，方能在角逐中制胜，成时代之英杰；而逆势而上者，常道途多艰、业绩平平，少有成功。时势造英雄，此之谓也。

19世纪末以来，全球掀起数次并购重组浪潮。以横向并购为起点，美国完成现代产业架构的成型；后纵向并购兴起，逐渐形成国家垄断资本；再至混合并购、杠杆收购等并存，行业结构得以调整；21世纪以来，跨国并购及战略并购如雨后春笋，市场竞争格局得到重塑。每个时代并购重组浪潮形势之成因各有不同，或因技术进步，或因经济繁荣，或因政策推动，或兼而有之。其中脱颖而出者，皆成雄杰，产业方如美国钢铁集团、美国通用汽车公司等，资本方如KKR、黑石等。正如乔治·斯蒂格勒所言，"没有一家美国大公司不是通过某种程度、某种方式的并购而成长起来的，几乎没有一家大公司主要靠内部扩张成长起来"。对比全球并购史，中国经济目前虽然面临着产业结构调整、增长模式变更、互联网及人工智能重构传统产业等一系列挑战，然而天时（经济转型）、地利（技术进步）、人和（政策推动）等要素皆已齐备，一次历史性的市场化并购重组浪潮已拉开帷幕。

除了"任势"，还需"修术"。"凡战者，以正合，以奇胜。故善出奇者，无穷如天地，不竭如江河。"并购重组属于技术性较强的金融细分领域，不仅需对各种金融工具如数家珍，还需深刻把握宏观经济、产业发展、监管政策等形势与要求，如此方能在变化万千的市场中奇正相辅、百战不殆。

值此大并购、大重组时代，编著此书，以势为正、修术为奇。然奇正之变，不可胜穷也，唯正心诚意、上下求索，方成江海。

大浪淘沙，真金日显；大幕开启，善战者成。

是为序。

温正存
2017 年 5 月 6 日作于北京

目　录

中篇 上市公司并购重组方案设计

下篇 上市公司并购重组最新案例解析

THE TREND AND
STRATEGIES

上　篇
上市公司并购重组
新规解读

第一章　上市公司并购重组综述

2014年3月7日，国务院印发《关于进一步优化企业兼并重组市场环境的意见》（国发〔2014〕14号，以下简称《意见》）该意见包含以下五个核心要点：

1. 取消上市公司收购报告书事前审核，取消上市公司重大资产购买、出售、置换行为审批（构成借壳上市的除外），对上市公司要约收购义务豁免的部分情形取消审批。

2. 地方国有股东所持上市公司股份的转让下放地方政府审批。

3. 允许符合条件的企业发行优先股，定向发行可转换债券作为兼并重组支付方式，研究推进定向权证等作为支付方式。

4. 对上市公司发行股份实施兼并事项，不设发行数量下限，兼并非关联企业不再强制要求作出业绩承诺。

5. 改革上市公司兼并重组的股份定价机制，增加定价弹性。

这是继2010年国务院《关于促进企业兼并重组的意见》（国发〔2010〕27号）和2013年十二部委《关于加快推进重点行业企业兼并重组的指导意见》（工信部联产业〔2013〕16号）等规定之后，国务院对兼并重组出具的又一重磅文件，凸显了中央全力推动市场化改革的政策导向。

兼并重组是企业加强资源整合、实现快速发展、提高市场竞争力的有效措施，是调整优化产业结构、提高经济发展效益的重要途径。当前，我国企业兼并重组仍面临一些政策上的障碍，包括：（1）企业兼并重组税收负担较重；（2）兼并重组融资工具相对单一；（3）涉及兼并重组的体制机制仍不够完善，跨区域、跨所有制的重组较难；（4）兼并重组涉及的审批环节较多，非市场化因素影响较大。

该《意见》出台，体现了十八届三中全会提出的要处理政府与市场关系、发挥市场在资源配置中起决定性作用的精神，意味着国内兼并重组的生态环境将发生重大变化，监管部门将从行政审批、交易机制、金融支持、支付手段等全链条进行改革创新，也迎来国内市场化的并购大潮。

第一节　上市公司并购重组概述

一、并购重组基本概念

并购重组可拆分为"并购"和"重组"两个维度。

并购的实质是在企业控制权不断变换过程中，各权利主体依据企业产权制度安排而进行的一种权利让渡行为。产生并购行为最基本的动机就是谋求公司发展；公司扩张面临内部扩张和外部并购两种选择，内部扩张可能是一个长期而不确定性的过程，而通过外部并购发展则迅速得多，尽管也会带来不确定性。

并购的内涵非常广泛，通常指兼并（Merger）和收购（Acquisition）。兼并又称合并，分为吸收合并和新设合并；前者指两个以上的公司合并中，其中一个公司因吸收其他公司而成为存续公司的合并形式，后者指两个或两个以上的公司通过合并新设一个存续公司的合并形式。收购指一家公司用现金、股票、债券或其他资产购买另一家公司的股权或资产以获得对目标公司本身或其资产实际控制权，以实现一定经济目标的经济行为；根据收购方式的选择，可分为股权收购、资产收购和净壳收购（具体见中篇第一章）。

重组指公司内部或公司之间在资产、负债、所有者权益或设置在其之上的权利等项目的分布状态进行重新组合、调整、配置，从而达到资源有效配置的交易行为。

资产重组是指企业资产的拥有者、控制者与企业外部的经济主体进行的，对企业资产的分布状态进行重新组合、调整、配置的过程，或对设在企业资产上的权利进行重新配置的过程。根据重组对象的差异，可分为资产重组、债务重组及股权重组。

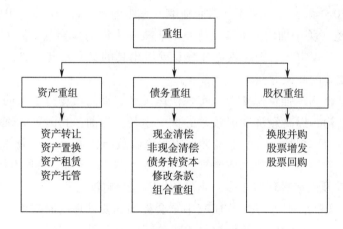

图 1 - 1　重组类型分类

综上所述，并购是一种产权交易模式，通常伴随着产权结构的改变以及控制权发生变化；而重组则通常是在同一产权结构或控制权下，改变公司资产（负债）结构和规模。公司的资产重组经常导致并购行为发生，而重组也可通过并购实现。

二、上市公司并购重组分类

中国证监会 2009 年编制发布的《中国上市公司并购重组发展报告》，将上市公司并购重组分为以下 12 种类型。

表 1 – 1　　　　　　　　　　　　上市公司并购重组类型表

分类依据	类型	特点
按并购双方所属行业性关系	横向并购	并购双方处于相同市场层次或具有竞争关系
	纵向并购	并购双方处于产业链上下游关系
	混合并购	并购双方不是同一行业，也无纵向关系
按并购后双方法人地位的变化	吸收合并	被收购公司注销法人资格
	收购控股	被收购公司继续存续
	新设合并	并购双方均注销法人资格，设立新主体
按是否取得目标公司的同意	敌意收购	并购双方存在强烈的对抗性
	善意收购	并购双方经友好协商达成一致
按收购的形式分类	间接收购	并购方未直接成为上市公司的控股股东
	要约收购	公开向上市公司全体股东发出收购要约
	股权拍卖	通过司法拍卖程序收购
	二级市场买卖	

证监会对并购重组的分类较为复杂，其中包含了非重组的案例。实务中，国内上市公司收购方式主要采用协议收购、要约收购、定向增发、二级市场举牌等类型。学理上关于上市公司收购的大致分类如下：

（一）根据收购人是否直接收购目标公司的股票划分

根据收购人是否直接收购目标公司的股票，可划分为直接收购和间接收购。

直接收购是收购人直接购买目标公司股票，收购完成后以目标公司股东的身份行使控制权。

间接收购通常是收购人控制目标公司的大股东或大股东的大股东，收购成功后以目标公司大股东等形式间接行使控制权。

（二）根据收购是否构成法定义务划分

根据收购是否构成法定义务，可划分为自愿收购和强制收购。

自愿收购是收购人自主自愿进行的收购。强制收购是在大股东持有目标公司股份达到一定比例时，法律强制其在规定时间内发出全面要约而进行的收购。

（三）根据是否取得目标公司的同意与合作划分

根据收购方是否取得目标公司的同意与合作，可划分为敌意收购与善意收购。

敌意收购又称恶意收购，是指收购方在目标公司管理层对其收购意图尚未表态或持反对意见时，对目标公司强制进行收购的行为。敌意收购由于得不到目标公司管理层的合作，甚至会导致对方采取一系列的反收购措施，因此敌意收购的风险较大，且容易导致上市公司股价的不良波动。

善意收购又称友好收购，是指目标公司同意收购方提出的收购条件并愿意对其给予协助的收购形式，其间收购双方通过协商来决定收购事项的具体安排，包括收购方式、收购价格、资产处置和人事安排等事项。这种收购方式有利于降低收购方的收购风险和成本。

（四）根据收购的支付方式划分

根据收购的支付方式，可划分为现金收购、股份收购、综合证券收购和承债式收购。

现金收购是指收购方用现金作为支付手段购买目标企业的部分或全部资产或股权的收购行为。一般而言，凡不涉及发行新股的收购都可视为现金收购，即便是收购方通过直接发行某种形式的票据而完成的收购，也属现金收购。现金收购是企业并购重组活动中迅速而有效的一种支付方式，在各种支付方式中占有很高的比例。收购方在决定是否采用现金收购方式时，会综合考虑己方的资产流动性、资本结构和融资能力等多方面因素。

股份收购是指收购方以本公司发行的股份换取目标公司的部分或全部资产或股权的收购行为。股份收购分为两种情况：（1）收购方以本公司发行的股票换取目标公司大部分或全部资产，并承担目标公司部分或全部债务；（2）收购方以本公司发行的股票换取目标公司大部分或全部股权，以达到控制目标公司的目的。

综合证券收购是指收购方综合运用现金、股票、认股权证、可转换公司债券等多种支付方式对目标公司进行收购的行为。通过将多种支付工具组合使用，收购方减少现金支付，避免本公司的财务状况恶化，又可以防止控股权的转移。正因为如此，在各种支付方式中，综合证券支付呈逐年递增趋势。

承债式收购是指目标公司在经营困难、负债较重但仍有发展前景的情况下，收购方以承担目标公司的部分或全部负债为条件，取得目标公司的资产所有权和经营权的收购行为。收购完成后，收购方通常会对目标公司进行重组，偿债的来源可能是收购方的现金，也可能是目标公司被重组后产生的现金流。

三、2016 年国内并购重组概况

（一）2016 年并购重组整体概况

根据 Wind 统计的信息，2016 年中国全部并购重组交易（按公告口径）数量为 4 794 笔，交易金额为 31 322 亿元；其中，上市公司重大重组交易（按公告口径）数量为 410 笔，交易金额为 12 769 亿元。从行业分布视角，2016 年涉足并购重组交易数量排名前五的行业分别为工业机械、金融、信息技术、大消费、材料，交易金额排名前五的行业分别为材料、工业机械、金融、房地产、信息技术。

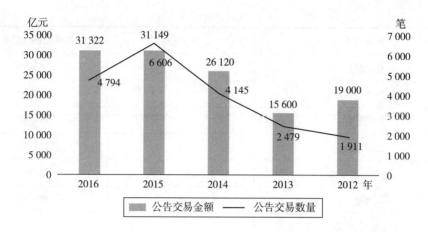

数据来源：Wind 资讯。

图 1 – 2 2012—2016 年中国全部公告的并购重组交易数量及金额

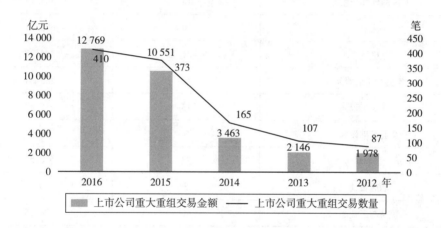

数据来源：Wind 资讯。

图 1 – 3 2012—2016 年上市公司公告的重大重组交易数量及金额

表 1 – 2   **2016 年各行业上市公司公告并购重组交易笔数及金额**

所属行业	交易笔数	交易金额（亿元）
半导体产业与设备	13	322. 71
保险	2	204. 28
电力	3	811. 24
电脑与外围设备	3	22. 1
电气设备	17	429. 85
电子元器件	27	540. 17
电力与能源贸易	2	92. 54
零售	10	552. 34

所属行业	交易笔数	交易金额（亿元）
金融服务	6	262.51
房地产管理和开发	15	1020.99
纺织服装	8	191.62
公用事业	3	157.53
公路与铁路运输	1	22.05
海运	5	870.76
航空航天与国防	5	63.44
货运与物流	5	575.6
互联网软件与服务	13	305.14
化工	29	692.55
机械	21	334.25
家庭耐用消费品	13	155.54
建筑工程	13	585.62
交通基础设施	3	73.31
金属、非金属与采矿	23	678.57
酒店餐饮	8	260.53
贸易与工业品	5	104.58
媒体	16	544.01
能源设备与服务	2	31.36
汽车与零配件	10	302.75
燃气	2	50.41
包装	1	50
软件	15	514.12
商业服务与用品	6	101.54
生命科学	4	30.05
石油天然气	4	87.34
食品	24	422.56
水务	2	38.10

续表

所属行业	交易笔数	交易金额（亿元）
信息与通信设备	24	313.77
休闲设备与用品	4	41.32
医疗保健	11	199.23
饮料	2	74.76
纸与林木产品	8	78.98
制药	12	311.94
零售与服务	4	43.24
综合类	6	203.61
合计	410	12 769

数据来源：Wind 资讯及巨潮信息网。

从当前上市公司并购重组的交易目的视角，主要有财务投资、垂直整合、多元化战略、横向整合、借壳上市、产业转型、整体上市、资产调整、战略合作及其他 10 大类型。2016 年度并购重组交易中，涉及前述交易类型的数量分别有 1 笔、11 笔、82 笔、224 笔、37 笔、15 笔、4 笔、30 笔、3 笔和 3 笔；占比最高的两种类型分别为横向整合和多元化战略，合计占比达到 75%，较 2015 年的 65% 上升 10 个百分点，集中度有所提升。同时，2016 年度涉及资产调整和产业转型的交易数量较 2015 年大幅增长 50%，这与当前供给侧改革、债转股以及去产能去杠杆的大背景高度契合。2016 年度上述 10 种并购重组目的的交易金额分别为 0.69 亿元、133.43 亿元、2 493.18 亿元、6 272.14 亿元、2 796.38 亿元、571.65 亿元、134.42 亿元、321.01 亿元、9.46 亿元和 36.67 亿元，交易金额排名前三位的并购重组类型为横向整合、借壳上市和多元化战略，合计占比 90%，较 2015 年的 79% 上升 11 个百分点，集中度有所提升。

并购重组的火爆，反映了中国经济结构转型升级的内在需求。不仅很多中小板和创业板的公司积极参与，出现数十亿元、上百亿元级别的并购重组，而且很多大型国企也积极投身于这场热潮，比如中国南车和中国北车合并，中国五矿和中国中冶合并，招商蛇口和招商地产的合并，宝钢集团和武钢集团合并，都是上千亿元以上规模的整合。

表 1-3　　　　　　　　　2016 年中国企业重大并购重组案例

并购主体	并购重组事件	并购重组金额（亿元）
*ST 济柴	中油资本 100% 股权注入 *ST 济柴	755
七喜控股	分众传媒借壳七喜控股上市	457
鼎泰新材	顺丰控股借壳鼎泰新材上市	433
天海投资	天海投资跨境并购英迈国际 100% 股权	390
青岛海尔	青岛海尔收购通用家电资产	366

续表

并购主体	并购重组事件	并购重组金额（亿元）
宝钢股份	宝钢股份换股吸收合并武钢股份	260
美的集团	美的鲸吞德国库卡	272
大杨创世	圆通速递借壳大杨创世上市	175
世纪游轮	巨人网络借壳世纪游轮上市	131
完美环球	完美世界借壳完美环球回归 A 股	120
首旅酒店	首旅酒店以私有化方式并购如家酒店集团	110

国内的产业在积极整合，部分上市公司也在如火如荼地收购境外优质的企业与资产，其中主要立足于两大逻辑：（1）成长需求，利用中国动力对接全球资源，即用中国的消费增长动力，通过收购境外的优质企业或有影响力的品牌，并将其引入中国及其他新兴国家，满足消费升级需求，实现共赢；（2）估值套利，利用 A 股的高估值去收购低估值的境外企业。

（二）并购重组监管升级

伴随着 2016 年并购重组市场的热潮澎湃以及人民币持续贬值等因素，对并购重组的监管也不断趋严。

2016 年 2 月，国务院任命刘士余为中国证监会主席。刘主席在上任之初就表示，"未来首要任务就是监管，依法监管，从严监管，全面监管"。其后，监管层传达未来并购重组监管的五大方向，并启动并购重组委换届：（1）强化信息披露，弱化实质审核；（2）流程简化、分道审批，审批效率提升，且优质并购重组申请豁免，直接上并购重组审核会；（3）支持并购重组创新，研究支付方式创新，引入优先股和定向可转债等；（4）完善市场化定价机制，拓宽融资渠道，支持财务顾问提供并购融资，支持并购基金发展；（5）分类审核，借壳上市趋严，已明确规定借壳上市与 IPO "等同"审查。

2016 年 5 月，市场传言证监会已叫停上市公司跨界定增，涉及互联网金融、游戏、影视、VR 四个行业。之后，证监会澄清再融资政策没有变化，也有部分案例获得监管审核通过；但实践中证监会对跨界并购已采取"一事一议"的原则，重点关注并购标的盈利状况及成长性、信息披露的充分性以及合理定价等方面。

2016 年 6 月，证监会重磅发布修改《上市公司重大资产重组管理办法》公开征求意见，新规于当年 9 月 9 日正式实施。本次修订重点在于严防炒壳、严守业绩承诺、严控配套融资，并通过并购重组提高上市公司质量。新规主要的修改内容如下：（1）上市公司控制权发生变更之日 60 个月内的收购按照首次累计和预期合并原则计算；（2）上市公司控制权发生变更之日 60 个月内 6 种情形构成借壳上市，坚持兜底条款，以应对更加复杂的规避借壳的交易方案；（3）重大资产重组构成借壳，不得配套融资，非借壳类重组仍可配套募资，但限制用于补充流动资金和偿还银行贷款；

（4）上市公司重大资产重组原控股股东、实际控制人继续持有股份需和重组方一起锁定 36 个月；（5）重组失败，冷淡期缩短为 1 个月，违规重组冷淡期为 12 个月；（6）上市公司董事会对重组标的基本条件需作出判断，不得未经尽职调查审议通过重组方案。

随着人民币兑美元中间价触摸 6 年来新低，在人民币不断贬值压力下，2016 年下半年监管政策重点在于严格限制资金外流。2016 年 12 月，市场传言外管局将严格监管跨境投资资金外流，对以下特殊性质的投资业务实施严格管控：（1）交易额度在 100 亿美元及以上的特大项目；（2）国有企业的境外收购或中方投资额度超过 10 亿美元以上的大宗房地产项目；（3）投资金额超过 10 亿美元的非主业大额并购或对外投资项目。同月，四部委（发改委、商务部、人民银行、外汇局）发文关注以下领域"非理性对外投资"：房地产、酒店、影城、娱乐业、体育俱乐部，以及大额非主业投资、有限合伙企业对外投资、"母小子大"、"快设快出"等类型对外投资。以宝能系收购万科控制权为代表的险资举牌也是 2016 年的市场焦点之一，引发了大众对于上市公司控制权、杠杆收购、资金来源等话题的大辩论。目前举牌最为活跃的七大保险系分别为恒大系、宝能系、安邦系、生命系、阳光保险系、华夏人寿系和国华人寿系。险资举牌引起监管层的高度重视，2016 年 12 月刘士余主席在中国证券投资基金业协会第二届第一次会员代表大会上明确表态反对野蛮人强盗式收购。

（三）并购重组审核未通过的共性问题

在 2016 年防风险、去杠杆的大背景下，监管机构对并购重组的审核趋严。2016 年全年重组委共审核 275 家公司并购重组申请，其中，获得无条件通过的共 131 家公司，获得有条件通过的共 120 家公司，被否的共计 24 家公司；审核通过率为 91.1%（无条件通过率为 47.6%，有条件通过率为 43.6%），未通过率为 8.7%，未通过率比前一年的 6% 略有上升。

2016 年被否决的重组事项包含问题主要为：（1）交易不利于提高上市公司资产质量、改善财务状况和增强持续盈利能力；（2）标的公司核心知识产权涉诉；（3）标的公司业绩真实性存疑，以及盈利能力具有较大不确定性；（4）标的公司的独立性问题未作充分披露；（5）未充分披露本次交易标的公司两次作价差异的合理性；（6）标的公司经营模式及盈利预测的披露不充分，且盈利预测可实现性及评估参数预测合理性披露不充分；（7）公司权益存在被控股股东或实际控制人严重损害且尚未解除情形；（8）关于标的公司的重要数据披露不准确、不完整。

产业并购与重组是大势所趋，但其生态环境已发生巨大改变，未来投机式与忽悠式的重组将被摒弃，资本市场更关注并购项目的资产质量与协同效应，更侧重支持产业结构转型与实体经济发展。

第二节 上市公司并购重组法律体系

一、核心法律法规体系

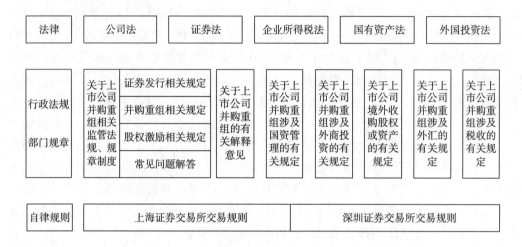

图 1-4 核心法律法规体系

二、主要法律法规

（一）上市公司并购重组涉及的法律

1. 《中华人民共和国公司法》（主席令第 8 号，1993 年 12 月 29 日发布，1999 年 12 月 25 日修订、2004 年 8 月 28 日修订、2005 年 10 月 27 日修订、2013 年 12 月 28 日修订）

2. 《中华人民共和国证券法》（主席令第 14 号，1998 年 12 月 29 日发布，2004 年 8 月 28 日修订、2005 年 10 月 27 日修订、2013 年 6 月 29 日修订、2014 年 8 月 31 日修订）

3. 《中华人民共和国企业所得税法》（主席令第 63 号，2007 年 3 月 16 日发布，2008 年 1 月 1 日实施）

4. 《中华人民共和国企业国有资产法》（主席令第 5 号，2008 年 10 月 28 日发布，2009 年 5 月 1 日实施）

5. 《中华人民共和国外国投资法》（草案征求意见稿、商务部，2015 年 1 月 19 日发布）

（二）上市公司并购重组监管法规、规章制度

1. 证券发行相关规定

（1）《国务院关于进一步促进资本市场健康发展若干意见》（国发〔2014〕17 号，2014 年 5 月 8 日发布）

（2）《上市公司证券发行管理办法》（中国证监会令第 30 号，2006 年 5 月 6 日发

布，2008 年 10 月 9 日修订）

（3）《首次公开发行股票并上市管理办法》（中国证监会令第 32 号，2006 年 5 月 17 日发布，2015 年 12 月 30 日修订）

（4）《上市公司信息披露管理办法》（中国证监会令第 40 号，2007 年 1 月 30 日发布）

（5）《关于规范上市公司信息披露及相关各方行为的通知》（证监公司字〔2007〕128 号，2007 年 8 月 15 日发布）

（6）《上市公司非公开发行股票实施细则（2017 修订）》（中国证监会令第 73 号，2007 年 9 月 17 日发布，2011 年 8 月 1 日修订、2017 年 2 月 15 日修订）

（7）《上市公司股东发行可交换公司债券试行规定》（中国证监会公告〔2008〕41 号，2008 年 11 月 17 日发布实施）

（8）《证券发行上市保荐业务管理办法》（中国证监会令第 63 号，2008 年 10 月 17 日发布，2008 年 12 月 1 日实施，2009 年 5 月 14 日修订）

（9）《首次公开发行股票并在创业板上市管理办法》（中国证监会令第 99 号，2014 年 5 月 14 日发布实施，2015 年 12 月 30 日修订）

（10）《创业板上市公司证券发行管理暂行办法》（中国证监会令第 100 号，2014 年 5 月 4 日发布实施）

（11）《优先股试点管理办法》（中国证监会令第 97 号，2014 年 3 月 21 日发布实施）

2. 并购重组相关规定

（1）《国务院关于进一步优化企业兼并重组市场环境的意见》（国发〔2014〕14 号，2014 年 3 月 7 日发布）

（2）《上市公司收购管理办法》（中国证监会令第 108 号，2002 年 9 月 28 日发布，2002 年 12 月 1 日实施，2006 年 7 月 31 日修订，2008 年 8 月 27 日修订、2012 年 2 月 14 日修订、2014 年 10 月 23 日修订）

（3）《上市公司重大资产重组管理办法》（中国证监会令第 127 号，2008 年 4 月 16 日发布、2008 年 5 月 18 日实施，2011 年 8 月 1 日修订、2014 年 10 月 23 日修订、2016 年 9 月 9 日修订）

（4）《关于规范上市公司重大资产重组若干问题的规定》（中国证监会公告〔2008〕14 号，2008 年 4 月 16 日发布实施）

（5）《关于填报上市公司并购重组方案概况表的通知》（中国证监会上市部函〔2008〕190 号，2008 年 9 月 22 日发布实施）

（6）《关于修改上市公司重大资产重组与配套融资相关规定的决定》（中国证监会令第 73 号，2011 年 8 月 1 日发布）

（7）《关于加强与上市公司重大资产重组相关股票异常交易监管的暂行规定》（中国证监会公告〔2012〕33 号，2012 年 11 月 6 日发布，2012 年 12 月 17 日实施）

（8）《关于在借壳上市审核中严格执行首次公开发行股票上市标准的通知》（证监发〔2013〕61号，2013年11月30日发布实施）

（9）《关于上市公司并购重组行政许可并联审批工作方案》（工业和信息化部、国家发展和改革委员会、商务部、中国证监会2014年10月24日联合发布实施）

（10）《关于公开发行证券的公司信息披露内容与格式准则第16号——上市公司收购报告书》（中国证监会公告〔2014〕25号，2002年11月28日发布，2006年8月4日修订、2014年5月28日修订）

（11）《关于公开发行证券的公司信息披露内容与格式准则第17号——要约收购报告书》（中国证监会公告〔2014〕52号，2002年11月28日发布，2002年12月1日实施，2006年8月4日修订、2014年5月28日修订、2014年12月24日修订）

（12）《关于公开发行证券的公司信息披露内容与格式准则第26号——上市公司重大资产重组》（中国证监会公告〔2014〕53号，2008年4月16日发布，2008年5月18日实施，2014年5月28日修订、2014年12月24日修订）

（13）《上市公司监管指引第1号——上市公司实施重大资产重组后存在未弥补亏损情形的监管要求》（中国证监会公告〔2012〕6号，2012年3月23日发布实施）

（14）《上市公司监管指引第2号——上市公司募集资金管理和使用的监管要求》（中国证监会公告〔2012〕44号，2012年12月19日发布实施）

（15）《上市公司监管指引第3号——上市公司现金分红》（中国证监会公告〔2013〕43号，2013年11月30日发布实施）

（16）《上市公司监管指引第4号——上市公司实际控制人、股东、关联方、收购人以及上市公司承诺及履行》（中国证监会公告〔2013〕55号，2013年12月27日发布实施）

（17）《证监会、财政部、国资委、银监会发布关于鼓励上市公司兼并重组、现金分红及回购股份的通知》（证监发〔2015〕61号，2015年8月31日发布）

（18）《关于首发及再融资、重大资产重组摊薄即期回报有关事项的指导意见》（中国证监会公告〔2015〕31号，2016年1月1日实施）

3. 股权激励相关规定

（1）《关于职工持股会及工会能否作为上市公司股东的复函》（中国证监会法律部〔2000〕24号，2000年12月11日发布实施）

（2）《关于规范国有企业职工持股、投资的意见》（国资发改革〔2008〕139号，2008年9月16日发布实施）

（3）《关于实施〈关于规范国有企业职工持股、投资的意见〉有关问题的通知》（国资发改革〔2009〕49号，2009年3月24日发布实施）

（4）《关于上市公司实施员工持股计划试点的指导意见》（中国证监会公告〔2014〕33号，2014年6月20日发布实施）

（5）《上市公司股权激励管理办法》（中国证监会令第126号，2016年7月13日

发布、2016 年 8 月 13 日实施）

4. 中国证监会上市公司监管常见问题解答

（1）上市公司监管法律法规常见问题与解答修订汇编（2015 年 9 月 18 日发布）

（2）关于再融资募投项目达到重大资产重组标准时相关监管要求的问题与解答（2015 年 11 月 27 日）

（3）关于上市不满三年进行重大资产重组（构成借壳）信息披露要求的相关问题与解答（2015 年 12 月 4 日发布）

（4）关于重大资产重组中标的资产曾拆除 VIE 协议控制架构的信息披露要求的相关问题与解答（2015 年 12 月 18 日）

（5）关于并购重组业绩奖励有关问题与解答（2016 年 1 月 15 日）

（6）关于上市公司发行股份购买资产同时募集配套资金的相关问题与解答（2016 年 6 月 17 日）

（7）关于上市公司业绩补偿承诺的相关问题与解答（2016 年 6 月 17 日）

（8）关于上市公司重大资产重组前发生业绩"变脸"或本次重组存在拟置出资产情形的相关问题与解答（2016 年 6 月 24 日）

（9）关于引导规范上市公司融资行为的监管要求（2017 年 2 月 17 日）

（10）中国证监会新闻发言人邓舸就并购重组定价等相关事项答记者问（2017 年 2 月 18 日）

（三）上市公司并购重组涉及国资管理的有关规定

1.《国有股东转让所持上市公司股份管理暂行办法》（国资委、证监会令第 19 号，2007 年 6 月 30 日发布，2007 年 7 月 1 日实施）

2.《关于企业重组有关职工安置费用财务管理问题的通知》（财企〔2009〕117 号，2009 年 6 月 25 日发布实施）

3.《关于规范国有股东与上市公司进行资产重组有关事项的通知》（国资发产权〔2009〕124 号，2009 年 6 月 24 日发布实施）

4.《金融企业国有资产转让管理办法》（财政部令第 54 号，2009 年 3 月 17 日发布，2009 年 5 月 1 日实施）

5.《企业国有产权交易操作规则》（国资发产权〔2009〕120 号，2009 年 6 月 15 日发布，2009 年 7 月 1 日实施）

6.《关于推动国有股东与所控股上市公司解决同业竞争规范关联交易的指导意见》（国资发产权〔2013〕202 号，2013 年 8 月 20 日发布实施）

7.《关于深化国有企业改革的指导意见》（国资发研究〔2015〕112 号，2015 年 8 月 24 日发布实施）

（四）上市公司并购重组涉及外商投资的有关规定

1.《外商投资产业指导目录》（国家发改委、商务部令第 22 号，1995 年 6 月 28 日发布实施，2002 年 3 月 11 日修订、2004 年 11 月 30 日修订、2007 年 10 月 31 日修订、

2011 年 12 月 24 日修订、2015 年 3 月 10 日修订)

2.《外国投资者对上市公司战略投资管理办法》(商资发〔2005〕565 号，2005 年 10 月 26 日发布实施)

3.《关于外国投资者并购境内企业的规定》(商务部令 2009 年第 6 号，2006 年 8 月 8 日发布，2009 年 6 月 22 日修订)

4.《国务院办公厅关于建立外国投资者并购境内企业安全审查制度的通知》(国办发〔2011〕6 号，2011 年 2 月 3 日)

5.《关于外商投资管理工作有关问题的通知》(商资函〔2011〕72 号，2011 年 2 月 25 日发布实施)

6.《商务部实施外国投资者并购境内企业安全审查制度有关事项的暂行规定》(商务部公告 2011 年第 8 号，2011 年 3 月 4 日发布实施)

7.《关于设计外商投资企业股权出资的暂行规定》(商务部令第 2012 年第 8 号，2012 年 9 月 21 日发布，2012 年 10 月 22 日实施)

8.《外商投资项目核准和备案管理办法》(国家发改委，2014 年 5 月 17 日发布，2014 年 6 月 17 日实施，2014 年 12 月 27 日修订)

(五) 上市公司境外收购资产或股权有关规定

1.《合格境内机构投资者境外证券投资管理试行办法》(中国证监会令第 46 号，2007 年 6 月 18 日发布，2007 年 7 月 5 日实施)

2.《关于实施〈合格境内机构投资者境外证券投资管理试行办法〉有关问题的通知》(证监发〔2007〕81 号，2007 年 6 月 18 日发布，2007 年 7 月 5 日实施)

3.《境外投资管理办法》(商务部令 2014 年第 3 号，2009 年 3 月 16 日发布实施，2014 年 9 月 6 日修订)

4.《关于就修改〈合格境内机构投资者境外证券投资管理试行办法〉及其配套规则征求意见的通知》(中国证监会，2013 年 3 月 14 日发布)

5.《国家发改委关于境外投资项目核准和备案管理办法》(国家发改委令第 9 号，2014 年 4 月 8 日发布，2014 年 5 月 8 日实施，2014 年 12 月 27 日修订)

6.《中国人民银行关于人民币合格境内机构投资者境外证券投资有关事项的通知》(银发〔2014〕331 号，2014 年 11 月 5 日发布实施)

(六) 上市公司并购重组涉及外汇的有关规定

1.《中华人民共和国外汇管理条例》(国务院令第 532 号，1996 年 1 月 29 日发布，2008 年 8 月 5 日修订)

2.《关于境内机构境外直接投资外汇管理规定》(国家外汇管理局、汇发〔2009〕30 号，2009 年 7 月 13 日发布，2009 年 8 月 1 日实施)

3.《合格境内机构投资者境外证券投资外汇管理规定》(国家外汇管理局公告〔2013〕1 号，2013 年 8 月 21 日)

4.《关于外国投资者境内直接投资外汇管理规定及配套文件》(国家外汇管理局、

汇发〔2013〕21 号，2013 年 5 月 11 日发布，2013 年 5 月 13 日实施）

5.《关于进一步简化和改进直接投资外汇管理政策的通知》（国家外汇管理局、汇发〔2015〕13 号，2015 年 2 月 13 日发布，2015 年 6 月 1 日实施）

（七）上市公司并购重组涉及税收的有关规定

1.《中华人民共和国企业所得税实施条例》（国务院令第 512 号，2007 年 12 月 6 日发布，2008 年 1 月 1 日实施）

2.《关于企业重组业务企业所得税处理若干问题的通知》（财税〔2009〕59 号，2009 年 4 月 30 日发布，2008 年 1 月 1 日实施）

3.《关于企业重组业务企业所得税管理办法》（国家税务总局公告 2010 年第 4 号，2010 年 7 月 26 日发布，2010 年 1 月 1 日实施）

4.《关于纳税人资产重组有关增值税问题的公告》（国家税务总局公告 2011 年第 13 号，2011 年 2 月 18 日发布，2011 年 3 月 1 日实施）

5.《关于纳税人资产重组有关营业税问题的公告》（国家税务总局公告 2011 年第 51 号，2011 年 9 月 26 日发布，2011 年 10 月 1 日实施）

6.《关于纳税人资产重组增值税留抵税额处理有关问题的公告》（国家税务总局公告 2012 年第 55 号，2012 年 12 月 13 日发布，2013 年 1 月 1 日实施）

7.《关于纳税人资产重组有关增值税问题的公告》（国家税务总局公告 2013 年第 66 号，2013 年 11 月 19 日发布，2013 年 12 月 1 日实施）

8.《关于股权转让所得个人所得税管理办法（试行）》（国家税务总局公告 2014 年第 67 号，2014 年 12 月 7 日发布，2015 年 1 月 1 日实施）

9.《关于 QFII 和 RQFII 取得中国境内的股票等权益性投资资产转让所得暂免征收企业所得税问题的通知》（财税〔2014〕79 号，2014 年 10 月 31 日发布，2014 年 11 月 17 日实施）

10.《关于促进企业重组有关企业所得税处理问题的通知》（财税〔2014〕109 号，2014 年 12 月 25 日发布，2014 年 1 月 1 日实施）

11.《关于企业改制重组有关土地增值税政策的通知》（财税〔2015〕5 号，2015 年 2 月 2 日发布，2015 年 1 月 1 日实施）

12.《关于进一步支持企业事业单位改制重组有关契税政策的通知》（财税〔2015〕37 号，2015 年 3 月 31 日发布，2015 年 1 月 1 日实施）

13.《关于企业重组业务企业所得税征收管理若干问题的公告》（国家税务总局公告 2015 年第 48 号，2015 年 6 月 24 日发布实施）

（八）上海证券交易所涉及并购重组的有关规定

1.《上海证券交易所上市公司关联交易实施指引》（上证公字〔2011〕5 号，2011 年 3 月 4 日发布，2011 年 5 月 1 日实施）

2.《上海证券交易所上市公司募集资金管理办法（2013 年修订）》（上证公字〔2013〕13 号，2013 年 3 月 29 日发布实施）

3.《关于规范上市公司筹划非公开发行股份停复牌及相关事项的通知》（上证发〔2014〕78 号，2014 年 11 月 25 日发布实施）

4.《关于落实非许可类并购重组事项信息披露相关工作的通知》（上证函〔2014〕854 号，2014 年 12 月 15 日发布实施）

5.《关于并购重组反馈意见信息披露相关事项的通知》（上证发〔2015〕4 号，2015 年 1 月 8 日发布实施）

6.《关于上市公司重大资产重组信息披露及停复牌业务指引》（上证发〔2015〕5 号，2015 年 1 月 8 日发布实施）

（九）深圳证券交易所涉及并购重组的有关规定

1.《上市公司业务办理指南第 10 号——重大重组停牌及材料报送（2009 年修订）》（深圳证券交易所公司管理部，2008 年 5 月 18 日发布实施，2009 年 9 月 25 日修订）

2.《深圳证券交易所关于加强与上市公司重大资产重组相关股票异常交易监管的通知》（深圳证券交易所，2012 年 11 月 16 日发布，2012 年 12 月 17 日实施）

3.《关于做好不需要行政许可的上市公司重大资产重组预案等直接披露工作的通知》（深圳证券交易所，2014 年 12 月 12 日发布实施）

第二章　上市公司收购

第一节　上市公司收购概述

　　根据《中华人民共和国公司法》、《中华人民共和国证券法》以及其他相关法律法规，中国证监会于 2006 年 7 月 31 日发布了《上市公司收购管理办法》（证监会第 35 号令），并于当年 9 月 1 日起施行。为贯彻落实《国务院关于进一步优化企业兼并重组市场环境的意见》，中国证监会于 2014 年 10 月 23 日制定并发布《关于修改〈上市公司收购管理办法〉的决定》（证监会第 108 号令），该规章自 2014 年 11 月 23 日起施行。

　　《上市公司收购管理办法》第五条规定，收购人可以通过取得股份的方式成为一个上市公司的控股股东，可以通过投资关系、协议、其他安排的途径成为一个上市公司的实际控制人，也可以同时采取上述方式和途径取得上市公司控制权。该管理办法将上市公司收购界定为下述三种行为：

　　1. 投资者通过取得股份的方式成为一个上市公司的控股股东。

　　2. 投资者通过投资关系、协议、其他安排的途径成为一个上市公司的实际控制人。

　　3. 投资者同时通过取得股份的方式和投资关系、协议、其他安排的途径取得上市公司控制权。

一、收购人及其资格限制

　　收购人包括投资者及与其一致行动的他人。为防范上市公司收购过程中存在的因收购人无实力、不诚信等问题可能损害被收购公司及其股东的合法权益，《上市公司收购管理办法》第六条通过对收购人进行资格限制而明确提出不得收购的五种情形：

　　任何人不得利用上市公司的收购损害被收购公司及其股东的合法权益。有下列情形之一的，不得收购上市公司：

　　（一）收购人负有数额较大债务，到期未清偿，且处于持续状态；

　　（二）收购人最近 3 年有重大违法行为或者涉嫌有重大违法行为；

　　（三）收购人最近 3 年有严重的证券市场失信行为；

　　（四）收购人为自然人的，存在《公司法》第一百四十六条规定情形；（《公司法》

第一百四十六条规定以下情形：1. 无民事行为能力或者限制民事行为能力；2. 因贪污、贿赂、侵占财产、挪用财产或者破坏社会主义市场经济秩序，被判处刑罚，执行期满未逾五年，或者因犯罪被剥夺政治权利，执行期满未逾五年；3. 担任破产清算的公司、企业的董事或者厂长、经理，对该公司、企业的破产负有个人责任的，自该公司、企业破产清算完结之日起未逾三年；4. 担任因违法被吊销营业执照、责令关闭的公司、企业的法定代表人，并负有个人责任的，自该公司、企业被吊销营业执照之日起未逾三年；5. 个人所负数额较大的债务到期未清偿。)

（五）法律、行政法规规定以及中国证监会认定的不得收购上市公司的其他情形。

同时，在上市公司收购人的资格要求上，《上市公司收购管理办法》第五十条明确收购人应向中国证监会提交以下备查文件：

（一）中国公民的身份证明，或者在中国境内登记注册的法人、其他组织的证明文件；

（二）基于收购人的实力和从业经验对上市公司后续发展计划可行性的说明，收购人拟修改公司章程、改选公司董事会、改变或者调整公司主营业务的，还应当补充其具备规范运作上市公司的管理能力的说明；

（三）收购人及其关联方与被收购公司存在同业竞争、关联交易的，应提供避免同业竞争等利益冲突、保持被收购公司经营独立性的说明；

（四）收购人为法人或者其他组织的，其控股股东、实际控制人最近 2 年未变更的说明；

（五）收购人及其控股股东或实际控制人的核心企业和核心业务、关联企业及主营业务的说明；收购人或其实际控制人为两个或两个以上的上市公司控股股东或实际控制人的，还应当提供其持股 5% 以上的上市公司以及银行、信托公司、证券公司、保险公司等其他金融机构的情况说明；

（六）财务顾问关于收购人最近 3 年的诚信记录、收购资金来源合法性、收购人具备履行相关承诺的能力以及相关信息披露内容真实性、准确性、完整性的核查意见；收购人成立未满 3 年的，财务顾问还应当提供其控股股东或者实际控制人最近 3 年诚信记录的核查意见。

境外法人或者境外其他组织进行上市公司收购的，还应当提交以下文件：

（一）财务顾问出具的收购人符合对上市公司进行战略投资的条件、具有收购上市公司的能力的核查意见；

（二）收购人接受中国司法、仲裁管辖的声明。

二、一致行动及一致行动人

根据《上市公司收购管理办法》第八十三条规定，一致行动是指投资者通过协议、其他安排，与其他投资者共同扩大其所能够支配的一个上市公司股份表决权数量的行为或者事实。在上市公司收购活动中，收购方为了规避法律法规规定的信息披露或要约收购等相关法定义务，经常采取非关联化处理，让多个收购主体采取行动，每个收购主体买入低于法定比例的标的公司股票，在规避信息披露或要约收购义务的同时，又实质控制了上市公司。由于一致行动关系人具有信息和经济优势，在上市公司收购中容易导致违反证券市场"公开、公平、公正"原则，《上市公司收购管理办法》规定，在上市公司的收购及相关股份权益变动活动中有一致行动情形的投资者，互为一致行动人。投资者认为其与他人不应被视为一致行动人的，可以向中国证监会提供相反证据。如无相反证据，投资者有下列情形之一的，为一致行动人：

（一）投资者之间有股权控制关系；

（二）投资者受同一主体控制；

（三）投资者的董事、监事或者高级管理人员中的主要成员，同时在另一个投资者担任董事、监事或者高级管理人员；

（四）投资者参股另一投资者，可以对参股公司的重大决策产生重大影响；

（五）银行以外的其他法人、其他组织和自然人为投资者取得相关股份提供融资安排；

（六）投资者之间存在合伙、合作、联营等其他经济利益关系；

（七）持有投资者30%以上股份的自然人，与投资者持有同一上市公司股份；

（八）在投资者任职的董事、监事及高级管理人员，与投资者持有同一上市公司股份；

（九）持有投资者30%以上股份的自然人和在投资者任职的董事、监事及高级管理人员，其父母、配偶、子女及其配偶、配偶的父母、兄弟姐妹及其配偶、配偶的兄弟姐妹及其配偶等亲属，与投资者持有同一上市公司股份；

（十）在上市公司任职的董事、监事、高级管理人员及其前项所述亲属同时持有本公司股份的，或者与其自己或者其前项所述亲属直接或者间接控制的企业同时持有本公司股份；

（十一）上市公司董事、监事、高级管理人员和员工与其所控制或者委托的法人或者其他组织持有本公司股份；

（十二）投资者之间具有其他关联关系。

一致行动人应当合并计算其所持有的股份。投资者计算其所持有的股份，应当包括登记在其名下的股份，也包括登记在其一致行动人名下的股份。

三、上市公司控制权获得

根据《上市公司收购管理办法》第八十四条规定，有下列情形之一的，为拥有上市公司控制权：

（一）投资者为上市公司持股50%以上的控股股东；

（二）投资者可以实际支配上市公司股份表决权超过30%；

（三）投资者通过实际支配上市公司股份表决权能够决定公司董事会半数以上成员

选任；

（四）投资者依其可实际支配的上市公司股份表决权足以对公司股东大会的决议产生重大影响；

（五）中国证监会认定的其他情形。

收购人可以通过取得股份的方式成为一个上市公司的控股股东，可以通过投资关系、协议、其他安排的途径成为一个上市公司的实际控制人，也可以同时采取上述方式和途径取得上市公司控制权。

收购人包括投资者及与其一致行动的他人。

四、上市公司收购中权益披露

（一）权益披露概述

权益披露是指在上市公司的收购及相关股份权益变动过程中，信息披露义务人在其直接或间接持有上市公司股票达到法律规定的某一比例或在达到该比例后又发生一定比例的增减变化时，必须按照法定程序公开披露其持股权益的制度安排。权益披露是规范上市公司收购行为的一项基本制度，既能使收购方在交易过程中有充足的信息做出判断，也可保证上市公司大小股东在公司收购中待遇平等。通过强制性的信息披露，防止内幕交易、保护投资者、维护市场"公开、公正、公平"的原则。

信息披露义务人应当真实、准确、完整、及时地披露信息，不得有虚假记载、误导性陈述或者重大遗漏。信息披露义务人应当同时向所有投资者公开披露信息。上市公司的收购及相关股份权益变动活动中的信息披露义务人应至少在一家中国证监会指定媒体上依法披露信息，在其他媒体上进行披露的，披露内容应一致，且披露时间不得早于指定媒体的披露时间。

上市公司的收购及相关股份权益变动活动中的信息披露义务人采取一致行动的，可以以书面形式约定由其中一人作为指定代表负责统一编制信息披露文件，并同意授权指定代表在信息披露文件上签字、盖章。各信息披露义务人应当对信息披露文件中涉及其自身的信息承担责任；对信息披露文件中涉及的与多个信息披露义务人相关的信息，各信息披露义务人对相关部分承担连带责任。

（二）权益披露义务人和应披露权益计算

根据《证券法》和《上市公司收购管理办法》相关规定，我国上市公司收购的信息披露义务人是"投资者及其一致行动人"，即只要持股比例达到或超过特定比例的投资者及其一致行动人均为信息披露义务人。通过证券交易所的证券交易方式，或通过协议转让方式，或通过行政划转、变更、执行法院裁定、继承、赠与等方式，投资者及其一致行动人拥有权益的股份达到一个上市公司已发行股份的5%时，应当在该事实发生之日起3日内编制权益变动报告书，向中国证监会、证券交易所提交书面报告，通知该上市公司，并予公告。前述投资者及其一致行动人拥有权益的股份达到一个上市公司已发行股份的5%后，其拥有权益的股份占该上市公司已发行股份的比例每增加或者减少5%，应当依照前款规定进行报告和公告。

《上市公司收购管理办法》第十二条对投资者应披露的权益进行规定，具体包括登记在其名下的股份和虽未登记在其名下但该投资者可以实际支配表决权的股份。投资者及其一致行动人在一个上市公司中拥有的权益应当合并计算。因此，无论是投资者直接还是间接获得上市公司权益，只要是投资者名下的股份或投资者能实际支配表决权的股份，都合并计算在投资者持有的比例中。

信息披露义务人涉及计算其拥有权益比例的，应当将其所持有的上市公司已发行的可转换为公司股票的证券中有权转换部分与其所持有的同一上市公司的股份合并计算，并将其持股比例与合并计算非股权类证券转为股份后的比例相比，以二者中的较高者为准；行权期限届满未行权的，或者行权条件不再具备的，无须合并计算。

前款所述二者中的较高者，应当按下列公式计算：（1）$\dfrac{投资者持有的股份数量}{上市公司已发行股份总数}$；

（2）$\dfrac{投资者持有的股份数量}{上市公司已发行股份总数} + \dfrac{投资者持有的可转换为公司股票的非股权类证券所对应的股份数量}{上市公司发行的可转换为公司股票的非股权类证券所对应的股份总数}$。

（三）权益披露主要内容

投资者及其一致行动人不是上市公司的第一大股东或者实际控制人，其拥有权益的股份达到或者超过该公司已发行股份的5%，但未达到20%的，应当依据中国证监会颁布的《公开发行证券的公司信息披露内容与格式准则第15号——权益变动报告书》的规定，编制包括下列内容的简式权益变动报告书：

1. 投资者及其一致行动人的姓名、住所；投资者及其一致行动人为法人的，其名称、注册地及法定代表人；

2. 持股目的，是否有意在未来12个月内继续增加其在上市公司中拥有的权益；

3. 上市公司的名称、股票的种类、数量、比例；

4. 在上市公司中拥有权益的股份达到或者超过上市公司已发行股份的5%或者拥有权益的股份增减变化达到5%的时间及方式；

5. 权益变动事实发生之日前6个月内通过证券交易所的证券交易买卖该公司股票的简要情况；

6. 中国证监会、证券交易所要求披露的其他内容。

前述投资者及其一致行动人为上市公司第一大股东或者实际控制人，其拥有权益的股份达到或者超过一个上市公司已发行股份的5%，但未达到20%的，还应当披露投资者及其一致行动人的控股股东、实际控制人及其股权控制关系结构图。

投资者及其一致行动人拥有权益的股份达到或者超过一个上市公司已发行股份的20%但未超过30%的，应当编制详式权益变动报告书，除须披露简式权益变动报告书规定的信息外，还应当披露以下内容：

1. 投资者及其一致行动人的控股股东、实际控制人及其股权控制关系结构图。

2. 取得相关股份的价格、所需资金额、资金来源，或者其他支付安排。

3. 投资者、一致行动人及其控股股东、实际控制人所从事的业务与上市公司的业务是否存在同业竞争或者潜在的同业竞争，是否存在持续关联交易；存在同业竞争或者持续关联交易的，是否已做出相应的安排，确保投资者、一致行动人及其关联方与上市公司之间避免同业竞争以及保持上市公司的独立性。

4. 未来 12 个月内对上市公司资产、业务、人员、组织结构、公司章程等进行调整的后续计划。

5. 前 24 个月内投资者及其一致行动人与上市公司之间的重大交易。

6. 不存在本办法第六条规定的情形。

7. 能够按照《上市公司收购管理办法》第五十条的规定提供相关文件。

前述投资者及其一致行动人为上市公司第一大股东或者实际控制人的，还应当聘请财务顾问对上述权益变动报告书所披露的内容出具核查意见，但国有股行政划转或者变更、股份转让在同一实际控制人控制的不同主体之间进行、因继承取得股份的除外。

投资者及其一致行动人承诺至少 3 年放弃行使相关股份表决权的，可免于聘请财务顾问和提供前款第 7 项规定的文件。

已披露权益变动报告书的投资者及其一致行动人在披露之日起 6 个月内，因拥有权益的股份变动需要再次报告、公告权益变动报告书的，可以仅就与前次报告书不同的部分作出报告、公告；自前次披露之日起超过 6 个月的，投资者及其一致行动人应当按照规定编制权益变动报告书，履行报告、公告义务。

第二节　要约收购

一、要约收购概述

要约收购是指收购人向上市公司全部股东公开发出购买其所持该公司股份的书面意见表示，并按照公告的收购要约中规定的收购条件、价格、期限以及其他规定事项，收购目标上市公司股份的收购方式。收购人应当公平对待被收购公司的所有股东，持有同一种类股份的股东应当得到同等对待。

根据发出的要约是否基于收购方的主观意愿，可以将要约收购分为自愿要约收购和强制要约收购。自愿要约收购指收购方根据自身意愿，以要约方式向目标公司股东提出收购其所持有的上市公司股份的行为。而强制要约收购指在法律法规规定的特定情况下，收购方必须以要约方式进行上市公司收购；此时，收购方的要约收购行为是履行法定义务，而非出于自身意愿。相较于协议收购，要约收购是对非特定对象公开收购的。

根据《上市公司收购管理办法》第二十三条、第二十四条规定：投资者自愿选择以要约方式收购上市公司股份的，可以向被收购公司所有股东发出收购其所持有的全部股份的要约（以下简称全面要约），也可以向被收购公司所有股东发出收购其所持有的部分股份的要约（以下简称部分要约）。通过证券交易所的证券交易，收购人持有一个上市公司的股份达到该公司已发行股份的 30% 时，继续增持股份的，应当采取要约方式进行，发出全面要约或部分要约。

二、要约收购基本特征

上市公司要约收购具有以下特征：

1. 收购要约的发出具有公开性。上市公司收购要约是以公告等公开的方式，向不特定的全体目标公司股东发出，而非限定在特定股东之间。因此，要约收购是在所有股东公平获取信息的基础上由股东自主选择，是完全市场化的收购模式，有利于防止内幕交易，保障全体股东尤其是中小股东的利益。这也是要约收购的最大特点。

2. 收购要约的形式具有确定性。要约收购只能通过收购要约的形式进行，不能通过协议转让或集中竞价等方式进行。

3. 收购要约的内容具有确定性。收购要约中对于股份的种类、价格、数量、支付方式等事实都有明确的规定，同时还明确要约收购的有效期间。

三、要约收购监管目的

要约收购最大的特点便是要约的发出具有公开性，这种完全市场化的收购模式能够保障上市公司股东尤其是中小股东的利益。因为收购的目的在于取得上市公司的控制权，在公司股权较为分散情况下，持有公司 20%～30% 的股份就能成为上市公司第一大股东，进而控制公司。此时，若无要约收购的要求，收购方在持股超过 30% 之后，只要确认已实质控制公司，其收购行为可能随时终止。要约收购条款增加了收购方控制被收购上市公司的难度系数，保护大股东的利益。同时也能防止收购方与大股东之间发生私下交易——收购方以较高价格收购大股东所持股份，获得上市公司控制权，因而剥夺小股东获得股权溢价出售的机会。要约收购的存在，使得小股东既可以在获得较高股票溢价的情况下出售股票获益，也可以在他们认为公司控制方变化可能给公司带来业绩下滑、股价下跌的情况下选择放弃继续持股。

四、要约收购操作步骤

（一）阶段一：制作要约收购报告书

要约收购的首要条件就是收购人制备"要约"。其中，要约收购报告书及相关资料是收购人提供给目标公司股东及相关组织和个人的，必须进行事先筹划。

要约收购报告书，应当载明以下事项：

1. 收购人的姓名、住所；收购人为法人的，其名称、注册地及法定代表人，与其控股股东、实际控制人之间的股权控制关系结构图。

2. 收购人关于收购的决定及收购目的，是否拟在未来 12 个月内继续增持。

3. 上市公司的名称、收购股份的种类。

4. 预定收购股份的数量和比例。

5. 收购价格。

6. 收购所需资金额、资金来源及资金保证，或者其他支付安排。

7. 收购要约约定的条件。

8. 收购期限。

9. 公告收购报告书时持有被收购公司的股份数量、比例。

10. 本次收购对上市公司的影响分析，包括收购人及其关联方所从事的业务与上市公司的业务是否存在同业竞争或者潜在的同业竞争，是否存在持续关联交易；存在同业竞争或者持续关联交易的，收购人是否已作出相应的安排，确保收购人及其关联方与上市公司之间避免同业竞争以及保持上市公司的独立性。

11. 未来 12 个月内对上市公司资产、业务、人员、组织结构、公司章程等进行调整的后续计划。

12. 前 24 个月内收购人及其关联方与上市公司之间的重大交易。

13. 前 6 个月内通过证券交易所的证券交易买卖被收购公司股票的情况。

14. 中国证监会要求披露的其他内容。

收购人发出全面要约的，应当在要约收购报告书中充分披露终止上市的风险、终止上市后收购行为完成的时间及仍持有上市公司股份的剩余股东出售其股票的其他后续安排；收购人发出以终止公司上市地位为目的的全面要约，无须披露前款第（十）项规定的内容。

（二）阶段二：做出提示性公告

以要约方式收购上市公司股份的，收购人应当编制要约收购报告书，聘请财务顾问，通知被收购公司，同时对要约收购报告书摘要作出提示性公告。

1. 特殊注意事项

（1）收购依法应当取得相关部门批准的，收购人应当在要约收购报告书摘要中作出特别提示，并在取得批准后公告要约收购报告书。

（2）收购人通过协议方式拟收购上市公司股份超过30%，须改以要约方式进行收购的，收购人应当在达成收购协议或者做出类似安排后的 3 日内对要约收购报告书摘要作出提示性公告，并按照《上市公司收购管理办法》相关规定履行公告义务，同时免于编制、公告上市公司收购报告书。依法应当取得批准的，应当在公告中特别提示本次要约须取得相关批准方可进行。未取得批准的，收购人应当在收到通知之日起 2 个工作日内，公告取消收购计划，并通知被收购公司。

（3）收购人自作出要约收购提示性公告起 60 日内，未公告要约收购报告书的，收购人应当在期满后次一个工作日通知被收购公司，并予公告；此后每 30 日应当公告一次，直至公告要约收购报告书。

2. 取消收购。收购人作出要约收购提示性公告后，在公告要约收购报告书之前，拟自行取消收购计划的，应当公告原因；自公告之日起 12 个月内，该收购人不得再次对同一上市公司进行收购。

3. 公告期间禁止卖出被收购公司股票。采取要约收购方式的，收购人作出公告后至收购期限届满前，不得卖出被收购公司的股票，也不得采取要约规定以外的形式和超出要约的条件买入被收购公司的股票。

4. 变更收购要约的公告

（1）收购要约提出的各项收购条件，适用于被收购公司的所有股东。收购人需要变更收购要约的，必须及时公告，载明具体变更事项，并通知被收购公司。

（2）收购要约期限届满前 15 日内，收购人不得变更收购要约，但是出现竞争要约的除外。出现竞争要约时，发出初始要约的收购人变更收购要约距初始要约收购期限届满不足 15 日的，应当延长收购期限，延长后的要约期应当不少于 15 日，不得超过最后一个竞争要约的期满日，并按规定追加履约保证。发出竞争要约的收购人最迟不得晚于初始要约收购期限届满前 15 日发出要约收购的提示性公告，并应按照规定履行公告义务。

（3）要约收购报告书所披露的基本事实发生重大变化的，收购人应当在该重大变化发生之日起 2 个工作日内作出公告，并通知被收购公司。

（三）阶段三：被收购公司董事会尽职调查

被收购公司董事会应当对收购人的主体资格、资信情况及收购意图进行调查，对要约条件进行分析，对股东是否接受要约提出建议，并聘请独立财务顾问提出专业意见。在收购人公告要约收购报告书后 20 日内，被收购公司董事会应当公告被收购公司董事会报告书与独立财务顾问的专业意见。

收购人对收购要约条件做出重大变更的，被收购公司董事会应当在 3 个工作日内公告董事会及独立财务顾问就要约条件的变更情况所出具的补充意见。

收购人作出提示性公告后至要约收购完成前，被收购公司除继续从事正常的经营活动或者执行股东大会已经作出的决议外，未经股东大会批准，被收购公司董事会不得通过处置公司资产、对外投资、调整公司主要业务、担保、贷款等方式，对公司的资产、负债、权益或经营成果造成重大影响。

在要约收购期间，被收购公司董事不得辞职。

（四）阶段四：收购

1. 股东预受要约

同意接受收购要约的股东（以下简称预受股东），应当委托证券公司办理预受要约的相关手续。收购人应当委托证券公司向证券登记结算机构申请办理预受要约股票的临时保管。证券登记结算机构临时保管的预受要约的股票，在要约收购期间不得转让。

在要约收购期限届满 3 个交易日前，预受股东可以委托证券公司办理撤回预受要约的手续，证券登记结算机构根据预受要约股东的撤回申请解除对预受要约股票的临时保管。在要约收购期限届满前 3 个交易日内，预受股东不得撤回其对要约的接受。

出现竞争要约时，接受初始要约的预受股东撤回全部或者部分预受的股份，并将撤回的股份售予竞争要约人的，应当委托证券公司办理撤回预受初始要约的手续和预受竞争要约的相关手续。

2. 要约期届满

收购期限届满，发出部分要约的收购人应当按照收购要约约定的条件购买被收购公司股东预受的股份，预受要约股份的数量超过预定收购数量时，收购人应当按照同等比例收购预受要约的股份；以终止被收购公司上市地位为目的的，收购人应当按照收购要约约定的条件购买被收购公司股东预受的全部股份；未取得中国证监会豁免而发出全面要约的收购人应当购买被收购公司股东预受的全部股份。

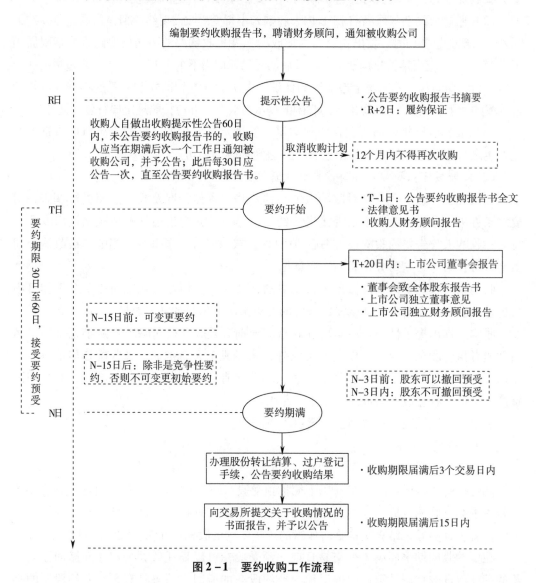

图 2－1 要约收购工作流程

收购期限届满后 3 个交易日内，接受委托的证券公司应当向证券登记结算机构申请办理股份转让结算、过户登记手续，解除对超过预定收购比例的股票的临时保管；收购人应当公告本次要约收购的结果。

收购期限届满，被收购公司股权分布不符合上市条件，该上市公司的股票由证券交易所依法终止上市交易。在收购行为完成前，其余仍持有被收购公司股票的股东，有权在收购报告书规定的合理期限内向收购人以收购要约的同等条件出售其股票，收购人应当收购。

收购期限届满后 15 日内，收购人应当向证券交易所提交关于收购情况的书面报告，并予以公告。

五、要约收购关键事项

（一）收购定价和支付方式

收购人进行要约收购时，对同一种类股票的要约价格，不得低于要约收购提示性公告日前 6 个月内收购人取得该种股票所支付的最高价格。要约价格低于提示性公告日前 30 个交易日该种股票的每日加权平均价格的算术平均值的，收购人聘请的财务顾问应当就该种股票前 6 个月的交易情况进行分析，说明是否存在股价被操纵、收购人是否有未披露的一致行动人、收购人前 6 个月取得公司股份是否存在其他支付安排、要约价格的合理性等。

收购人可以采用现金、证券、现金与证券相结合等合法方式支付收购上市公司的价款。收购人以证券支付收购价款的，应当提供该证券的发行人最近 3 年经审计的财务会计报告、证券估值报告，并配合被收购公司聘请的独立财务顾问的尽职调查工作。收购人以在证券交易所上市的债券支付收购价款的，该债券的可上市交易时间应当不少于一个月。收购人以未在证券交易所上市交易的证券支付收购价款的，必须同时提供现金方式供被收购公司的股东选择，并详细披露相关证券的保管、送达被收购公司股东的方式和程序安排。

收购人聘请的财务顾问应当对收购人支付收购价款的能力和资金来源进行充分的尽职调查，详细披露核查的过程和依据，说明收购人是否具备要约收购的能力。收购人应当在作出要约收购提示性公告的同时，提供以下至少一项安排保证其具备履约能力：

1. 以现金支付收购价款的，将不少于收购价款总额的 20% 作为履约保证金存入证券登记结算机构指定的银行；收购人以在证券交易所上市交易的证券支付收购价款的，将用于支付的全部证券交由证券登记结算机构保管，但上市公司发行新股的除外。

2. 银行对要约收购所需价款出具保函。

3. 财务顾问出具承担连带保证责任的书面承诺，明确如要约期满收购人不支付收购价款，财务顾问进行支付。

（二）要约的期限和效力

要约收购的开始时间为《要约收购报告书》中披露的要约收购期限开始的时间。收购要约约定的收购期限不得少于 30 日，并不得超过 60 日。收购要约期限届满前 15 日内，收购人不得变更收购要约；但是出现竞争要约的除外。

出现竞争要约时，发出初始要约的收购人变更收购要约距初始要约收购期限届满不足 15 日的，应当延长收购期限，延长后的要约期应当不少于 15 日，不得超过最后一个竞争要约的期满日，并按规定追加履约保证。

发出竞争要约的收购人最迟不得晚于初始要约收购期限届满前 15 日发出要约收购的提示性公告，并应当根据规定履行公告义务。

（三）要约收购可能导致上市公司终止上市的情形

要约收购可能导致上市公司不符合上市条件。

根据我国《证券法》（2014 年修订）第五十条规定，不符合上市条件的情形包括：（1）上市公司股本总额低于人民币三千万元；（2）社会公众持股比例低于上市公司总股本的 25%；上市公司股本总额超过四亿元的，低于总股本的 10%。

上述"社会公众"的边界需要进行框定。根据上海证券交易所和深圳证券交易所发布的《股票上市规则》（2014 年修订）第 18.1 条规定，"社会公众"股东指不包括下列股东的上市公司其他股东：（1）持有上市公司 10% 以上股份的股东及其一致行动人；（2）上市公司的董事、监事、高级管理人员及其关联人。

同时，《上市公司收购管理办法》第四十四条明确："收购期限届满，被收购公司股权分布不符合上市条件，该上市公司的股票由证券交易所依法终止上市交易。在收购行为完成前，其余仍持有被收购公司股票的股东，有权在收购报告书规定的合理期限内向收购人以收购要约的同等条件出售其股票，收购人应当收购。"

中国证监会于 2014 年 10 月 15 日发布《关于改革完善并严格实施上市公司退市制度的若干意见》，证券交易所据此对《股票上市规则》涉及退市制度的相关内容进行修订，按照市场化、法治化、常态化的原则，新增主动退市情形，并对主动退市的信息披露和相关程序做出安排。

以下以《上海证券交易所股票上市规则（2014 年修订）》为例对此进行说明。

1. 新增 7 种主动退市情形

（1）上市公司在履行必要的决策程序后，撤回其股票在该交易所的交易，并决定不再在交易所交易。

（2）上市公司在履行必要的决策程序后，撤回其股票在该交易所的交易，并转而申请在其他交易场所交易或者转让。

（3）上市公司向所有股东发出回购全部股份或者部分股份的要约，导致公司股本总额、股权分布等发生变化不再具备上市条件。

（4）上市公司股东向所有其他股东发出收购全部股份或者部分股份的要约，导致公司股本总额、股权分布等发生变化不再具备上市条件。

（5）除上市公司股东外的其他收购人向所有股东发出收购全部股份或者部分股份的要约，导致公司股本总额、股权分布等发生变化不再具备上市条件。

（6）上市公司因新设合并或者吸收合并，不再具有独立主体资格并被注销。

（7）上市公司股东大会决议解散。

2. 增加关于主动退市申请与决定程序的规定

（1）提出退市申请。通过上述回购、收购、公司合并以及自愿解散等形式申请自愿退市的，上市公司应按照现行规定及时向交易所提交退市申请。

退市申请至少应包括股东大会决议、退市申请书、退市后去向安排的说明、异议股东保护的专项说明等材料。

（2）审核、决定、摘牌程序。交易所在收到上市公司提交的主动终止上市申请文件之日后五个交易日内，作出是否受理的决定并通知公司。公司应当在收到决定后及时披露决定的有关内容，并发布其股票是否可能终止上市的风险提示公告。

交易所在受理上市公司主动终止上市申请之日后的十五个交易日内，作出是否同意其股票终止上市的决定。在此期间，交易所要求公司提供补充材料的，公司提供补充材料期间不计入上述作出有关决定的期限，但累计不得超过三十个交易日。

因全面要约收购上市公司股份、实施以上市公司为对象的公司合并、上市公司全面回购股份，导致公司股票退出市场交易的，除另有规定外，交易所在公司公告回购或者收购结果、完成合并交易之日起十五个交易日内，作出是否终止其股票上市的决定。

交易所上市委员会对上市公司股票主动终止上市事宜进行审议，重点从保护投资者特别是中小投资者权益的角度，在审查上市公司决策程序合规性的基础上，作出独立的专业判断并形成审核意见。交易所根据上市委员会的审核意见，作出是否终止股票上市的决定。

交易所公告终止上市决定后，上市公司股票终止上市，交易所对其进行摘牌。

（3）退市后的去向及交易安排。主动退市公司可以选择在证券交易所交易或转让，或者依法做出其他安排。选择在证券交易所交易或转让的，公司应当在上交所作出终止其股票上市决定后立即安排股票转入上交所之外的证券交易所进行交易或转让的相关事宜，保证公司股票在摘牌之日后 45 个交易日内可进入上交所之外的证券交易所进行交易或转让。

（四）国有股东所持上市公司股份的转让

国有控股股东通过证券交易系统转让上市公司股份，同时符合以下两个条件的，由国有控股股东按照内部决策程序决定，并在股份转让完成后 7 个工作日内报省级或省级以上国有资产监督管理机构备案：

1. 总股本不超过 10 亿股的上市公司，国有控股股东在连续三个会计年度内累计净转让股份（累计转让股份扣除累计增持股份后的余额，下同）的比例未达到上市公司总股本的 5%；总股本超过 10 亿股的上市公司，国有控股股东在连续三个会计年度内累计净转让股份的数量未达到 5 000 万股或累计净转让股份的比例未达到上市公司总股本的 3%。

2. 国有控股股东转让股份不涉及上市公司控制权的转移。多个国有股东属于同一控制人的，其累计净转让股份的数量或比例应合并计算。

国有控股股东转让股份不符合前述规定的两个条件之一的，应将转让方案逐级报国务院国有资产监督管理机构审核批准后实施。

国有参股股东通过证券交易系统在一个完整会计年度内累计净转让股份比例未达到上市公司总股本 5% 的，由国有参股股东按照内部决策程序决定，并在每年 1 月 31 日前将其上年度转让上市公司股份的情况报省级或省级以上国有资产监督管理机构备案；达到或超过上市公司总股本 5% 的，应将转让方案逐级报国务院国有资产监督管理机构审核批准后实施。国有股东采取大宗交易方式转让上市公司股份的，转让价格不得低于该上市公司股票当天交易的加权平均价格。

国有股东通过证券交易系统转让上市公司股份需要报国有资产监督管理机构审核批准的，其报送的材料主要包括：

（1）国有股东转让上市公司股份的请示；

（2）国有股东转让上市公司股份的内部决策文件及可行性研究报告；

（3）国有股东基本情况及上一年度经审计的财务会计报告；

（4）上市公司基本情况及最近一期的年度报告和中期报告；

（5）国有资产监督管理机构认为必要的其他文件。

国有股东转让上市公司股份的可行性研究报告应当包括但不限于以下内容：

（1）转让原因；

（2）转让价格及确定依据；

（3）转让的数量及时限；

（4）转让收入的使用计划；

（5）转让是否符合国家或本地区产业政策及国有经济布局和结构战略性调整方向。

六、要约收购义务豁免

（一）要约收购义务豁免制度概述

要约收购义务的豁免是指收购人在触发要约收购义务时，可依法向证券监督管理部门提出申请，免于以要约收购的方式获得股份，或免于向被收购公司的所有股东发出收购要约。在我国，受理和批准豁免收购要约请求的机构是中国证监会。

规定强制要约收购制度以及要约收购豁免制度是公平与效率的结合，可以保护全体股东尤其中小股东的利益，也同时促进特定并购行为的顺利进行。

（二）要约收购豁免的具体操作

《上市公司收购管理办法》规定收购人在特定情形下可以向中国证监会申请豁免要约收购，并聘请律师事务所等专业机构出具专业意见。

1. 免于以要约收购方式增持股份。有下列情形之一的，收购人可以向中国证监会提出免于以要约方式增持股份的申请：

（1）收购人与出让人能够证明本次股份转让是在同一实际控制人控制的不同主体之间进行，未导致上市公司的实际控制人发生变化；

（2）上市公司面临严重财务困难，收购人提出的挽救公司的重组方案取得该公司股东大会批准，且收购人承诺 3 年内不转让其在该公司中所拥有的权益；

（3）中国证监会为适应证券市场发展变化和保护投资者合法权益的需要而认定的其他情形。

收购人报送的豁免申请文件符合规定，并且已经按照本办法的规定履行报告、公告义务的，中国证监会予以受理；不符合规定或者未履行报告、公告义务的，中国证监会不予受理。中国证监会在受理豁免申请后 20 个工作日内，就收购人所申请的具体事项做出是否予以豁免的决定；取得豁免的，收购人可以完成本次增持行为。

2. 免于向被收购公司的所有股东发出收购要约。存在主体资格、股份种类限制或者法律、行政法规、中国证监会规定的特殊情形的，可以申请免于向被收购公司的所有股东发出收购要约。未取得豁免的，投资者及其一致行动人应当在收到中国证监会通知之日起 30 日内将其或者其控制的股东所持有的被收购公司股份减持到 30% 或者 30% 以下；拟以要约以外的方式继续增持股份的，应当发出全面要约。

有下列情形之一的，投资者可以向中国证监会提出免于发出要约的申请：

（1）经政府或者国有资产管理部门批准进行国有资产无偿划转、变更、合并，导致投资者在一个上市公司中拥有权益的股份占该公司已发行股份的比例超过 30%；

（2）因上市公司按照股东大会批准的确定价格向特定股东回购股份而减少股本，导致投资者在该公司中拥有权益的股份超过该公司已发行股份的 30%；

（3）中国证监会为适应证券市场发展变化和保护投资者合法权益的需要而认定的其他情形。

有下列情形之一的，相关投资者可以免于按照前款规定提交豁免申请，直接向证券交易所和证券登记结算机构申请办理股份转让和过户登记手续：

（1）经上市公司股东大会非关联股东批准，投资者取得上市公司向其发行的新股，导致其在该公司拥有权益的股份超过该公司已发行股份的 30%，投资者承诺 3 年内不转让本次向其发行的新股，且公司股东大会同意投资者免于发出要约；

（2）在一个上市公司中拥有权益的股份达到或者超过该公司已发行股份的 30% 的，自上述事实发生之日起一年后，每 12 个月内增持不超过该公司已发行的 2% 的股份；

（3）在一个上市公司中拥有权益的股份达到或者超过该公司已发行股份的 50% 的，继续增加其在该公司拥有的权益不影响该公司的上市地位；

（4）证券公司、银行等金融机构在其经营范围内依法从事承销、贷款等业务导致其持有一个上市公司已发行股份超过 30%，没有实际控制该公司的行为或者意图，并且提出在合理期限内向非关联方转让相关股份的解决方案；

（5）因继承导致在一个上市公司中拥有权益的股份超过该公司已发行股份的30%；

（6）因履行约定购回式证券交易协议购回上市公司股份导致投资者在一个上市公司中拥有权益的股份超过该公司已发行股份的30%，并且能够证明标的股份的表决权在协议期间未发生转移；

（7）因所持优先股表决权依法恢复导致投资者在一个上市公司中拥有权益的股份超过该公司已发行股份的30%。

相关投资者应在前款规定的权益变动行为完成后3日内就股份增持情况做出公告，律师应就相关投资者权益变动行为发表符合规定的专项核查意见并由上市公司予以披露。相关投资者按照前款第（2）项、第（3）项规定采用集中竞价方式增持股份，每累计增持股份比例达到该公司已发行股份的1%的，应当在事实发生之日通知上市公司，由上市公司在次一交易日发布相关股东增持公司股份的进展公告。相关投资者按照前款第（3）项规定采用集中竞价方式增持股份的，每累计增持股份比例达到上市公司已发行股份的2%的，在事实发生当日和上市公司发布相关股东增持公司股份进展公告的当日不得再行增持股份。前款第（2）项规定的增持不超过2%的股份锁定期为增持行为完成之日起6个月。

第三节　协议收购

一、协议收购概述

协议收购是指收购方在证券交易场所之外与目标公司的股东（控股股东或持股比例较高的股东）就股票价格、数量、期限等条件进行私下协商，通过购买目标公司股份，以期达到对目标公司的控股或兼并目的。协议收购是与要约收购相对应的一种股权收购方式，主要针对特定的交易对象，以非公开的形式进行收购。

协议收购仅在收购方与目标公司少数大额股东之间进行交易，而将大多数中小股东排除在外。采取协议收购方式的，收购人收购或者通过协议、其他安排与他人共同收购一个上市公司已发行的股份达到30%时，继续进行收购的，应当向该上市公司所有股东发出收购上市公司全部或者部分股份的要约。

二、协议收购基本特征

1. 交易对象特定性。目标公司的股权通常较为集中，收购方与确定的股权出让方进行协商，可以以较少的时间和较低的成本获得目标公司的控制权。

2. 交易程序相对简单。相对于要约收购较多的步骤以及3~6个月的期限，协议收购程序较为简单，只要交易双方达成协议，并履行相关公告、报批程序，就可以办理股权过户手续。

3. 协议收购不会遭遇反收购措施。协议收购是收购方与目标公司控股股东基于友好协商的态度而达成的股份收购协议，目标公司董事会和管理层都会直接参与公司控制权的转移，而且收购协议中会对目标公司资产、业务和人员做出全面安排，因而协议收购通常都是善意收购，一般不会受到公司管理层抵触。

三、协议收购操作步骤

（一）协商谈判并履行相关审批手续

协议收购通过交易双方协议达成，通常是善意收购。在确定了目标上市公司及股东后，收购方会与目标公司关键股东就收购事项进行磋商和谈判，并对交易条款达成初步一致的意见。这是协议收购的第一步，也是交易达成最关键一步。

根据《上市公司收购管理办法》第四条规定："上市公司的收购即相关股份权益变动活动涉及国家产业政策、行业准入、国有股份转让等事项，需要取得国家相关部门批准的，应当在取得批准后进行。外国投资者进行上市公司的收购及相关股份权益变动活动的，应当取得国家相关部门的批准。"因此，若在协议收购中涉及国有股以及外资收购，需征得有关主管部门的批准。

（二）签订收购协议

协议收购是收购方通过友好协商与目标公司股东达成收购意向，在履行相关审批手续之后，交易双方就本次协议收购的股份数量、价格、支付方式、收购期限以及其他的权利义务等主要事项、交易条款以股权收购协议书的形式予以敲定。在协议收购中，股权收购协议是最关键的法律文件。

（三）持股5%～30%的报告和公告

通过协议转让方式，投资者及其一致行动人在一个上市公司中拥有的权益股份达到或超过一个上市公司已发行股份的5%时，应当在该事实发生之日起3日内编制权益变动报告书，向中国证监会、证券交易所提交书面报告，通知该上市公司，并予以公告。投资者及其一致行动人在做出报告、公告前，不得再行买卖该上市公司的股票。

投资者及其一致行动人拥有权益的股份达到一个上市公司已发行股份的5%后，其拥有权益的股份占该上市公司已发行股份的比例每增加或减少达到或超过5%的，应当依照前款规定履行报告、公告义务。投资者及其一致行动人在做出报告、公告前，不得再行买卖该上市公司的股票。

投资者及其一致行动人拥有权益的股份达到上市公司已发行股份的30%时，若继续收购，应当依法向该上市公司的股东发出全面要约或部分要约。

（四）持股达到30%的强制要约

收购人拟通过协议方式收购一个上市公司的股份超过30%的，超过30%的部分，应当改以要约方式进行；但符合《上市公司收购管理办法》第六章规定情形的，收购人可以向中国证监会申请免除发出要约。收购人在取得中国证监会豁免后，履行其收购协议；未取得中国证监会豁免且拟继续履行其收购协议的，或者不申请豁免的，在履行其收购协议前，应当发出全面要约。

（五）强制要约的豁免

以协议方式收购上市公司股份超过30%，收购人拟申请豁免的，应当在与上市公司股东达成收购协议之日起3日内编制上市公司收购报告书，提交豁免申请，委托财务顾问向中国证监会、证券交易所提交书面报告，通知被收购公司，并公告上市公司收购报告书摘要。

收购人自取得中国证监会的豁免之日起3日内公告其收购报告书、财务顾问专业意见和律师出具的法律意见书；收购人未取得豁免的，应当自收到中国证监会的决定之日起3日内予以公告，并在收到中国证监会通知之日起30日内将其或者其控制的股东所持有的被收购公司的股份减持到30%或者30%以下；拟以要约以外的方式继续增持股份的，应当发出全面要约。

（六）管理层协议收购

上市公司董事、监事、高级管理人员、员工或者其所控制或者委托的法人或者其他组织，拟通过协议收购方式取得本公司控制权（以下简称管理层收购）的，该上市公司应当具备健全且运行良好的组织机构以及有效的内部控制制度，公司董事会成员中独立董事的比例应当达到或者超过1/2。公司应当聘请具有证券、期货从业资格的资产评估机构提供公司资产评估报告，收购应当经董事会非关联董事做出决议，且取得2/3以上的独立董事同意后，提交公司股东大会审议，经出席股东大会的非关联股东所持表决权过半数通过。独立董事发表意见前，应当聘请独立财务顾问就本次收购出具专业意见，独立董事及独立财务顾问的意见应当一并予以公告。

（七）过渡期内的相关限制

以协议方式进行上市公司收购的，自签订收购协议起至相关股份完成过户的期间为上市公司收购过渡期（以下简称过渡期）。在过渡期内，收购人不得通过控股股东提议改选上市公司董事会，确有充分理由改选董事会的，来自收购人的董事不得超过董事会成员的1/3；被收购公司不得为收购人及其关联方提供担保；被收购公司不得公开发行股份募集资金，不得进行重大购买、出售资产及重大投资行为或者与收购人及其关联方进行其他关联交易，但收购人为挽救陷入危机或者面临严重财务困难的上市公司的情形除外。

上市公司控股股东向收购人协议转让其所持有的上市公司股份的，应当对收购人的主体资格、诚信情况及收购意图进行调查，并在其权益变动报告书中披露有关调查情况。

控股股东及其关联方未清偿其对公司的负债，未解除公司为其负债提供的担保，或者存在损害公司利益的其他情形的，被收购公司董事会应当对前述情形及时予以披露，并采取有效措施维护公司利益。

（八）履行收购协议，办理股权转让过户等相关手续

协议收购的相关当事人应当向证券登记结算机构申请办理拟转让股份的临时保管

手续，并可以将用于支付的现金存放于证券登记结算机构指定的银行。

收购报告书公告后，相关当事人应当按照证券交易所和证券登记结算机构的业务规则，在证券交易所就本次股份转让予以确认后，凭全部转让款项存放于双方认可的银行账户的证明，向证券登记结算机构申请解除拟协议转让股票的临时保管，并办理过户登记手续。

四、国有股东所持上市公司股份的协议转让

（一）事项申请

国有股东拟协议转让上市公司股份的，在内部决策后，应当及时按照规定程序逐级书面报告省级或省级以上国有资产监督管理机构，并应当同时将拟协议转让股份的信息书面告知上市公司，由上市公司依法公开披露该信息，向社会公众进行提示性公告。公开披露文件中应当注明，本次股份拟协议转让事项须经相关国有资产监督管理机构同意后才能组织实施。

国有股东报告省级或省级以上国有资产监督管理机构拟协议转让上市公司股份事项的材料主要包括：

1. 国有股东拟协议转让上市公司股份的内部决策文件及可行性研究报告；

2. 拟公开发布的股份协议转让信息内容；

3. 国有资产监督管理机构认为必要的其他文件。

（二）信息披露

省级或省级以上国有资产监督管理机构收到国有股东拟协议转让上市公司股份的书面报告后，应在10个工作日内出具意见。国有股东获得国有资产监督管理机构对拟协议转让上市公司股份事项的意见后，应当书面告知上市公司，由上市公司依法公开披露国有股东所持上市公司股份拟协议转让信息。

国有股东所持上市公司股份拟协议转让信息包括但不限于以下内容：

1. 拟转让股份数量及所涉及的上市公司名称及基本情况；

2. 拟受让方应当具备的资格条件；

3. 拟受让方递交受让申请的截止日期。

存在下列特殊情形的，经省级或省级以上国有资产监督管理机构批准后，国有股东可不披露拟协议转让股份的信息直接签订转让协议：

1. 上市公司连续两年亏损并存在退市风险或严重财务危机，受让方提出重大资产重组计划及具体时间表的；

2. 国民经济关键行业、领域中对受让方有特殊要求的；

3. 国有及国有控股企业为实施国有资源整合或资产重组，在其内部进行协议转让的；

4. 上市公司回购股份涉及国有股东所持股份的；

5. 国有股东因接受要约收购方式转让其所持上市公司股份的；

6. 国有股东因解散、破产、被依法责令关闭等原因转让其所持上市公司股份的。

（三）受让方条件

国有股东收到拟受让方提交的受让申请及受让方案后，应当对受让方案进行充分的研究论证，并在综合考虑各种因素的基础上择优选取受让方。

受让国有股东所持上市公司股份后拥有上市公司实际控制权的，受让方应为法人，且应当具备以下条件：

1. 受让方或其实际控制人设立三年以上，最近两年连续盈利且无重大违法违规行为；

2. 具有明晰的经营发展战略；

3. 具有促进上市公司持续发展和改善上市公司法人治理结构的能力。

国有控股股东拟采取协议转让方式转让股份并不再拥有上市公司控股权的，应当聘请在境内注册的专业机构担任财务顾问，财务顾问应当具有良好的信誉及最近三年内无重大违法违规记录。财务顾问应当勤勉尽责，遵守行业规范和职业道德，对上市公司股份的转让方式、转让价格、股份转让对国有股东和上市公司的影响等方面出具专业意见；并对拟受让方进行尽职调查，出具尽职调查报告。尽职调查应当包括但不限于以下内容：拟受让方受让股份的目的，拟受让方的经营情况、财务状况、资金实力及是否有重大违法违规记录和不良诚信记录，拟受让方是否具有及时足额支付转让价款的能力及受让资金的来源及其合法性，拟受让方是否具有促进上市公司持续发展和改善上市公司法人治理结构的能力。

（四）协议转让价格

国有股东协议转让上市公司股份的价格应当以上市公司股份转让信息公告日（经批准无须公开股份转让信息的，以股份转让协议签署日为准）前30个交易日的每日加权平均价格算术平均值为基础确定；确需折价的，其最低价格不得低于该算术平均值的90%。

存在下列特殊情形的，国有股东协议转让上市公司股份的价格按以下原则分别确定：

1. 国有股东为实施资源整合或重组上市公司，并在其所持上市公司股份转让完成后全部回购上市公司主业资产的，股份转让价格由国有股东根据中介机构出具的该上市公司股票价格的合理估值结果确定。

2. 国有及国有控股企业为实施国有资源整合或资产重组，在其内部进行协议转让且其拥有的上市公司权益和上市公司中的国有权益并不因此减少的，股份转让价格应当根据上市公司股票的每股净资产值、净资产收益率、合理的市盈率等因素合理确定。

（五）转让协议内容

国有股东选择受让方后，应当及时与受让方签订转让协议。转让协议应当包括但不限于以下内容：

1. 转让方、上市公司、拟受让方企业名称、法定代表人及住所；

2. 转让方持股数量、拟转让股份数量及价格；

3. 转让方、受让方的权利和义务；

4. 股份转让价款支付方式及期限；

5. 股份登记过户的条件；

6. 协议变更和解除条件；

7. 协议争议的解决方式；

8. 协议各方的违约责任；

9. 协议生效条件。

（六）国资委审批

国有股东与拟受让方签订股份转让协议后，应及时履行信息披露等相关义务，同时应按规定程序报国务院国有资产监督管理机构审核批准。决定或批准国有股东协议转让上市公司股份，应当审查下列书面材料：

1. 国有股东协议转让上市公司股份的请示及可行性研究报告；

2. 国有股东公开征集的受让方案及关于选择拟受让方的有关论证情况；

3. 国有股东上一年度经审计的财务会计报告；

4. 拟受让方基本情况、公司章程及最近一期经审计的财务会计报告；

5. 上市公司基本情况、最近一期的年度报告及中期报告；

6. 股份转让协议及股份转让价格的定价说明；

7. 拟受让方与国有股东、上市公司之间在最近 12 个月内股权转让、资产置换、投资等重大情况及债权债务情况；

8. 律师事务所出具的法律意见书；

9. 国有资产监督管理机构认为必要的其他文件。

国有股东应及时收取上市公司股份转让价款。拟受让方以现金支付股份转让价款的，国有股东应在股份转让协议签订后 5 个工作日内收取不低于转让收入 30% 的保证金，其余价款应在股份过户前全部结清。在全部转让价款支付完毕或交由转让双方共同认可的第三方妥善保管前，不得办理转让股份的过户登记手续。拟受让方以股票等有价证券支付股份转让价款的按照有关规定办理。

国务院国有资产监督管理机构关于国有股东转让其所持上市公司股份的批复文件和全部转让款支付凭证是证券交易所、中国证券登记结算有限责任公司办理上市公司股份过户手续和工商管理部门办理上市公司章程变更的必备文件。

五、协议收购相关文件

（一）上市公司收购报告书内容

上市公司收购报告书，主要载明如下事项：

1. 收购人的姓名、住所；收购人为法人的，其名称、注册地及法定代表人，与其控股股东、实际控制人之间的股权控制关系结构图。

2. 收购人关于收购的决定及收购目的，是否拟在未来 12 个月内继续增持。

3. 上市公司的名称、收购股份的种类。

4. 预定收购股份的数量和比例。

5. 收购价格。

6. 收购所需资金额、资金来源及资金保证，或者其他支付安排。

7. 公告收购报告书时持有被收购公司的股份数量、比例。

8. 本次收购对上市公司的影响分析，包括收购人及其关联方所从事的业务与上市公司的业务是否存在同业竞争或者潜在的同业竞争，是否存在持续关联交易；存在同业竞争或者持续关联交易的，收购人是否已作出相应的安排，确保收购人及其关联方与上市公司之间避免同业竞争以及保持上市公司的独立性。

9. 未来 12 个月内对上市公司资产、业务、人员、组织结构、公司章程等进行调整的后续计划。

10. 前 24 个月内收购人及其关联方与上市公司之间的重大交易。

11. 前 6 个月内通过证券交易所的证券交易买卖被收购公司股票的情况。

12. 中国证监会要求披露的其他内容。

已披露收购报告书的收购人在披露之日起 6 个月内，因权益变动需要再次报告、公告的，可以仅就与前次报告书不同的部分作出报告、公告；超过 6 个月的，应当按照权益披露的相关规定履行报告、公告义务。

（二）提交的备查文件

收购人公告上市公司收购报告书时，应当提交以下备查文件：

1. 中国公民的身份证明，或者在中国境内登记注册的法人、其他组织的证明文件。

2. 基于收购人的实力和从业经验对上市公司后续发展计划可行性的说明，收购人拟修改公司章程、改选公司董事会、改变或者调整公司主营业务的，还应当补充其具备规范运作上市公司的管理能力的说明。

3. 收购人及其关联方与被收购公司存在同业竞争、关联交易的，应提供避免同业竞争等利益冲突、保持被收购公司经营独立性的说明。

4. 收购人为法人或者其他组织的，其控股股东、实际控制人最近 2 年未变更的说明。

5. 收购人及其控股股东或实际控制人的核心企业和核心业务、关联企业及主营业务的说明；收购人或其实际控制人为两个或两个以上的上市公司控股股东或实际控制人的，还应当提供其持股 5% 以上的上市公司以及银行、信托公司、证券公司、保险公司等其他金融机构的情况说明。

6. 财务顾问关于收购人最近 3 年的诚信记录、收购资金来源合法性、收购人具备履行相关承诺的能力以及相关信息披露内容真实性、准确性、完整性的核查意见；收购人成立未满 3 年的，财务顾问还应当提供其控股股东或者实际控制人最近 3 年诚信记录的核查意见。

（三）境外法人或者境外其他组织进行上市公司收购所需文件

境外法人或者境外其他组织进行上市公司收购的，除应当提交上述备查文件中第2项至第6项规定的文件外，还应当提交以下文件：

1. 财务顾问出具的收购人符合对上市公司进行战略投资的条件、具有收购上市公司的能力的核查意见；

2. 收购人接受中国司法、仲裁管辖的声明。

第四节　间接收购

一、间接收购概述

上市公司间接收购指收购方虽不是上市公司直接的股东，但通过投资关系、协议、其他安排导致其拥有权益的股份达到或者超过一个上市公司已发行股份的5%且未超过30%的收购方式。在间接收购方式中，收购方可以通过取得上市公司母公司（或控股股东）的股份成为上市公司的控股股东，也可以通过投资关系、协议、其他安排等途径成为上市公司的实际控制人，也可同时采用上述方式和途径取得上市公司控制权。

二、间接收购基本特征

与直接收购相比，间接收购具有以下特征：

1. 收购目标并非上市公司股权。间接收购中，收购方本身不直接成为目标公司股东，而是成为目标公司控股股东的控股股东。

2. 收购方通过控制目标公司股东而行使控制权。间接收购中，收购方并不能直接在目标公司行使股东权利，只能通过目标公司的控股股东间接在目标公司中行使提案、表决等股东权利。

3. 间接收购过程具有隐蔽性。间接收购中，上市公司本身的股权结构和股东名单等并未发生变化，只是控股股东的股权结构等发生变化，由于上市公司控股股东非公开性，其信息透明度较差，因而间接收购活动本身较为隐蔽。

三、间接收购常用方式

间接收购的方式具有多样性和灵活性，经常使用的方式有如下四种：

1. 直接收购控股股东股权。这是最常见、最直接的间接收购方式，收购方通过收购控股股东的全部或部分股权，实现对控股股东的控制，从而间接获得上市公司的控制权。该收购方式中，收购方有实际的现金流出，作为受让大股东控股权的对价款。

2. 向大股东增资扩股。收购方通过对上市公司控股股东进行增资扩股而获得控股股东的控制权，从而获得对上市公司的控制权，实现对上市公司的间接控制。该收购方式能避免收购方实际的现金流出，收购方的增资款仍在己方所控制的公司中。

3. 出资与大股东成立合资公司。收购方与上市公司控股股东合资成立新公司，并由该新公司控股上市公司。在新公司的股权结构中，收购方处于控股地位，从而实现对上市公司的间接控制。本质上，这是向大股东增资扩股的一种特殊形式。

4. 托管大股东股权。控股股东将所持的上市公司股权委托给收购方管理，委托收购方来行使大股东的权利，从而使得收购方实际控制上市公司股权。该方式是股权转让前的过渡状态：上市公司控股权转让在获得相关批复前通过托管引入收购方，从而使收购方提前介入上市公司管理、整合等重组工作。这在战略并购中有积极的作用。

四、间接收购操作事项

间接收购在本质上是上市公司收购的一种情形，仍需按照我国相关法律法规进行操作。

（一）间接收购的权益披露

间接收购方虽不是上市公司的股东，但通过投资关系、协议、其他安排导致其拥有权益的股份达到或者超过一个上市公司已发行股份的5%且未超过30%，仍应当按照《上市公司收购管理办法》的有关规定进行报告、公告义务。

（二）持股达到30%的强制要约

收购方拥有权益的股份超过该公司已发行股份的30%的，应当向该公司所有股东发出全面要约；收购方预计无法在事实发生之日起30日内发出全面要约的，应当在前述30日内促使其控制的股东将所持有的上市公司股份减持至30%或者30%以下，并自减持之日起2个工作日内予以公告；其后收购方或者其控制的股东拟继续增持的，应当采取要约方式；收购方虽不是上市公司的股东，但通过投资关系取得对上市公司股东的控制权，而受其支配的上市公司股东所持股份达到前述规定比例且对该股东的资产和利润构成重大影响的，应当按照规定履行报告、公告义务。

（三）申请豁免强制要约

在间接收购中，达到强制要约界限后，间接收购方可以发起要约收购，或者向中国证监会申请豁免强制要约，获得豁免后进行收购。另外，向中国证监会申请免于以要约方式增持股份的或提出免于发出要约申请的，或免于提交豁免申请而直接向证券交易所和证券登记结算机构申请办理股份转让和过户登记手续的，其条件和程序适用前面协议收购中的相应情形。

五、间接收购特殊事项

（一）上市公司董事会责任

间接收购中，收购方及受其支配的股东未履行报告、公告义务，拒不履行配合义务，或者收购方存在不得收购上市公司的情形，上市公司董事会应当拒绝接受受收购方支配的股东向董事会提交的提案或者临时议案，并向中国证监会、派出机构和证券交易所报告。中国证监会责令收购方改正，可以认定收购方通过受其支配的股东所提名的董事为不适当人选；改正前，受收购方支配的股东不得行使其持有股份的表决权。上市公司董事会未拒绝接受收购方及受其支配的股东所提出的提案，中国证监会可以认定负有责任的董事为不适当人选。

（二）收购方及受其支配股东的配合披露义务

收购方及受其支配的股东，负有配合上市公司真实、准确、完整披露有关实际控制人发生变化的信息的义务；收购方及受其支配的股东拒不履行上述配合义务，导致上市公司无法履行法定信息披露义务而承担民事、行政责任的，上市公司有权对其提起诉讼。收购方、控股股东指使上市公司及其有关人员不依法履行信息披露义务的，中国证监会依法进行查处。

（三）上市公司的报告、公告义务

上市公司实际控制人及受其支配的股东未履行报告、公告义务的，上市公司应当自知悉之日起立即作出报告和公告。上市公司就实际控制人发生变化的情况予以公告后，实际控制人仍未披露的，上市公司董事会应当向实际控制人和受其支配的股东查询，必要时可以聘请财务顾问进行查询，并将查询情况向中国证监会、上市公司所在地的中国证监会派出机构和证券交易所报告；中国证监会依法对拒不履行报告、公告义务的实际控制人进行查处。

上市公司知悉实际控制人发生较大变化而未能将有关实际控制人的变化情况及时予以报告和公告的，中国证监会责令改正，情节严重的，认定上市公司负有责任的董事为不适当人选。

（四）国有股东所持上市公司股份的间接转让

国有股东所持上市公司股份的间接转让是指国有股东因产权转让或增资扩股等原因导致其经济性质或实际控制人发生变化的行为。国有股东所持上市公司股份间接转让应当充分考虑对上市公司的影响，并按照有关国有股东协议转让上市公司股份价格的确定原则合理确定其所持上市公司股份价格，上市公司股份价格确定的基准日应与国有股东资产评估的基准日一致。国有股东资产评估的基准日与国有股东产权持有单位对该国有股东产权变动决议的日期相差不得超过一个月。

国有股东所持上市公司股份间接转让的，国有股东应在产权转让或增资扩股方案实施前（其中，国有股东国有产权转让的，应在办理产权转让鉴证前；国有股东增资扩股的，应在公司工商登记前），由国有股东逐级报国务院国有资产监督管理机构审核批准。决定或批准国有股东所持上市公司股份间接转让，应当审查下列书面材料：

1. 国有股东间接转让所持上市公司股份的请示；

2. 国有股东的产权转让或增资扩股批准文件、资产评估结果核准文件及可行性研究报告；

3. 经批准的国有股东产权转让或增资扩股方案；

4. 国有股东国有产权进场交易的有关文件或通过产权交易市场、媒体或网络公开国有股东增资扩股的信息情况及战略投资者的选择依据；

    5. 国有股东的国有产权转让协议或增资扩股协议；

    6. 国有股东资产作价金额，包括国有股东所持上市公司股份的作价说明；

    7. 上市公司基本情况、最近一期的年度报告及中期报告；

    8. 国有产权拟受让方或战略投资者最近一期经审计的财务会计报告；

    9. 财务顾问出具的财务顾问报告（适用于国有控股股东国有产权变动的）；

    10. 律师事务所出具的法律意见书；

    11. 国有资产监督管理机构认为必要的其他文件。

第三章　上市公司重大资产重组

为进一步规范上市公司重大资产重组行为，促进市场估值体系的理性修复，继续支持通过并购重组提升上市公司质量，引导更多资金投向实体经济，2016 年 9 月 9 日，证监会发布《关于修改〈上市公司重大资产重组管理办法〉的决定》（证监会第 127 号令，以下简称《重组办法》），新《重组办法》将于发布之日实施。同时，作为《重组办法》的配套，证监会也发布了以下规定的修订版：（1）以〔2016〕16 号公告的形式发布《关于修改〈关于加强与上市公司重大资产重组相关股票异常交易监管的暂行规定〉的决定》；（2）以〔2016〕17 号公告的形式发布《关于修改〈关于规范上市公司重大资产重组若干问题的规定〉的决定》；（3）以〔2016〕18 号公告的形式发布《〈上市公司重大资产重组管理办法〉第十四条、第四十四条的适用意见——证券期货法律适用意见第 12 号》，新修订的三个配套措施均与新《重组办法》一样，于发布之日起实施。本次修订涉及上市公司重大资产重组业务多个环节的较大变化，有利于进一步完善上市公司并购重组监管政策，优化对重组上市的监管。

本次修订的主要内容如下：

1. 完善重组上市认定标准

（1）完善重组上市交易规模的判断指标。对于所购买资产的规模，从原有的"资产总额"单项指标调整为"资产总额、资产净额、营业收入、净利润、股份"等五个指标，只要其中任一指标达到 100%，就认定符合交易规模要件；除量化指标外，还增设了主营业务根本变化的特殊指标。

（2）进一步明确"控制权变更"的判断标准，遏制规避套利。修改后的《重组办法》参照成熟市场经验，主要从"股本比例"、"董事会构成"、"管理层控制"三个维度完善控制权变更的认定标准。

（3）将首次累计原则的累计期限定为 60 个月，以明确市场预期、增强可操作性。

2. 进一步遏制重组上市的套利空间

（1）取消重组上市的配套融资，提高对重组方的实力要求。

（2）延长相关股东的股份锁定期。对原控股股东与新进入的控股股东一致要求锁定 36 个月，直接或间接从上市公司控股股东、实际控制人或者其控制的关联人受让该上市公司股份的特定对象锁定 36 个月，其他新进入的股东从目前的 12 个月延长到 24 个月，该修订限制原控股股东、新进小股东通过重组上市套现退出，督促其关注重组资产质量，形成新老股东相互约束的市场化机制。

（3）强化对违法或失信公司的约束。拟重组上市的，上市公司及其最近 3 年内的控股股东、实际控制人不存在因涉嫌犯罪正被司法机关立案侦查或涉嫌违法违规正被中国证监会立案调查的情形，或者涉嫌犯罪或违法违规的行为终止已满 3 年，且最近12 个月内未受到证券交易所公开谴责，不存在其他重大失信行为。

3. 增加对规避重组上市的追责条款

为防范新类型的规避手法，本次修订着重细化了对规避重组上市审核的追责要求。其中，交易尚未完成的，中国证监会责令上市公司补充披露相关信息、暂停交易并按照规定报送申请文件；交易已经完成的，可以处以警告、罚款，并对有关责任人员采取市场禁入的措施。构成犯罪的，依法移送司法机关。

4. 缩短终止重大资产重组的冷淡期

将终止重大资产重组进程的"冷淡期"由 3 个月缩短为 1 个月。

第一节　上市公司重大资产重组概述

一、重大资产重组概念

上市公司重大资产重组是指上市公司及其控股或者控制的公司在日常经营活动之外购买、出售资产或者通过其他方式进行资产交易达到规定的比例，导致上市公司的主营业务、资产、收入发生重大变化的资产交易行为（以下简称重大资产重组）。

上市公司通过"其他方式"进行资产交易包括：

1. 与他人新设企业、对已设立的企业增资或者减资；

2. 受托经营、租赁其他企业资产或者将经营性资产委托他人经营、租赁；

3. 接受附义务的资产赠与或者对外捐赠资产；

4. 中国证监会根据审慎监管原则认定的其他情形。

另外，若上市公司按照经中国证监会核准的发行证券文件披露的募集资金用途，使用募集资金购买资产、对外投资，不适用该《重组办法》。

二、重大资产重组界定标准

上市公司及其控股或者控制的公司购买、出售资产，达到下列标准之一的，构成重大资产重组：

购买、出售资产未达到上述规定标准，但中国证监会发现存在可能损害上市公司或者投资者合法权益的重大问题的，可以根据审慎监管原则，责令上市公司按照《重组办法》的规定补充披露相关信息、暂停交易、聘请独立财务顾问或者其他证券服务

标准一	标准二	标准三
购买、出售的资产总额占上市公司最近一个会计年度经审计的合并财务会计报告期末资产总额的比例达到50%以上	购买、出售的资产在最近一个会计年度所产生的营业收入占上市公司同期经审计的合并财务会计报告营业收入的比例达到50%以上	购买、出售的资产净额占上市公司最近一个会计年度经审计的合并财务会计报告期末净资产额的比例达到50%以上，且超过5 000万元人民币

图3－1　重大资产重组界定标准

机构补充核查并披露专业意见。

计算上述相关比例时，应当遵守下列规定：

1. 购买的资产为股权的，其资产总额以被投资企业的资产总额与该项投资所占股权比例的乘积和成交金额二者中的较高者为准，营业收入以被投资企业的营业收入与该项投资所占股权比例的乘积为准，资产净额以被投资企业的净资产额与该项投资所占股权比例的乘积和成交金额二者中的较高者为准；出售的资产为股权的，其资产总额、营业收入以及资产净额分别以被投资企业的资产总额、营业收入以及净资产额与该项投资所占股权比例的乘积为准。

购买股权导致上市公司取得被投资企业控股权的，其资产总额以被投资企业的资产总额和成交金额二者中的较高者为准，营业收入以被投资企业的营业收入为准，净利润以被投资企业扣除非经常性损益前后的净利润的较高者为准，资产净额以被投资企业的净资产额和成交金额二者中的较高者为准；出售股权导致上市公司丧失被投资企业控股权的，其资产总额、营业收入以及资产净额分别以被投资企业的资产总额、营业收入以及净资产额为准。

2. 购买的资产为非股权资产的，其资产总额以该资产的账面值和成交金额二者中的较高者为准，资产净额以相关资产与负债的账面值差额和成交金额二者中的较高者为准；出售的资产为非股权资产的，其资产总额、资产净额分别以该资产的账面值、相关资产与负债账面值的差额为准；该非股权资产不涉及负债的，不适用上述资产净额标准。

3. 上市公司同时购买、出售资产的，应当分别计算购买、出售资产的相关比例，并以二者中比例较高者为准。

4. 上市公司在12个月内连续对同一或者相关资产进行购买、出售的，以其累计数分别计算相应数额。已按照《重组办法》的规定编制并披露重大资产重组报告书的资产交易行为，无须纳入累计计算的范围。交易标的资产属于同一交易方所有或者控制，或者属于相同或者相近的业务范围，或者中国证监会认定的其他情形下，可以认定为同一或者相关资产。

三、重大资产重组一般要求

上市公司实施重大资产重组，应当就本次交易符合下列要求作出充分说明，并予以披露：

1. 符合国家产业政策和有关环境保护、土地管理、反垄断等法律和行政法规的规定。

2. 不会导致上市公司不符合股票上市条件。根据我国《证券法》（2014年修订）第五十条规定，不符合上市条件的情形包括：（1）上市公司股本总额低于人民币3 000万元；（2）社会公众持股比例低于上市公司总股本的25%；上市公司股本总额超过4亿元的，低于总股本的10%。上述"社会公众"指不包括下列股东的上市公司其他股东：（1）持有上市公司10%以上股份的股东及其一致行动人；（2）上市公司的董事、监事、高级管理人员及其关联人。

3. 重大资产重组所涉及的资产定价公允，不存在损害上市公司和股东合法权益的情形。

4. 重大资产重组所涉及的资产权属清晰，资产过户或者转移不存在法律障碍，相关债权债务处理合法。

5. 有利于上市公司增强持续经营能力，不存在可能导致上市公司重组后主要资产为现金或者无具体经营业务的情形。

6. 有利于上市公司在业务、资产、财务、人员、机构等方面与实际控制人及其关联人保持独立，符合中国证监会关于上市公司独立性的相关规定。

7. 有利于上市公司形成或者保持健全有效的法人治理结构。

四、重大资产重组信息披露

同时，《重组办法》对重大资产重组的信息披露也进行了相关规定，涉及如下内容：

1. 上市公司筹划、实施重大资产重组，相关信息披露义务人应当公平地向所有投资者披露可能对上市公司股票交易价格产生较大影响的相关信息（以下简称股价敏感信息），不得有选择性地向特定对象提前泄露。

2. 上市公司的股东、实际控制人以及参与重大资产重组筹划、论证、决策等环节的其他相关机构和人员，应当及时、准确地向上市公司通报有关信息，并配合上市公司及时、准确、完整地进行披露。上市公司获悉股价敏感信息的，应当及时向证券交易所申请停牌并披露。

3. 上市公司及其董事、监事、高级管理人员，重大资产重组的交易对方及其关联方，交易对方及其关联方的董事、监事、高级管理人员或者主要负责人，交易各方聘请的证券服务机构及其从业人员，参与重大资产重组筹划、论证、决策、审批等环节的相关机构和人员，以及因直系亲属关系、提供服务和业务往来等知悉或者可能知悉股价敏感信息的其他相关机构和人员，在重大资产重组的股价敏感信息依法披露前负有保密义务，禁止利用该信息进行内幕交易。

第二节　上市公司重大资产重组程序

一、筹划重组事项

上市公司筹划重大资产重组事项，应当详细记载筹划过程中每一具体环节的进展情况，包括商议相关方案、形成相关意向、签署相关协议或者意向书的具体时间、地点、参与机构和人员、商议和决议内容等，制作书面的交易进程备忘录并予以妥当保存。参与每一个具体环节的所有人员应当即时在备忘录上签名确认。

上市公司与交易对方就重大资产重组事宜进行初步磋商时，应当立即采取必要且充分的保密措施，制定严格有效的保密制度，限定相关敏感信息的知悉范围。上市公司及交易对方聘请证券服务机构的，应当立即与所聘请的证券服务机构签署保密协议。

上市公司预计筹划中的重大资产重组事项难以保密或者已经泄露的，应当及时向证券交易所申请停牌，直至真实、准确、完整地披露相关信息。停牌期间，上市公司应当至少每周发布一次事件进展情况公告。上市公司股票交易价格因重大资产重组的市场传闻发生异常波动时，上市公司应当及时向证券交易所申请停牌，核实有无影响上市公司股票交易价格的重组事项并予以澄清，不得以相关事项存在不确定性为由不履行信息披露义务。

上市公司关于重大资产重组的董事会决议公告前，相关信息已在媒体上传播或者公司股票交易出现异常波动的，上市公司应当立即将有关计划、方案或者相关事项的现状以及相关进展情况和风险因素等予以公告，并按照有关信息披露规则办理其他相关事宜。

另外，上市公司应当在重大资产重组报告书的管理层讨论与分析部分，就本次交易对上市公司的持续经营能力、未来发展前景、当年每股收益等财务指标和非财务指标的影响进行详细分析。

二、引入中介机构

上市公司应当聘请独立财务顾问、律师事务所以及具有相关证券业务资格的会计师事务所等证券服务机构就重大资产重组出具意见。

1. 独立财务顾问与律师事务所。独立财务顾问和律师事务所应当审慎核查重大资产重组是否构成关联交易，并依据核查确认的相关事实发表明确意见。重大资产重组涉及关联交易的，独立财务顾问应当就本次重组对上市公司非关联股东的影响发表明确意见。

2. 资产评估机构。资产交易定价以资产评估结果为依据的，上市公司应当聘请具有相关证券业务资格的资产评估机构出具资产评估报告。资产评估机构、估值机构原则上应当采取两种以上的方法进行评估或者估值；上市公司独立董事应当出席董事会会议，对评估机构或者估值机构的独立性、评估或者估值假设前提的合理性和交易定价的公允性发表独立意见，并单独予以披露。

证券服务机构在其出具的意见中采用其他证券服务机构或者人员的专业意见的，仍然应当进行尽职调查，审慎核查其采用的专业意见的内容，并对利用其他证券服务机构或者人员的专业意见所形成的结论负责。

上市公司及交易对方与证券服务机构签订聘用合同后，非因正当事由不得更换证券服务机构。确有正当事由需要更换证券服务机构的，应当披露更换的具体原因以及证券服务机构的陈述意见。

三、做出重组决议（董事会）

上市公司进行重大资产重组，应当由董事会依法作出决议，并提交股东大会批准。上市公司董事会应当就重大资产重组是否构成关联交易作出明确判断，并作为董事会决议事项予以披露。上市公司独立董事应当在充分了解相关信息的基础上，就重大资产重组发表独立意见。重大资产重组构成关联交易的，独立董事可以另行聘请独立财务顾问就本次交易对上市公司非关联股东的影响发表意见。上市公司应当积极配合独立董事调阅相关材料，并通过安排实地调查、组织证券服务机构汇报等方式，为独立董事履行职责提供必要的支持和便利。

上市公司应当在董事会作出重大资产重组决议后的次一工作日至少披露下列文件：

1. 董事会决议及独立董事的意见；
2. 上市公司重大资产重组预案。

上市公司应当在至少一种中国证监会指定的报刊公告董事会决议、独立董事的意见，并应当在证券交易所网站全文披露重大资产重组报告书及其摘要、相关证券服务机构的报告或者意见。

董事会之后至股东大会召开前，上市公司需披露以下相关报告：

1. 重大资产重组报告书；
2. 独立财务顾问报告；
3. 法律意见书；
4. 重组涉及的审计报告；
5. 资产评估报告或估值报告。

上市公司自愿披露盈利预测报告的，该报告应当经具有相关证券业务资格的会计师事务所审核，与重大资产重组报告书同时公告。

四、审议重组方案（股东会）

上市公司股东大会就重大资产重组作出的决议，至少应当包括下列事项：

1. 本次重大资产重组的方式、交易标的和交易对方；

2. 交易价格或者价格区间；

3. 定价方式或者定价依据；

4. 相关资产自定价基准日至交割日期间损益的归属；

5. 相关资产办理权属转移的合同义务和违约责任；

6. 决议的有效期；

7. 对董事会办理本次重大资产重组事宜的具体授权；

8. 其他需要明确的事项。

上市公司股东大会就重大资产重组事项作出决议，必须经出席会议的股东所持表决权的 2/3 以上通过。上市公司重大资产重组事宜与本公司股东或者其关联人存在关联关系的，股东大会就重大资产重组事项进行表决时，关联股东应当回避表决。交易对方已经与上市公司控股股东就受让上市公司股权或者向上市公司推荐董事达成协议或者默契，可能导致上市公司的实际控制权发生变化的，上市公司控股股东及其关联人应当回避表决。上市公司就重大资产重组事宜召开股东大会，应当以现场会议形式召开，并应当提供网络投票和其他合法方式为股东参加股东大会提供便利。除上市公司的董事、监事、高级管理人员、单独或者合计持有上市公司 5% 以上股份的股东以外，其他股东的投票情况应当单独统计并予以披露。

上市公司应当在股东大会作出重大资产重组决议后的次一工作日公告该决议，以及律师事务所对本次会议的召集程序、召集人和出席人员的资格、表决程序以及表决结果等事项出具的法律意见书。

上市公司全体董事、监事、高级管理人员应当公开承诺，保证重大资产重组的信息披露和申请文件不存在虚假记载、误导性陈述或者重大遗漏。

同时，重大资产重组的交易对方应当公开承诺，将及时向上市公司提供本次重组相关信息，并保证所提供的信息真实、准确、完整，如因提供的信息存在虚假记载、误导性陈述或者重大遗漏，给上市公司或者投资者造成损失的，将依法承担赔偿责任。

五、审核重组方案（证监会）

根据《国务院关于进一步优化企业兼并重组市场环境的意见》（国发〔2014〕14号），取消上市公司重大资产购买、出售、置换行为审批（构成借壳上市的除外）。《重组办法》第二十七条规定："中国证监会依照法定条件和程序，对上市公司属于本办法第十三条规定情形的交易申请作出予以核准或者不予核准的决定。"即证监会只对借壳上市进行审批，已经全面放开现金收购、置换、出售的审批。

另外，《国务院对确需保留的行政审批项目设定行政许可的决定》（国务院第412号令）明确规定"上市公司发行股份购买资产核准"是需要行政许可的事项。同时，根据《证券法》现行规定，上市公司发行新股用于并购重组，因涉及股票发行，无论是否达到重大资产重组标准，均要证监会核准。

同时，《重组办法》第八条规定："中国证监会依法对上市公司重大资产重组行为进行监督管理。中国证监会审核上市公司重大资产重组或者发行股份购买资产的申请，可以根据上市公司的规范运作和诚信状况、财务顾问的执业能力和执业质量，结合国家产业政策和重组交易类型，作出差异化的、公开透明的监管制度安排，有条件地减少审核内容和环节。"

中国证监会在审核期间提出反馈意见要求上市公司作出书面解释、说明的，上市公司应当自收到反馈意见之日起30日内提供书面回复意见，独立财务顾问应当配合上市公司提供书面回复意见。逾期未提供的，上市公司应当在到期日的次日就本次交易的进展情况及未能及时提供回复意见的具体原因等予以公告。

六、调整重组方案

股东大会作出重大资产重组的决议后，上市公司拟对交易对象、交易标的、交易价格等作出变更，构成对原交易方案重大调整的，应当在董事会表决通过后重新提交股东大会审议，并及时公告相关文件。

中国证监会审核期间，上市公司按照前款规定对原交易方案作出重大调整的，还应当按照本办法的规定向中国证监会重新提出申请，同时公告相关文件。

（一）关于交易对象

1. 拟增加交易对象的，应当视为构成对重组方案重大调整。

2. 拟减少交易对象的，如交易各方同意将该交易对象及其持有的标的资产份额剔除出重组方案，且剔除相关标的资产后按照下述第（二）条的规定不构成重组方案重大调整的，可以视为不构成重组方案重大调整。

3. 拟调整交易对象所持标的资产份额的，如交易各方同意交易对象之间转让标的资产份额，且转让份额不超过交易作价20%的，可以视为不构成重组方案重大调整。

（二）关于交易标的

拟对标的资产进行变更，如同时满足以下条件，可以视为不构成重组方案重大调整。

1. 拟增加或减少的交易标的的交易作价、资产总额、资产净额及营业收入占原标的资产相应指标总量的比例均不超过20%；

2. 变更标的资产对交易标的的生产经营不构成实质性影响，包括不影响标的资产及业务完整性等。

（三）关于配套募集资金

1. 调减或取消配套募集资金不构成重组方案的重大调整。

2. 新增配套募集资金，应当视为构成对重组方案重大调整。

中国证监会审核期间，上市公司董事会决议撤回申请的，应当说明原因，予以公告；上市公司董事会决议终止本次交易的，还应当按照公司章程的规定提交股东大会审议。

七、实施重组方案

（一）编制重组实施情况报告书

上市公司重大资产重组完成相关批准程序后，应当及时实施重组方案，并于实施完毕之日起 3 个工作日内编制实施情况报告书，向证券交易所提交书面报告，并予以公告。

（二）证券服务机构核查

上市公司聘请的独立财务顾问和律师事务所应当对重大资产重组的实施过程、资产过户事宜和相关后续事项的合规性及风险进行核查，发表明确的结论性意见。独立财务顾问和律师事务所出具的意见应当与实施情况报告书同时报告、公告。

上市公司重大资产重组发生下列情形的，独立财务顾问应当及时出具核查意见，并予以公告：

1. 上市公司完成相关批准程序前，对交易对象、交易标的、交易价格等作出变更，构成对原重组方案重大调整，或者因发生重大事项导致原重组方案发生实质性变动的；

2. 上市公司完成相关批准程序后，在实施重组过程中发生重大事项，导致原重组方案发生实质性变动的。

（三）重组实施过程的信息披露

自完成相关批准程序之日起 60 日内，本次重大资产重组未实施完毕的，上市公司应当于期满后次一工作日将实施进展情况报告，并予以公告；此后每 30 日应当公告一次，直至实施完毕。属于借壳上市及发行股份购买资产的情形，自收到中国证监会核准文件之日起超过 12 个月未实施完毕的，核准文件失效。

上市公司在实施重大资产重组的过程中，发生法律、法规要求披露重大事项的，应当及时作出公告；该事项导致本次交易发生实质性变动的，须重新提交股东大会审议，属于借壳上市的，还须重新报经中国证监会核准。

采取收益现值法、假设开发法等基于未来收益预期的方法对拟购买资产进行评估或者估值并作为定价参考依据的，上市公司应当在重大资产重组实施完毕后 3 年内的年度报告中单独披露相关资产的实际盈利数与利润预测数的差异情况，并由会计师事务所对此出具专项审核意见；交易对方应当与上市公司就相关资产实际盈利数不足利润预测数的情况签订明确可行的补偿协议。

预计本次重大资产重组将摊薄上市公司当年每股收益的，上市公司应当提出填补每股收益的具体措施，并将相关议案提交董事会和股东大会进行表决。负责落实该等具体措施的相关责任主体应当公开承诺，保证切实履行其义务和责任。

上市公司向控股股东、实际控制人或者其控制的关联人之外的特定对象购买资产且未导致控制权发生变更的，上市公司与交易对方可以根据市场化原则，自主协商是否采取业绩补偿和每股收益填补措施及相关具体安排。

八、持续督导

独立财务顾问应当按照中国证监会的相关规定，对实施重大资产重组的上市公司履行持续督导职责。持续督导的期限自本次重大资产重组实施完毕之日起，应当不少于一个会计年度。

独立财务顾问应当结合上市公司重大资产重组当年和实施完毕后的第一个会计年度的年报，自年报披露之日起 15 日内，对重大资产重组实施的下列事项出具持续督导意见，并予以公告：

1. 交易资产的交付或者过户情况；
2. 交易各方当事人承诺的履行情况；
3. 已公告的盈利预测或者利润预测的实现情况；
4. 管理层讨论与分析部分提及的各项业务的发展现状；
5. 公司治理结构与运行情况；
6. 与已公布的重组方案存在差异的其他事项。

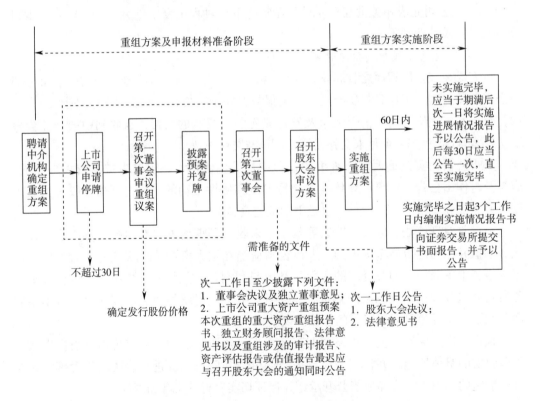

图 3-2 上市公司重大资产重组一般工作流程

第三节　发行股份购买资产

一、发行股份购买资产概述

上市公司发行股份购买资产是指上市公司用股份作为支付对价的方式来购买资产。这是非公开发行的一种特殊形式，也是上市公司进行资产重组最常用的方式。《证券法》第十三条规定："上市公司非公开发行新股，应当符合经国务院批准的国务院证券监督管理机构规定的条件，并报国务院证券监督管理机构核准。"同时，《重组办法》第四十七条规定："上市公司申请发行股份购买资产，应当提交并购重组委审核。"

上市公司发行股份购买资产需注意以下几点：

1. 发行股份购买资产不同于普通的重大资产重组。发行股份购买资产不一定会构成重大资产重组，而重大资产重组通常都会涉及发行股份购买资产行为。

2. 募集资金用于收购资产不属于发行股份购买资产。上市公司按照证监会核准的发行证券文件披露的募集资金用途，使用募集资金购买资产、对外投资的行为，不属于发行股份购买资产。

3. 视同发行股份购买资产。特定对象以现金或者资产认购上市公司非公开发行的股份后，上市公司用同一次非公开发行所募集的资金向该特定对象购买资产的，视同上市公司发行股份购买资产。

二、发行股份购买资产一般要求

上市公司发行股份购买资产，应当符合下列规定：

1. 有利于提高上市公司资产质量、改善财务状况和增强持续盈利能力，有利于上市公司减少关联交易、避免同业竞争、增强独立性。

2. 上市公司最近一年及一期财务会计报告被注册会计师出具无保留意见审计报告；被出具保留意见、否定意见或者无法表示意见的审计报告的，须经注册会计师专项核查确认，该保留意见、否定意见或者无法表示意见所涉及事项的重大影响已经消除或者将通过本次交易予以消除。

3. 上市公司及其现任董事、高级管理人员不存在因涉嫌犯罪正被司法机关立案侦查或涉嫌违法违规正被中国证监会立案调查的情形，但是，涉嫌犯罪或违法违规的行为已经终止满 3 年，交易方案有助于消除该行为可能造成的不良后果，且不影响对相关行为人追究责任的除外。

4. 上市公司发行股份所购买的资产为权属清晰的经营性资产，并能在约定期限内办理完毕权属转移手续。

5. 中国证监会规定的其他条件。

上市公司为促进行业的整合、转型升级，在其控制权不发生变更的情况下，可以向控股股东、实际控制人或者其控制的关联人之外的特定对象发行股份购买资产。所购买资产与现有主营业务没有显著协同效应的，应当充分说明并披露本次交易后的经营发展战略和业务管理模式，以及业务转型升级可能面临的风险和应对措施。

三、上市公司股份的发行价格

《重组办法》第四十五条规定："上市公司发行股份的价格不得低于市场参考价的90%。市场参考价为本次发行股份购买资产的董事会决议公告日前20个交易日、60个交易日或者120个交易日的公司股票交易均价之一。本次发行股份购买资产的董事会决议应当说明市场参考价的选择依据。"

交易均价的计算公式为：董事会决议公告日前若干个交易日公司股票交易均价＝决议公告日前若干个交易日公司股票交易总额/决议公告日前若干个交易日公司股票交易总量。

本次发行股份购买资产的董事会决议可以明确，在中国证监会核准前，上市公司的股票价格相比最初确定的发行价格发生重大变化的，董事会可以按照已经设定的调整方案对发行价格进行一次调整。该规定的发行价格调整方案应当明确、具体、可操作，详细说明是否相应调整拟购买资产的定价、发行股份数量及其理由，在首次董事会决议公告时充分披露，并按照规定提交股东大会审议。股东大会作出决议后，董事会按照已经设定的方案调整发行价格的，上市公司无须向中国证监会重新提出申请。

四、发行股份购买资产的股份锁定期

特定对象以资产认购而取得的上市公司股份，自股份发行结束之日起12个月内不得转让。

属于下列情形之一的，36个月内不得转让：

1. 特定对象为上市公司控股股东、实际控制人或者其控制的关联人；

2. 特定对象通过认购本次发行的股份取得上市公司的实际控制权；

3. 特定对象取得本次发行的股份时，对其用于认购股份的资产持续拥有权益的时间不足12个月。

属于借壳上市的，上市公司原控股股东、原实际控制人及其控制的关联人，以及在交易过程中从该等主体直接或间接受让该上市公司股份的特定对象应当公开承诺，在本次交易完成后36个月内不转让其在该上市公司中拥有权益的股份；除收购人及其关联人以外的特定对象应当公开承诺，其以资产认购而取得的上市公司股份自股份发行结束之日起24个月内不得转让。

上市公司向控股股东、实际控制人或者其控制的关联人发行股份购买资产，或者发行股份购买资产将导致上市公司实际控制权发生变更的，认购股份的特定对象应当在发行股份购买资产报告书中公开承诺：本次交易完成后6个月内如上市公司股票连

续 20 个交易日的收盘价低于发行价，或者交易完成后 6 个月期末收盘价低于发行价的，其持有公司股票的锁定期自动延长至少 6 个月。上述特定对象还应当在发行股份购买资产报告书中公开承诺：如本次交易因涉嫌所提供或披露的信息存在虚假记载、误导性陈述或者重大遗漏，被司法机关立案侦查或者被中国证监会立案调查的，在案件调查结论明确以前，不得转让其在该上市公司拥有权益的股份。

五、募集配套资金的相关要求

根据《重组办法》第四十四条规定，上市公司发行股份购买资产的，除借壳上市情形外，可以同时募集部分配套资金。

同时，为规范上市公司融资行为，完善非公开发行股票定价机制，证监会于 2017 年 2 月 15 日发布《关于修改〈上市公司非公开发行股票实施细则〉的决定》（以下简称《实施细则》），并发布《发行监管问答——关于引导规范上市公司融资行为的监管要求》，对上市公司再融资的规则进行如下调整：

1. 发行价格。取消了将董事会决议公告日、股东大会决议公告日作为上市公司非公开发行股票定价基准日的规定，明确定价基准日只能为本次非公开发行股票发行期的首日。

2. 发行数量。上市公司申请非公开发行股票的，拟发行的股份数量不得超过本次发行前总股本的 20%。

3. 发行间隔。上市公司申请增发、配股、非公开发行股票的，本次发行董事会决议日距离前次募集资金到位日原则上不得少于 18 个月。前次募集资金包括首发、增发、配股、非公开发行股票；上市公司发行可转债、优先股和创业板小额快速融资，不适用本条规定。

4. 上市公司申请再融资时，除金融类企业外，原则上最近一期末不得存在持有金额较大、期限较长的交易性金融资产和可供出售的金融资产、借予他人款项、委托理财等财务性投资的情形。

随后，中国证监会新闻发言人邓舸就并购重组定价等相关事项答记者问，表示：（1）本次政策调整后，并购重组发行股份购买资产部分的定价继续执行《重组办法》的相关规定，即按照本次发行股份购买资产的董事会决议公告日前 20 个交易日、60 个交易日或者 120 个交易日的公司股票交易均价之一定价；（2）配套融资定价按照新修订的《实施细则》执行，即按照发行期首日定价；（3）配套融资规模按现行规定执行，且需符合《发行监管问答——关于引导规范上市公司融资行为的监管要求》，即拟发行的股份数量不得超过本次发行前总股本的 20%；（4）配套融资期限间隔等还继续执行《重组办法》等相关规则的规定。

因此，关于配套资金募集，需注意下述事项。

（一）募资配套资金用途及比例

募集配套资金的用途应当符合《上市公司证券发行管理办法》、《创业板上市公司证券发行管理暂行办法》的相关规定。考虑到并购重组的特殊性，所募资金仅可用于：支付本次并购交易中的现金对价；支付本次并购交易税费、人员安置费用等并购整合费用；投入标的资产在建项目建设。募集配套资金不能用于补充上市公司和标的资产流动资金、偿还债务。

根据《〈上市公司重大资产重组管理办法〉第十四条、第四十四条的适用意见——证券期货法律适用意见第 12 号》规定："上市公司发行股份购买资产同时募集的部分配套资金，所配套资金比例不超过拟购买资产交易价格 100% 的，一并由并购重组审核委员会予以审核；超过 100% 的，一并由发行审核委员会予以审核。不属于发行股份购买资产项目配套融资的上市公司再融资，仍按现行规定办理。"该意见需注意以下几点：

1. "拟购买资产交易价格"指本次交易中以发行股份方式购买资产的交易价格，但不包括交易对方在本次交易停牌前六个月内及停牌期间以现金增资入股标的资产部分对应的交易价格。

2. 上市公司控股股东、实际控制人及其一致行动人在本次交易停牌六个月内及停牌期间取得标的资产权益的，以该部分权益认购的上市公司股份在认定控制权是否变更时剔除计算。

同时，配套融资规模还需符合《发行监管问答——关于引导规范上市公司融资行为的监管要求》，即拟发行的股份数量不得超过本次发行前总股本的 20%。

（二）募集配套资金的定价方法及锁定期

根据《上市公司证券发行管理办法》、《创业板上市公司证券发行管理暂行办法》以及《上市公司非公开发行股票实施细则（2017 年修订）》相关规定，非公开发行股票发行价格不低于定价基准日前 20 个交易日公司股票均价的 90%；定价基准日为本次非公开发行股票发行期的首日。

定价基准日前 20 个交易日股票交易均价 = 定价基准日前 20 个交易日股票交易总额/定价基准日前 20 个交易日股票交易总量。

发行对象认购的股份自发行结束之日起 12 个月内不得转让。

发行对象属于下列情形之一的，具体发行对象及其定价原则应当由上市公司董事会的非公开发行股票决议确定，并经股东大会批准；认购的股份自发行结束之日起 36 个月内不得转让：

1. 上市公司的控股股东、实际控制人或其控制的关联人；

2. 通过认购本次发行的股份取得上市公司实际控制权的投资者；

3. 董事会拟引入的境内外战略投资者。

募集配套资金部分与购买资产部分应当分别定价，视为两次发行。

（三）上市公司披露募集配套资金方案须注意事项

根据《公开发行证券的公司信息披露内容与格式准则第 26 号——上市公司重大资产重组（2014 年修订）》规定，上市公司在披露募集配套资金的必要性时，应结合以下方面进行说明：上市公司前次募集资金金额、使用进度、效益及剩余资金安排；上市公司、标的资产报告期末货币资金金额及用途；上市公司资产负债率等财务状况与同行业的比较；本次募集配套资金金额是否与上市公司及标的资产现有生产经营规模、财务状况相匹配等。

另外，上市公司还需披露募集配套资金的用途，包括具体用途、资金安排、测试依据、使用计划进度和预期收益，如募集配套资金用于投资项目的，应当披露项目是否取得相应的许可证书或者有关主管部门的批复文件。

其他尚需披露的信息包括：本次募集配套资金管理和使用的内部控制制度，募集配套资金使用的分级审批权限、决策程序、风险控制措施及信息披露程序；本次募集配套资金失败的补救措施；对交易标的采取收益法评估时，预测现金流中是否包含了募集配套资金投入带来的收益。

第四节　借壳上市

借壳上市属于特殊类型的重大资产重组，通常又涉及发行新股，因而需要满足本章第二节、第三节所述的相关规定及程序。除此之外，新修订的《上市公司重大资产重组管理办法》对借壳上市又新增要求。

一、借壳上市概述

通常而言，借壳上市是指非上市公司通过收购取得上市公司控制权之后，再由上市公司收购非上市公司的资产、业务，从而实现非上市公司间接上市的一种重大资产重组操作形式。借壳上市是一种高级形态的上市公司收购方式，其实质上包含双重组合收购行为，即非上市公司收购上市公司壳公司，以及上市公司壳公司反向收购非上市公司的全部或大部分资产。

借壳上市与IPO都能够实现上市，但IPO是获取融资资格的行政许可行为，而借壳上市通过交易行为实现，即控制权的获得以及资产注入。两者的核心区别在于借壳上市后原上市公司股东持股继续保留，分享借壳上市资产的收益；而IPO发行对公司股东是有对价的摊薄。另外，借壳上市与IPO还有以下特点：（1）借壳上市是股东推动，上市公司是被收购的对象；（2）借壳上市的目的是为了获得上市资格，而不在意原有上市公司业务，若关注也仅在于净壳剥离难度；（3）借壳上市属于关联交易，其大小股东的利益取向不同，大股东有对拟注入资产高估而挤占中小股东权益的利益驱动。

历史上，由于我国股票发行上市试行额度管理，导致上市公司资源具有较大稀缺性。当前阶段，拟上市企业仍需满足较为苛刻条件，且经过中国证监会严格审批后才能获得上市资格，因此上市公司的稀缺性一直存在，这也导致一大批非上市企业试图通过借壳实现公司上市。同时，在已上市公司中，有一部分企业由于经营不善等原因，其实际控制人也愿意将上市公司壳资源进行出让，由此形成当下借壳上市现象的持续火爆。

在 2011 年 8 月，证监会发布《上市公司重大资产重组管理办法》（证监会令第 73 号），其中第十二条便提出借壳上市与首次公开发行股票上市标准趋同，并明确借壳上市资产要求。后由于壳资源炒作越来越火爆，证监会强化对借壳上市的监管，对借壳上市的审核条件由"趋同"向"等同"过渡。在 2013 年 11 月，证监会发布《关于在借壳上市审核中严格执行首次公开发行股票上市标准的通知》（证监发〔2013〕61 号，以下简称《通知》），主要包括两点：（1）上市公司重大资产重组方案构成借壳上市的，上市公司购买的资产对应的经营实体应当是股份有限公司或者有限责任公司，且符合《首次公开发行股票并上市管理办法》（证监会令第 32 号）规定的发行条件；（2）不得在创业板借壳上市。2014 年 10 月，证监会通过发布《上市公司重大资产重组管理办法》（证监会令第 109 号）对前述《通知》中的两点予以明确，这意味着借壳上市的审核标准更趋严格。

但市场上壳资源的估值持续走高，各种规避借壳的方式层出不穷。为了有效遏制泡沫，引导资本市场健康发展，证监会于 2016 年 9 月发布《上市公司重大资产重组管理办法》（证监会令第 127 号），从多个维度对借壳上市标准进行界定，并对上市公司及其控股股东的资信状况、配套资金募集要求、相关交易方的股份锁定期等提出更严格的要求，全面收紧对借壳上市的监管。

二、借壳上市标准

根据新《重组办法》第十三条对借壳上市的特殊规定，上市公司自控制权发生变更之日起 60 个月内，向收购人及其关联人购买资产，导致上市公司发生以下根本变化情形之一的，构成重大资产重组，应当按照本办法的规定报经中国证监会核准：

1. 购买的资产总额占上市公司控制权发生变更的前一个会计年度经审计的合并财务会计报告期末资产总额的比例达到 100% 以上；

2. 购买的资产在最近一个会计年度所产生的营业收入占上市公司控制权发生变更的前一个会计年度经审计的合并财务会计报告营业收入的比例达到 100% 以上；

3. 购买的资产在最近一个会计年度所产生的净利润占上市公司控制权发生变更的前一个会计年度经审计的合并财务会计报告净利润的比例达到 100% 以上；

4. 购买的资产净额占上市公司控制权发生变更的前一个会计年度经审计的合并财务会计报告期末净资产额的比例达到 100% 以上；

5. 为购买资产发行的股份占上市公司首次向收购人及其关联人购买资产的董事会决议前一个交易日的股份的比例达到 100% 以上；

6. 上市公司向收购人及其关联人购买资产虽未达到本款第 1 项至第 5 项标准，但可能导致上市公司主营业务发生根本变化；

7. 中国证监会认定的可能导致上市公司发生根本变化的其他情形。

新《重组办法》首次明确判断是否构成实质借壳上市的期间是在控制权发生变更之日起 60 个月内，即 5 年，使条文的执行更有效率（该条文不适用于创业板公司）。此处所称控制权，按照《上市公司收购管理办法》第八十四条的规定进行认定；同时，上市公司股权分散，但若董事、高级管理人员可以支配公司重大的财务和经营决策的，新《重组办法》认定具有上市公司控制权。另外，根据证监会同时发布的《关于上市公司发行股份购买资产同时募集配套资金的相关问题与解答》相关规定，在判断是否构成借壳上市时，上市公司控股股东、实际控制人及其一致行动人拟认购募集配套资金的，和以在交易停牌前六个月内及停牌期间取得的标的资产权益认购的上市公司股份，相应股份在认定控制权是否变更时均应予以剔除，大大增加上市公司控股股东巩固控制权的难度。

同时，新《重组办法》对借壳上市标准的限定更为严格，从"资产总额"单一标准扩展成"资产总额"、"营业收入"、"净利润"、"资产净额"、"发行股份数量"五个量化指标，以及一个"可能导致上市公司主营业务发生根本变化"的特殊指标，同时还有一个"中国证监会认定的可能导致上市公司发生根本变化的其他情形"的兜底条款。新《重组办法》从全方位杜绝各类规避借壳上市的案例，即从被购买资产端入手来规避借壳上市的路径基本被完全堵死。另外，购买资产的对象必须为"收购人及其关联人"，若向"收购人及关联人"以外的交易方购买资产超过前述指标，则不属于借壳上市。

除上述对规避借壳方案的限制之外，新规还规定为"炒壳"行为降温的如下措施：

1. 规定"壳公司"负面条件。新《重组办法》第十三条规定，上市公司及其最近 3 年内的控股股东、实际控制人不存在因涉嫌犯罪正被司法机关立案侦查或涉嫌违法违规正被中国证监会立案调查的情形，但是，涉嫌犯罪或违法违规的行为已经终止满 3 年，交易方案能够消除该行为可能造成的不良后果，且不影响对相关行为人追究责任的除外；上市公司及其控股股东、实际控制人最近 12 个月内未受到证券交易所公开谴责，不存在其他重大失信行为；本次重大资产重组不存在中国证监会认定的可能损害投资者合法权益，或者违背公开、公平、公正原则的其他情形。

本条规定直接限制了存在法律瑕疵的上市壳公司及控股股东、实际控制人重组上市的通路。

2. 取消借壳上市的配套融资。新《重组办法》第四十四条规定，如果构成借壳上市，则无法募集配套资金。此项规定一方面降低了借壳上市的吸引力，另一方面对标的资产的质量提出更高要求。

3. 延长限售期。对于借壳上市的限售期，原《重组办法》第四十六条规定，特定对象以资产认购而取得的上市公司股份，自股份发行结束之日起 12 个月内不得转让；属于下列情形之一的，36 个月内不得转让：

（1）特定对象为上市公司控股股东、实际控制人或者其控制的关联人；

（2）特定对象通过认购本次发行的股份取得上市公司的实际控制权；

（3）特定对象取得本次发行的股份时，对其用于认购股份的资产持续拥有权益的时间不足 12 个月。

新《重组办法》第四十六条增加了第二款，即借壳上市的，上市公司原控股股东、原实际控制人及其控制的关联人，以及在交易过程中从该等主体直接或间接受让该上市公司股份的特定对象应当公开承诺，在本次交易完成后 36 个月内不转让其在该上市公司中拥有权益的股份；除收购人及其关联人以外的特定对象应当公开承诺，其以资产认购而取得的上市公司股份自股份发行结束之日起 24 个月内不得转让。由于借壳前后上市公司股价差别较大，为避免原控股股东迅速套现离场，新股东突击入股、内幕交易，故延长禁售期，督促上市公司新老股东关注资产质量，互相约束。

4. 增加约束措施。新《重组办法》第五十三条增加了对规避借壳行为的监管措施：交易尚未完成的，中国证监会责令上市公司补充披露相关信息、暂停交易并按照本办法第十三条的规定报送申请文件；交易已经完成的，可以处以警告、罚款，并对有关责任人员采取市场禁入的措施；涉嫌犯罪的，依法移送司法机关追究刑事责任。此项条款增强对规避借壳行为的追责力度，促使交易各方以更谨慎的态度推进重组交易。

本次对《上市公司重大资产重组管理办法》的修订，主要围绕"借壳上市"展开，旨在给"炒壳"行为降温，促进资本市场估值体系的理性修复，继续支持通过并购重组提升上市公司质量，引导更多资金投向实体经济。同时，根据证监会同时发布的《关于修改〈上市公司重大资产重组相关股票异常交易监管的暂行规定〉》，上市公司在首次披露方案后主动终止重组进程后再次启动重组的冷静期由三个月缩短为一个月，从这点来看，中国证监会对并购重组仍然是鼓励的态度，资产的质量仍然是审核关注的重点。

三、优质"壳"标准

通常而言，上市公司沦落为壳公司时一般具有以下特点：（1）资产端：资产负债率较高，资产质量不佳；（2）收入端：主营业务规模小，甚至停业、业绩较差或极差，无新的利润增长点，无发展前景；（3）股价端：股价低或趋于零，甚至已停牌交易。

在借壳上市交易中，壳公司的好坏对交易成功与否有着极为重要作用。优质"壳"要具备以下几个重要条件：

1. 壳公司须干净。所谓"干净"的壳，其上市资格必须保持完整，且没有债务和法律诉讼，也不涉及违反证券法规的相关问题。

2. 壳公司市值要小。壳公司的市值要小，主要是有利于收购方完成交易后控制上市公司。借壳上市一般通过上市壳公司向拟注入资产的收购方发行股份的方式进行，在不发生收购方收购壳公司原有股东股权，且暂不考虑上市公司发行股份的价格折价情形时，壳公司的市值越大，相应注入资产占借壳后上市公司的股权比例以及借壳完成后收购方持有上市公司的股权比例就越低。若壳公司的市值越小，注入资产占借壳后上市公司的股权比例，以及借壳完成后收购方持有上市公司的股权比例就越高，越有利于收购方控制借壳后的上市公司。

3. 壳公司要有足够的"大众股东"。壳公司要有足够的"大众股东"，借壳后才会有活跃的交易。而且，若壳公司的股权结构较为分散，原大股东持股比例较低，收购方持有借壳后上市公司的股权比例与壳公司原大股东持有借壳后上市公司的股权比例差距就越大，越有利于收购方控制借壳后的上市公司。若两者之间差距较小，则收购方需通过同步收购壳公司原大股东所持壳公司股权等方式以提高借壳后所持上市公司股权比例。

四、借壳上市流程

根据《国务院关于进一步优化企业兼并重组市场环境的意见》（国发〔2014〕14号），取消上市公司重大资产购买、出售、置换行为审批（构成借壳上市的除外）。新《重组办法》第二十七条也规定，中国证监会依照法定条件和程序，对借壳上市的交易申请作出予以核准或者不予核准的决定。借壳上市的操作流程如下：

（一）前期筹划

1. 上市公司筛选。收购方选择合适的上市壳公司，并与其控股股东进行初步接触。

2. 聘请中介顾问。包括财务顾问、律师事务所、会计师事务所、资产评估机构等，并签署相应合同。之后，全体借壳上市参与机构签署《保密协议》。

3. 达成初步意向。对拟借壳上市公司进行全面盘整，确定拟上市资产范围；并与目标壳公司控股股东就借壳上市事宜达成初步合作意向。

4. 制作借壳方案。律师事务所、会计师事务所、资产评估机构分别完成法律尽调工作、财务审计工作以及资产评估工作；同时，财务顾问协助制作重组方案。

5. 签署相关协议。在履行相关批准手续后，相关各方签署股权收购相关协议书，明确收购的主要事项和详细条款。

（二）制作申报材料

1. 重大资产重组报告书及相关文件。

2. 独立财务顾问和律师事务所出具的文件。

3. 本次重大资产重组涉及的财务信息相关文件。

4. 本次重大资产重组涉及的有关协议、合同和决议。

5. 本次重大资产重组的其他文件。

（三）证监会审核

1. 停牌申请。上市壳公司根据规定申请停牌，向公众定期披露进展情况。

2. 内部审批。借壳方案及相关协议经过董事会、股东大会等内部权力机构批准和授权。

3. 监管初审。上市公司监管部受理相关申请材料后，在反馈专题会上集体讨论确定反馈意见及其他审核意见，上市公司应当自收到反馈意见之日起 30 日内提供书面回复意见，独立财务顾问应当配合上市公司提供书面回复意见。之后，审核专题会讨论反馈意见的落实情况；在满足相关要求后，决定将借壳上市方案提交并购重组委审议。

4. 监管核准。并购重组委依据法定条件和程序，对借壳上市申请作出予以核准或者不予核准的决定。经审核未获通过的，上市公司根据并购重组委意见对重组方案进行修改补充或提出新方案后，可重新报送申报材料；在满足相关条件后，可再次提交重组委审核。经核准通过的，上市公司公告经审核通过的《重大资产重组报告书》。

（四）借壳方案实施

借壳方案具体实施后，相关交易方办理资产交割过户手续，包括但不限于：

1. 经证监会批准后，对置入、置出资产交割过户；

2. 对涉及的资产进行重组；

3. 对原有上市公司人员进行安置；

4. 上市壳公司债权债务的继承；

5. 对董事会等权力机构进行改组，加强对上市公司的控制力；

6. 根据重组情形，独立财务顾问对上市公司进行持续督导。

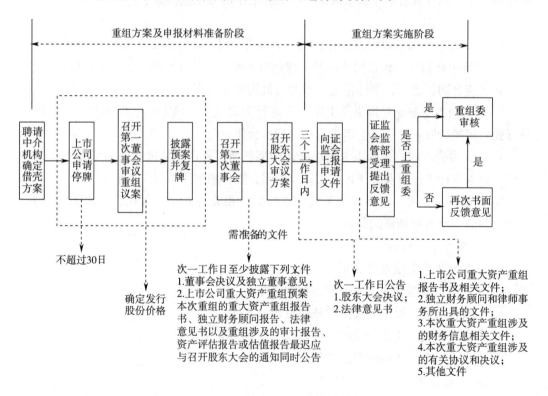

图 3－3　借壳上市一般工作流程

中　篇
上市公司并购重组
方案设计

第四章　收购方式选择

收购是公司对外投资的基本方式之一，在公司对外投资中占有很大比例。收购方式是指收购方通过对业已存在的目标公司实行股权收购或资产收购，使收购方成为目标公司的控股股东或接管目标公司的资产和业务的投资行为。收购具有以下三个基本特点：（1）使用目标公司平台或继续目标公司的业务；（2）投资成本较高，但收购后业务的起点也高；（3）整合难度较大，但整合成功后效益也大。

收购衍生出股权收购和资产收购两种基本模式。从公司视角，无论是股权收购或资产收购，与新设投资相比的最大特点，是可化竞争之"敌"为竞争之"友"，减弱市场竞争压力，使收购方在目标市场获得超额利润。因而，收购通常要接受反垄断相关法规的限制。

第一节　股权收购

一、股权收购概念

股权收购是指收购方通过协议购买目标公司的股权或认购目标公司的增资，成为目标公司股东，进而达到参与或控制目标公司的目的。

二、股权收购优点

1. 无须新设公司。股权收购通常无须新设公司，仅需履行对目标公司的股东变更程序；通常情况下，收购方将继续使用目标公司的经营平台，目标公司也将存续下去。

2. 业务开展起点高。股权收购后目标公司仅是股东结构发生变化，而公司名称和市场主体不变；收购方容易继承目标公司原有的产品市场份额、销售渠道及业务关系，产品销售和业务开展无须从零开始。

3. 团队人员成熟。与新设投资相比，目标公司的管理团队和技术团队现成，节约大量的培训时间和培训经费。通常情形下，股权收购中只有目标公司的高管人员会有调整，其余员工与目标公司的劳动合同将会继续履行。

4. 节约流转税税款。在资产收购情形下，交易标的是目标企业的资产，土地使用权等资产所有权主体发生转移，需要收购方依法缴纳契税，目标公司依法缴纳增值税。而在股权收购情形下，目标公司资产的所有权不发生直接转移，无须缴纳增值税和契税。

5. 化竞争之"敌"为"友"。在新设投资方式下，目标市场的竞争对手始终存在，收购方的加入使市场竞争更加激烈；在股权收购情形下，竞争对手减少，而收购方的队伍却壮大了，从而改变市场竞争格局，收购方容易获得垄断利润。

三、股权收购缺点

1. 收购方遭受目标公司权益减损风险。股权收购前后目标公司作为民事主体将持续存在，因而有关民事权利义务具有延续性。假若目标公司原股东信息披露不真实、不全面，可能导致目标公司遭受或有负债，使收购方对目标公司的权益受到减损。这是股权收购最主要、也最难防范的风险。

2. 收购程序复杂导致收购成本较高。股权收购的程序较为复杂，需征得目标公司存续股东的同意，修改目标公司章程需与存续股东进行谈判，为规避或有负债需进行大量的尽职调查工作。

3. 收购后的公司整合难度较大。股权成功过户仅是收购完成的第一步，后续需进行收购方与目标公司在文化、制度、市场等方面的整合，产生协同效应。在地域文化、法律法规存在较大差异的情形下，尤其收购方对目标公司仅为相对控股，收购后的整合及收购方对目标公司行使管理权都会遇到困难，甚至可能导致收购的失败。

4. 股权收购受到反垄断法的限制。《反垄断法》规定，具有或者可能具有排除、限制竞争效果的经营者集中属于垄断行为。经营者集中是指下列情形：经营者合并；经营者通过取得股权或者资产的方式取得对其他经营者的控制权；经营者通过合同等方式取得对其他经营者的控制权或者能够对其他经营者施加决定性影响。

四、股权收购三种模式

股权收购通常具有三种操作模式：受让股权、增资扩股和公司合并。此三种模式的交易标的和内涵均相同，都是股东获取目标公司权益，但适用的具体情况、操作流程各不相同。

（一）受让股权

受让股权是最基本、使用最多的股权收购模式，指收购方通过向目标公司原股东购买股权，从而成为目标公司的新股东。受让股权的交易双方是收购方和目标公司拟出让股权的股东，一般需要依照法律程序进行股权转让、修改公司章程及变更公司登记等，需要目标公司的存续股东放弃对交易股权的优先购买权。

（二）增资扩股

增资扩股指收购方向目标公司投资以增加注册资本，从而成为目标公司新股东。收购方要与目标公司全体股东发生权益对价关系，交易的实质仍然是股东对目标公司的权益。相对于受让股权模式，增资扩股较为复杂，操作难度较大，需履行收购方增资额与目标公司原股东权益的比价程序，以及向目标公司增资的法律程序等。前述比价即为货币与资本的价值比例问题，需要交易双方协商确定。

（三）公司合并

公司合并是收购方或其子公司与目标公司合并，从而实现对目标公司的控制。合并方按照各自拥有的权益确定其在合并后公司中所持股权比例，这关系各股东的切身利益，也是公司合并的重点和难点。

五、股权收购适用条件

作为收购的高级形式，股权收购的适用有着严格的前提条件。假若背离这些条件，不仅会使收购失败，很可能会导致收购方遭受巨大损失。

适用股权收购的前提条件如下：

1. 目标公司存在对于收购方的价值增长点。目标公司的产品、市场份额、销售渠道、品牌、机器设备、场地等对于收购方具有利用价值，假若没有利用价值，收购方就无收购的必要。另外，如果收购方需要目标公司的壳，则另当别论。

2. 目标公司管理较为规范。若目标公司管理不规范，尤其没有规范、严谨的财务制度，或者资产、财务、纳税等管理混乱，则最好不要使用股权收购而应使用资产收购，否则对收购方风险较大。

3. 出让方对目标公司的信息披露较为充分。若股权出让方无法或不愿对目标公司的信息进行披露，而收购方又不能从其他渠道获得足够信息，且目标公司的股权没有公允价值，收购方无法对目标公司的权益做出合理的判断和估值，这种情况不宜进行股权收购。

4. 目标公司对无用资产进行事先剥离。若目标公司的资产横跨数个行业，则可能部分资产已是垃圾资产或者对收购方是严重负担。此种情形下，若收购方拟对目标公司进行股权收购，应要求目标公司对没有利用价值的资产或垃圾资产、业务进行剥离。

5. 目标公司的原股东特别是拟出让股权股东不存在虚假出资的情形，也不存在依法应当对公司债务承担连带责任的情形。否则收购方后续将置于风险之中。

第二节　资产收购

一、资产收购概念

资产收购是指收购方通过购买目标公司主要资产、重大资产、全部资产或实质性资产并运营该资产，从而获得目标公司的利润创造能力，实现与股权收购类似效果。资产收购的交易标的和内涵是目标公司的特定资产，交易对方是目标公司。资产收购所需要的行政审批较少，但资产过户交割手续、税务处置较为复杂。

二、资产收购特点

1. 资产收购一般不会遭受目标公司或有负债的损失，这是其最大特点与最大优点。

2. 目标公司无须对经营状况进行全面披露。资产收购的后续经营不借助于目标公司这个经营平台，可以不像股权收购那样必须对目标公司经营状况做全面尽职调查。在目标公司对企业经营、财务、管理等做有限信息披露的情况下，收购方只要对拟并购资产的构成、性能、效率、状况、市场、品牌竞争态势等有准确的认知，确定目标公司出让资产的行为合法有效，就可以进行资产收购。

3. 资产收购的一般法律程序为新设公司和受让资产。从实务视角，绝大多数资产收购需要在资产所在地新设公司，作为拟收购资产的后续运营平台，这比股权收购多履行一道法律程序。

4. 多数情况下，目标公司出让资产后成为"空壳"，后续需要履行清算程序，股东或投资者取回投资及回报，而目标公司最终会走向解散。

5. 资产收购的税收负担较股权收购重。股权收购一般仅发生印花税，也可能发生所得税。资产收购不仅会发生印花税和所得税，还可能发生增值税和契税等。

6. 资产收购后的整合难度小于股权收购。在资产收购情形下，公司的管理架构、决策层和团队往往是全新的，可以摆脱目标公司的影响。

7. 资产收购后收购方一般需要追加投资，或进行技术改造，添置新的设备；或追加流动资金，扩大经营规模。

8. 员工需要与目标公司解除劳动合同，与接收资产的公司另行签订劳动合同，此过程处理得好，收购方可以甩掉目标企业冗员的麻烦。

9. 资产收购与股权收购一样也要受到反垄断法的限制，不过限制较小而已。

三、资产收购两种模式

（一）间接资产收购

间接资产收购指收购方在资产收购谈判基本确定的情况下，在目标公司所在地新设子公司，由该子公司受让并经营拟收购资产。从实务视角，收购方和目标公司通常不在一个工商、税务管辖区，收购方不能将资产转移回收购方所在地从事生产经营，只能在收购资产原地从事经营活动。因而，绝大多数资产收购都会采取新设公司受让目标公司资产的操作模式。

（二）直接受让资产

这种模式通常只适用于收购停产企业或破产企业。

其中比较重要的一种模式是零资产收购，即收购方以"零"对价从目标公司原股东处获取该公司资产。因此，零资产收购是采用"正负打包"方式，即将负资产和正资产并在一起，收购方不直接出钱或象征性出很少钱（比如1元钱），但后续可能要承担大量的债务或义务。

零资产收购通常在以下情形发生：

1. 被收购公司净资产小于或等于零；

2. 被收购公司净资产虽为正数，但企业有着较重的社会负担，比如人员安置，或债权数额较大，存在较大的资金回笼风险。

零资产收购是资本市场中人们对法律制度的一种充分运用形式，作为被收购目标公司的新老股东在各自的发展过程中，根据公司的长远目标对公司的股权构架、资产分布、产业定位进行有效的、低成本的整合。

四、资产收购适用条件

1. 目标公司的资产能够满足收购方价值创造的需求。

2. 对目标公司限制竞争。从实务视角，资产收购方之所以购买目标公司资产，很多是为了承继目标公司产品的市场份额和已有业务，因而目标公司必须保证在出让资产后不再在目标市场投资从事同类生产经营和业务活动。

第三节　净壳收购

一、净壳收购概念

净壳收购通常指收购方在收购的同时或收购后把其部分资产与上市公司全部资产进行整体置换，并由上市公司原大股东承担置换出上市公司全部资产。在该重组模式中，由于"壳公司"的原有全部资产被原大股东买回，因此收购方收购的实际上仅仅是上市公司这个"壳"，而这种收购方式也就被称为净壳收购。

净壳收购实际包含三个基本交易环节：

1. 收购方（假设为X）从上市公司（假设为Y）的第一大股东（假设为Z）中收购了其持有的部分或全部股权，从而成为Y公司的第一大股东；

2. X公司用其部分资产与Y公司的全部资产进行等额置换；

3. Z公司从X公司买下从Y公司中置换出的所有资产。

二、净壳收购特点

净壳收购的关键部分在于整体资产置换交易。整体资产置换一般指上市公司把其所有资产与另外一家企业的部分或全部资产进行等额置换。2001年底，中国证监会颁布了《关于上市公司重大购买、出售、置换资产若干问题的通知》，对上市公司进行整体资产置换进行了比较细致的操作规范要求，因此实务操作中资产整体置换必须严格按照相关规定进行。

净壳收购有以下特点：

1. 置换的资产实际上是会计学中的净资产的概念。根据会计学原理，企业的资产由负债和股东权益组成。上市公司用于确定置换的资产载体实际应是其净资产部分，即资产减去负债之后的部分。

2. 整体资产置换中的"整体"是针对上市公司而言，对另一家公司，其用于置换的资产在绝大多数情况下只是其部分资产。

3. 涉及置换的所有资产必须经过由国家认定的、具备证券从业资格的资产评估机构的评估，并以评估值作为置换的基础。若涉及国有资产，为防止国有资产流失，最终交易价不得低于评估价格。

三、成本收益分析

（一）收购方成本收益分析

净壳收购模式之所以被许多收购方看好，是因为它使收购方实际发生的净现金流出数量很少。对许多拥有大量实业资产但缺乏现金的企业而言，净壳收购无疑是一种较好的收购方式。

收购方最大的收益是通过该交易拥有了一家上市公司"壳"资源，可以借此进入中国资本市场，打通直接融资渠道。同时，收购方借助收购及后续运作一举成为中国数千万投资者关注的焦点，收购方的无形资产增加很多。另外，收购方注入壳公司中的净资产会相应带着部分债务，这部分债务原来由收购方全部承担，现在只需按其在壳公司中的持股比例来承担。因此，收购方对于这部分债务的负担有所减轻。

对于收购方而言，采取净壳收购模式的直接成本是上市公司的"壳费"。除此之外，收购方还承担着其他一些成本，比如收购方注入壳公司优质资产被其他股东分享的成本，这一成本实际上很容易被忽视但却是收购方承担的最大成本。这部分成本的高低取决于壳公司第一大股东在壳公司中的持股比例，持股比例越高，这部分成本就越小（被其他股东分享的比例就小）；持股比例越低，这部分成本就越大。另外，净壳收购模式包含了收购和资产整体置换两大部分，操作过程很复杂，其中涉及财务顾问、资产评估机构、律师事务所等中介机构的参与，通常情况下，数百万元的中介费用不可避免。

（二）出让方成本收益分析

出让方的直接收益，即获得了一笔"壳费"。同时，通过整体资产置换，出让方获得对原壳公司中净资产100%的控制权，从而获取超过自己持股比例之外的净资产。

出让方最直接的损失，就是失去对上市公司的控制权和在股市直接融资的渠道，淡出中国资本市场，也相应失去拥有上市公司资源带来的诸多有形或无形收益。同时，出让方承担了原壳公司全部的债务，原来出让方只根据其在壳公司中的出资比例来承担债务，现在要全部承担这部分债务，虽然债务负担有所加重，但这是其对多增加一块净资产的一种代价。另外，在资产评估时，出让方还需承担部分评估费用。

（三）壳公司其他股东的收益分析

净壳收购模式中，"只赢不输"的应是壳公司的其他股东，其收益来源于两部分：

1. 壳公司净资产的增值。在收购前，原公司基本上处于微利或亏损状态，股东权益增长缓慢或者减值。在资产整体置换后，公司的资产由劣质资产转变为盈利能力很强的优质资产，股东权益会有明显上升。

2. 股价上涨带来的收益。净壳收购之后，壳公司的基本面发生根本性好转，其股价相应都会有良好的表现。

第五章　并购估值定价

第一节　估值定价政策

一、估值方法

（一）估值方法概述

估值方法主要包括收益法、市场法与成本法。

1. 收益法。收益法是目前比较成熟、使用较多的估值技术，是指通过将被评估企业预期收益资本化或折现来确定被评估企业价值。收益法主要运用现值技术，即一项资产的价值是利用其所能获取的未来收益的现值，其折现率反映了投资该项资产并获得收益的风险回报率。其适用条件要求为：待评估资产具有连续性，能在未来相当年限内取得一定收益，评估资产的未来收益和评估资产所有者所承担的风险能用货币来衡量。

因此，收益法的核心问题就是确定预期收益率、未来收益率、折现率，其基本步骤如下：

（1）分析历史绩效。对企业的历史会计报表进行分析，重点关于企业的价值驱动因素，通过彻底了解企业过去的绩效为判断和评价后续绩效的预测提供视角。

（2）确定预测时间。根据企业的行业背景、相关政策、并购环境等确定现金流测算时间段。

（3）选择合适的折现率。通常利用加权平均资本成本（Weighted Average Cost of Capital，WACC）模型计算。

（4）预测未来的现金流量。根据企业所产生的现金流量并扣除相应选项后求得自由现金流量。

（5）预测企业终值。通常利用永久增长模型计算未来特定时点的企业价值作为终值。

（6）预测企业价值。企业价值等于确定预测期内现金流量的折现值之和，再加上终值的现值。

2. 市场法。市场法是指在市场上寻找与被评估企业相同或相似的参照企业，在分析、比较两者之间重要指标的基础上，修正、调整企业的市场价值，最终确定被评估企业的价值。

市场法确定企业价值的方式主要有两种：

（1）可比企业分析法。可比企业分析法是以交易活跃的同类企业的股价和财务数据为依据，计算出一些主要的财务比率，然后用这些比率作为乘数计算得到非上市企业和交易不活跃上市企业的价值，基本步骤如下：

①选择可比企业。在行业中选择出足够多的可比企业，根据规模、产品或服务范围、市场、财务等标准挑选与被评估企业最为接近的可比企业。

②选择及计算乘数。包括基于市场价格的乘数，如市盈率（P/E）、价格对收入比率（P/R）、价格对净现金流比率（P/CF）和价格对有形资产账面价值比率（P/BV），以及基于企业价值的乘数，如 EV/EBIT、EV/EBITDA、EV/FCF（其中，EV 为企业价值，EBIT 为息税前利润，EBITDA 为息税折旧和摊销前利润，FCF 为企业自由现金流量）。

③运用选出的众多乘数计算被评估企业的价值估计数。将多个乘数分别与被评估企业经调整后对应的财务数据相乘，计算得出被评估企业的市场价值估计数。

④对企业价值的各个估计数进行平均。根据各个乘数对企业市场价值的影响大小差异，赋予上述多个企业的市场价值估计数不同的权重，加权平均计算被评估企业的价值。

（2）可比交易分析法。相似的标的应该有相似的交易价格，基于这一原理，可比交易分析法主张从类似的并购交易中获取有用的财务数据，据以评估目标企业价值。可比交易分析法不对市场价值进行分析，只是统计同类企业在被并购时并购方支付价格的平均溢价水平，再用这个溢价水平计算出目标企业的价值。该方法需要找出与目标企业经营业绩相似的企业的最近平均实际交易价格，将其作为估算企业价值的参照物。可比交易分析法目前在国内应用较少。

3. 成本法。成本法也称资产基础法，是在合理评估目标企业各项资产价值和损耗的基础上确定目标企业的价值，即首先估测被评估资产的价值，然后估测被评估资产已发生的各项价值损耗，包括实体性损耗、功能性损耗及经济性损耗，并从其价值中予以扣除，得到的差额作为被评估资产的评估值。其中的关键便是选择合适的资产价值标准。

成本法主要有账面价值法、重置成本法和清算价格法：

（1）账面价值法。账面价值法是基于会计的历史成本原则，以企业账面净资产为计算依据来确认目标企业价值的一种估值方法。这种方法主要适用于简单的并购，主要针对账面价值与市场价值偏离不大的非上市企业。

（2）重置成本法。重置成本法是以目标企业各单项资产的重置成本为计算依据来确认目标企业价值的一种估值方法。运用重置成本法，需要对资产账面价值进行适当的调整，实际运用中一般采用价格指数法或逐项调整法。

　　(3) 清算价格法。清算价格法是通过估算目标企业的净清算收入来确定目标企业价值的方法。企业的净清算收入是出售企业所有部门和全部固定资产所得到的收入，再扣减企业的应付债务。清算价格法是在目标企业作为一个整体已经丧失增值能力情况下的估值方法，估算所得到的是目标企业的可变现价格。该方法主要适用于陷入困境的企业价值评估。

　　(二) 监管审核要点

　　根据中国证监会发布的《并购重组共性问题审核意见关注要点》，监管对资产评估审核的要点如下：

　　1. 收益法

　　(1) 评估的假设前提是否具有可靠性和合理性。

　　(2) 对未来收益的预测是否有充分、合理的依据，包括但不限于是否对细分行业、细分市场的历史、现状及未来进行严谨分析，所作预测是否符合产品生命周期曲线、是否符合超额收益率等通常规律（例如，特定公司或产品在较长周期后难以再获取超额收益）；未来收入是否包含非经常性项目；未来收入增长是否与费用增长相匹配等。

　　(3) 折现率的计算是否在无风险安全利率（通常取无风险长期国债利率）的基础上考虑了行业风险（以方差或其他形式求出）及公司个别风险并进行调整。

　　2. 市场法。参照对象与评估标的是否具有较强的可比性，是否针对有关差异进行了全面、适当的调整。例如，是否充分考虑参照对象与评估标的在资产负债结构、流动性、股权比例等方面的差异，成新率的计算是否符合实际，而不是主要依赖使用年限法，是否对建筑物、设备进行必要的实地测量、物理测验；寿命期的测算是否通过对大量实际数据的统计分析得出。

　　3. 成本法

　　(1) 重置成本的确定是否有充分、合理的依据，取值是否符合有关部门最新颁布的标准。

　　(2) 成新率的计算是否符合实际，而不是主要依赖使用年限法，是否对建筑物、设备进行必要的实地测量、物理测验；寿命期的测算是否通过对大量实际数据的统计分析得出。

二、定价方式

　　(一) 资产价格定价依据

　　新《重组办法》不再强制将资产评估结果作为定价依据，因而评估报告不再是强制要求。但由于上市公司作为公众公司必须就交易价格的合理性向股东及监管机构作必要说明，假若没有评估或估值报告，则相关定价环节就十分困难，比如上市公司解释交易作价、独立董事发表意见、公众投资者界定是否有利益输送等。因此，实践中几乎所有交易都会以估值报告作为交易价格合理性支撑。

　　对于交易价格不以资产评估结果为依据的交易项目，如上市公司吸收合并其他上市公司的交易价格以双方股票市价、独立财务顾问估值、净资产账面值等为定价依据，监管部门的关注点主要为以下内容：

1. 申请人是否提供独立财务顾问对交易定价的意见；

2. 交易价格是否充分考虑合并双方的股票市价、公司估值（资产和盈利能力）、盈利预测以及隐含资产价值（土地、无形资产）等因素；

3. 是否充分考虑市盈率、市净率的市场平均值等参数；

4. 是否充分揭示交易价格的影响和风险并确保投资者在知悉该风险的情况下，严格履行法定表决程序。

另外，评估机构、估值机构原则上应当采取两种以上的方法进行评估或者估值；上市公司独立董事应当出席董事会会议，对评估机构或者估值机构的独立性、评估或者估值假设前提的合理性和交易定价的公允性发表独立意见，并单独予以披露。

（二）发行股份定价方式

新《重组办法》第四十五条规定："上市公司发行股份的价格不得低于市场参考价的90%。市场参考价为本次发行股份购买资产的董事会决议公告日前20个交易日、60个交易日或者120个交易日的公司股票交易均价之一。本次发行股份购买资产的董事会决议应当说明市场参考价的选择依据。"

另外，上市公司可以根据股票价格重大变化调整发行价，即本次发行股份购买资产的董事会决议可以明确，在中国证监会核准前，上市公司的股票价格相比最初确定的发行价格发生重大变化的，董事会可以按照已经设定的调整方案对发行价格进行一次调整；该调整方案应当明确、具体、可操作，详细说明是否相应调整拟购买资产的定价、发行股份数量及其理由，在首次董事会决议公告时充分披露，并按照规定提交股东大会审议后，董事会即可按该方案调整发行价，且无须向中国证监会重新提出申请。

三、对赌机制

（一）不强制业绩对赌

业绩补偿协议主要涉及对赌条款相关安排。在并购过程中，标的资产未来业绩对并购方至关重要。因此，并购双方在相关协议中通常会约定，若标的资产业绩达不到相应指标，并购方将得到相应的补偿。新《重组办法》不强制业绩对赌，其第三十五条规定，上市公司向控股股东、实际控制人或者其控制的关联人之外的特定对象购买资产且未导致控制权发生变更的，上市公司与交易对方可以根据市场化原则，自主协商是否采取业绩补偿和每股收益填补措施及相关具体安排。实际资本市场操作中，业绩对赌约束还是普遍存在，但对赌的机制具有较大的灵活性。

但若交易对手为控股股东、实际控制人或者其控制的关联人，只要其采取收益现值法、假设开发法等基于未来收益预期的方法对拟购买资产进行评估或者估值并作为定价参考依据的，上市公司必须在重大资产重组实施完毕后3年内的年度报告中单独披露相关资产的实际盈利数与利润预测数的差异情况，并由会计师事务所对此出具专项审核意见；且交易对方应当与上市公司就相关资产实际盈利数不足利润预测数的情况签订明确可行的业绩补偿协议。

（二）业绩补偿相关原则

根据《上市公司监管法律法规常见问题与解答修订汇编》相关规定，交易对方为上市公司控股股东、实际控制人或者其控制的关联人，应当以其获得的股份和现金进行业绩补偿。如构成借壳上市的，应当以拟购买资产的价格进行业绩补偿的计算，且股份补偿不低于本次交易发行股份数量的90%。业绩补偿应先以股份补偿，不足部分以现金补偿。

在交易对方以股份方式进行业绩补偿的情况下，通常按照下列原则确定应当补偿股份的数量及期限：

1. 补偿股份数量的计算

（1）以收益现值法、假设开发法等基于未来收益预期的估值方法对拟购买资产进行评估或估值的，每年补偿的股份数量为：

当期补偿金额＝（截至当期期末累积承诺净利润数－截至当期期末累积实现净利润数）÷补偿期限内各年的预测净利润数总和×拟购买资产交易作价－累积已补偿金额；

当期应当补偿股份数量＝当期补偿金额/本次股份的发行价格；

当期股份不足补偿的部分，应现金补偿。

采用现金流量法对拟购买资产进行评估或估值的，交易对方计算出现金流量对应的税后净利润数，并据此计算补偿股份数量。

此外，在补偿期限届满时，上市公司应当对拟购买资产进行减值测试，如：期末减值额/拟购买资产交易作价＞补偿期限内已补偿股份总数/认购股份总数，则交易对方需另行补偿股份，补偿的股份数量为＝期末减值额/每股发行价格－补偿期限内已补偿股份总数。

（2）以市场法对拟购买资产进行评估或估值的，每年补偿的股份数量＝期末减值额/每股发行价格－补偿期限内已补偿股份总数；当期股份不足补偿的部分，应现金补偿。

2. 其他事项。按照前述第（1）、（2）项的公式计算补偿股份数量时，应遵循以下原则：

（1）净利润数均应当以拟购买资产扣除非经常性损益后的利润数确定。

（2）减值额为拟购买资产交易作价减去期末拟购买资产的评估值并扣除补偿期限内拟购买资产股东增资、减资、接受赠与以及利润分配的影响。会计师应当对减值测试出具专项审核意见，同时说明与本次评估选取重要参数的差异及合理性，上市公司董事会、独立董事及独立财务顾问应当对此发表意见。

（3）在逐年补偿的情况下，在各年计算的补偿股份数量小于0时，按0取值，即已经补偿的股份不冲回。

（4）拟购买资产为非股权资产的，补偿股份数量比照前述原则处理。

（5）拟购买资产为房地产公司或房地产类资产的，上市公司董事会可以在补偿期限届满时，一次确定补偿股份数量，无须逐年计算。

3. 上市公司董事会及独立董事应当关注拟购买资产折现率、预测期收益分布等其他评估参数取值的合理性，防止交易对方利用降低折现率、调整预测期收益分布等方式减轻股份补偿义务，并对此发表意见。独立财务顾问应当进行核查并发表意见。

4. 补偿期限。业绩补偿期限一般为重组实施完毕后的三年，对于拟购买资产作价较账面值溢价过高的，视情况延长业绩补偿期限。

（三）业绩奖励相关原则

上市公司重大资产重组方案中，基于相关资产实际盈利数超过利润预测数而设置对标的资产交易对方、管理层或核心技术人员的奖励对价、超额业绩奖励等业绩奖励安排时，需遵守以下两个原则：

1. 上述业绩奖励安排应基于标的资产实际盈利数大于预测数的超额部分，奖励总额不应超过其超额业绩部分的100%，且不超过其交易作价的20%。

2. 上市公司应在重组报告书中充分披露设置业绩奖励的原因、依据及合理性，相关会计处理及对上市公司可能造成的影响。

第二节　特殊资产评估

一、国有资产评估

中共十八届三中全会发布了《中共中央关于全面深化改革若干重大问题的决定》，指出要积极发展混合所有制经济，深化国企改革。在发展混合所有制经济中，如何加强国有资本和民营资本的产权保护，促进企业国有产权有序流转，防止国有资产流失，是社会普遍关注的问题。因此，在国有资产评估中必须注意以下事项。

（一）十三种必须评估情形

根据国务院国资委颁发的《企业国有资产评估管理暂行办法》（国资委令第12号），国有出资企业及其各级子企业涉及以下行为之一，必须进行资产评估：（1）整体或者部分改建为有限责任公司或者股份有限公司；（2）以非货币资产对外投资；（3）合并、分立、破产、解散；（4）非上市公司国有股东股权比例变动；（5）产权转让；（6）资产转让、置换；（7）整体资产或者部分资产租赁给非国有单位；（8）以非货币资产偿还债务；（9）资产涉讼；（10）收购非国有单位的资产；（11）接受非国有单位以非货币资产出资；（12）接受非国有单位以非货币资产抵债；（13）法律、行政法规规定的其他需要进行资产评估的事项。

（二）无须评估情形

国有出资企业及其各级子企业涉及下列行为，相关国有资产可不进行评估：（1）经各级人民政府或其国有资产监督管理机构批准，对企业整体或者部分资产实施无偿划转；（2）国有独资企业与其下属独资企业（事业单位）之间或其下属独资企业（事业单位）之间的合并、资产（产权）置换和无偿划转。

（三）其他重要规定

《企业国有资产评估管理暂行办法》规定，根据项目性质不同，国有资产评估项目实行核准制和备案制，监管机构从评估机构资质的合格性、评估程序的合法性、评估意见的一致性等方面予以严格审查。经核准或备案的资产评估结果使用有效期为自评估基准日起1年。企业进行与资产评估相应的经济行为时，应当以经核准或备案的资产评估结果为作价参考依据；当交易价格低于评估结果的90%时，应当暂停交易，在获得原经济行为批准机构同意后方可继续交易。

二、无形资产评估

在国内的会计科目中，知识产权、土地使用权、采矿权等都属于无形资产。无形资产评估相对有形资产而言有其特点：（1）无形资产需要确认，对无形资产的权属、性能和功能、使用空间及使用条件等进行鉴定；（2）无形资产评估前提的界定，通常以产权变动为前提。

（一）知识产权

交易中涉及知识产权评估的，监管部门重点关注如下方面：

1. 关注权属是否清晰、完整，评估假设的依据是否充分。

2. 实用新型专利（包括包装、外观等）、商标、专有技术等无形资产，其评估价值是否与实际价值匹配。

3. 在测算该等无形资产对收益的贡献率时，是否已较全面剔除广告开支等其他影响因素。

4. 是否存在重复计算的问题。

（二）土地使用权与开发性房地产

交易中涉及土地使用权的，监管部门重点关注如下方面：

1. 是否充分说明评估所需各类参数的选取原因、选取过程，是否提供与标的土地使用权相类似的其他交易案例的评估参考数据。

2. 土地使用权性质（依据相关权属证明认定是划拨地还是出让地，商业用地、工业用地还是综合用地等）是否与土地实际用途相符合。

3. 土地使用是否符合规划（包括容积率、绿化率等）。

4. 是否在确定评估参数（包括但不限于开发面积、土地成本、可比售价、预计售价等）时结合了目前房地产行业的政策环境、市场环境和标的公司的实际情况。

5. 是否考虑批量折扣、再次转让的税费等因素。

6. 对采用市价法进行评估的，是否已关注标的土地的地段、具体位置、规模、形状等与参照对象的可比性。

（三）采矿权

交易中涉及采矿权的，监管部门重点关注如下方面：

1. 矿业权的有效期。

2. 有偿取得探矿权、采矿权时价款缴纳的情况；价款实际缴纳情况与矿业权出让协议约定是否相符；如果是上市公司购买拥有矿业权的公司的股权，是否已将应分期支付的款项足额记为负债。

3. 最近三年进行过储量评审的，提供由具有相应地质勘查资质的单位编制的地质勘查报告或《矿产资源储量核实报告》、《矿产资源储量评审意见书》、《矿产资源储量评审备案证明》。对于本次交易和最近一次历史储量核实报告存在差异的，披露差异的合理性。

4. 对于煤矿开采企业，关注安全生产问题。在煤炭生产许可证上登记的生产能力，是否超过由煤矿安全生产管理部门核定的生产能力。对于国家进行产品总量宏观调控的矿种，评估中生产规模的确定不超过按管理部门下达的生产指标。

5. 评估参数的合理性。

6. 对于资源储量大、服务年限长、一次性缴纳采矿价款确有困难的矿山企业的评估，评估范围是否与有偿出让的范围一致；可开采年限是否合理。

7. 采用现金流量法等方法评估时是否充分考虑审批时间的影响。

第六章　并购融资方案设计

第一节　融资渠道

从启动并购战略，到设计方案、商务会谈、合同签订、标的交割，再到并购后整合，并购资金的获取与安排是核心考量因素之一。并购交易所涉及的交易金额较大，如何获得有效资金支持是并购成功与否的关键因素。

根据资金来源渠道，可以将并购融资分为内部融资和外部融资。

一、内部融资

内部融资指从企业内部开辟资金来源，筹措并购活动所需资金，其来源通常包括企业自有资金、未使用或未分配的专项资金等。但由于并购活动所需资金数额往往巨大，而企业内部资金毕竟有限，利用并购企业的营运现金流进行融资有很大的局限性，因而内部融资一般不能作为企业并购融资的主要方式。

二、外部融资

并购活动中应用较多的融资方式是外部融资，即企业从外部开辟资金来源，向企业以外的经济主体筹措资金，包括企业银行信贷资金、非银行金融机构资金、发行证券筹集资金等。

根据资金权益属性，可以分为债权融资、股权融资及混合融资。

1. 债权融资。债权融资是指企业通过举债的方式进行融资，债权融资所获得的资金，企业需要支付利息，并在借款到期后向债权人偿还本金。主要形式包括：

（1）银行或其他金融机构贷款。这种方式能比较容易达到融资目的，主要有票据贴现、短期借款、中期借款和长期借款。但要及时取得银行等金融机构的大额贷款较为困难，因为金融机构特别重视贷款资金的安全性，会对企业提出系统的财务指标要求，尤其在企业暂时陷入困境时，很难满足相关要求。所以，当贷款主体信用不足时，通常会提供抵质押物担保或引入第三方保证担保。

（2）从资本市场融资。企业可以通过在金融市场发行债券进行融资，包括但不限于公司债券、短期融资券、中期票据、私募债券等。目前，我国债券市场规模与品种与发达资本市场相比仍有差距，有待于进一步完善。

2. 股权融资。股权融资指企业的股东愿意让出部分企业所有权，通过企业增资方式引进新股东的融资方式，总股本同时增加。股权融资所获得的资金，企业无须还本付息，但新股东将与老股东同样分享企业的盈利与增长。在企业并购中最常用的权益融资方式即股票融资，有普通股融资和优先股融资两种。

（1）普通股融资。普通股融资的基本特点是其投资收益（股息和分红）不是在购买时约定，而是事后根据股票发行企业的经营业绩来确定。持有普通股的股东，享有参与经营权、收益分配权、资产分配权、优先购股权和股份转让权等。

（2）优先股融资。优先股是企业专为某些获得优先特权的投资者设计的一种股票，主要特点如下：①一般预先定明股息收益率。②优先股股东一般无选举权和投票权。③优先股有优先索偿权，能优先领取股息，能优先分配剩余资产。

3. 混合型融资。除了债权、股权融资方式外，企业在当前的并购融资中越来越多使用混合型融资工具，这种既带有权益特征又带有债务特征的特殊融资工具在未来企业并购融资中将扮演重要角色。

（1）可转换公司债券。可转换公司债券是一种被赋予股票转换权的公司债券，发行公司事先规定债权人可以选择有利时机，按发行时规定的条件把其债券转换成发行公司的普通股票。

（2）可交换公司债券。可交换公司债券是指上市公司的股东依法发行、在一定期限内依据约定的条件可以交换成该股东所持有的上市公司股份的公司债券。

上述混合型融资工具（1）和（2）兼有债券和股票的特征，具有三个特点：（1）债权性，即有规定的利率和期限，投资者可以选择持有债券到期，收取本息；（2）股权性，在转换成股票之后，原债券持有人就由债权人变成公司股东，可参与企业的经营决策和红利分配；（3）可转换性，这是混合型融资工具重要标志，债券持有人可以按约定的条件将债券转换成股票。另外，可转换及可交换公司债券持有人还享有在一定条件下将债券回售给发行人的权利，发行人在一定条件下拥有强制赎回债券的权利。

第二节　融资方案

一、方案一：并购贷款

并购贷款，是指商业银行向并购方或其子公司发放的，用于支付并购交易价款和费用的贷款。

实践中，并购贷款用于支持境内并购方通过受让现有股权、认购新增股权，或收购目标公司的并购交易。据银监会有关要求，银行贷款支持的并购交易首先要合法合规，涉及国家产业政策、行业准入、反垄断、国有资产转让等事项的，应按适用法律法规和政策要求，取得有关方面批准，履行相关手续等。此外，银监会鼓励商业银行在现阶段开展并购贷款业务时主要支持战略性的并购，以更好地支持我国企业通过并购提高核心竞争能力，推动行业重组。

2015年3月12日，银监会发布修订版的《商业银行并购贷款风险管理指引》（银监发〔2015〕5号，以下简称《指引》），并明确指出银行业金融机构要积极支持优化产业结构，按照依法合规、审慎经营、风险可控、商业可持续的原则，积极稳妥开展并购贷款业务，提高对企业兼并重组的金融服务水平。同时，银行业金融机构要不断优化并购贷款投向，大力推动化解产能过剩，助力技术升级，积极促进有竞争优势的境内企业"走出去"，助推企业提升跨国经营能力和产业竞争力，实现优势互补、互利共赢。

《指引》优化商业银行提供并购贷款的融资服务，主要关注点如下：

1. 适度延长并购贷款期限。由于不同并购项目的投资回报期各不相同，部分并购项目整合比较复杂，产生协同效应的时间较长。因而修订版《指引》将并购贷款期限从5年延长到7年，更符合并购交易实际情况。

2. 适度提高并购贷款比例。鉴于商业银行贷款是并购交易的重要资金来源，在当前并购交易规模迅速扩大情形下，为满足市场并购融资需求，修订版《指引》将并购贷款占并购交易价款的比例从50%提高到60%。

3. 适度调整并购贷款担保要求。修订版《指引》将并购贷款的强制性担保规定调整为原则性要求，同时删除并购贷款担保条件应高于其他种类贷款的要求，并允许商业银行在防范并购贷款风险的前提下，根据并购项目风险状况、并购方企业的信用状况合理确定担保条件。

同时，《指引》提出，商业银行在开展并购贷款业务时，应全面分析与并购有关的各项风险，包括但不限于战略风险、法律与合规风险、整合风险、经营风险以及财务风险；涉及跨境并购交易，还应分析国别风险、汇率风险和资金过境风险等。这套风险评估模型在开展并购业务时，也具有较大实践与操作意义，具体如下。

（一）战略风险评估分析

评估战略风险，应从并购双方行业前景、市场结构、经营战略、管理团队、企业文化和股东支持等方面进行分析，包括但不限于以下内容：

1. 并购双方的产业相关度和战略相关性，以及可能形成的协同效应；

2. 并购双方从战略、管理、技术和市场整合等方面取得额外回报的机会；

3. 并购后的预期战略成效及企业价值增长的动力来源；

4. 并购后新的管理团队实现新战略目标的可能性；

5. 并购的投机性及相应风险控制对策；

6. 协同效应未能实现时，并购方可能采取的风险控制措施或退出策略。

（二）法律与合规风险评估分析

评估法律与合规风险，包括但不限于分析以下内容：

1. 并购交易各方是否具备并购交易主体资格；

2. 并购交易是否按有关规定已经或即将获得批准，并履行必要的登记、公告等手续；

3. 法律法规对并购交易的资金来源是否有限制性规定；

4. 担保的法律结构是否合法有效并履行了必要的法定程序；

5. 借款人对还款现金流的控制是否合法合规；

6. 贷款人权利能否获得有效的法律保障；

7. 与并购、并购融资法律结构有关的其他方面的合规性。

（三）整合风险评估分析

评估整合风险，包括但不限于分析并购双方是否有能力通过以下方面的整合实现协同效应：

1. 发展战略整合；

2. 组织整合；

3. 资产整合；

4. 业务整合；

5. 人力资源及文化整合。

（四）经营及财务风险评估分析

评估经营及财务风险，包括但不限于分析以下内容：

1. 并购后企业经营的主要风险，如行业发展和市场份额是否能保持稳定或增长趋势，公司治理是否有效，管理团队是否稳定并且具有足够能力，技术是否成熟并能提高企业竞争力，财务管理是否有效等；

2. 并购双方的未来现金流及其稳定程度；

3. 并购股权（或资产）定价高于目标企业股权（或资产）合理估值的风险；

4. 并购双方的分红策略及其对并购贷款还款来源造成的影响；

5. 并购中使用的债务融资工具及其对并购贷款还款来源造成的影响；

6. 汇率和利率等因素变动对并购贷款还款来源造成的影响。

商业银行应当综合考虑上述风险因素，根据并购双方经营和财务状况、并购融资方式和金额等情况，合理测算并购贷款还款来源，审慎确定并购贷款所支持的并购项目的财务杠杆率，确保并购的资金来源中含有合理比例的权益性资金，防范高杠杆并购融资带来的风险。

在全面分析与并购有关的各项风险的基础上，建立审慎的财务模型，测算并购双方未来财务数据，以及对并购贷款风险有重要影响的关键财务杠杆和偿债能力指标。另外，还要充分考虑各种不利情形对并购贷款风险的影响，包括但不限于：

1. 并购双方的经营业绩（包括现金流）在还款期内未能保持稳定或增长趋势；

2. 并购双方的治理结构不健全，管理团队不稳定或不能胜任；

3. 并购后并购方与目标企业未能产生协同效应；

4. 并购方与目标企业存在关联关系，尤其是并购方与目标企业受同一实际控制人控制的情形。

二、方案二：并购基金

2016 年 9 月 9 日，证监会发布了新修订的《上市公司重大资产重组管理办法》（证监会令第 127 号），其第九条明确规定"鼓励依法设立的并购基金、股权投资基金、创业投资基金、产业投资基金等投资机构参与上市公司并购重组。"

（一）并购基金含义及特点

并购基金，是指专注于企业并购投资的基金，通过收购目标企业股份或资产，获得目标企业的控制权，然后对目标企业进行整合、重组及运营，待企业经营改善、盈利提升之后，通过上市、转售或管理层回购等方式出售其所持股份或资产而实现退出。

并购基金具有以下特点：

1. 高收益、高风险。并购基金通过对目标企业进行改造、重组，为市场提供优质企业。由于并购基金具有价值发现和价值创造功能，一旦目标企业盈利提升并成功出售，将为投资者带来较高的投资收益。但另一方面，由于改造企业和提升企业价值需要一定的时间（3 年至 5 年或更长），而且未来能否改造成功具有一定的不确定性，因此也具有较高的风险。

2. 杠杆性。在资金募集方式上，投资资金小部分来源于自有资金，大部分来源于非公开形式募集的资金、债券市场资金或银行并购贷款以及有较强资金实力的个人。在投资方式上也是以私募形式进行，一般无须公告交易细节。

3. 权益类投资。在投资方式上，一般采取权益类投资（股权、合伙份额、资管份额）方式，较少涉及债权投资，并在目标企业的决策管理上获得一定程度的表决权。

4. 谨慎选择投资标的。并购基金一般选择产业稳定、已形成一定规模和能产生稳定现金流的被低估的企业进行投资。

5. 组织形式多采取有限合伙制。这种企业组织形式有很好的投资管理效率，并避免双重征税弊端。

6. 投资退出渠道多样化。包括首次公开发行上市、股权转让、标的公司管理层回购等。

（二）并购基金盈利模式

根据实务操作，并购基金价值与利润的创造模式主要有以下几种：

1. "改善运营"获利。这是国际并购基金中最常见的获利模式，并购基金通过指导和参与所投资企业的日常运营，包括引入顶尖的高管团队、创新发展战略、提升运营效能等，提高企业的经营业绩最终获得收益。

2. "资产重组"获利。并购基金可以参与企业的资产盘整、剥离、新增等活动，帮企业组建一个全新的、被认可的资产组合，然后通过并购转让以实现收益。

3. "估值溢价"获利。国内资本市场的一二级估值价差较大，并购基金在一级市场以较低估值收购标的企业股权或资产，再以较高估值将标的企业股权或资产转让给上市公司，通过二级市场获利退出。有些并购基金甚至直接收购上市壳公司，以之为资本运作平台不断装入资产，股价由于良好预期不断上涨，带来更高的估值价差收益。

4. "过程盈利"获利。并购交易中会涉及交易结构设计，包括基金杠杆设置、支付方式选择，以及融资工具安排，如过桥贷款、并购贷款、优先股、可转换公司债券、认股权证等。根据不同的市场环境及交易诉求组合不同交易工具，可以实现收益增值或收益放大。

5. "资本重置"获利。并购基金通过资本注入降低企业负债，即实现资产负债表的重置，或叫资本结构调整（recapitalization）。并购基金的注入使高负债企业去杠杆化、大幅度降低债务成本，给予企业生存及调整机会，如此"资本重置"过程往往能帮助企业走出困境、提升效益、获得资本市场更好的估值。

6. "公司改制"获利。这种获利模式很具有中国特色，即通过并购基金的介入，打破原先"纯国有"或"纯家族"的治理结构，通过建立更科学合理的公司治理系统及激励机制，从根源上改变公司的行为方式和公司文化，以期获得更好的业绩回报。

（三）上市公司参与并购基金模式

当前实务中，A股上市公司参与的并购基金，可以归纳为三种模式。

1. 与商业银行设立并购基金。该模式运用相对较少，通常由商业银行出资认购并购基金的优先级份额，并由上市公司或其大股东或其实际控制人提供远期回购份额承诺。比如2015年1月，民生银行与东方园林（002310.SZ）建立战略合作关系，协助公司制订产业链并购整合发展的金融方案。双方将设立并购基金，对东方园林选取的上下游产业链并购目标进行收购和培育。2016年9月20日，浦发银行发布《上市公司并购金融服务方案》，从买方金融服务（上市公司作为并购方）、卖方金融服务（上市公司为标的方）和特色服务领域三个方面，积极打造"设计、推动、实施、服务"全链条的并购交易金融服务模式，"并购融资＋并购顾问＋并购投资"相结合，为境内外上市公司提供良好的金融支持。

2. 与券商联合设立并购基金。行业最早的券商系并购基金由中信证券于2012年发起，由其直投子公司金石投资设立的中信并购基金管理有限公司发起并管理中信并购基金（有限合伙），其目标规模100亿元，存续期限10年，以控股权收购为重点，同时进行行业整合、夹层投资和其他投资。随后，海通证券联合上实投资、益流能源、赣商集团、东方创业（600278.SH）等产业集团发起设立产业并购基金，目标规模100亿元，存续期限7年，该并购基金未来主要投资于发展成熟、盈利模式稳定的文化、商业、医药、能源、制造、基础设施等行业，基金管理公司为海通并购资本管理有限公司。

2014年下半年至今，券商设立并购基金成为热潮，如华泰证券通过旗下全资子公司华泰紫金投资有限责任公司设立华泰瑞联基金管理有限公司，之后华泰瑞联发起设立北京华泰瑞联并购基金中心（有限合伙），先后吸引太阳鸟（300123.SZ）、爱尔眼科

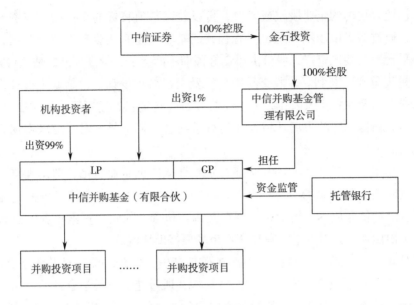

图6-1　中信并购基金结构

（300015. SZ）、蓝色光标（300058. SZ）、掌趣科技（300315. SZ）和雅克科技
（002409. SZ）等多家上市公司参与。另外，楚天高速（600035. SH）与天风证券共同
发起成立天风并购基金（有限合伙），规模为5亿元，以文化旅游、影视传媒、医药行
业、高端制造业、环保行业、能源服务业等为投资重点；三变科技（002112. SZ）与国
泰君安证券等发起设立国泰君安并购基金；珠江钢琴（002678. SZ）与广州证券成立并
购基金广珠壹号，以投资艺术教育领域为核心业务。

　　3. 联手PE设立并购基金。这种模式在当前实务中运用最多。尤其近两年来，PE
私募机构与上市公司联合发起设立并购基金，在数量和规模上实现快速成长。与过往
PE私募机构单纯参与上市公司定向增发获取被动Alpha收益或单方面设立并购基金并
购标的不同，通过"PE＋上市公司"模式联合设立并购基金，实现定增基金的主动Al-
pha收益、解决并购基金募资难和及时退出问题。

　　（四）"PE＋上市公司"并购基金模式

　　1. 模式简介。2015年3月6日，证监会以新闻发布会问答形式，就并购基金的
"PE＋上市公司"模式表态，归纳了此类模式的主要运作方式、特点、兴起原因，阐释
其优点及存在问题，并对主要风险点及监管方向进行提示。

　　通常而言，"PE＋上市公司"并购基金模式是指有丰富的私募股权投资基金（PE）
管理经验的机构充当GP（普通合伙人）与上市公司或其大股东或其关联公司作为共同
发起人，成立并购基金。该并购基金作为上市公司产业整合的主体，围绕上市公司既
定的战略发展方向开展投资、并购、整合等业务，提高和巩固上市公司行业地位，同
时对于并购基金所投资项目，由上市公司并购作为退出的主要渠道，提高投资的安全
性。该模式可实现PE和上市公司共赢。

　　2011年，"PE＋上市公司"并购基金模式首次出现于国内资本市场上。2011年9

月 21 日，湖南生猪龙头企业大康牧业（002505. SZ，后改名大康农业）发布公告，公司拟与著名 PE 浙江天堂硅谷股权投资集团有限公司（以下简称天堂硅谷）共同发起设立天堂硅谷大康牧业产业发展合伙企业（有限合伙）（以下简称天堂大康），作为公司产业并购整合平台，推进公司快速做大做强。

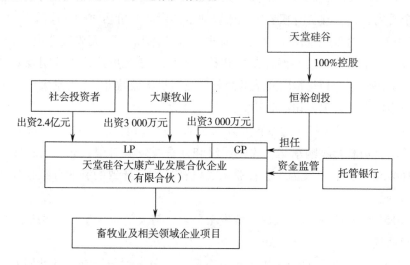

图 6 – 2 天堂硅谷大康牧业产业并购基金结构图

表 6 – 1   天堂硅谷大康牧业产业并购基金交易要素

项目	内容
基金规模	总规模 3 亿元
基金期限	存续期 5 年，全体合伙人一致同意后可延长
有限合伙人	1. 大康牧业作为有限合伙人出资 3 000 万元； 2. 恒裕创投（天堂硅谷全资子公司）作为普通合伙人出资 3 000 万元； 3. 其余 2.4 亿元出资由天堂硅谷负责对外募集
普通合伙人	由恒裕创投作为普通合伙人
日常管理	天堂硅谷负责基金的日常经营管理事务，负责投资项目筛选、立项、组织实施、投资后监督管理及投资项目退出等工作
决策机制	成立专门的投资与退出决策委员会，负责对基金的项目投资与退出变现事项作出决策。该决策委员会由 7 名委员组成，其中天堂硅谷委派 5 名委员，大康牧业委派 2 名委员
退出机制	基金收购的项目在培育期满后可通过现金收购或增发换股方式装入上市公司，三年内大康牧业有优先收购项目权利，三年后并购基金有自由处置权
过渡机制	被并购公司只有在达到设定的财务指标后才由上市公司协议收购
运行状况	已对武汉和祥畜牧发展有限公司、湖南富华生态农业发展有限公司、慈溪市惠丰生猪养殖专业合作社、武汉华海牧业养殖有限公司进行了并购整合，4 个项目都集中在生猪养殖领域

天堂大康并购基金在后续运行过程中出现了波折：

（1）2012 年 3 月，并购基金拟收购武汉市江夏区龙泉和祥养猪场，由天堂硅谷负责战略规划、行业研究分析、资源整合优化等方面；大康牧业负责经营，并设定净利润考核指标，未实现净利润考核指标由大康牧业补偿差额。双方同时约定，收购满三年后的 6 个月内，天堂硅谷有权要求大康牧业以约定收购价格收购武汉和祥。

（2）2013 年，上海鹏欣集团入主大康牧业，"鹏欣系"大幅改造上市公司主业。前第一大股东、董事长陈黎明的控制权转移，人事也随之更迭，陈黎明及其管理团队出局。鹏欣集团的新计划是拟将旗下的海外牧场装进大康牧业，"天堂大康"的合作项目武汉和祥畜牧发展有限公司的收购案遭到"冷遇"。

（3）2015 年 10 月 8 日，大康牧业发布公告，称公司被昔日的"合伙人"天堂硅谷起诉，要求公司履行收购承诺，收购武汉和祥畜牧发展有限公司，支付收购款及利息损失 6 164.56 万元，以及因大康牧业未支付补足利润导致的利润分红损失及利息损失 487.96 万元。

（4）2015 年 12 月 18 日，大康牧业发布公告，与天堂硅谷等就上述纠纷达成和解，并签署和解协议。

（5）2015 年 12 月 31 日，大康牧业发布公告，公司拟与天堂硅谷共同发起设立总规模 50 亿元的国际农业产业并购基金，公司和天堂硅谷将通过各自海外并购经验、整合业务的优势，在全球范围内寻求优质农业产业资源、技术项目，以实现各自的投资发展战略。其中大康牧业以自有资金认缴基金总规模的 20%。

双方开启"PE + 上市公司"合作模式新篇章。

在上述案例诞生之际，由于 IPO 暂未停摆，PE 的退出渠道仍然充裕，再加上该模式刚刚兴起，资本市场对其未予以足够重视。但在 2012 年博盈投资（000760. SZ，后更名为"斯太尔"）收购斯太尔的案例中，市场充分见识到了此类并购基金的巨大威力。

2012 年 11 月 5 日，博盈投资发布非公开发行股票预案，拟以 4.77 元/股的价格向英达钢构（新的实际控制人）等 6 家特定企业发行约 3.14 亿股股份，募集资金约 15 亿元，其中 5 亿元用于收购武汉梧桐硅谷天堂投资有限公司（以下简称梧桐天堂，是硅谷天堂全孙公司）100% 股权，其余资金用于项目建设及补充流动资金。而在 2012 年 4 月，梧桐天堂以 3 425 万欧元（约合 2.84 亿元人民币）收购了斯太尔 100% 的股权；仅 7 个月过去，硅谷天堂实现退出收益 2.16 亿元。同时，其中 2 亿元被硅谷天堂用来认购博盈投资的定向增发股份 4 192.87 万股，获得重组后博盈投资 7.61% 的股权。

上述认购股份已到解禁期，2016 年 12 月 29 日，斯太尔发布公告，持股 5% 以上的公司股东硅谷天堂表示，因自身资金需求，硅谷天堂计划在股份解除限售后的 12 个月内通过集中竞价、大宗交易和协议转让等方式，减持其持有的公司全部股份，占公司总股本的 7.44%（5 870.018 万股）。按照 2016 年 12 月 29 日斯太尔股价 11.42 元/股，这部分持股市值 6.7 亿元。

2017 年 3 月 9 日，斯太尔发布关于股东减持公司股份的公告，天津硅谷天堂于 2016 年 12 月 29 日—2017 年 3 月 9 日，通过深圳证券交易所大宗交易系统及集中竞价方式累计减持公司股份 19 350 128 股，占公司总股本的 2.45%。主要情况见表 6 - 2：

表 6 - 2 天津硅谷天堂减持斯太尔情况

股东名称	减持方式	减持期间	减持均价（元/股）	减持股数（股）	减持比例
天津硅谷天堂	集中竞价交易	2017 年 3 月 8 日	10.14	430 000.00	0.05%
		2017 年 3 月 9 日	10.11	1 920 128.00	0.24%
	大宗交易	2016 年 12 月 29 日	11.08	3 000 000.00	0.38%
		2017 年 3 月 6 日	10.31	7 000 000.00	0.89%
		2017 年 3 月 7 日	10.08	7 000 000.00	0.89%
	其他方式	—	—	—	—
	合 计	—	10.32	19 350 128.00	2.45%

本次减持前，硅谷天堂持有上市公司斯太尔 7.44% 的股权，本次减持完毕后，硅谷天堂持有公司股权刚好下降到"披露红线" 5% 以下，只持有公司 4.99% 的股权比例。根据之前的公告披露，硅谷天堂在 2017 年 12 月 29 日之前，也会逐步减持剩余股份。

硅谷天堂作为资本市场"PE + 上市公司"模式的先行者，正是通过这样的模式，成功跻身 PE 巨头之列。从大康牧业到斯太尔，正是硅谷天堂"PE + 上市公司"演变过程中的经典案例。

（五）"PE + 上市公司"并购基金优势

对于上市公司而言，"PE + 上市公司"并购基金具有如下优势：

1. 消除并购前期风险。上市公司可通过并购基金提前了解目标企业，储备与培育战略业务，有效降低并购前期风险，形成上市公司与项目之间的"资产储备池"与"并购缓冲带"，促进上市公司战略转型与升级，减少未来并购信息不对称风险。同时，上市公司可借助专业投资机构对项目的判断经验和管理能力，优势互补，提高并购项目的成功率。

2. 杠杆收购，提高资金利用率。上市公司参与设立并购基金进行收购属于杠杆收购，只需出少部分资金，且根据项目进度分期支付，剩余资金向市场募集，即可锁定并购标的，不占用上市企业过多的营运资金。

3. 提高并购效率，减少短期负面影响。若上市公司直接开展并购，通常的资金来源包括再融资、定向增发等，监管报备与审批手续耗时较长，时常错过一些并购机会，且收购后需较长时间整合才能消化并购的负面效应。而并购基金能较快提供较高的资金杠杆，在上市公司体外收购、整合并购标的，再择机装入上市公司，比上市公司直接收购更有效率，且减少并购在短期内带来的不利影响。

4. 壮大公司实力，提升公司估值。通过利用专业投资机构的资源优势及其各种专业金融工具放大的投资能力，推动上市公司收购或参股符合公司实现战略发展的具有品牌、渠道、资源等优势的相关项目，以产业整合视角、以并购重组等方式，壮大上市公司实力。由于并购风险可控，预期明确，通常在二级市场上会带来股价上涨，较大幅度提升公司估值。

对于 PE 机构而言，"PE + 上市公司"并购基金具有如下优势：

（1）提高投资退出的安全性。该模式在投资之初就锁定特定上市公司作为退出渠道，提高 PE 投资的安全边际。另外，上市公司的深度参与，在前期有利于提高对项目质量的判断，在后期有利于提升项目公司管理水平；同时，上市公司的采购、销售渠道等资源皆有助于项目公司做大做强，快速提升业绩。

（2）降低募资难度。国内投资环境存在"短、平、快"现状，而"PE + 上市公司"并购基金的运作模式较为契合这种投资需求。同时，由上市公司大股东做出还本付息承诺或由上市公司大股东优先承担一定范围内的亏损，都有助于募资资金。

（六）并购基金组织形式

1. "公司制"并购基金。在"公司制"并购基金中，PE 私募管理人与上市公司成立并购基金管理公司作 GP，上市公司作为 LP 之一。GP 中，PE 持股 51%，在投资决策和对外投资过程中由 PE 去尽调、筛选、投资管理。PE 私募机构不以赚取短期的管理费和业绩报酬为核心，而是通过产业并购基金管理公司与上市公司长期战略成长协同。

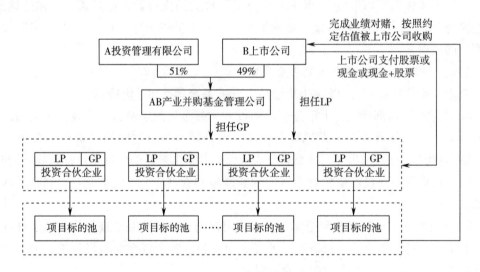

图 6 - 3　公司制并购基金结构图

2. "合伙制"并购基金。PE 机构作为 GP 设立合伙企业，并募集 LP 资金作为投资资金来源，同时联合上市公司设立产业并购基金，上市公司作为 LP 之一进行跟投。产业并购基金投资各类标的企业，并签署业绩对赌承诺。约定时间后，标的企业完成业绩承诺，上市公司通过支付股票或支付现金或支付现金 + 股票，对投资标的进行收购。该产业并购基金或直接获得溢价现金实现退出，或者持有上市公司股票至未来上市公司用于支付的定增股票限售解除后进行变现退出。

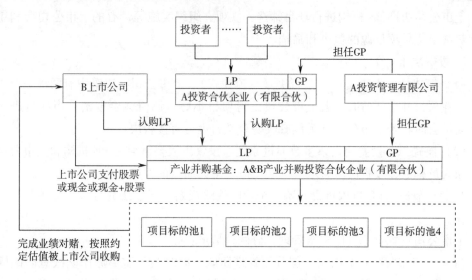

图6-4 合伙制并购基金结构图

3. "契约型"并购基金。PE机构寻找优先级和劣后资金，且上市公司或大股东跟投劣后级资金，所有资金通过资管计划或信托计划认购契约型并购基金的份额，PE机构同时成为该契约型并购基金管理人。

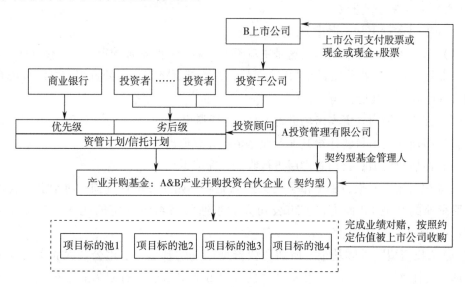

图6-5 契约型并购基金结构图

在实务操作中，会根据市场状况、投资目标以及各方诉求等因素，综合运用各种金融工具，在上述三种基本模式基础上，设计出灵活多变的基金架构。

（七）并购基金投资管理

1. 投资流程。PE机构作为基金管理人，提供日常运营及投资管理服务，包括项目筛选、立项、行业分析、尽职调查、商务谈判、交易方案设计、报告书撰写及投决会陈述等。

上市公司协助 PE 机构进行项目筛选、立项、组织实施等，有的上市公司会利用行业优势甚至主导项目源的提供和筛选。

2. 投资决策

（1）模式一：上市公司一票否决（主流模式）。上市公司在决策中有两次一票否决权，即在项目开始调研时，若上市公司觉得项目不好，调研就会取消；当项目进入了决策委员会时，若上市公司认为没有收购意义，也可直接否决。

（2）模式二：投委会投票多数通过原则。投资决策委员会由 PE 机构和上市公司共同委派人员构成，投资决策采取三分之二以上多数通过的原则。

3. 投后管理。PE 机构负责并购后企业的战略规划、行业研究分析、资源整合优化等工作。

上市公司负责企业具体经营管理，分两种情形：

（1）控股型收购：会聘用大部分原管理团队，同时为了避免原团队故意隐瞒问题造成的信用风险，将保留 10%～20% 的股权给被收购企业团队作为激励。上市公司会派出骨干监督和协助企业的日常经营管理。

（2）全资并购：上市公司全面负责企业的经营方案制订、日常经营和管理并负责内控体系和制度。

（八）并购基金退出方式

1. 如项目运行正常，退出方式如下：

（1）由上市公司并购退出。这是主流模式，通常并购基金约定 3 年为存续期。3 年内，上市公司有优先收购项目权利；3 年后，并购基金将有自由处置权，可以考虑直接让项目 IPO 或卖给其他公司。

（2）独立在境内外资本市场进行 IPO，完成退出。

（3）将所投资项目转让给其他产业基金，完成退出。

（4）由所投资项目公司管理层进行收购，完成退出。

2. 如项目出现亏损，由上市公司大股东兜底。如项目出现亏损，对于上市公司或其大股东外的其他 LP 而言，上市公司大股东通常将给予一定的兜底，主要有两种情况：

（1）"投资型"并购基金。所谓"投资型"并购基金，上市公司大股东与其他投资者的出资比例为 1∶N，即上市公司大股东的出资相当于"有限劣后"模式，上市公司大股东和其他 LP 分别按比例进行出资。当所投项目亏损，若亏损在上市公司大股东出资范围以内，则都由上市公司大股东承担；若亏损超出其出资范围部分，超出部分由其他 LP 按出资份额共同承担。

（2）"融资性"并购基金。所谓"融资型"并购基金，主要是为上市公司大股东融资。上市公司大股东与其他投资者的出资比例为 1∶N，即除了要投入部分资金，大股东还要对其余投资者的出资承担保本付息责任。

三、方案三：优先股

根据《重组办法》第五十条规定，上市公司可以向特定对象发行优先股、可转换为股票的公司债券、定向权证用于购买资产或与其他公司合并。

（一）优先股的概述

优先股是指依照《公司法》，在一般规定的普通种类股份之外，另行规定的其他种类股份，其持有人优先于普通股股东分配公司利润和剩余财产，但参与公司决策管理等权利受到限制。从本质上讲，优先股是股性更强的股债混合工具。

2013 年 11 月 30 日，国务院办公厅发布《国务院关于开展优先股试点的指导意见》（国发〔2013〕46 号），标志着我国优先股制度的正式建立。2014 年 3 月 21 日，中国证监会发布更为详尽的《优先股试点管理办法》（证监会令第 97 号）。2014 年 4 月 1 日，中国证监会制定并发布了上市公司发行优先股相关信息披露准则，包括《公开发行证券的公司信息披露内容与格式准则第 32 号——发行优先股申请文件》、《公开发行证券的公司信息披露内容与格式准则第 33 号——发行优先股发行预案和发行情况报告书》和《公开发行证券的公司信息披露内容与格式准则第 34 号——发行优先股募集说明书》；这三个准则是落实《国务院关于开展优先股试点的指导意见》和《优先股试点管理办法》的重要配套文件。随着优先股发行的相关配套制度逐步成熟，优先股可以作为并购重组支付手段。

当前，只有上市公司和非上市公众公司可以发行优先股；其中，上市公司可以公开或非公开发行优先股，而非上市公众公司只能非公开发行优先股。

（二）优先股的常见条款

优先股条款设置较为复杂，常见条款如下：

1. 存续期限：优先股无到期期限，但通常设计了回购＋票面利率调整条款。

2. 股息率：优先股有固定股息率与浮动股息率两种股息形式，浮动股息率通常采取"基准利率＋利差"的确定原则。

3. 利润分配：优先股股东按照约定的票面股息率，优先于普通股股东以现金的形式分配公司利润。根据不同的股息分配方式，优先股可以分为多个种类：

（1）强制与非强制：公司在有可分配税后利润情况下如必须分红，则为强制分红优先股，否则为非强制分红优先股。

（2）累积与非累积：公司因本会计年度可分配利润不足而未向优先股股东足额派发股息，差额部分累积到下一会计年度的，为累积优先股，否则为非累积优先股。

（3）参与与非参与：优先股股东按照约定的股息率分配股息后，有权同普通股股东一起参加剩余利润分配的，为参与优先股，否则为非参与优先股。

4. 剩余财产分配：公司因解散、破产等原因进行清算时，公司财产在按照公司法和破产法有关规定进行清偿后的剩余财产，应优先向优先股股东支付未派发的股息和清算金额，不足支付的按照优先股股东持股比例分配。

5. 转换和回购：公司在公司章程中可以规定优先股转换为普通股、发行人回购优先股的条件、价格和比例。转换选择权或回购选择权可规定由发行人或优先股股东行使。

6. 表决权：优先股持有人通常无表决权，但在达到触发条件的情况下，优先股持有人可以获得表决权。常见的条款为，公司累计三个会计年度或连续两个会计年度未按约定支付优先股股息时，优先股恢复表决权。

（三）优先股的期权条款

期权条款是理解包括优先股在内的股债混合型工具的关键。优先股期权条款主要包括赎回选择权、转换选择权、强制/非强制分红、累积/非累积、参与/非参与等，具体表述见上述常见条款内容。

我国优先股期权条款的设置受到一些限制，条款的灵活性有所降低：

1. 《优先股试点管理办法》中规定，上市公司公开发行优先股应采用：（1）固定股息率；（2）强制分红；（3）累积；（4）非参与。商业银行发行优先股补充资本的，可就（2）、（3）另行约定。

2. 在《商业银行发行优先股补充一级资本的指导意见》中规定，商业银行发行优先股须采用非强制分红、非累积的方式。

3. 在《上市公司发行优先股信息披露规则》中规定，上市公司不得发行可转换为普通股的优先股。但商业银行可根据商业银行资本监管规定，非公开发行触发事件发生时强制转换为普通股的优先股，并遵守有关规定。

（四）优先股的发行条件

对于优先股发行人的资质，《优先股试点管理办法》做了详细规定。

1. 上市公司发行优先股。上市公司发行优先股（包括公开、非公开）一般规定如下：

（1）最近三个会计年度实现年均可分配利润应当不少于优先股一年的股息。

（2）上市公司发行优先股募集资金应有明确用途，与公司业务范围、经营规模相匹配，募集资金用途符合国家产业政策和有关环境保护、土地管理等法律和行政法规的规定。除金融类企业外，本次募集资金使用项目不得为持有交易性金融资产和可供出售的金融资产、借予他人等财务性投资，不得直接或间接投资于以买卖有价证券为主要业务的公司。

（3）上市公司已发行的优先股不得超过公司普通股股份总数的百分之五十，且筹资金额不得超过发行前净资产的百分之五十，已回购、转换的优先股不纳入计算。

（4）上市公司同一次发行的优先股，条款应当相同；每次优先股发行完毕前，不得再次发行优先股。

此外，上市公司在公开发行以及非公开发行中还应该分别满足：

（1）上市公司公开发行优先股，应当符合以下情形之一：①其普通股为上证 50 指数成分股；②以公开发行优先股作为支付手段收购或吸收合并其他上市公司；③以减少注册资本为目的回购普通股的，可以公开发行优先股作为支付手段，或者在回购方案实施完毕后，可公开发行不超过回购减资总额的优先股。

（2）上市公司非公开发行优先股，应当符合以下情形之一：①仅向《优先股试点管理办法》规定的合格投资者发行，每次发行对象不得超过 200 人，且相同条款优先股的发行对象不得超过 200 人；②优先股的票面股息率不得高于最近两个会计年度的年均加权平均净资产收益率。

2. 非上市公众公司发行优先股

非上市公众公司非公开发行优先股应该符合下列条件：①合法规范经营；②公司治理机制健全；③依法履行信息披露义务。同时，非上市公众公司非公开发行优先股仅向《优先股试点管理办法》规定的合格投资者发行，每次发行对象不得超过 200 人，且相同条款优先股的发行对象累计不得超过 200 人。

（五）优先股的发行流程

优先股发行的一般流程为董事会预案、股东大会审核、银监会核准（商业银行）、证监会受理、反馈、核准、收到批文、优先股发行以及挂牌转让。若非商业银行发行的优先股，则不需要经过银监会核准。从目前境内发行的优先股情况来看，从最初的董事会预案到证监会核准平均耗时 7 个月，整个流程的平均耗时接近一年。

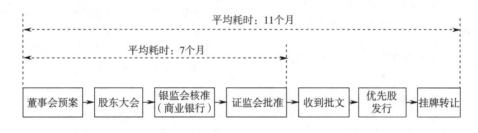

图 6－6　优先股发行流程

四、方案四：可转债和可交换债

（一）可转债与可交换债的概述

可转换公司债券（Convertible Bond，以下简称可转债），是指上市公司依法发行、在一定期间内依据约定的条件可以转换成股份的公司债券。

可交换公司债券（Exchangeable Bond，以下简称 EB 或可交换债），是指上市公司的股东依法发行、在一定期限内依据约定的条件可以交换成该股东所持有的上市公司股份的公司债券。根据发行方式不同，可交换债又可分为公募 EB 和私募 EB，公募 EB 又进一步分为大公募和小公募。私募 EB 仅面向合格投资者非公开发行的可交换债券，发行对象不超过 200 人；大公募面向公众和合格投资者；小公募仅面向合格投资者发行。

表 6 – 3   **公募 EB 与私募 EB 对比**

	公募 EB	私募 EB
审核程序	大公募需证监会审核，小公募适用交易所预审制度	由承销商向证券业协会报备，挂牌转让由交易场所审核
发行主体	1. 净资产：≥3 亿元； 2. 负债：累计债券余额≤最近一期净资产×40%； 3. 利润：最近三个会计年度实现的年均可分批利润≥1 年利息； 4. 评级：信用级别良好	满足《负面清单指引》相关规定的上市公司股东
标的股票	1. 上市公司最近一期末的净资产≥15 亿元或最近 3 个会计年度 ROE≥6%； 2. 提出发行申请时应为无限售条件，换股期转股不违反其对上市公司等的承诺； 3. 不存在被查封、扣押、冻结等财产权利受限，也不存在权属争议、不得转让或设定担保的其他情形	1. 在债券发行前，除为本次发行担保外，不存在被司法冻结等其他权利受限情形； 2. 交换时无限售条件，且换股不违反发行人对上市公司等的承诺
质押率	发行金额≤标的股票市值×70%	质押股票数量≥预备用于交换的股票数量
评级	债券信用级别良好	无强制要求
转股、赎回、回售条款要求	换股价不低于前 20 日和前 1 日交易均价，1 年后可换股，可设置赎回、回售条款	换股价不低于前 20 日和前 1 日交易均价的 90%，6 个月后可换股，可设置赎回、回售条款
下修	无须通过股东大会，但要保证质押股票数量不低于待交换量	可设置，依募集说明书
投资者	大公募面向公众和合格投资者，小公募仅面向合格投资者	仅面向合格投资者

（二）可转债与可交换债的差异

可转债与可交换债在多个方面存在差异。

1. 可转债的发行人是上市公司，发行目的是为特定项目筹集资金。由于可转债的转股标的是上市公司未来发行的新增股票，可转债往往被视为上市公司的一种间接股权融资，发行人通常存在较强的促转股意愿。

2. 可交换债的发行人是上市公司股东，转股标的是上市公司股东持有的现有股票。可交换债的发行目的较为多样，主要为两种：（1）发行人以持有的上市公司股票作为抵押进行较低成本融资；（2）发行人通过发行可交换债减持所持有的上市公司股票。现实中，减持是诸多发行人发行可交换债的初衷；同时，由于具备换股权，发行可交换债的票面利率一般要比纯债低不少。因此，对于发行人来说，发行可交换债后要么实现了以预设价格及隐蔽的方式减持，要么实现了低成本融资。

3. 可转债与可交换债还有其他不同：（1）利率方面，可转债的票面利率通常低于可交换债，私募可交换债的票面利率差异更大；（2）质押率方面，公募可交换债的质押率普遍高于可转债，私募可交换债目前还不能用于质押；（3）转债条款方面，可交换债的下修条款、回售条款、赎回条款的设置更加灵活。

表 6-4　可转债与可交换债对比

	可转债	可交换债
发行人	上市公司	上市公司股东
股份来源	发行人未来发行的新股	发行人持有的上市公司股份
发行目的	为特定项目而募集投资资金	股权结构调整、投资退出、融资等
促转股意愿	普遍存在	视发行目的而不同
到期期限	5~6 年为主	私募 EB 为 1~3 年；公募 EB 为 3~6 年
单只规模	均为 10 亿元以上，与公司市值相关	私募 EB 以 10 亿元以下为主； 公募 EB 以 10 亿元以上为主
利率	远低于同类公司债	私募 EB 票面利率较高，分化大； 公募 EB 票面利率较低，但高于可转债
质押率	由发行人申请，债项评级为 AA 但主体评级 AA-或以下的转债不再能质押入库	公募 EB 折扣率各档均比转债高； 私募 EB 目前还不能质押
换股期	可转换公司债券自发行结束之日起 6 个月后方可转换为公司股票	发行结束日起 12 个月后方可换股
下修、回售	明确提出转股价向下修正条款、回售条款	下修、回售条款保护较弱，甚至没有
赎回条款	通常为 30 天中 15 天或 20 天连续超过转股价的 130%	可能有转股期前赎回条款，转股期内赎回条款松紧度差异较大
监管规则	《上市公司证券发行管理办法》、《创业板上市公司证券发行管理暂行办法》	《上市公司股东发行可交换公司债券试行规定》、《上海证券交易所可交换公司债券业务实施细则》、《深圳证券交易所可交换公司债券业务实施细则》
发行条件	最近三个会计年度加权平均净资产收益率平均不低于6%；本次发行后累计公司债券余额不超过最近一期末净资产额的40%；最近三个会计年度实现的年均可分批利润不少于公司债券一年的利息	见表 6-3 中所列公司及股票的要求条件

（三）可转债与可交换债的发展空间

可转债和可交换债是金融改革的重要组成部分，2015 年 10 月召开的国务院常务会议以及"十三五"规划纲要中就多次提到要发展股债结合的融资工具。可转债及可交换债符合当前的政策导向。

对可转债的发行人而言，发行可转债具有如下优势：

1. 推迟股权摊薄时间。与股权融资相比，可转债通常在半年后才进入转股期，发行时不直接增加股票数量，可以推迟对股权和每股利润的稀释。

2. 低息融资。与债务融资相比，可转债的票面利率低于普通公司债和同期银行贷款利率。

3. 财务上灵活性高。可转债的下修条款为发行人提供财务上的灵活性。当股价下跌触发下修条款，发行人可根据公司当时的战略规划与财务情况选择是否下修转股价；若公司有流动性压力，可通过下修转股价应对回售压力；若公司无流动性压力且不愿进一步摊薄股份，可拒绝下修、接受回售。

对可交换债的发行人而言，发行可交换债具有如下优势：

1. 对股价冲击小。发行可交换债对股价的冲击要比发行人直接在二级市场上出售要小得多，尤其是金额较大的情况。发行可交换债与直接减持股票的公告同样具有信号作用，但可交换债具有隐含的回购保障，即如果标的股票没有上涨，发行人无法减持，再加上可交换债并非马上减持股票，因而对股价冲击要小得多。

2. 低息融资。由于具备可换股的属性，可交换债的票面利息比同等条件下的纯债要低，对于发行人而言可以节省融资成本。在我国市场的实践中，已有不少发行人以融资为目的，发行了可交换债，这类可交换债一般换股价较高。

3. 较高的质押比率和灵活性。目前股票质押比率普遍在50%，而发行可交换债实现了更高的质押比例。同时，私募可交换债可以将尚在限售期的股票作为标的。

4. 资本运作工具。私募可交换债与定增、股权收购配合，还可以用于并购等资本运作。

5. 更强的条款灵活性。发行人可以灵活地设置换股价、换股时间、赎回条款（可以不止一个）以及回售条款等来满足其需求。而在发展较为成熟的海外市场，还存在现金交割和混合交割的可交换债。

对于投资者而言，可转债与可交换债是债券基金分享权益市场机会的重要工具。转债基金一般约定"投资于债券的比例不低于基金资产的80%，其中投资于可转换债券的比例不低于非现金资产的80%"。其他债券基金业通常将可转债作为固定收益类品种。

五、方案五：管理层融资收购

（一）管理层收购概述

管理层收购（Management Buy-outs，MBO）是指目标公司董事、监事、高级管理人员等管理层或经理层利用自有资金或借贷所融资金收购本公司的全部或大部分股份，从而改变公司所有者结构、控制权结构和资产结构，进而达到重组目标公司的一种收购行为。在对目标企业进行并购的融资结构中，来自目标企业管理层的资本是重要的组成部分。

管理层收购的基本出发点是为了解决代理成本问题。对于目标企业管理层而言，管理层融资收购的重要性并不在于融资本身，而在于建立起一种以股权为基础的激励机制，降低企业所有者与经营者之间的委托代理成本。

（二）管理层收购特征

管理层收购实质上是杠杆收购的一种形式，其特征如下：

1. 管理层收购的主体是目标公司的经理和管理人员。他们往往对本公司非常了解，并有很强的经营管理能力，MBO 之后便同时拥有公司的所有权与经营权。

2. 管理层收购主要通过借贷融资完成。因此，MBO 的财务构成为优先债（先偿债务）、次级债（后偿债务）与股权三部分构成。

3. 管理层收购通常发生在拥有稳定现金流量的成熟行业。MBO 属于杠杆收购，管理层必须首先进行债务融资，然后再用被收购企业的现金流量来偿还债务。成熟企业一般现金流量比较稳定，有利于收购顺利实施。

（三）管理层收购适用性

管理层收购并非适用于所有企业类型，在实务操作中需要综合考虑行业属性、历史沿革、发展现状和市场前景等因素，全面评估收购的可行性，以保证收购的顺利实施以及收购后的成功运营。成功实施管理层收购，必须具备以下前提：

1. 竞争性行业。具有垄断性和资源性的行业，关乎国计民生，不适用 MBO；相对而言，竞争性行业更适于 MBO，因为其经营权与所有权合一的特性令代理成本降低、市场反应与决策速度加快，进而使企业更易于在激烈的市场竞争中脱颖而出。

2. 大股东支持。管理层所收购的目标企业股份，出让方一般是企业原来大股东；因而，大股东的支持成为 MBO 成功运作的前提，尤其涉及收购国有股份时，这种支持更显关键。

3. 管理层对企业发展作出贡献。在 MBO 实践中，很少有管理层与第三方竞价收购的现象，很多企业在发展过程中自然形成"企业领袖"和"核心决策层"，而这也通常得到大股东（往往为出让方）和当地政府的认可。为保证企业经营的连续和稳定，在股权出让时优先考虑管理层作为受让方，且在转让价格上也会体现对管理层既往业绩与贡献的认可。

4. 经营现金流稳定。MBO 实质上属于杠杆收购，意味着管理层需要依靠借贷手段筹措收购所需的绝大部分资金；因此，在 MBO 之后的较长时间内，管理层需要承担较大的还本付息压力。这就要求 MBO 的标的企业或管理层所掌控的其他经济资源，在整个还本付息期间能提供相对稳定的现金流量，以保障收购资金的顺利偿付。

（四）管理层收购法律要求

根据《上市公司收购管理办法》相关规定，上市公司拟实施管理层收购必须满足如下要求：（1）该上市公司应当具备健全且运行良好的组织机构以及有效的内部控制制度，公司董事会成员中独立董事的比例应当达到或者超过 1/2；（2）公司应当聘请具有证券、期货从业资格的资产评估机构提供公司资产评估报告；（3）收购应当经董事会非关联董事做出决议，且取得 2/3 以上的独立董事同意后，提交公司股东大会审议，经出席股东大会的非关联股东所持表决权过半数通过；（4）独立董事发表意见前，应当聘请独立财务顾问就本次收购出具专业意见，独立董事及独立财务顾问的意见应当一并予以公告。

同时，管理层收购行为还需满足《公司法》、《证券法》等法律法规对于公司董事、监事和高级管理人员行为规范的相关要求。

（五）国有企业管理层收购特别要求

国有企业的管理层收购行为容易给企业带来一系列风险，比如行政干预下的定价风险，信息不对称风险，收购方融资来源合法性风险等。为应对上述风险，《企业国有产权向管理层转让暂行规定》等相关法律法规对管理层收购国有企业产权行为作出更为严格的规定，具体如下：

1. 大型国有及国有控股企业及所属从事该大型企业主营业务的重要全资或控股企业的国有产权和上市公司的国有股权不向管理层转让。

2. 企业国有产权持有单位不得将职工安置费等有关费用从净资产中抵扣（国家另有规定除外）；不得以各种名义压低国有产权转让价格。

3. 管理层受让企业国有产权时，应当提供其受让资金来源的相关证明，不得向包括标的企业在内的国有及国有控股企业融资，不得以这些企业的国有产权或资产为管理层融资提供保证、抵押、质押、贴现等。

4. 企业国有产权向管理层转让后仍保留有国有产权的，参与受让企业国有产权的管理层不得作为改制后企业的国有股股东代表。

5. 管理层不得采取信托或委托等方式间接受让企业国有产权。

同时，《企业国有产权向管理层转让暂行规定》规定，当管理层存在下列情形的，不得受让标的企业的国有产权：（1）经审计认定对企业经营业绩下降负有直接责任的；（2）故意转移、隐匿资产，或者在转让过程中通过关联交易影响标的企业净资产的；（3）向中介机构提供虚假资料，导致审计、评估结果失真，或者与有关方面串通，压低资产评估结果以及国有产权转让价格的；（4）违反有关规定，参与国有产权转让方案的制订以及与此相关的清产核资、财务审计、资产评估、底价确定、中介机构委托等重大事项的；（5）无法提供受让资金来源相关证明的。

（六）管理层收购中资金来源的审核要点

《并购重组共性问题审核意见关注要点》对于管理收购资金来源的审核要点主要如下：

1. 关注上市公司的分红政策与高管人员的薪酬待遇；上市公司及其关联方在过去两年内是否与管理层及其近亲属以及其所任职的企业存在资金、业务往来，是否存在资金占用、担保行为及其他上市公司向管理层利益输送行为。

2. 如收购资金部分来源于员工安置费、补偿费或者身份置换费，是否已取得员工的同意，是否符合相关规定并已取得有关部门的批准；如收购资金部分来源于奖励基金，奖励基金的提取是否履行了必要的批准程序以及奖励基金的发放情况。

第三节　支付方式

并购重组中的支付方式包括现金支付、股票支付、债务承担、债权支付。交易过程中可以采取其中一种支付方式，可根据具体情况选择几种方式组合使用。

一、现金支付

现金支付是并购交易中最简单的价款支付方式。从实务视角，并购交易中的现金来源主要是四个方面：自有资金、出售资产、发行证券、银行借款；其中，发行证券和银行借款是收购的重要金融支持手段。

现金支付的优点在于交易简单、迅速，尤其在敌意收购中令对手猝不及防。但对于收购方而言，现金支付会造成短期内大笔现金支出；若收购方无法通过其他途径获得必要资金支持，会给自身带来较大财务压力，甚至会带来经营上的困境。同时，标的资产转让方收到现金后，会因投资收益增加而增加企业税负。

二、股票支付

股票支付是上市公司并购中普遍采用的支付方式，它不以现金为媒介，而是通过增发新股来支付并购价款。股票支付实际包括两种形式，即以股票购买标的资产和以股票置换股票。股票支付通常涉及新股发行，因而需要经过较为严格的监管审批。股票支付可以使得交易双方相互持股，结为利益共同体，也不涉及大量现金流动，避免企业税负支出。但发行新股会导致收购方原股东持股比例减少，可能不利于企业的后续经营管理。

三、债务承担

债务承担是指在不改变合同前提下，债权人、债务人通过与第三方订立债务转让协议，将债务全部或部分转移给第三方承担的法律行为。在并购交易中，在资产与负债对等的情况下，收购方通过债务承担方式，以承担目标公司债务为条件接受其资产，从而实现零成本收购；之后收购方通过注入资金、技术和领先的管理方式，盘活该公司。债务承担在国有企业的并购中较为常见，收购方无须支付并购价款，但往往要承诺承担被收购企业全部债务和安置在岗职工；同时，各级地方政府还会制定相关优惠措施，以鼓励这种收购行为。但是，由于被收购公司往往债务大于资产，收购行为实际上并非零成本，收购方实质接收的是一个资不抵债的公司。

四、债权支付

债权支付是指并购交易中收购方以自身拥有的对被收购公司的债权作为并购交易的部分或全部价款。这种支付方式实质上是被收购方以资产冲抵债务，有效解决了交易双方存在的债权债务关系，把并购和债务清偿有机结合。对于收购方而言，在回收账款的同时也扩大公司资产规模。

第七章　借壳上市方案设计

第一节　借壳上市基本环节

由于借壳上市涉及不同的操作环节，因而分别对应着不同的监管规则。在买壳阶段，主要涉及上市公司控制权的转移，直接对应的监管法规为《上市公司收购管理办法》；在资产重组阶段，主要涉及借壳方与上市公司之间的资产置换，直接对应的监管法规为《上市公司重大资产重组管理办法》。据此，可以将借壳上市分为股权收购和资产重组两个阶段。

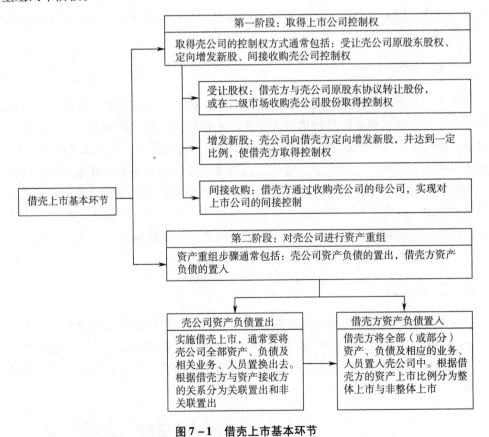

图 7 –1　借壳上市基本环节

一、取得壳公司控制权方式

取得壳公司控制权的主要方式包括股份转让、增发新股以及间接收购，三种方式异同对比见表7–1：

表 7–1　　　　　　　　　　取得壳公司控制权方式对比

	股权转让	增发新股	间接收购
收购主体	拟借壳公司或其股东		
收购对价	现金	现金或拟上市公司	现金
收购价格	未做特别规定	不低于市场参考价①	未做特别规定
锁定期	36 个月		
优势	1. 收购过程涉及的审批手续较简单； 2. 可通过协议收购压低收购价格	1. 收购过程对现金需求较少； 2. 控制权转移和资产重组一步完成，直接实现借壳上市	1. 收购过程涉及的审批手续较为简单； 2. 可通过协议收购压低收购价格
劣势	1. 收购过程需要大量现金； 2. 实现借壳上市尚需进行后续资产重组，存在不确定性	1. 收购过程涉及的审批手续较为复杂，且容易触发要约收购； 2. 有明确规定的收购价格下限	1. 收购过程需要大量现金； 2. 实现借壳上市尚需进行后续资产重组，存在不确定性

注①：市场参考价为本次发行股份购买资产的董事会决议公告日前20个交易日、60个交易日或120个交易日的公司股票交易均价之一。

股权转让方式是借壳方与壳公司原股东之间协议转让股权，或在二级市场上收购壳公司股权而取得控制权。该模式下收购过程涉及审批较为简单，还可通过协议收购方式压低价格；但收购过程需要大量现金，且实现借壳尚需后续资产重组环节，存在不确定性。

增发新股方式是壳公司向借壳方定向增发新股并达到一定比例，从而使借壳方取得控制权。该模式对现金需求较少，控制权转移和资产重组一步完成，直接实现借壳上市；但收购过程涉及审批手续较为复杂，容易触发要约收购，且受到收购价格下限约束。

间接收购方式是指借壳方通过收购壳公司控股股东的股权，实现对上市壳公司的间接控制。该模式下收购过程涉及的审批手续较为简单，也可通过协议方式压低收购价格；但收购过程需要大量现金，且实现借壳尚需后续的资产重组，存在不确定性。

二、上市公司资产重组方式

（一）壳公司资产置出环节

表 7 - 2   壳公司资产置出环节中各主体支付对价

	壳公司原股东	借壳方	第三方	不剥离原资产
支付对价	现金、壳公司股权	现金、拟借壳公司资产	现金	—
说明	实务中作为首选的壳公司原有资产剥离方式	通常以原有资产＋增发新股置换拟上市公司资产	若资不抵债，则往往需向第三方支付补偿金	通常上市公司自身正常经营，且借壳方同行

（二）拟借壳资产置入环节

表 7 - 3   拟借壳资产支付对价

	拟借壳资产		
支付对价	现金	增发新股	原有资产
说明	壳公司通常很难支付大笔现金，故实务中只作为部分对价	对前文以资产认购新发行股份相对应	与前文以拟借壳方资产置换原有资产相对应

在上市公司资产重组中，壳公司拟置出的资产以及借壳方拟置入的资产都需进行资产评估，以评估值作为交易作价的依据；若涉及国有资产的，还须由相应的国有资产监督管理机构批准。

在实务中，通常综合考虑借壳上市的成本、审批难易度、后续融资安排、股权锁定期、要约收购以及上市公司特征条件等因素，对各环节做出最佳的模式选择，最终制订出最优借壳上市方案。

第二节　常见借壳上市方案

一、方案一：股权转让＋资产置换

1. 操作步骤

（1）股权转让：拟借壳上市公司以现金为对价、以协议收购方式收购壳公司原控股股东所持有的壳公司股份。

（2）资产置换：借壳方完成对上市壳公司的控股后，与壳公司进行资产置换，收购其原有业务及资产，并将拟上市业务及资产注入上市公司，作为收购其原有资产的交易对价。

2. 注意事项

（1）上述资产置换步骤完成后，拟借壳公司成为上市壳公司的控股股东，其主要资产进入上市壳公司。

（2）注入壳公司资产的评估值通常高于置出资产，差额部分作为上市公司对控股股东的免息债务，无偿使用若干年。

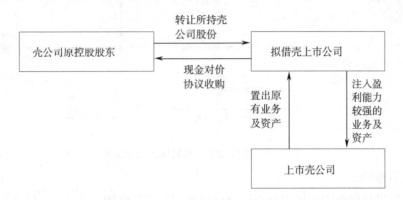

图 7 - 2　股权转让 + 资产置换交易结构

3. 典型案例：金融街集团借壳重庆华亚。北京金融街集团（以下简称金融街集团）是北京市西城区国资委全资的以资本运营和资产管理为主业的全民所有制企业，主营业务为房地产开发。重庆华亚现代纸业股份有限公司（000402. SZ，以下简称重庆华亚）成立于 1996 年 6 月 18 日，主营业务为纸包装制品、聚乙烯制品、包装材料等的生产和销售，其控股股东为华西包装集团。

（1）股权转让：华西包装集团与金融街集团签订了股权转让协议，华西集团将其持有的重庆华亚 4 869.15 万股国有法人股（占总股本的 61.88%）转让给金融街集团，金融街集团在中国证券登记结算公司深圳分公司办理完股权过户手续。同时，重庆华亚更名为"金融街控股股份有限公司"（以下简称金融街控股）。

（2）资产置换：金融街控股将原有全部资产及负债（连同人员）整体置出给金融街集团，再由华西包装集团购回；金融街集团将房地产类资产及所对应的负债置入公司，置入净资产大于置出净资产的部分作为金融街控股对金融街集团的负债，由金融街控股无偿使用 3 年。

金融街控股注册地由重庆迁至北京，至此，金融街集团成功实现借壳上市。

二、方案二：股权转让 + 增发换股

1. 操作步骤

（1）股权转让：拟借壳公司的控股股东以现金为对价、以协议收购方式收购上市壳公司原控股股东所持有的壳公司股份。

（2）增发换股：借壳方完成对上市壳公司的控股后，由上市壳公司向拟借壳上市公司的全体（或控股）股东定向增发新股，收购其持有的拟借壳上市公司的股权。

（3）资产置出：上市壳公司原控股股东以现金为对价、收购上市壳公司原有的业务及资产。

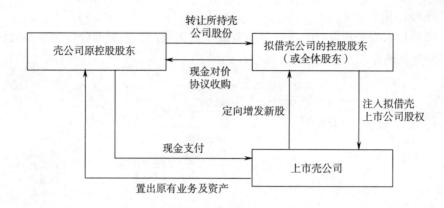

图 7-3 股权转让 + 增发换股交易结构

2. 注意事项

（1）增发换股收购拟借壳公司股权可以有两种交易结构：

①换股合并：拟借壳公司的 100% 股权全部进入上市壳公司，之后由上市壳公司吸收合并拟借壳公司，后者的法人主体资格不再存续；

②股权收购：增发换股后拟借壳公司成为上市壳公司的子公司，法人资格存续。

（2）增发换股过程完成后，拟借壳公司的控股股东成为上市壳公司的控股股东，而拟借壳公司要么被吸收合并，要么成为上市壳公司的子公司。

（3）增发新股收购拟借壳公司股权时，属于换股合并的，须给予反对本次交易的上市壳公司流通股股东现金选择权。

3. 典型案例：中南房地产借壳大连金牛。中南房地产业有限公司（以下简称中南房地产）是中南集团与自然人陈琳于 2005 年 2 月 1 日共同出资设立的公司，主营业务为商品房开发、销售，物业管理等。大连金牛股份有限公司（000961. SZ，以下简称大连金牛）成立于 1998 年 7 月 28 日，主营业务为钢冶炼、钢压延加工、进出口贸易等，其控股股东为东北特钢集团。

（1）股权转让：东北特钢集团以协议方式将其持有的大连金牛 9 000 万股股份（占总股本的 29.9471%）转让给中南房地产。前述转让完成后，东北特钢集团将继续持有大连金牛 3 223.333 万股股份。

（2）资产置出：大连金牛将其全部资产及负债、业务及附着于上述资产、业务或与上述资产、业务有关的一切权利和义务出售给东北特钢集团公司。

（3）增发换股：大连金牛将向中南房地产和陈琳发行股票购买其持有拟置入房地产资产。

公司更名"江苏中南建设集团股份有限公司"，中南房地产借壳上市成功。

三、方案三：股份回购 + 增发换股

1. 操作步骤

（1）股份回购：上市壳公司向原控股股东出售全部业务及资产，同时回购并注销

原控股股东所持壳公司股份；原控股股东所持股份不足以支付交易对价，则以现金补足。

（2）增发换股：上市壳公司向拟借壳上市公司的全体（或控股）股东定向增发新股，收购其持有的拟借壳公司股权。增发换股后，拟借壳上市公司的控股股东成为上市壳公司的新控股股东。

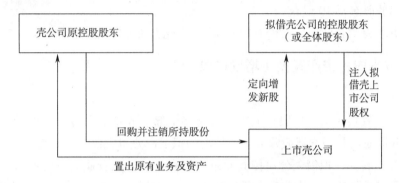

图 7 - 4 股权回购 + 增发换股交易结构

该方案最大特点在于整个交易过程的任何一个环节均未以现金作为主要支付手段，对借壳上市的相关各方不会带来现金流方面的压力。

2. 注意事项

（1）为了补偿上市壳公司原控股股东的流动性溢价，有时会在借壳完成后由拟借壳公司股东对其进行一定补偿。

（2）该方案中壳公司原控股股东须居于绝对控股地位，若其持股比例过低，则需补充较多现金作为壳公司原有业务及资产置出的对价；且由于回购注销的股权比例过低，拟借壳企业股东在与上市壳公司增发换股时会面临过大的股权稀释。

3. 典型案例：长江证券借壳 S 石炼化。长江证券有限责任公司（以下简称长江证券）前身为湖北证券公司，成立于 1988 年 6 月 1 日。1999 年 4 月 6 日，公司增资扩股并更名为长江证券，主营业务为证券（含境内上市外资股）的代理买卖，代理证券的还本付息、分红派息，证券代保管、鉴证，证券的自营买卖，证券（含境内上市的外资股）的承销（含主承销）等。石家庄炼油化工股份有限公司（000783. SZ，以下简称 S 石炼化）成立于 1997 年 7 月 24 日，主营业务为石油加工及产品销售，石油化工产品的生产销售，建筑材料生产等，其控股股东为中国石油化工股份有限公司（以下简称中石化）。

长江证券利用当年 S 石炼化股改的契机，通过将 S 石炼化的股权分置改革与资产重组相结合，设计高明的借壳上市的方案，最终达到成功上市的目的。

（1）股份回购：S 石炼化原第一大股东中石化以承担 S 石炼化的全部负债 37.3 亿元为对价，收购其全部资产，资产出售完成后，S 石炼化成为零资产零负债的"净壳"；同时，S 石炼化原有资产交割完成后，以 1 元现金向中石化回购其所持有的 S 石炼化 920 444 333 股非流通股，占公司总股本的 79.73%。

（2）增发换股：S 石炼化以新增股份 14.408 亿股吸收合并长江证券，新增股份价格为 7.15 元/股，长江证券整体作价 103.0172 亿元；新增股份占合并后公司股本的 86.03%，由长江证券各股东按照其各自股权比例分享。

（3）对价执行：S 石炼化定向回购中石化持有的非流通股股份后，中石化不再是 S 石炼化的股东，不承担本次股权分置改革中向流通股股东的送股对价及后续安排。而由被吸收合并方（长江证券）的全体股东按其持股比例将共计 2 808 万股送给流通股股东，流通股股东每 10 股获送 1.2 股。

公司更名为"长江证券股份有限公司"。借壳上市方案也顺利完成。

四、方案四：资产置换＋增发换股

1. 操作步骤

（1）资产置换＋增发换股：上市壳公司将全部业务及资产转让给拟借壳公司的控股股东，并同时向其增发新股收购其所持有的拟上市公司股权。

（2）资产转让：拟借壳公司控股股东取得壳公司的原有业务及资产后，将其转让给壳公司原控股股东，以换取后者所持有的壳公司股份，差额部分以现金补足。

该方案在整个交易过程的各个环节中尽量避免以现金作为主要支付手段，对借壳上市的相关各方不会带来现金流方面的压力。

2. 注意事项

（1）为了补偿上市壳公司原控股股东的流动性溢价，有时会在借壳完成后由拟借壳公司股东对其进行一定补偿。

（2）要实现拟借壳公司的整体上市，需要向拟借壳公司的其余股东另行增发新股收购其持有的拟借壳公司股权。

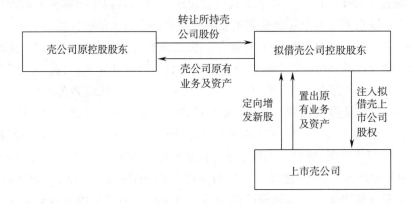

图 7－5　资产置换＋增发换股交易结构

3. 典型案例：国金证券借壳 S 成建投

国金证券有限责任公司（以下简称国金证券）成立于 1990 年 12 月，主营业务为证券的代理买卖，代理证券的还本付息、分红派息，证券代保管、鉴证，代理登记开户，证券的自营买卖，证券的承销，证券投资咨询（含财务顾问）等，其股东长沙九芝堂（集团）有限公司（以下简称九芝堂集团）、湖南涌金投资（控股）有限公司（以下简称涌金投资）、四川舒卡特种纤维股份有限公司（以下简称舒卡股份）分别持有其33.32%、20%、0.6%的股权。其中，湖南涌金及九芝堂集团实际控制人均为魏东。

成都城建投资发展股份有限公司（600109.SH，以下简称成建投）成立于1988年7月，主营业务为项目投资（不含金融、期货、证券），市政工程建设与管理（凭资质证经营），房屋拆迁、房屋经纪、房屋租赁、物业管理等，控股股东为成都市国资委。

（1）资产置换

①置出资产：本次置出资产为S成建投的全部资产及负债，评估值为22 224.17万元，结算价为评估值22 224.17万元加评估基准日至置出资产交割日期间置出资产发生的期间损益。

②置入资产：本次置入资产为九芝堂集团、湖南涌金及舒卡股份分别持有的国金证券的31.16%、20%及0.60%的股权，合计51.76%国金证券的股权，评估后作价6.62528亿元。

S成建投以其拥有的置出资产按照前述结算价购买九芝堂集团所持有的等值国金证券股权（X股权），九芝堂集团代表资产置入方，单方面以其持有国金证券股权置换出公司全部资产及负债。

（2）增发换股：上述资产置换差价部分，由S成建投以6.44元/股的价格发行7 101.2041万股新股向九芝堂集团、湖南涌金及舒卡股份购买其持有的除上述X股权以外的其余置入股权。

资产置出及增发换股工作完成后，S成建投将持有国金证券51.76%股权。

（3）资产转让：九芝堂集团与成都市国资委签署《股份转让协议》，以所得的置出资产及1 000万元现金为支付对价，收购成都市国资委所持S成建投47.17%的国有股权，成都市国资委指定锦城投资发展有限公司接收置出资产。

（4）整体上市：经过证监会核准，公司向原国金证券除城建投以外的股东新增发股份收购其持有的国金证券48.24%股权，国金证券将实现整体上市。城建投在吸收合并国金证券后，原国金证券法人主体依法注销。

城建投正式更名为"国金证券股份有限公司"，国金证券借壳上市成功。

五、方案五：资产出售＋增发换股

1. 操作步骤

（1）资产出售：上市壳公司将原有业务及资产出售给其控股股东，后者以现金作为支付对价。

（2）增发换股：上市壳公司向拟借壳公司的全体（或控股）股东定向增发新股，收购其持有的拟借壳公司股权。

2. 注意事项

（1）壳公司原控股股东在收购壳公司的原有业务及资产时通常会支付较高对价，以保护上市壳公司中小股东的利益。

（2）拟借壳公司的股东在借壳后会向壳公司原股东支付一笔额外的现金作为补偿。

（3）拟借壳公司的股权必须有足够高的估值，确保在定向增发后拟借壳公司的控股股东在上市公司的股权比例超过其原有控股股东，并足够取得对上市公司的控制权。

（4）在交易完成后，上市壳公司原控股股东仍为上市公司股东，只不过出让了上市公司的控制权。

该方案相当于借壳方完成借壳上市的同时引入壳公司原控股股东作为新的投资者，而其收购壳公司原有资产时支付的现金对价即为对上市公司的投资。

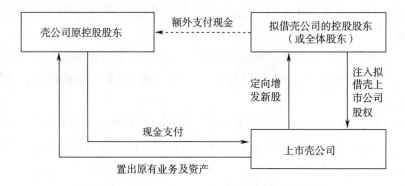

图 7 - 6 资产出售 + 增发换股交易结构

3. 典型案例：海通证券借壳都市股份。海通证券股份有限公司（简称海通证券）成立于 1988 年，是目前国内证券行业中资本规模最大、综合实力最强的综合性证券公司，拥有一体化的业务平台、庞大的营销网络以及雄厚的客户基础，经纪、投行和资产管理等传统业务位居行业前茅，融资融券、股指期货和 PE 投资等创新业务领先行业。

上海市都市农商社股份有限公司（600837. SH，以下简称都市股份）成立于 1994 年 2 月 4 日，是一家农业产业化国家重点龙头企业，致力于"从田头到餐桌"的现代蔬果产业链的打造，其控股股东为光明食品集团。

（1）资产出售：都市股份向其控股股东光明食品集团出售全部资产、负债和人员，转让价款为 75 600 万元，腾出净壳。

（2）增发换股：都市股份以新增股份换股吸收合并海通证券，海通证券的换股价格为 2. 01 元/股，都市股份的换股价格为 5. 8 元/股，由此确定海通证券与都市股份的换股比例为 1:0. 347，同时赋予都市股份除光明食品集团之外的所有股东现金选择权，具有现金选择权的股东可以全部或部分行使现金选择权。行使选择权的股份将按照 5. 8 元/股换取现金，相应的股份过户给第三方光明集团下属全资子公司上海市农工商投资公司。

（3）定向增发：为做大净资产，在吸收合并海通证券完成后，存续公司向经中国证监会核准的特定投资者非公开发行不超过 10 亿股的新股，发行价格不低于每股人民币 5. 8 元。

公司改名"海通证券股份有限公司"，海通证券成功借壳都市股份。

第八章 并购重组要点指引

第一节 标的资产

《上市公司并购重组管理办法》规定，重大资产重组所涉及的资产定价公允，不存在损害上市公司和股东合法权益的情形；资产权属清晰，资产过户或者转移不存在法律障碍，相关债权债务处理合法；本次交易有利于提高上市公司资产质量、改善财务状况和增强持续盈利能力。

从近些年案例来看，被并购重组委否决的交易均涉及标的资产存有问题。因此，在并购重组标的资产情况方面，交易方要重点关注并披露资产权属及完整性、资产持续盈利能力等相关要点。

一、标的资产交易价格公允性

对于交易价格以法定评估报告为依据的标的项目，交易方应重点关注并充分披露如下内容：（1）标的资产的评估报告和评估技术说明；（2）评估报告与盈利预测报告、公司管理层讨论与分析之间不应存在重大矛盾，例如对未来销售单价、销售数量、费用种类、费用金额等测算不应存在重大差异；（3）评估基准日至审核期间若发生重大变化，应让评估机构重新出具评估报告（若有必要），保证评估结果与资产当前公允价值不存在重大偏差；（4）如果标的资产在拟注入上市公司之前三年内进行过评估，两次评估值之间不应存在较大差异，如存在，要详细说明评估差异的合理性。

上市公司吸收合并其他上市公司的交易价格以双方股票市价、独立财务顾问估值、净资产账面值等为定价依据，交易方应充分披露如下内容：（1）独立财务顾问对交易定价的意见；（2）交易价格已充分考虑合并双方的股票市价、公司估值（资产和盈利能力）、盈利预测以及隐含资产价值（土地、无形资产）等因素，且已充分考虑市盈率、市净率的市场平均值等参数；（3）充分揭示交易价格的影响和风险，严格履行法定表决程序。

二、标的资产权属及完整性

标的资产权属及完整性方面，应着重关注以下三点。

（一）标的资产相应权证取得情况

交易方应该详细披露标的资产的权证办理情况；尚未取得相应权证的，应该充分披露这部分资产对应面积、账面价值、评估价值等，并说明相应权证办理进展情况、预计办毕期限、相关费用承担方式以及对本次交易和上市公司的具体影响；如办理权证存在法律障碍或不能如期办毕风险，应补充披露相应切实可行的解决措施。

（二）标的资产权属的争议或限制情况

标的资产（包括标的公司股权及标的公司持有的主要资产）权属存在抵押、质押等担保权利限制或相关权利人未放弃优先购买权等情形的，交易方应逐项披露标的资产消除权利限制状态等或放弃优先购买权等办理进展情况及预计办毕期限。针对不能按期办妥的风险，应该充分说明其影响，作出充分的风险提示，提出切实可行的解决措施。标的资产作为担保物对应的债务金额较大的，交易方应充分分析说明相关债务人的偿债能力，证明其具有较强的偿债能力和良好的债务履行记录，不会因为担保事项导致上市公司重组后的资产权属存在重大不确定性。

标的资产涉及被行政处罚、诉讼、仲裁、司法强制执行或其他争议的，应披露处罚的具体事由、处罚进展或结果，分析其对上市公司的影响。同时，交易方要披露其自身以及股东方涉及的行政处罚及诉讼情况，这关系着标的资产权益归属及稳定性，这也是证监会关注重点。

（三）标的资产完整情况披露的充分性

上市公司拟购买（或出售）的资产涉及完整经营实体的，证监会关注相关资产是否将整体注入（或置出）上市公司。除有形资产外，相关资产是否包括生产经营所需的商标权、专利权、非专利技术、特许经营权等无形资产。如包括，交易方应详细披露权属变动的具体安排和风险；如未包括，交易方向关联方支付（或收取）无形资产使用费情况，以及相关金额和支付方式。若涉及完整经营实体中部分资产注入上市公司的，证监会关注重组完成后上市公司能否（如何）实际控制标的资产，相关资产在研发、采购、生产、销售和知识产权等方面能否保持必要的独立性。

若标的资产涉及使用他人商标、专利或专有技术的，交易方应披露相关许可协议的主要内容，以及本次重组对上述许可协议效力的影响，该等商标、专利及技术对上市公司持续经营影响。若商标权有效期已经或临近届满，交易方还应说明期限届满后的权利延展安排以及对标的资产可能产生的不利影响。

（四）标的资产其他问题

1. 标的资产涉及项目审批或特许经营的。拟注入上市公司的标的资产（项目公司本身）涉及立项、环保、用地、规划、施工建设、行业准入、外资管理、反垄断等有关报批事项的，交易方应充分披露办理的许可证书或相关主管部门的批复文件。

标的资产业务涉及特许经营的，交易方应充分说明特许经营授权具有的排他性、不可撤销性等特殊属性，充分解释特许协议约定的相关计算公式、相关参数的变更方式及其具体影响等。特许经营事项需要相关主管部门确认或批准的，须提供相应的确认或批准意见。特许经营事项已有经营记录的，还要充分说明以往开展经营是否获得了相关主管部门批准的经营许可资质，是否已履行了必要的登记或备案等法律手续，是否按期足额缴纳各种资费等（提供相应证明文件）。

2. 标的资产涉及税务事项的。对拟注入上市公司的标的公司及标的资产，律师和独立财务顾问应充分核查其以往合理期间内的纳税合规情况并发表明确专业意见，交易方须提供相关税务部门关于公司纳税合规情况的证明文件。

拟注入上市公司的资产存在盈利严重依赖税收返还、税收优惠情况的，交易方应充分说明相关税收返还或优惠的依据以及税收政策的持续性和影响。

对于拟注入上市公司的土地使用权，交易方已按国家现行标准足额缴纳土地出让税费。

拟注入资产为资源类企业股权的，交易方应充分说明资源税政策对标的资产未来盈利能力及评估作价的影响。

资产交易产生较大税负的，交易方应说明相关税负的具体金额、交易各方如何分担，以及对上市公司未来业绩的影响。

3. 土地使用权问题。拟注入上市公司的标的资产是否涉及现行法律法规或政策限制或禁止交易的划拨用地或农业用地（标的公司为特殊农业公司的除外）。极特殊情况下涉及划拨用地注入上市公司的，关注申请人是否已结合《国务院关于促进节约集约用地的通知》（国发〔2008〕3号）及其他划拨用地政策，明确说明拟采取划拨方式取得国有土地使用权的相关资产注入上市公司是否违反相关规定；如涉嫌违反，是否已采取必要措施进行纠正，并说明由此形成的相关费用的承担方式及对评估值的影响。

拟注入标的资产涉及农用地转用征收的，是否说明征用农地已取得了相关有权部门的批准，相关程序是否完备有效，相关补偿费用是否已经依法支付，是否存在重大争议及未决事项。同时，对于农业用地的后续审批申请，是否充分说明政策风险和其他重大不确定性因素，是否已采取切实可行的措施避免前述风险影响重组后上市公司的正常生产经营。

拟注入标的资产涉及土地授权经营的，是否已提供有权土地管理部门对授权经营土地的授权或批准文件，以及对本次交易相关的土地处置方案的批准文件；如尚未取得有关权利或批准文件，是否充分披露该等情况对本次交易及上市公司的影响。

拟注入标的资产涉及的土地可能涉及规划调整或变更的，关注是否已明确披露存在变更土地用途的规划或可能性，是否已明确由此产生的土地收益或相关费用的归属或承担方式。

三、标的资产持续盈利性

上市公司并购重组应该有利于提高上市公司资产质量、改善财务状况和增强持续盈利能力。若标的资产状况不佳、盈利能力堪忧，则不利于提升上市公司投资价值，并购交易大概率会被监管否决。

对于标的资产的持续盈利能力，交易方应重点关注并披露以下方面：

1. 标的资产行业情况，包括但不限于行业成长性、市场容量与分布特征、是否符合国家产业政策等；同时，重点披露标的资产的行业地位、市场占有率、发展前景等。

2. 标的资产核心竞争力，包括但不限于核心技术、核心员工，产品和服务的品种结构，生产原料供给，市场溢价能力等。

3. 标的资产经营模式，包括但不限于商业模式、经营特色、市场营销以及其他市场价值创造能力。

4. 标的资产盈利能力，包括但不限于标的资产营销渠道多样性，对税收优惠及政府补贴的依赖性，上游客户及供应商关系的稳定性及集中度，对关联交易的依赖性等。

监管对于标的资产的利润情况会着重审查以下方面：（1）标的资产最近两年收入的稳定性；（2）标的资产最近两年盈利的稳定性，主营业务税金及所得税项目是否与收入或利润匹配；（3）标的资产最近两年净利润是否主要依赖非经常性损益，如存在非经常性损益的，则扣除非经常性损益后净利润的稳定性情况、该非经常性损益项目（如财政补贴）的持续性和可实现性；（4）标的资产最近两年的毛利率与同行业相比是否存在异常及其合理性；（5）标的资产的产品销售是否严重依赖于重组方或其他关联方，产品销售严重依赖于关联方的，该产品销售价格是否具备合理性。

四、标的资产涉及游戏

根据《上市公司监管法律法规常见问题与解答修订汇编》第十二条相关内容，并购重组中若标的资产为游戏公司，交易方应结合游戏公司特点及运营模式，在重组报告书中分析并披露以下业务数据：主要游戏的总玩家数量、付费玩家数量、活跃用户数、付费玩家报告期内每月人均消费值、充值消费比、玩家的年龄和地域分布、开发人员等。同时，披露将未开发项目纳入收益法评估范围的说明，以及作为高风险、高波动公司的折现率和风险系数取值合理性的说明。

第二节　同业竞争

一、同业竞争形成与判断

同业竞争是指上市公司所从事的业务与其控股股东或实际控制人或控股股东所控制的其他企业所从事的业务相同或近似，双方构成或可能构成直接或间接的竞争关系。同业竞争的形成，与公司上市时未进行"完整性重组"有直接关系，发起人未能将构成同业竞争的相关业务及资产全部装入上市公司，导致上市公司的业务与控股股东业务之间形成竞争关系。

同业竞争主体包含两类：（1）上市公司第一大股东，通过协议等对上市公司财务和经营有实际控制权的股东，对上市公司董事会有控制权的股东，以及与其他股东联合控制公司的股东；（2）前述股东直接或间接控制的公司。对同业竞争内容的判断，应遵循"实质重于形式"原则，从经营范围、业务性质、客户主体、产品或服务的可替代性、市场差异性等多维度进行判断。

二、同业竞争披露范围

根据《上市公司重大资产重组管理办法》相关规定，上市公司实施重大资产重组，应有利于上市公司在业务、资产、财务、人员、机构等方面与实际控制人及其关联人保持独立，符合中国证监会关于上市公司独立性的相关规定，即上市公司的业务应独立于控股股东、实际控制人及其控制的其他企业，与控股股东、实际控制人及其控制的其他企业之间不得有同业竞争或显失公平的关联交易。

对于同业竞争，并购重组中的交易方应披露的范围如下：

1. 应详细披露收购交易中的收购人（包括豁免要约收购申请人）、收购人的实际控制人及该实际控制人的下属企业（或重组交易中的交易对方、交易对方的实际控制人及该实际控制人的下属企业）。

2. 应结合上述企业的财务报告及主营业务构成等相关数据，详细披露其与上市公司的经营和业务关系，并就是否存在现实或潜在的同业竞争（包括但不限于双方在可触及的市场区域内生产或销售同类或可替代的商品，或者提供同类或可替代的服务，或者争夺同类的商业机会、客户对象和其他生产经营核心资源）进行说明和确认。

三、同业竞争解决方案

对于存在同业竞争情形的并购重组，交易方应就解决现实的同业竞争及避免潜在同业竞争问题作出明确承诺和安排，包括但不限于解决同业竞争的具体措施、时限、进度与保障，并对此进行及时披露。以下是常用的解决措施：

1. 将竞争性资产/股权注入上市公司。

2. 将竞争性业务转让给非关联第三方。

3. 在彻底解决同业竞争之前将竞争性业务托管给上市公司等。

4. 控股股东及实际控制人作出今后不再进行同业竞争的书面承诺。

5. 上市公司放弃存在同业竞争的业务。

第三节　关联交易

一、关联交易监管要点

根据沪深交易所《股票上市规则》相关规定，上市公司的关联交易，是指上市公司或者其控股子公司与上市公司关联人之间发生的转移资源或者义务的事项。由于关联交易方可以运用行政力量撮合交易进行，因而有可能使交易价格、方式等在非竞争的条件下出现不公正情况，形成对股东权益的侵犯，也易导致债权人利益受到损害。

根据《上市公司重大资产重组管理办法》相关规定，上市公司实施重大资产重组，应有利于上市公司在业务、资产、财务、人员、机构等方面与实际控制人及其关联人保持独立；上市公司发行股份购买资产，应有利于上市公司减少关联交易、避免同业竞争。

因此，关联交易是并购重组中监管重点审核及关注的事项之一，交易方应在重组报告书中充分披露本次重组前后的关联交易变化情况，说明重组是否有利于上市公司增强经营独立性，较少和规范关联交易。对于重组完成后无法避免或可能新增的关联交易，交易方应说明拟采取的有效规范措施，并应作出明确具体的承诺或签订完备的协议，以提高关联交易的决策透明度和信息披露质量，促进定价公允性。

二、关联交易披露范围

在监管关注点上，交易方应充分披露以下具体信息：

1. 关联交易在重组前后的变化及原因和影响。交易方应充分披露本次交易的关联方与上市公司的关系性质（例如母子公司、同一方控制等）、交易事项内容、交易金额、主要定价方式、占上市公司同类/同期营业收入（或营业成本、利润等核心量化指标）的比重等，并说明各类交易是属于经常性关联交易或偶发性关联交易；同时，应说明上市公司重组完成后（备考）关联销售收入占营业收入、关联采购额占采购总额、关联交易利润占利润总额等比例，相关比例较高的（例如接近或超过30%），还需说明对上市公司经营独立性和业绩稳定性的影响；如果重组前后相关数据指标存在较大变动或波动，要充分说明其真实性和具体原因，并提出必要的应对解决措施。

2. 关联交易定价依据及定价公允性。交易方应对照市场交易价格或独立第三方价格，对关联交易定价的合理性进行说明；若两者存在较大差异，需特别解释是否存在导致单方获利性交易或者导致显失公允的情形。

3. 特定债权债务关系。对于交易对方或其实际控制人与交易标的之间存在特定债权债务关系的，重点披露本次交易完成后，是否可能导致上市公司违规对外担保、资金资源被违规占用。

4. 难以避免的关联交易及安排。涉及重组方将其产业链的中间业务注入上市公司，重组后的持续关联交易难以避免的，应充分说明是否已采取有效措施建立对持续性关联交易的长效独立审议机制、细化信息披露内容和格式，并适当提高披露频率。

对于重大资产重组行为构成关联交易的，存在关联关系的董事、股东在相关董事会、股东大会会议上应回避表决。重组交易对方已经与上市公司控股股东就受让上市公司股权或者向上市公司推荐董事达成协议或者默契，将导致上市公司的实际控制权发生变化，该股东应回避表决。

第四节　税收问题

为适应新形势下并购重组需求，财政部、国税总局频频发布税收优惠政策，为企业实施并购重组创造良好税收政策环境。

一、契税

为贯彻落实《国务院关于进一步优化企业兼并重组市场环境的意见》（国发〔2014〕14 号），继续支持企业改制重组，财政部、国税总局发布《关于进一步支持企业事业单位改制重组有关契税政策的通知》（财税〔2015〕37 号），将企业单位改制重组涉及的契税政策规定如下。

（一）企业改制

对非公司制企业改制为有限责任公司或股份有限公司、有限责任公司变更为股份有限公司、股份有限公司变更为有限责任公司此三种情形，且满足原企业投资主体存续并在改制（变更）后的公司中所持股权（股份）比例超过75%、改制（变更）后公司承继原企业权利、义务的，对改制（变更）后公司承受原企业土地、房屋权属，免征契税。

（二）公司合并

两个或两个以上的公司，依照法律规定、合同约定，合并为一个公司，且原投资主体存续的，对合并后公司承受原合并各方土地、房屋权属，免征契税。

（三）公司分立

公司依照法律规定、合同约定分立为两个或两个以上与原公司投资主体相同的公司，对分立后公司承受原公司土地、房屋权属，免征契税。

（四）资产划转

对承受县级以上人民政府或国有资产管理部门按规定进行行政性调整、划转国有土地、房屋权属的单位，免征契税。

同一投资主体内部所属企业之间土地、房屋权属的划转，包括母公司与其全资子公司之间，同一公司所属全资子公司之间，同一自然人与其设立的个人独资企业、一人有限公司之间土地、房屋权属的划转，免征契税。

（五）债权转股权

经国务院批准实施债权转股权的企业，对债权转股权后新设立的公司承受原企业的土地、房屋权属，免征契税。

（六）公司股权（股份）转让

在股权（股份）转让中，单位、个人承受公司股权（股份），公司土地、房屋权属不发生转移，不征收契税。

上述政策执行时间为 2015 年 1 月 1 日起至 2017 年 12 月 31 日。

二、增值税

（一）资产重组中涉及货物时的增值税政策

《国家税务总局关于纳税人资产重组有关增值税问题的公告》（国家税务总局公告 2011 年第 13 号）规定："纳税人在资产重组过程中，通过合并、分立、出售、置换等方式，将全部或者部分实物资产以及与其相关联的债权、负债和劳动力一并转让给其他单位和个人，不属于增值税的征税范围，其中涉及的货物转让，不征收增值税。"

《国家税务总局关于纳税人资产重组有关增值税问题的公告》（国家税务总局公告 2013 年第 66 号）规定："纳税人在资产重组过程中，通过合并、分立、出售、置换等方式，将全部或者部分实物资产以及与其相关联的债权、负债经多次转让后，最终的受让方与劳动力接收方为同一单位和个人的，仍适用《国家税务总局关于纳税人资产重组有关增值税问题的公告》（国家税务总局公告 2011 年第 13 号）的相关规定，其中货物的多次转让行为均不征收增值税。"

（二）资产重组中涉及不动产、土地使用权时的增值税政策

《财政部　国家税务总局关于全面推开营业税改征增值税试点的通知》（财税〔2016〕36 号）附件 2《营业税改征增值税试点有关事项的规定》第一条第（二）项"不征收增值税项目"第五点规定："在资产重组过程中，通过合并、分立、出售、置换等方式，将全部或者部分实物资产以及与其相关联的债权、负债和劳动力一并转让给其他单位和个人，其中涉及的不动产、土地使用权转让行为。"

（三）股票、债权等金融商品转让时的增值税政策

《营业税改征增值税试点实施办法》附录"销售服务、无形资产、不动产注释"第一条"销售服务"第（五）项"金融服务"第 4 点"金融商品转让"规定："金融商品转让，是指转让外汇、有价证券、非货物期货和其他金融商品所有权的业务活动。其他金融商品转让包括基金、信托、理财产品等各类资产管理产品和各种金融衍生品的转让。"

一般情况下，股权不被视为金融商品中的有价证券，但上市公司的股票则属于典型的有价证券。因此，纳税人转让上市公司股票的，属于金融商品转让的应税行为，需缴纳增值税。

综上所述，企业资产重组时，涉及的符合条件的货物转让，货物的多次转让行为，不动产、土地使用权转让行为不征收增值税。

三、印花税

根据财政部、国税总局发布的《关于企业改制过程中有关印花税政策的通知》（财税〔2003〕183 号），企业在重组改制过程中涉及的印花税政策规定如下。

（一）企业改制

实行公司制改造的企业在改制过程中成立的新企业，其新启用的资金账簿记载的

资金或因企业建立资本纽带关系而增加的资金，凡原已贴花的部分可不再贴花，未贴花的部分和以后新增加的资金按规定贴花。企业改制中经评估增加的资金按规定贴花。

企业改制前签订但尚未履行完的各类应税合同，改制后需要变更执行主体的，对仅改变执行主体、其余条款未作变动且改制前已贴花的，不再贴花。

企业因改制签订的产权转移书据免予贴花。

（二）企业合并与分立

以合并或分立方式成立的新企业，其新启用的资金账簿记载的资金，凡原已贴花的部分可不再贴花，未贴花的部分和以后新增加的资金按规定贴花。

（三）债权转股转

企业债权转股权新增加的资金按规定贴花。

四、土地增值税

为贯彻落实《国务院关于进一步优化企业兼并重组市场环境的意见》（国发〔2014〕14号），财政部发布《关于企业改制重组有关土地增值税政策的通知》（财税〔2015〕5号），将企业在改制过程中涉及的土地增值税政策规定如下。

（一）企业改制

对于非公司制企业整体改建为有限责任公司或者股份有限公司，有限责任公司整体改建为股份有限公司、股份有限公司整体改建为有限责任公司，对改建前企业将国有土地、房屋权属转移、变更到改建后的企业，暂不征土地增值税。

（二）企业合并

两个或两个以上企业合并为一个企业，且原企业投资主体存续的，对原企业将国有土地、房屋权属转移、变更到合并后的企业，暂不征土地增值税。

（三）企业分立

企业分设为两个或两个以上与原企业投资主体相同的企业，对原企业将国有土地、房屋权属转移、变更到分立后的企业，暂不征土地增值税。

（四）投资

单位、个人在改制重组时以国有土地、房屋进行投资，对其将国有土地、房屋权属转移、变更到被投资的企业，暂不征土地增值税。

同时，财税〔2015〕5号文规定上述改制重组有关土地增值税政策不适用于房地产开发企业，且政策执行时间为2015年1月1日起至2017年12月31日。

五、企业所得税

根据财政部、国税总局发布的《关于企业重组业务企业所得税处理若干问题的通知》（财税〔2009〕59号）以及《关于促进企业重组有关企业所得税处理问题的通知》（财税〔2014〕109号），企业重组所涉及的企业所得税规定如下。

（一）股权、资产划转

对100%直接控制的居民企业之间，以及受同一或相同多家居民企业100%直接控制的居民企业之间按账面净值划转股权或资产，凡具有合理商业目的、不以减少、免除或者推迟缴纳税款为主要目的，股权或资产划转后连续 12 个月内不改变被划转股权或资产原来实质性经营活动，且划出方企业和划入方企业均未在会计上确认损益的，可以选择按以下规定进行特殊性税务处理：

1. 划出方企业和划入方企业均不确认所得。

2. 划入方企业取得被划转股权或资产的计税基础，以被划转股权或资产的原账面净值确定。

3. 划入方企业取得的被划转资产，应按其原账面净值计算折旧扣除。

（二）企业重组

1. 一般性税务处理

（1）企业债务重组情形：①以非货币资产清偿债务，应当分解为转让相关非货币性资产、按非货币性资产公允价值清偿债务两项业务，确认相关资产的所得或损失；②发生债权转股权的，应当分解为债务清偿和股权投资两项业务，确认有关债务清偿所得或损失；③债务人应当按照支付的债务清偿额低于债务计税基础的差额，确认债务重组所得；债权人应当按照收到的债务清偿额低于债权计税基础的差额，确认债务重组损失；④债务人的相关所得税纳税事项原则上保持不变。

（2）企业股权收购、资产收购重组交易情形：①被收购方应确认股权、资产转让所得或损失；②收购方取得股权或资产的计税基础应以公允价值为基础确定；③被收购企业的相关所得税事项原则上保持不变。

（3）企业合并：①合并企业应按公允价值确定接受被合并企业各项资产和负债的计税基础；②被合并企业及其股东都应按清算进行所得税处理；③被合并企业的亏损不得在合并企业结转弥补。

2. 特殊性税务处理。企业重组过程中：①凡具有合理的商业目的，且不以减少、免除或者推迟缴纳税款为主要目的；②被收购、合并或分立部分的资产或股权比例符合规定比例；③企业重组后连续 12 个月内不改变重组资产原来的实质性经营活动；④重组交易对价中涉及股权支付金额符合规定比例；⑤企业重组中取得股权支付的原主要股东，在重组后连续 12 个月内，不得转让所取得的股权。满足前述五个条件的，则交易各方对其交易的股权支付部分，可按以下规定进行特殊性税务处理：

（1）企业债务重组。所确认的应纳税所得额占该企业当年应纳税所得额50%以上，可以在 5 个纳税年度的期间内，均匀计入各年度的应纳税所得额；企业发生债权转股权业务，对债务清偿和股权投资两项业务暂不确认有关债务清偿所得或损失，股权投资的计税基础以原债权的计税基础确定。企业的其他相关所得税事项保持不变。

（2）股权收购。收购企业购买的股权不低于被收购企业全部股权的 50%，且收购企业在该股权收购发生时的股权支付金额不低于其交易支付总额的 85%，可以选择按以下规定处理：①被收购企业的股东取得收购企业股权的计税基础，以被收购股权的原有计税基础确定；②收购企业取得被收购企业股权的计税基础，以被收购股权的原有计税基础确定；③收购企业、被收购企业的原有各项资产和负债的计税基础和其他相关所得税事项保持不变。

（3）资产收购。受让企业收购的资产不低于转让企业全部资产的50%，且受让企业在该资产收购发生时的股权支付金额不低于其交易支付总额的85%，可以选择按以下规定处理：①转让企业取得受让企业股权的计税基础，以被转让资产的原有计税基础确定；②受让企业取得转让企业资产的计税基础，以被转让资产的原有计税基础确定。

（4）企业合并。企业股东在该企业合并发生时取得的股权支付金额不低于其交易支付总额的85%，以及同一控制下且不需要支付对价的企业合并，可以选择按以下规定处理：①合并企业接受被合并企业资产和负债的计税基础，以被合并企业的原有计税基础确定；②被合并企业合并前的相关所得税事项由合并企业承继；③可由合并企业弥补的被合并企业亏损的限额＝被合并企业净资产公允价值×截至合并业务发生当年年末国家发行的最长期限的国债利率；④被合并企业股东取得合并企业股权的计税基础，以其原持有的被合并企业股权的计税基础确定。

重组交易各方按上述（1）至（4）项规定对交易中股权支付暂不确认有关资产的转让所得或损失的，其非股权支付仍应在交易当期确认相应的资产转让所得或损失，并调整相应资产的计税基础。

非股权支付对应的资产转让所得或损失＝（被转让资产的公允价值－被转让资产的计税基础）×（非股权支付金额÷被转让资产的公允价值）

（三）跨境交易

企业发生涉及中国境内与境外之间（包括港澳台地区）的股权和资产收购交易，除应符合前述第（二）项第2款的五个前提条件外，尚需同时满足下述四个条件，才可选择适用特殊性税务处理规定：

1. 非居民企业向其100%直接控股的另一非居民企业转让其拥有的居民企业股权，没有因此造成以后该项股权转让所得预提税负担变化，且转让方非居民企业向主管税务机关书面承诺在3年（含3年）内不转让其拥有受让方非居民企业的股权。

2. 非居民企业向与其具有100%直接控股关系的居民企业转让其拥有的另一居民企业股权。

3. 居民企业以其拥有的资产或股权向其100%直接控股的非居民企业进行投资。

4. 财政部、国家税务总局核准的其他情形。

第五节　经营者集中

一、经营者集中概念

根据《中华人民共和国反垄断法》，经营者集中是指以下情形：（1）经营者合并；

（2）经营者通过取得股权或者资产的方式取得对其他经营者的控制权；（3）经营者通过合同等方式取得对其他经营者的控制权或者能够对其他经营者施加决定性影响。

经营者集中带来双重影响，一方面有利于发挥规模经济从而提高竞争力，另一方面过度集中会限制竞争、损害效率。当交易双方属于强强联合，可能会因经营者集中产生损害竞争的垄断结构，就应受到商务部的反垄断审查。因此，《反垄断法》规定，经营者集中达到国务院规定的申报标准的，经营者应当事先向国务院反垄断执法机构申报，未申报的不得实施集中。

二、经营者集中申报

（一）申报标准

经营者集中达到下列标准之一的，经营者应当事先向商务部申报，未申报的不得实施集中：

1. 参与集中的所有经营者上一会计年度在全球范围内的营业额合计超过 100 亿元人民币，并且其中至少两个经营者上一会计年度在中国境内的营业额均超过 4 亿元人民币。

2. 参与集中的所有经营者上一会计年度"在中国境内"的营业额合计超过 20 亿元人民币，并且其中至少两个经营者上一会计年度"在中国境内"的营业额均超过 4 亿元人民币（"在中国境内"是指经营者产品或服务的买方所在地在中国境内，包括经营者从中国之外的国家或地区向中国的出口，但不包括其从中国向中国之外的国家或地区出口的产品或服务）。

根据商务部 2014 年 6 月发布的《关于经营者集中申报的指导意见》第六条规定，参与集中的单个经营者的营业额应当为下述经营者的营业额总和：

（1）该单个经营者；

（2）第（1）项所指经营者直接或间接控制的其他经营者；

（3）直接或间接控制第（1）项所指经营者的其他经营者；

（4）第（3）项所指经营者直接或间接控制的其他经营者；

（5）第（1）至第（4）项所指经营者中两个或两个以上经营者共同控制的其他经营者。

参与集中的单个经营者的营业额不包括上述第（1）至第（5）项所列经营者之间发生的营业额，也不包括其在上一会计年度或之前已出售或不再具有控制权的经营者的营业额。

参与集中的单个经营者之间或者参与集中的经营者和未参与集中的经营者之间有共同控制的其他经营者，参与集中的单个经营者的营业额应当包括被共同控制的经营者与第三方经营者之间的营业额，且此营业额只计算一次。

如果参与集中的单个经营者之间有共同控制的其他经营者，则参与集中的所有经营者的合计营业额不应包括被共同控制的经营者与任何一个共同控制他的参与集中的经营者，或与后者有控制关系的经营者之间发生的营业额。如果参与集中的经营者被两个或两个以上经营者共同控制，其营业额应包括所有控制方的营业额。

在一项经营者集中包括收购一个或多个经营者的一部分时，如果卖方在交易后对被出售部分不再拥有控制权时，则对于卖方而言，只计算集中涉及部分的营业额。

相同经营者之间在两年内多次实施的未达申报标准的经营者集中，应当视为一次集中交易，集中发生时间从最后一次交易算起，该经营者集中的营业额应当将多次交易合并计算。

（二）豁免标准

根据《反垄断法》第二十二条规定，经营者集中有下列情形之一的，可以不向商务部申报：

1. 参与集中的一个经营者拥有其他每个经营者百分之五十以上有表决权的股份或者资产的。

2. 参与集中的每个经营者百分之五十以上有表决权的股份或者资产被同一个未参与集中的经营者拥有的。

上述情形分别为母公司与子公司之间的集中以及受同一母公司控制的子公司之间的集中，由于相关企业之间已经具有控制与被控制关系，集中不会加强其市场支配地位。

三、经营者集中审查

（一）审查程序

商务部自收到经营者提交的符合规定的文件、资料之日起三十日内，对申报的经营者集中进行初步审查，作出是否实施进一步审查的决定，并书面通知经营者。商务部作出决定前，经营者不得实施集中。商务部作出不实施进一步审查的决定或者逾期未作出决定的，经营者可以实施集中。

商务部决定实施进一步审查的，应当自决定之日起九十日内审查完毕，作出是否禁止经营者集中的决定，并书面通知经营者。作出禁止经营者集中的决定，应当说明理由。审查期间，经营者不得实施集中。

有下列情形之一的，商务部经书面通知经营者，可以延长前款规定的审查期限，但最长不得超过六十日：（1）经营者同意延长审查期限的；（2）经营者提交的文件、资料不准确，需要进一步核实的；（3）经营者申报后有关情况发生重大变化的。

商务部逾期未作出决定的，经营者可以实施集中。

（二）简易案件适用标准

商务部2014年制定《关于经营者集中简易案件适用标准的暂行规定》，明确了经营者集中简易案件的适用标准。符合下列情形的经营者集中案件，为简易案件：（1）在同一相关市场，所有参与集中的经营者所占的市场份额之和小于15%；（2）存在上下游关系的参与集中的经营者，在上下游市场所占的份额均小于25%；（3）不在同一相关市场、也不存在上下游关系的参与集中的经营者，在与交易有关的每个市场所占的份额均小于25%；（4）参与集中的经营者在中国境外设立合营企业，合营企业不在中国境内从事经济活动；（5）参与集中的经营者收购境外企业股权或资产的，该境外企业不在中国境内从事经济活动；（6）由两个以上经营者共同控制的合营企业，通过集中被其中一个或一个以上经营者控制。

另外，虽然符合上述规定，但存在下列情形的经营者集中案件，不视为简易案件：（1）由两个以上经营者共同控制的合营企业，通过集中被其中的一个经营者控制，该经营者与合营企业属于同一相关市场的竞争者；（2）经营者集中涉及的相关市场难以界定；（3）经营者集中对市场进入、技术进步可能产生不利影响；（4）经营者集中对消费者和其他有关经营者可能产生不利影响；（5）经营者集中对国民经济发展可能产生不利影响；（6）商务部认为可能对市场竞争产生不利影响的其他情形。

四、经营者集中附加限制性条件

经营者集中附加限制性条件，是指在经营者集中反垄断审查中，为了消除集中对竞争造成的不利影响，由参与集中的经营者向执法机构提出消除不利影响的解决办法，执法机构附条件批准该项集中的制度。

根据《关于经营者集中附加限制性条件的规定（试行）》（商务部令2014年第6号），有关经营者集中附加限制性条件批准制度的相关要点如下。

（一）限制性条件分类

1. 剥离有形资产、知识产权等无形资产或者相关权益等结构性条件。

2. 开放网络或者平台等基础设施、许可关键技术（包括专利、专有技术或其他知识产权）、终止排他性协议等行为性条件。

3. 结构性条件和行为性条件相结合的综合性条件。

其中，第1项简称业务剥离，是指由参与集中的经营者将自己的部分业务出售给第三方经营者，以保持这部分业务的竞争性。

（二）限制性条件确定

针对商务部就经营者集中提出的竞争关切（集中具有或者可能具有的排除、限制竞争效果），集中申报方可提出旨在减少集中对竞争可能产生的不利影响的限制性条件建议。商务部提出集中具有或者可能具有排除、限制竞争效果之前，申报方也可以提出附条件建议。

限制性条件的建议应当能够消除或者减少经营者集中具有或者可能具有的排除、限制竞争效果，并具有现实的可操作性。商务部应与申报方进行协商，对附条件建议的有效性、可行性和及时性进行评估，并将评估结果通知申报方。申报方提出的附条件建议首选方案存在不能实施的风险的，商务部可以在审查决定中要求申报方在首选方案基础上提出备选方案。备选方案应比首选方案的条件更为严格。

（三）限制性条件实施

1. 业务剥离的方式。附加限制性条件为业务剥离的，可采取自行剥离或者受托剥离的方式。

自行剥离是指剥离义务人在审查决定规定的期限内，找到适当的买方、签订出售协议并经商务部审核批准。

受托剥离是指剥离义务人未能如期完成自行剥离的情形下，由剥离受托人在审查决定规定的期限内寻找买方、签订出售协议并经商务部审核批准。剥离受托人，是指受申报方委托并经商务部同意，在受托剥离阶段负责出售剥离业务的自然人、法人或其他组织。

2. 剥离业务的买方资格。剥离业务的买方应当符合如下要求：（1）独立于参与集中的经营者；（2）拥有必要的资源、能力并有意愿使用剥离业务参与市场竞争；（3）取得其他监管机构的批准；（4）不得向参与集中的经营者融资购买剥离业务；（5）商务部根据具体案件情况提出的其他要求。

3. 剥离受托人和监督受托人。剥离义务人应在商务部作出审查决定之日起15日内向商务部提交监督受托人人选，在进入受托剥离阶段30日前向商务部提交剥离受托人人选。剥离义务人应与监督受托人和剥离受托人签订书面协议，明确各自的权利和义务。剥离义务人应负责支付监督受托人和剥离受托人报酬。剥离义务人应对监督受托人、剥离受托人和剥离业务买方提供必要的支持和便利。

监督受托人和剥离受托人应当符合下列要求：（1）独立于剥离义务人和剥离业务的买方；（2）具有履行受托人职责的专业团队，团队成员应当具有对限制性条件进行监督所需的专业知识、技能及相关经验；（3）提出可行的工作方案；（4）对买方人选确定过程的监督；（5）商务部提出的其他要求。

4. 剥离完成前剥离义务人的特定义务。在剥离完成之前，为确保剥离业务的存续性、竞争性和可销售性，剥离义务人应当履行下列义务：

（1）保持剥离业务与其保留的业务之间相互独立，并采取一切必要措施以最符合剥离业务发展的方式进行管理；

（2）不得实施任何可能对剥离业务有不利影响的行为，包括聘用被剥离业务的关键员工，获得剥离业务的商业秘密或者其他保密信息等；

（3）指定专门的管理人，负责管理剥离业务，管理人在监督受托人的监督下履行职责，其任命和更换应得到监督受托人的同意；

（4）确保潜在买方能够以公平合理的方式获得有关剥离业务的充分信息，评估剥离业务的商业价值和发展潜力；

（5）根据买方的要求向其提供必要的支持和便利，确保剥离业务的顺利交接和稳定经营；

（6）向买方及时移交剥离业务并履行相关法律程序。

第六节　境外并购

中国上市公司正在掀起新一轮的海外收购浪潮。与普通境外并购相比，上市公司境外并购不仅需要符合商务部、国家发展改革委、外管局等多个部门的常规监管要求，还需要满足中国证监会以及证券交易所的信息披露要求；若此过程中涉及上市公司重大资产重组或发行股份购买资产，则相关审批流程和信息披露要求更为严格和复杂。

一、境外投资核准备案相关制度

（一）商务部的核准与备案

根据商务部发布的《境外投资管理办法》（商务部令 2014 年第 3 号）规定，该办法所指境外投资，是指在中国境内依法设立的企业通过新设、并购及其他方式在境外拥有非金融企业或取得既有非金融企业所有权、控制权、经营管理权及其他权益的行为。

商务部和省级商务主管部门按照企业境外投资的不同情形，分别实行备案和核准管理：

1. 核准与备案安排

（1）企业境外投资涉及敏感国家和地区、敏感行业的，实行核准管理；企业其他情形的境外投资，实行备案管理。

（2）实行核准管理的国家是指与中华人民共和国未建交的国家、受联合国制裁的国家。必要时，商务部可另行公布其他实行核准管理的国家和地区的名单。实行核准管理的行业是指涉及出口中华人民共和国限制出口的产品和技术的行业、影响一国（地区）以上利益的行业。

（3）属于核准情形的境外投资，中央企业向商务部提出申请，地方企业通过所在地省级商务主管部门向商务部提出申请。属于备案情形的境外投资，中央企业报商务部备案；地方企业报所在地省级商务主管部门备案。

（4）两个以上企业共同开展境外投资的，应当由相对大股东在征求其他投资方书面同意后办理备案或申请核准。如果各方持股比例相等，应当协商后由一方办理备案或申请核准。如投资方不属同一行政区域，负责办理备案或核准的商务部或省级商务主管部门应当将备案或核准结果告知其他投资方所在地商务主管部门。

（5）企业终止已备案或核准的境外投资，应当在依投资目的地法律办理注销等手续后，向原备案或核准的商务部或省级商务主管部门报告。原备案或核准的商务部或省级商务主管部门根据报告出具注销确认函。

（6）企业应当向原备案或核准的商务部或省级商务主管部门报告境外投资业务情况、统计资料，以及与境外投资相关的困难、问题，并确保报送情况和数据真实准确。

（7）企业投资的境外企业开展境外再投资，在完成境外法律手续后，企业应当向商务主管部门报告。

2. 企业境外投资证书。商务部和省级商务主管部门通过"境外投资管理系统"对企业境外投资进行管理，并向获得备案或核准的企业颁发《企业境外投资证书》（以下简称《证书》）。《证书》由商务部和省级商务主管部门分别印制并盖章，是企业境外投资获得备案或核准的凭证，按照境外投资最终目的地颁发。

（1）企业境外投资经备案或核准后，原《证书》载明的境外投资事项发生变更的，企业应当按照本章程序向原备案或核准的商务部或省级商务主管部门办理变更手续。

（2）自领取《证书》之日起 2 年内，企业未在境外开展投资的，《证书》自动失效；如需再开展境外投资，应重新办理备案或申请核准。

（3）《证书》不得伪造、涂改、出租、出借或以任何其他形式转让；已变更、失效或注销的《证书》应当交回原备案或核准的商务部或省级商务主管部门。

3. 境外投资禁止情形。企业境外投资不得有以下情形：（1）危害中华人民共和国国家主权、安全和社会公共利益，或违反中华人民共和国法律法规；（2）损害中华人民共和国与有关国家（地区）关系；（3）违反中华人民共和国缔结或者参加的国际条约、协定；（4）出口中华人民共和国禁止出口的产品和技术。

（二）发展改革委的核准与备案

根据 2016 年 4 月 13 日《国家发展改革委关于修订〈境外投资项目核准和备案管理办法〉的决定》（公开征求意见稿），国家发展改革委和省级发展改革部门根据不同情况对境外投资项目分别实行核准和备案管理。

1. 核准与备案

（1）涉及敏感国家和地区、敏感行业的境外投资项目由国家发展改革委核准。其中，敏感国家和地区包括未建交和受国际制裁的国家，发生战争、内乱等国家和地区；敏感行业包括基础电信运营，跨境水资源开发利用，大规模土地开发，输电干线、电网，新闻传媒等行业。

发展改革委核准的境外投资项目，地方企业直接向所在地的省级政府发展改革部门提交项目申请报告，由省级政府发展改革部门报送国家发展改革委；中央管理企业由集团公司或总公司向国家发展改革委报送项目申请报告。

（2）除第（1）项以外的境外投资项目实行备案管理。其中，中央管理企业实施的境外投资项目、地方企业实施的中方投资额 3 亿美元及以上境外投资项目，由国家发展改革委备案；地方企业实施的中方投资额 3 亿美元以下境外投资项目，由各省、自治区、直辖市及计划单列市和新疆生产建设兵团等省级政府投资主管部门备案。

（3）中方投资额 3 亿美元及以上的境外收购或竞标项目，投资主体在对外开展实质性工作之前，应向国家发展改革委报送项目信息报告。国家发展改革委收到项目信息报告后，在 7 个工作日内出具收悉函。

2. 核准文件或备案通知书

（1）投资主体实施需国家发展改革委核准或备案的境外投资项目，在对外签署具有最终法律约束效力的文件前，应当取得国家发展改革委出具的核准文件或备案通知书；或可在签署的文件中明确生效条件为依法取得国家发展改革委出具的核准文件或备案通知书。

（2）投资主体凭核准文件或备案通知书，依法办理外汇、海关、出入境管理和税收等相关手续。对于未按规定权限和程序核准或者备案的项目，有关部门不得办理相关手续，金融机构不得发放贷款。

（3）核准文件和备案通知书应规定有效期，其中建设类项目核准文件和备案通知书有效期 2 年，其他项目核准文件和备案通知书有效期 1 年。在有效期内投资主体未能完成办理第（2）所述相关手续的，应在有效期届满前 30 个工作日内申请延长有效期。

（三）外汇管理

根据国家外汇管理局颁发的《境内机构境外直接投资外汇管理规定》（汇发〔2009〕30 号）规定，境内机构可以使用自有外汇资金、符合规定的国内外汇贷款、人民币购汇或实物、无形资产及经外汇局核准的其他外汇资产来源等进行境外直接投资；境内机构境外直接投资所得利润也可留存境外用于其境外直接投资。其中，自有外汇资金包括经常项目外汇账户、外商投资企业资本金账户等账户内的外汇资金。

外汇局对境内机构境外直接投资及其形成的资产、相关权益实行外汇登记及备案制度。根据外汇局《关于进一步简化和改进直接投资外汇管理政策的通知》（汇发〔2015〕13 号），为进一步深化资本项目外汇管理改革，促进和便利企业跨境投资资金运作，规范直接投资外汇管理业务，提升管理效率，外汇局进一步简化和改进直接投资外汇管理政策。

1. 境内机构境外直接投资前期费用登记

（1）境内机构（含境内企业、银行及非银行金融机构）汇出境外的前期费用，累计汇出额原则上不超过 300 万美元且不超过中方投资总额的 15%。

（2）境内机构汇出境外的前期费用，可列入其境外直接投资总额。

（3）银行通过外汇局资本项目信息系统为境内机构办理前期费用登记手续后，境内机构凭业务登记凭证直接到银行办理后续资金购付汇手续。

（4）境内投资者在汇出前期费用之日起 6 个月内仍未设立境外投资项目或购买境外房产的，应向注册地外汇局报告其前期费用使用情况并将剩余资金退回。如确有客观原因，开户主体可提交说明函向原登记银行申请延期，经银行同意，6 个月期限可适当延长，但最长不得超过 12 个月。

（5）如确有客观原因，前期费用累计汇出额超过 300 万美元或超过中方投资总额 15% 的，境内投资者需提交说明函至注册地外汇局申请（外汇局按个案业务集体审议制度处理）办理。

2. 境内机构境外直接投资外汇登记

（1）境内机构在以境内外合法资产或权益（包括但不限于货币、有价证券、知识产权或技术、股权、债权等）向境外出资前，应到注册地银行申请办理境外直接投资外汇登记。在外汇局资本项目信息系统中登记商务主管部门颁发的企业境外投资证书中的投资总额，同时允许企业根据实际需要按现行规定对外放款。金融类境外投资根据行业主管部门的批复或无异议函等进行相应登记。

（2）境内机构以境外资金或其他境外资产或权益出资的境外直接投资，应向注册地银行申请办理境外直接投资外汇登记。

（3）多个境内机构共同实施一项境外直接投资的，由约定的一个境内机构向其注册地银行申请办理境外直接投资外汇登记；银行通过外汇局资本项目信息系统完成境外直接投资外汇登记后，其他境内机构可分别向注册地银行领取业务登记凭证。

（4）境内机构设立境外分公司，参照境内机构境外直接投资管理。境内机构应到注册地银行办理境外直接投资外汇登记。在外汇局资本项目信息系统中，开办费用应纳入投资总额登记。境内机构设立境外分公司每年应按规定办理境外直接投资存量权益登记。

（5）银行通过外汇局资本项目信息系统为境内机构办理境外直接投资外汇登记手续后，境内机构凭业务登记凭证直接到银行办理后续资金购付汇手续。

3. 境内机构境外直接投资外汇变更登记。境内机构因转股、减资等原因不再持有境外企业股权的，需按如下操作：

（1）多个境内机构共同实施一项境外直接投资的，由约定的一个投资主体向其注册地外汇局辖内银行申请办理变更登记，其他境内机构无须重复申请；银行通过外汇局资本项目信息系统完成境外直接投资外汇变更登记后，其他境内机构可分别向注册地银行领取业务登记凭证。

（2）境外企业因减资、转股等需要汇回资金的，在注册地银行办理变更登记后，直接到银行办理后续境外资产变现账户开立、汇回资金入账等手续。

（3）境外放款转为对境外公司股权的，应同时向注册地外汇局申请办理境外放款变更或注销登记。

（4）境内投资者收购其他境内投资者境外企业股权的，由股权出让方按照本操作指引办理变更登记。

（5）外国投资者以境外股权并购境内公司导致境内公司或其股东持有境外公司股权的，自工商行政管理部门颁发加注的营业执照之日起 6 个月内完成股权变更，如果境内外公司没有完成其股权变更手续，则境外投资外汇登记自动失效，应在资本项目信息系统中注销其登记。

（6）境内机构设立境外分公司需追加开办费用的，开办费用的金额按照实需原则确定，并在外汇局资本项目信息系统中纳入投资总额登记。

（7）境内投资主体设立或控制的境外企业在境外再投资设立或控制新的境外企业无须办理外汇备案手续。

4. 境内机构境外直接投资清算登记

（1）多个境内机构共同实施一项境外直接投资的，由约定的其中一家境内机构向其注册地银行申请办理清算登记。

（2）境外企业因清算需汇回资金的，在境外投资企业的境内投资主体（或约定的一家境内投资主体）办理清算登记后，各境内机构可凭业务登记凭证直接到银行办理后续境外资产变现账户开立、汇回资金入账手续等。

5. 境内居民个人特殊目的公司外汇（补）登记

（1）境内居民个人办理登记之前，可在境外先行设立特殊目的公司，但在登记完成之前，除支付（含境外支付）特殊目的公司注册费用外，境内居民个人对该特殊目的公司不得发生其他出资（含境外出资）行为，否则按特殊目的公司外汇补登记处理。

（2）境内居民个人只为直接设立或控制的（第一层）特殊目的公司办理登记。

（3）境内居民个人以境内资产或权益向特殊目的公司出资的，应向境内企业资产或权益所在地银行申请办理境内居民个人特殊目的公司外汇登记。如有多个境内企业资产或权益且所在地不一致时，境内居民应选择其中一个主要资产或权益所在地银行集中办理登记。境内居民个人以境外合法资产或权益出资的，应向户籍所在地银行申请办理登记。

（4）对于境内居民个人以境内外合法资产或权益已向特殊目的公司出资但未按规定办理境外投资外汇登记的，在境内居民个人向相关外汇局出具说明函详细说明理由后，相关外汇局按照个案业务集体审议制度审核办理补登记。对于涉嫌违反外汇管理规定的，依法进行处理。

（5）境内居民个人参与境外上市公司股权激励计划按相关外汇管理规定办理。

6. 境内居民个人特殊目的公司外汇变更登记

（1）已登记的特殊目的公司发生境内居民个人股东、名称、经营期限等基本信息变更，或发生境内居民个人增资、减资、股权转让或置换、合并或分立等重要事项变更的，适用本条。

（2）境内居民个人从已登记的特殊目的公司获得资本变动收入，在特殊目的公司登记地银行办理外汇变更登记后，方可到银行办理后续境外资产变现账户开立、资金入账等手续。

7. 境内居民个人特殊目的公司外汇注销登记。因转股、破产、解散、清算、经营期满、身份变更等原因造成境内居民个人不再持有已登记的特殊目的公司权益的，或者不再属于需要办理特殊目的公司登记的，适用本条。

8. 境外直接投资存量权益登记（年度）

（1）境外投资企业的境内投资主体应于每年1月1日至9月30日（含）期间，通过外汇局资本项目信息系统企业端、银行端或事务所端向外汇局报送上年度境外企业资产、负债和所有者权益相关数据信息。

（2）由两个或两个以上境内投资主体共同投资一家境外投资企业的，各境内投资主体应确定其中一个境内投资主体作为境外直接投资存量权益信息申报主体，由其向境外投资企业登记地外汇局申报相关信息，其他境内投资主体不再申报。持股比例最大的境内投资主体原则上为申报责任股东，若持股比例相同，由相关境内投资主体约定其中一个境内投资主体为申报责任股东。

（3）境外投资企业的境内投资主体自行对数据信息的真实性、准确性负责，境外投资企业登记地外汇局不再逐项审核。

（4）境外投资企业的境内投资主体注册地外汇局负责事后对相关境外直接投资存量权益登记信息内容进行抽查，对于隐瞒真实情况、弄虚作假的境内投资主体，外汇局按相关程序通过资本项目信息系统业务管控功能暂停该境外投资企业的境内投资主体相关业务，并依法进行处理。

（5）银行为境外投资企业的境内投资主体办理资本项下外汇业务前，应确认其已按规定办理境外直接投资存量权益登记及是否被业务管控。未按规定办理登记或被业务管控的，银行不得为其办理资本项下外汇业务。

9. 境内机构境外直接投资前期费用汇出、汇回

（1）汇出银行应按照外汇局资本项目信息系统登记的信息办理汇出业务；累计汇出金额原则上不得超过外汇局资本项目信息系统登记的前期费用额度。

（2）前期费用退回金额累计不得超过已汇出境外的前期费用金额。

（3）前期费用资金原则上按原路退回，对于原购汇汇出的部分，可凭原购汇凭证直接办理结汇手续。

（4）银行应在业务办理后及时完成国际收支申报。

10. 境内机构境外直接投资资金汇出

（1）汇出资金累计不得超过外汇局资本项目信息系统登记的可汇出资金额度。

（2）银行应在业务办理后及时完成国际收支申报。

（3）收款人信息与外汇局资本项目信息系统中登记信息不一致的，银行应进行真实性审核并在国际收支申报交易附言中予以说明。

11. 境外资产变现账户入账、结汇

（1）银行应查询外汇局资本项目信息系统中登记的开户主体可汇回额度后，为其办理入账手续，当次入账金额不得超出尚可汇回金额。其中，境内机构为境内银行的，境外投资产生的利润不得单独结汇，应纳入银行外汇利润统一管理，并按照相关规定办理结汇。

（2）银行应在业务办理后及时完成国际收支申报。

12. 境外直接投资企业利润汇回

（1）汇回利润可保留在相关市场主体经常项目外汇账户或直接结汇。

（2）银行在办理境外投资企业利润汇回时，应审核境外投资企业的境内投资主体境外直接投资存量权益登记情况，对于应办理境外直接投资存量权益登记但未按规定在规定时限内办理登记的相关市场主体，应待其办理境外直接投资存量权益登记后，

方可为其办理利润汇回手续。

（3）银行应在业务办理后及时完成国际收支申报。

二、境外并购交易模式

典型上市公司境外并购方案大致可以分为以下三种。

（一）方案一：上市公司直接跨境并购标的公司

本方案基本思路：由上市公司直接收购或通过设立境外子公司的方式收购境外标的资产。并购资金一般来自上市公司的自有资金、超募资金或银行并购贷款。具体交易结构如下：

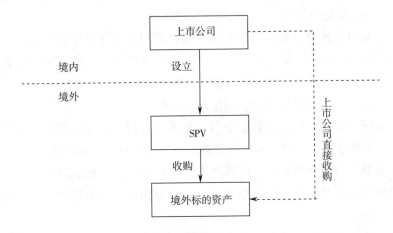

图 8 – 1　上市公司直接跨境并购标的公司结构图

实务中，由上市公司直接收购境外标的的案例较为少见，绝大多数上市公司都是通过设立境外控股子公司对境外标的资产进行并购。之所以采用控股子公司架构，主要有如下优势：（1）有利于缩短境外审批部门对并购交易审核的时间；（2）有利于上市公司利用控股子公司所在地政策享受税收优惠；（3）有利于上市公司在未来直接通过转让子公司股权的方式快速退出。

本方案优势在于速度快、耗时少，但缺点十分明显：（1）对上市公司资金实力及借贷能力要求较高；（2）上市公司必须直接面对境外收购风险；（3）严格的上市公司信息披露规则及监管要求使得并购交易在规定时间内完成存在困难。

（二）方案二：大股东或并购基金先行收购标的资产，再通过资产重组注入上市公司

境外并购中，资产出售方通常对于交易从启动到交割的时间要求较短，若采用上市公司直接收购模式，可能无法满足出售方的时效要求。因此，很多上市公司通常采用分步走模式，即首先由大股东或并购基金收购境外资产，再由上市公司通过发行股份购买资产或定向增发融资并收购模式将境外资产注入上市公司。

本方案优势如下：（1）避免上市公司直接进行境外并购，可以缩短交易时间，也可化解上市公司直接面对境外并购的风险；（2）上市公司可采用多元化的支付手段，

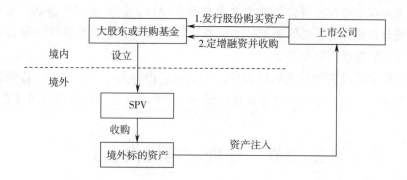

图8－2　大股东或并购基金跨境并购标的公司结构图

后期可通过股份支付的方式获得境外标的资产的控制权，缓解上市公司资金压力；（3）使并购交易规避严格的上市公司监管要求，保证并购交易顺利完成。

本方案具有一定弊端：（1）对于采用控股股东收购的方式，对控股股东的资金实力和借贷能力有较高要求；（2）对于采用并购基金收购的方式，需支付不低的中间成本，还面临解释前后收购的估值差异原因的难题；（3）在将标的资产注入上市公司时必须经上市公司股东会多数表决通过，可能存在被股东大会否决的风险；（4）证监会的审批风险以及定增发行风险都使得本方案的最终实现存在不确定性。

（三）方案三：大股东或并购基金与上市公司同时收购境外标的资产，再将剩余境外资产注入上市公司

本方案是对方案二的进一步改进。采用此方案，由于在进行第一步操作时即需披露或取得股东大会的表决同意，可有效规避收购方案在实施第二步时被上市公司股东大会否决的风险。同时，通过共同收购模式，上市公司后续实施第二步操作主要以股份支付作为交易对价，能相对缓解上市公司的并购融资压力。

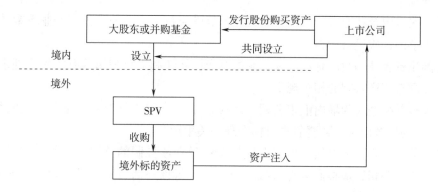

图8－3　大股东或并购基金与上市公司同时并购标的公司结构图

三、央企境外并购特殊要求

根据《中央企业境外投资监督管理暂行办法》（国资委令第28号）规定，中央企业原则上不得在境外从事非主业投资；有特殊原因确需投资的，应当经国资委核准。

列入中央企业年度境外投资计划的主业重点投资项目，国资委实行备案。未列入中央企业年度境外投资计划，需要追加的主业重点投资项目，中央企业应在履行企业内部投资决策程序后报送国资委备案。

同时，在重点投资项目实施过程中，出现项目内容发生实质改变、投资额重大调整和投资对象股权结构重大变化等重要情况时，中央企业应当及时报告国资委。

第七节　外资并购境内企业

一、外国投资者并购境内企业要求

根据《关于外国投资者并购境内企业的规定》（商务部令 2009 年第 6 号）第二条规定，外国投资者并购境内企业系指外国投资者购买境内非外商投资企业（以下简称境内公司）股东的股权或认购境内公司增资，使该境内公司变更设立为外商投资企业（以下简称股权并购）；或者外国投资者设立外商投资企业，并通过该企业协议购买境内企业资产且运营该资产，或外国投资者协议购买境内企业资产，并以该资产投资设立外商投资企业运营该资产（以下简称资产并购）。

外国投资者并购境内企业，应符合中国法律、行政法规和规章对投资者资格的要求及产业、土地、环保等政策。依照《外商投资产业指导目录》（2015 年修订）不允许外国投资者独资经营的产业，并购不得导致外国投资者持有企业的全部股权；需由中方控股或相对控股的产业，该产业的企业被并购后，仍应由中方在企业中占控股或相对控股地位；禁止外国投资者经营的产业，外国投资者不得并购从事该产业的企业。

被并购境内企业原有所投资企业的经营范围应符合有关外商投资产业政策的要求；不符合要求的，应进行调整。

外国投资者并购境内企业涉及企业国有产权转让和上市公司国有股权管理事宜的，应当遵守国有资产管理的相关规定。

如果被并购企业为境内上市公司，还应根据《外国投资者对上市公司战略投资管理办法》，向国务院证券监督管理机构办理相关手续。

境内公司、企业或自然人以其在境外合法设立或控制的公司名义并购与其有关联关系的境内的公司，应报商务部审批；当事人不得以外商投资企业境内投资或其他方式规避前述要求。

外国投资者并购境内企业并取得实际控制权，涉及重点行业、存在影响或可能影响国家经济安全因素或者导致拥有驰名商标或中华老字号的境内企业实际控制权转移的，当事人应就此向商务部进行申报。

二、外国投资者并购境内上市公司要求

（一）外国投资者进行战略投资要求

外国投资者进行战略投资应符合以下要求：

1. 以协议转让、上市公司定向发行新股方式以及国家法律法规规定的其他方式取得上市公司 A 股股份。

2. 投资可分期进行，首次投资完成后取得的股份比例不低于该公司已发行股份的百分之十，但特殊行业有特别规定或经相关主管部门批准的除外。

3. 取得的上市公司 A 股股份三年内不得转让。

4. 法律法规对外商投资持股比例有明确规定的行业，投资者持有上述行业股份比例应符合相关规定；属法律法规禁止外商投资的领域，投资者不得对上述领域的上市公司进行投资。

5. 涉及上市公司国有股股东的，应符合国有资产管理的相关规定。

（二）外国投资者资质要求

外国投资者应符合以下要求：

1. 依法设立、经营的外国法人或其他组织，财务稳健、资信良好且具有成熟的管理经验。

2. 境外实有资产总额不低于 1 亿美元或管理的境外实有资产总额不低于 5 亿美元；或其母公司境外实有资产总额不低于 1 亿美元或管理的境外实有资产总额不低于 5 亿美元。

3. 有健全的治理结构和良好的内控制度，经营行为规范。

4. 近三年内未受到境内外监管机构的重大处罚（包括其母公司）。

（三）外国投资者减持股份规定

1. 外国投资者减持股份使上市公司外资股比低于25%，上市公司应在 10 日内向商务部备案并办理变更外商投资企业批准证书的相关手续，并于外商投资企业批准证书变更之日起 30 日内到工商行政管理机关办理变更登记，并于营业执照变更之日起 30 日内到外汇管理部门办理变更外汇登记。

2. 外国投资者减持股份使上市公司外资股比低于10%，且该投资者非为单一最大股东，上市公司应在 10 日内向审批机关备案并办理注销外商投资企业批准证书的相关手续，并于外商投资企业批准证书注销之日起 30 日内到工商行政管理机关办理变更登记，并于营业执照变更之日起 30 日内到外汇管理部门办理外汇登记注销手续。

三、外国投资者并购境内企业注册资本

外国投资者在并购后所设外商投资企业注册资本中的出资比例高于25%的，该企业享受外商投资企业待遇。

外国投资者在并购后所设外商投资企业注册资本中的出资比例低于25%的，除法

律和行政法规另有规定外，该企业不享受外商投资企业待遇，其举借外债按照境内非外商投资企业举借外债的有关规定办理。审批机关向其颁发加注"外资比例低于25%"字样的外商投资企业批准证书。登记管理机关、外汇管理机关分别向其颁发加注"外资比例低于25%"字样的外商投资企业营业执照和外汇登记证。

境内公司、企业或自然人以其在境外合法设立或控制的公司名义并购与其有关联关系的境内公司，所设立的外商投资企业不享受外商投资企业待遇，但该境外公司认购境内公司增资，或者该境外公司向并购后所设企业增资，增资额占所设企业注册资本比例达到25%以上的除外。根据该款所述方式设立的外商投资企业，其实际控制人以外的外国投资者在企业注册资本中的出资比例高于25%的，享受外商投资企业待遇。

四、外国投资者并购境内企业投资总额

外国投资者股权并购的，除国家另有规定外，对并购后所设外商投资企业应按照以下比例确定投资总额的上限：

1. 注册资本在210万美元以下的，投资总额不得超过注册资本的10/7。

2. 注册资本在210万美元以上至500万美元的，投资总额不得超过注册资本的2倍。

3. 注册资本在500万美元以上至1 200万美元的，投资总额不得超过注册资本的2.5倍。

4. 注册资本在1 200万美元以上的，投资总额不得超过注册资本的3倍。

外国投资者资产并购的，应根据购买资产的交易价格和实际生产经营规模确定拟设立的外商投资企业的投资总额。拟设立的外商投资企业的注册资本与投资总额的比例应符合有关规定。

五、外国投资者并购境内企业安全审查

根据《国务院办公厅关于建立外国投资者并购境内企业安全审查制度的通知》（国办发〔2011〕6号），为引导外国投资者并购境内企业有序发展，维护国家安全，建立外国投资者并购境内企业安全审查制度，具体事项如下。

（一）并购安全审查范围

1. 外国投资者并购境内军工及军工配套企业，重点、敏感军事设施周边企业，以及关系国防安全的其他单位。

2. 外国投资者并购境内关系国家安全的重要农产品、重要能源和资源、重要基础设施、重要运输服务、关键技术、重大装备制造等企业，且实际控制权可能被外国投资者取得。

外国投资者取得实际控制权，是指外国投资者通过并购成为境内企业的控股股东或实际控制人。包括下列情形：（1）外国投资者及其控股母公司、控股子公司在并购后持有的股份总额在50%以上；（2）数个外国投资者在并购后持有的股份总额合计在

50% 以上；（3）外国投资者在并购后所持有的股份总额不足 50%，但依其持有的股份所享有的表决权已足以对股东会或股东大会、董事会的决议产生重大影响；（4）其他导致境内企业的经营决策、财务、人事、技术等实际控制权转移给外国投资者的情形。

（二）并购安全审查内容

1. 并购交易对国防安全，包括对国防需要的国内产品生产能力、国内服务提供能力和有关设备设施的影响。

2. 并购交易对国家经济稳定运行的影响。

3. 并购交易对社会基本生活秩序的影响。

4. 并购交易对涉及国家安全关键技术研发能力的影响。

（三）并购安全审查工作机制

1. 建立外国投资者并购境内企业安全审查部际联席会议制度，具体承担并购安全审查工作。

2. 联席会议在国务院领导下，由发展改革委、商务部牵头，根据外资并购所涉及的行业和领域，会同相关部门开展并购安全审查。

3. 联席会议的主要职责是：分析外国投资者并购境内企业对国家安全的影响；研究、协调外国投资者并购境内企业安全审查工作中的重大问题；对需要进行安全审查的外国投资者并购境内企业交易进行安全审查并作出决定。

（四）并购安全审查程序

1. 外国投资者并购境内企业，应按照规定，由投资者向商务部提出申请。对属于安全审查范围内的并购交易，商务部应在 5 个工作日内提请联席会议进行审查。

2. 外国投资者并购境内企业，国务院有关部门、全国性行业协会、同业企业及上下游企业认为需要进行并购安全审查的，可以通过商务部提出进行并购安全审查的建议。联席会议认为确有必要进行并购安全审查的，可以决定进行审查。

3. 联席会议对商务部提请安全审查的并购交易，首先进行一般性审查，对未能通过一般性审查的，进行特别审查；审查意见由联席会议书面通知商务部。

4. 在并购安全审查过程中，申请人可向商务部申请修改交易方案或撤销并购交易。

第八节　中概股之红筹回归

一、红筹架构与 VIE 模式

（一）红筹架构概述

早先由于国内资本市场低迷、上市指标管理严格以及外资直接投资国内产业受到较多限制等，部分国内企业寻求境外上市，由此产生的私募交易结构叫红筹架构。红筹架构主要指中国境内公司（不包含港澳台）的创始股东在境外设立离岸公司〔法律上称为 Special Purpose Vehicle，SPV（特殊目的载体）]，然后利用 SPV 通过各种方式控制境内资产及权益，最后以该 SPV 为融资平台发售优先股或可转股贷款给基金进行私募融资，乃至最终实现该 SPV 在境外上市。

（二）VIE 模式

VIE（Variable Interest Entity）即可变利益实体，又称协议控制，是红筹架构的一种主要演变与应用模式。VIE 具体指被投资企业拥有实际或潜在的经济利益，但该企业对经济利益并无完全的控制权，而实际或潜在控制该经济利益的受益人需要将此 VIE 做并表处理。

VIE 通常包括三部分，即境外上市主体、境内外商独资企业（Wholly Foreign Owned Enterprise，WFOE）和经营实体（外资受限业务牌照持有者）。通常情况下，境外上市主体和经营实体的股东都是同一中国股东。

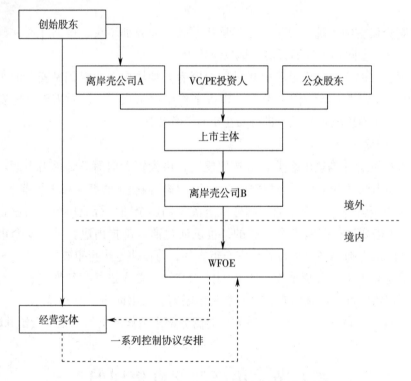

图 8-4　VIE 模式交易结构图

在协议控制中，WFOE 和经营实体通过签署一系列协议确立其控制与被控制关系，主要包括：（1）资产运营控制协议，通过该协议，由 WFOE 实质控制经营实体的资产和运营；（2）投票权协议，通过该协议，WFOE 可实质控制目标公司董事会的决策或直接向董事会派送成员；（3）独家服务协议，该协议规定持牌公司实际业务运营所需的知识产权、服务均由 WFOE 提供，而持牌公司的利润以服务费、特许权使用费等方式支付给 WFOE；（4）借款合同，WFOE 贷款给经营实体股东；（5）股权质押协议，经营实体股东将所持有股权质押给 WFOE；（6）认股选择权协议，当法律政策允许外资进入目标公司所在领域时，WFOE 可提出收购目标公司股权，成为正式控股股东。

VIE 是中国互联网产业的伟大创举，始于新浪网 2000 年赴美上市。此后十几年间，互联网、清洁技术、生物医药、教育培训等创新领域里的几乎所有境外上市中国公司，都是 VIE 架构的受益者。

二、中概股之红筹回归

中国概念股（以下简称中概股）就是外资因为看好中国经济成长而对所有在海外上市的中国股票的称呼。2014 年之前，中概股经历了一波大涨；从 2014 年下半年开始，由于做空机构发起多次针对中概股公司的做空，以及中概股公司在信息披露和公司治理方面不符合国外监管要求，中概股公司开始一蹶不振，股价大幅落后于中美两地市场，与 A 股公司的高估值，充裕的流动性、知名度、品牌效应，以及再融资功能形成非常强烈的反差。因此，越来越多的中概股公司选择拆除 VIE 结构，回归 A 股。

（一）回购步骤一：私有化

在美股市场上进行私有化的常见方式为"并购"，分为短式并购和长式并购。

1. 短式合并（Short-form Merger）。根据美国和开曼群岛公司法规定，当大股东持有上市公司超过 90% 以上的流通股时，可以直接进行私有化，而无须得到被收购公司股东大会或董事会的批准。实践中，通常先向董事会发出收购要约，跟主要股东商议收购价格，若达成一致并获得 90% 以上的股权，则可以直接私有化，向 SEC 注销注册。

2. 长式合并（Long-form Merger）。若要约收购未能获得 90% 以上的已发行股份，则可以通过长式并购以获得剩余股东的股票，即召开股东大会进行投票表决。根据开曼群岛公司法第 86 条规定，需被收购股份的股东人数超过 50%，且持股价值 75% 以上的股东批准同意，私有化方案才能通过。

私有化过程一般需要 3~6 个月时间，并充分考虑中概股的股权集中度、董事会配合度、SEC 的审查速度、收购溢价等因素。

（二）回归步骤二：拆除 VIE 结构

VIE 结构拆除主要有如下两种方式。

1. 方式一：境内并购基金接盘境外资产

（1）由境内经营实体的现有股东联合并购基金，以现金形式、按协商确定价格全面收购境外公司所持有的 WFOE 全部股权，收购价款由境外公司拿去回购境外投资者所持股票并予以注销。

（2）解除 WFOE 与境内经营实体之间涉及业务管控、股权质押、债务与收益等全部控制协议。

2. 方式二：过桥并购

（1）境内投资机构先行收购 WFOE 或境外上市母公司股权。

（2）境内投资机构以增发形式募集并购资金。

上述拆除 VIE 结构的操作方式较为复杂，通常要关注以下要点。

（1）关注点一：境外投资者去留。若经营实体所涉及主营业务准许外商投资，且境外投资者愿意随同创始人回归 A 股，则境外投资者可比照在境外公司中的持股比例，在境内拟上市公司中通过股权转让或增资的方式获得相同比例股权。

若经营实体所涉及主营业务不准许外商投资，或境外投资者不愿意回归 A 股，则需回购境外投资者所持股份并予注销。

（2）关注点二：VIE 协议终止。境外上市公司作出董事会及股东会决议，终止全部 VIE 控制协议。相关各方签署书面协议，就终止 VIE 协议事宜作出安排。涉及境内经营实体股权质押的，还应前往工商部门办理解除质押的变更登记。

（3）关注点三：境内经营实体重组。很多现存 VIE 结构中，实际业务经营实体可能有多家；通常在拆除 VIE 结构时，会一并进行境内经营实体的重组，选择其中一家作为未来的上市主体，由其收购其他经营实体的股权，从而形成母子公司结构体系。

（4）关注点四：境外股票期权计划终止。当前的 VIE 结构中，境外上市主体基本都实施了员工股权激励方案。在解除 VIE 结构之后，境外主体由于退市，该股权激励无法继续实施。因此，境外公司在与相关员工终止股权激励方案后，要安排好后续事宜，如补偿金支付或在境内上市公司中安排员工持股计划。

（5）关注点五：境外主体注销和外汇登记注销。在拆除 VIE 结构后，境外公司没有实际业务。由于监管机构对境内上市企业的股权清晰要求甚高，为彻底解决遗留问题，需要将全面清理并注销境外相关公司，并依法办理境内居民个人特殊目的公司外汇注销登记。

（6）关注点六：拆除 VIE 结构的税务成本。在收购 WFOE 股权时，由于股权收购款通常要远高于注册资本，则差额部分需要受让方开扣代缴预提所得税，完税后才能向外汇管理部门申请核准，购汇汇出境外。

（三）回归步骤三：境内 A 股上市

签署两步完成后，就涉及境内上市路径，目前主要是 IPO 和借壳上市。2015—2016 年上半年中，由于 IPO 排队太漫长，主要以借壳上市模式操作；2016 年第四季度后，由于 IPO 速度加快，很多私有化回归的企业选择独立 IPO。

第九节　私募基金监管与备案

在上市公司并购重组中，私募基金扮演着越来越重要的参与者角色。而 2016 年出台的多部关于私募监管与备案的法规，对整体市场格局产生非常巨大影响。

一、私募资管业务管理暂行规定

2016 年 7 月 14 日，证监会发布《证券期货经营机构私募资产管理业务运作管理暂行规定》（证监会公告〔2016〕13 号，以下简称《暂行规定》）。《暂行规定》的主要思路是在正本清源、强化约束的前提下，重点加强对违规宣传推介和销售行为、结构化资管产品、违法从事证券期货业务活动、委托第三方机构提供投资建议、开展或参与"资金池"业务等。

《暂行规定》主要内容如下。

（一）明确适用范围

《暂行规定》主要适用于证券期货经营机构通过资产管理计划形式开展的私募资产管理业务，私募证券投资基金业务参照执行。此处，全面理解《暂行规定》还需注意以下几点：

1. 《暂行规定》所称证券期货经营机构，是指证券公司、基金管理公司、期货公司及其依法设立的从事私募资产管理业务的子公司。

2. 《暂行规定》暂不适用于私募股权投资基金、创业投资基金；证券公司私募投资（直投）子公司开展的私募股权投资基金业务，不适用本规定，应当适用《私募投资基金监督管理暂行办法》。

3. 证券公司、基金管理公司开展特定客户境外资产管理业务应当遵守《暂行规定》的相关要求；《合格境内机构投资者境外证券投资管理试行办法》等法规对特定客户境外资产管理计划委托境外投资顾问有特殊规定的，从其规定。

4. 《暂行规定》对私募证券投资基金管理人的界定以产品口径为准；各类型私募基金管理机构只要设立发行了私募证券投资基金，其私募证券投资基金管理活动均应当参照《暂行规定》执行。

（二）明确管理人职责

《暂行规定》明确关于"违规委托第三方机构为其提供投资建议"和"从事违法证券期货业务活动"的禁止性要求：

1. 资产管理人不得委托个人或不符合条件的第三方机构为其提供投资建议。《暂行规定》主要从相关第三方机构资质条件、基本要求、遴选及选聘、信息披露及职责约定、防范利益冲突以及费用支付等方面作了明确要求，以期进一步规范证券期货经营机构委托第三方机构为其提供投资建议的行为。

《暂行规定》还要求第三方机构不得直接执行投资指令，管理人不得存在"未建立或者有效执行风险管控机制，未能有效防范第三方机构利用资产管理计划从事内幕交易、市场操纵等违法违规行为"的情形。另外，为防范潜在的利益冲突，《暂行规定》禁止受托提供投资建议的第三方机构及其关联方以其自有资金或募集资金投资于结构化资管产品劣后级份额。

2. 资产管理业务不得从事违法证券期货业务活动或者为违法证券期货业务活动提供交易便利。为进一步明晰业务红线、规范场外配资，《暂行规定》从账户实名制、账户控制权、外接交易系统以及设立伞形资管产品等方面禁止资管产品为违法证券期货业务活动提供服务或便利。

（三）完善结构化相关规定

《暂行规定》区别了私募资产管理业务与股票融资行为的本质差异，回归资产管理业务"利益共享，风险共担"本源，并从以下五点对资管产品的结构化设计做出如下规定：

1. 禁止结构化资管产品直接或间接为优先级份额认购者提供保本保收益安排，并列举了不得对优先级保证收益的具体情形，例如在合同中约定计提优先级份额收益、提前终止罚息、劣后级或第三方机构差额补足优先级收益、计提风险保证金补足优先级收益等。

2. 依据投资范围及投资比例将结构化资管产品分为股票类、固定收益类、混合类和其他类，并要求股票类、混合类结构化资产管理计划的杠杆倍数不得超过1倍，固定收益类结构化资产管理计划的杠杆倍数不得超过3倍，其他类结构化资产管理计划的杠杆倍数不得超过2倍。同时，对资管产品的投资杠杆做了适度限制，明确结构化资管计划的总资产占净资产的比例不得超过140%，非结构化集合（"一对多"）资管计划的总资产占净资产的比例不得超过200%。

3. 将杠杆倍数计算公式调整为"优先级份额/劣后级份额"，且明确中间级份额在计算杠杆倍数时计入优先级份额。

4. 增加了结构化资管产品信息披露内容，要求对结构化设计及相应风险情况、收益分配情况、风控措施等信息进行披露，并要求结构化资管产品名称中必须包含"结构化"或"分级"字样，以充分揭示结构化资管产品的风险属性。

5. 严格防范结构化资管产品嵌套投资风险，禁止结构化资管产品向下嵌套投资其他结构化金融产品的劣后级份额。

（四）禁止开展资金池业务

针对资金池"滚动发行、集合运作、期限错配、分离定价"的特征，《暂行规定》明确了证券期货经营机构除不得开展具有"资金池"性质的私募资产管理业务外，也不得参与具有"资金池"性质的私募资产管理业务，即投资其他机构管理的、具有"资金池"性质的资管产品。

（五）进一步规范销售行为

《暂行规定》禁止资管产品以任何方式向投资者承诺本金不受损失或者承诺最低收益，明确资管产品名称中不得出现"保本"字样，资产管理合同及销售材料中不得存在包含保本保收益内涵的表述。同时，禁止通过拆分份额或收益权、为投资者直接或间接提供短期借贷等方式变相降低合格投资者门槛；禁止资管产品向投资者宣传预期收益率，包括不得口头宣传产品预期收益，不得在推介材料、资产管理合同等文字材料中写有"预期收益"、"预计收益"等字样。

二、私募资管业务备案相关要求

2016年10月21日，基金业协会正式公布《证券期货经营机构私募资产管理计划备案管理规范第1-3号》，分别为《备案管理规范第1号——备案核查与自律管理》、《备案管理规范第2号——委托第三方机构提供投资建议服务》和《备案管理规范第3

号——结构化资产管理计划》。

《备案管理规范》主要着眼于私募资管产品备案环节涉及的材料提交、备案程序等操作问题以及履行监测职能角度，在法规基础上，从行业自律层面进一步强化私募资管产品的规范性要求。

（一）备案管理规范第 1 号——备案核查与自律管理

1 号备案管理规范明确了协会的备案核查和产品监测职责，对证券期货经营机构的备案合规义务、备案程序、法律责任等做了总体性规定，主要内容如下：

1. 证券期货经营机构应当对资产管理计划的设立、变更、展期、终止等行为进行备案，按时提交备案材料；所有资产管理计划均应在协会完成备案并取得备案证明后，方可申请为其开立证券市场交易账户。

2. 证券期货经营机构应当定期报送资产管理计划运行报告和风险监测报告，发生对资产管理计划有重大影响事件的，还应及时向协会进行报告。

3. 协会将建立健全资产管理计划备案核查流程，按照"实质重于形式"原则，通过书面审阅、问询、约谈等方式对备案材料进行核查。

4. 协会将加强资产管理计划备案核查力度，对于违反法律法规及自律规则的证券期货经营机构，协会可以视情节轻重对其采取谈话提醒、书面警示、要求限期改正、加入黑名单、公开谴责、暂停备案等纪律处分；情节严重的，依法移送中国证监会处理。

（二）备案管理规范第 2 号——委托第三方机构提供投资建议服务

2 号备案管理规范对委托第三方机构提供投资建议服务的私募资管产品须提交的备案材料进行了细化，督促管理人谨慎遴选符合条件的第三方机构，主要内容如下：

1. 证券期货经营机构应当委托符合《暂行规定》要求的第三方机构为资产管理计划提供投资建议服务。一对多（集合）资产管理计划委托人，不得通过发出投资建议或投资指令等方式直接或间接影响资产管理人投资运作，符合法定的资质条件并接受资产管理人委托提供投资建议的第三方机构除外。

2. 证券期货经营机构应当制定第三方机构遴选机制和流程、风险管控机制、利益冲突防范机制，相关制度流程应当经公司有权机构审议通过后存档备查。未建立健全上述制度流程的，不得聘请第三方机构为资产管理计划提供投资建议服务。

3. 证券期货经营机构应当对拟聘请的第三方机构进行尽职调查，要求其提供相应资质证明文件，并在设立资产管理计划时将尽职调查报告、资质证明文件等材料向协会进行备案。拟聘请的第三方机构为私募证券投资基金管理人的，应当已加入协会，成为普通会员或观察会员。

4. 私募证券投资基金管理人不得为主要投资于非标资产的资产管理计划提供投资建议服务。

5. 证券期货经营机构应当严格按照《暂行规定》及内部制度流程选聘第三方机构，签订委托协议，披露第三方机构相关信息，清晰约定彼此权利义务；委托协议应当向协会进行备案。

（三）备案管理规范第 3 号——结构化资产管理计划

3 号备案管理规范明确要求证券期货经营机构开展私募资产管理业务，设立、运作结构化资产管理计划，应当严格遵守《暂行规定》有关要求，并符合以下规定：

1. 严格按照"利益共享、风险共担、风险与收益相匹配"原则设计结构化资产管理计划。所谓利益共享、风险共担、风险与收益相匹配，是指在结构化资产管理计划产生投资收益或出现投资亏损时，所有投资者均应当享受收益或承担亏损，但优先级投资者与劣后级投资者可以在合同中合理约定享受收益和承担亏损的比例，且该比例应当平等适用于享受收益和承担亏损两种情况。

2. 结构化资产管理计划合同中不得约定劣后级投资者本金先行承担亏损、单方面提供增强资金等保障优先级投资者利益的内容。

3. 结构化资产管理计划应当根据投资标的实际产生的收益进行计提或分配，出现亏损或未实际实现投资收益的，不得计提或分配收益。

4. 资产管理人可以按照《暂行规定》要求，通过以自有资金认购的资产管理计划份额先行承担亏损的形式提供有限风险补偿，但不得以获取高于按份额比例计算的收益、提取业绩报酬或浮动管理费等方式变相获取超额收益。

5. 结构化资产管理计划的投资者不得直接或间接影响资产管理人投资运作（提供投资建议服务的第三方机构同时认购优先级份额的情况除外），不得通过合同约定将结构化资产管理计划异化为优先级投资者为劣后级投资者变相提供融资的产品。

6. 结构化资产管理计划合同中应明确其所属类别，约定相应投资范围及投资比例、杠杆倍数限制等内容。合同约定投资其他金融产品的，资产管理人应当依据勤勉尽责的受托义务要求，履行向下穿透审查义务，即向底层资金方向进行穿透审查，以确定受托资金的最终投资方向符合《暂行规定》在杠杆倍数等方面的限制性要求。

证券期货经营机构不得以规避《暂行规定》及本规范要求为目的，故意安排其他结构化金融产品作为委托资金，通过嵌套资产管理计划的形式，变相设立不符合规定的结构化资产管理计划，或明知委托资金属于结构化金融产品，仍配合其进行止损平仓等保本保收益操作。

7. 结构化资产管理计划可以通过业绩比较基准形式向优先级投资者进行推介，但应同时说明业绩比较对象、业绩比较基准测算依据和测算过程等信息。结构化资产管理计划的业绩比较对象应当与其投资标的、投资策略直接相关。

三、上市公司并购重组的私募备案

根据证监会发布的《上市公司监管法律法规常见问题与解答修订汇编》，上市公司并购重组涉及私募投资基金和资产管理计划的，应注意以下要点：

（一）私募投资基金备案要求

资产重组行政许可申请中，独立财务顾问和律师事务所应当对本次重组是否涉及私募投资基金以及备案情况进行核查并发表明确意见。涉及私募投资基金的，应当在重组方案实施前完成备案程序。

如向证监会提交申请材料时尚未完成私募投资基金备案，申请人应当在重组报告书中充分提示风险，并对备案事项作出专项说明，承诺在完成私募投资基金备案前，不能实施本次重组方案。

在证监会审核期间及完成批准程序后，完成私募投资基金备案的，申请人应当及时公告并向证监会出具说明；独立财务顾问和律师事务所应当对备案完成情况进行核查并发表明确意见。之后，方可实施重组方案。

另外，要约豁免义务申请中，申请人为私募投资基金的，应当在证监会受理前完成备案程序。财务顾问（如有）、律师事务所应当在《财务顾问报告》、《法律意见书》中对本次申请涉及的私募投资基金以及备案完成情况进行核查并发表明确意见。

（二）资产管理计划监管要求

资产管理计划参与配套募集资金且尚未成立的，在重组方案提交上市公司股东大会审议时，应当已有明确的认购对象以及确定的认购份额。

THE TREND AND
STRATEGIES

下　篇

上市公司并购重组
最新案例解析

第九章　产业并购及转型

第一节　四维图新收购杰发科技

一、交易概览

收购方	北京四维图新科技股份有限公司（以下简称四维图新）		
被收购方	杰发科技（合肥）有限公司（以下简称杰发科技）		
收购方案	发行股份及支付现金购买资产 + 发行股份募集配套资金		
交易价值（万元）	387 510.00	并购方式	发行股份及支付现金购买资产
现金支付金额（万元）	354 459.33	并购目的	产业链延伸
评估价值（万元）	387 502.80	支付方式	股份 + 现金
评估方式	收益法	标的类型	股权
控制权是否变更	否	股权转让比例	100%
是否有业绩承诺	是	是否有超额奖励	是

　　四维图新成立于 2002 年 12 月，并于 2010 年 5 月登陆 A 股，是一家无控股股东、无实际控制人的上市公司。四维图新主营业务为导航电子地图产品的研发、生产与销售以及提供综合地理信息服务，主要产品可分为导航电子地图和综合地理信息服务，目前应用于车载导航系统、车联网和编译服务以及其他相关的在线服务及应用。被收购方杰发科技的主要产品为车载信息娱乐系统芯片及解决方案，其中主芯片为自有产品，GPS、Bluetooth、WiFi 等适配产品系杰发科技从外部采购，搭配自有产品组成 Turn – key 级系统解决方案。本次重组使得上市公司四维图新的产业链延伸到关键的汽车芯片环节，将进一步形成在国内最完整的车联网全产业链布局。通过实现战略、业务和研发的充分协同，将使得四维图新的数据和软件产品与杰发科技的芯片硬件产品真正意义上实现软硬一体化整合。

本次交易标的作价为 38.75 亿元，其中 91.5% 是现金对价；38 亿元的配套融资中 35.44 亿元用于支付标的资产现金对价。这是因为标的杰发科技全部股东中有 6 名境外股东，合计持有杰发科技 85.38% 股权。由于外商投资产业政策限制（"导航电子地图编制"属于禁止外商投资产业），公司不能通过直接或间接向该 6 名境外股东发行股份的方式收购其所持杰发科技股权，而只能采用全部支付现金对价的方式。同时，本次交易以募集配套资金不少于 12.917 亿元为前提，将用于首期现金支付对价。

另外，天安财险、中信建投证券、安鹏资本和龙华启富 4 个配套融资的认购方将其表决权授予程鹏先生，程鹏先生将直接持有公司 0.36% 的股份，同时拥有公司表决权的比例合计为 8.30%。财务投资者愿意放弃表决权，满足了四维图新保持无实际控制人状态的需求。

但是重组新规的发布，使得这种模式会受到一定的限制。2016 年 6 月 17 日公布的重组新规问答规定：上市公司发行股份购买资产同时募集的部分配套资金，所配套资金比例不超过拟购买资产交易价格的 100%。"拟购买资产交易价格"指本次交易中以发行股份方式购买资产的交易价格，但不包括交易对方在本次交易停牌前六个月内及停牌期间以现金增资入股标的资产部分对应的交易价格。同时，本问答发布前已经受理的并购重组项目，不适用本问答。因此，四维图新股份对价仅 3.29 亿元，配融资金高达 38 亿元，恰好踩在"红线"上：2016 年 6 月 21 日，上市公司收到《中国证监会行政许可申请受理通知书》，搭上最后的末班车。

2016 年 10 月 24 日，经证监会并购重组审核委员会 2016 年第 77 次会议审核，本次重大资产重组事项获无条件通过。

二、交易双方

（一）收购方：四维图新（002405. SZ）

四维图新成立于 2002 年 12 月，并于 2010 年 5 月登陆 A 股。最初中国四维持有四维图新 23.57% 的股份，为公司控股股东，中国航天科技集团为公司实际控制人。

2014 年 5 月 21 日，经国务院国资委《关于中国四维测绘技术有限公司协议转让所持部分北京四维图新科技股份有限公司股份有关问题的批复》（国资产权〔2014〕313 号）批准，公司控股股东中国四维将所持有的公司股份 78 000 000 股转让给腾讯产业基金。转让完成后，中国四维持有公司股份 86 994 019 股（占公司总股本的 12.58%），腾讯产业基金持有公司股份 78 000 000 股（占公司总股本的 11.28%）。中国四维仍是公司第一大股东，但不再是公司控股股东，中国航天科技集团也不再是公司的实际控制人。四维图新成为无控股股东、无实际控制人的上市公司。

四维图新主营业务为导航电子地图产品的研发、生产与销售以及提供综合地理信息服务，主要产品可分为导航电子地图和综合地理信息服务，目前应用于车载导航系统、车联网和编译服务以及其他相关的在线服务及应用。2014年、2015年、2016年1-3月，上市公司营业收入分别为105 901.32万元、150 615.34万元、32 382.58万元；归属于母公司股东的净利润分别为11 750.20万元、13 016.06万元、3 311.06万元。

四维图新在"国际化、专业化、垂直化、软硬一体化"的公司战略驱动下，依托在地图及车联网服务领域多年积累的坚实基础，通过自我发展投入与资本运作等手段结合，完成了对产业链核心企业的投资并购及整合，在车联网领域实现了从传统地图到动态内容、云端平台服务、车载手机应用、车载操作系统、混合导航以及手机车机互联方案的完整的产业链生态布局，成为国内领先的具备车联网全产业链服务能力且拥有全部自主知识产权的供应商之一。

本次重组使得上市公司的产业链延伸到关键的汽车芯片环节，将进一步形成在国内最完整的车联网全产业链布局。通过实现战略、业务和研发的充分协同，将使得上市公司的数据和软件产品与杰发科技的芯片硬件产品真正意义上实现软硬一体化整合，更深刻地体现了行业推崇的"Turn - key Solution"的产品综合价值，这不仅将缩短汽车客户的开发定制周期，大幅降低车机厂和方案公司的集成难度和成本，同时芯片级集成更能让整合产品在性能和表现力上达到最优。上市公司和杰发科技的产品和服务整合后形成差异化竞争优势，会极大提升自身对客户的价值以及抗风险能力。

（二）被收购方：杰发科技

杰发科技设立于2013年10月31日，是一家从事车载信息娱乐系统芯片产品和解决方案的提供商，来源于国际顶级芯片设计企业联发科旗下的汽车电子事业部。杰发科技借助其来源于联发科车身电子事业部的技术积累和经验，依托其对车载信息娱乐系统的芯片产品设计和集成能力，近两年杰发科技主力芯片产品年出货量均在600万颗以上，在后装市场处于领先地位。

杰发科技的主要产品为车载信息娱乐系统芯片及解决方案，其中主芯片为自有产品，GPS、Bluetooth、WiFi等适配产品系杰发科技从外部采购，搭配自有产品组成Turn - key级系统解决方案。

2014年、2015年、2016年1-3月，杰发科技的营业收入分别为49 353.05万元、37 297.05万元、12 158.73万元，扣除非经常性损益后的净利润分别为19 128 55万元、13 500.44万元、3 469.43万元。

雷凌科技持有杰发科技82.90%的股权，为杰发科技控股股东。联发科间接控制雷凌科技100%的股权，为杰发科技的实际控制人。

三、交易方案

（一）总体方案

本次交易方案包括：（1）发行股份及支付现金购买资产；（2）发行股份募集配套资金。本次交易中，募集配套资金以发行股份及支付现金购买资产为前提条件，同时发行股份及支付现金购买资产以公司实际募集配套资金不少于 129 170 万元为前提。

1. 发行股份及支付现金购买资产。公司拟以发行股份及支付现金相结合的方式收购杰发科技全体股东所持有的杰发科技 100% 的股权。本次交易完成后，杰发科技将成为公司全资子公司。本次杰发科技 100% 的股权作价为 387 510.00 万元，其中公司以新发行股份支付 33 050.67 万元、以现金支付 354 459.33 万元。

2. 发行股份募集配套资金。公司拟通过锁价方式向腾讯产业基金、芯动能基金、天安财险、中信建投证券、华泰资产、林芝锦华、华泰瑞联、安鹏资本、龙华启富和员工持股计划非公开发行股份募集配套资金，募集资金总额不超过 380 000 万元，不超过本次交易标的资产的交易价格；发行价格为 17.02 元/股，发行股份数量不超过 223 266 740 股。本次募集的配套资金将用于支付标的资产现金对价、交易相关费用以及建设趣驾 Welink 项目。

（二）估值与作价

根据评估机构出具的《北京四维图新科技股份有限公司拟收购杰发科技（合肥）有限公司股权项目资产评估报告书》（中同华评报字〔2016〕第 173 号），评估机构采用收益法和资产基础法两种方法对杰发科技的股东全部权益价值进行评估，并选取收益法评估结果作为最终评估结果。

以 2015 年 11 月 30 日为基准日，以收益法评估的杰发科技股东全部权益评估价值为 386 650.00 万元，增值率为 835.44%；以资产基础法评估的杰发科技股东全部权益评估价值为 60 448.06 万元，增值率为 46.24%。

于评估基准日杰发科技尚有 164.0002 万元注册资本未缴纳，截至 2016 年 3 月 28 日，杰发科技收到股东实缴出资 852.80 万元（对应 164.0002 万元注册资本）。因此，于评估基准日假设杰发科技注册资本缴足的条件下，杰发科技全部股权权益评估值为 387 502.80 万元。交易各方在此基础上协商确定杰发科技 100% 股权的交易价格为 387 510.00 万元。

（三）本次重组支付情况

本次重组拟以发行股份及支付现金相结合的方式收购杰发科技的 100% 股权。

1. 发行股份购买资产。公司拟向杰发科技的境内股东高新创投、杰康投资、杰浩投资、杰朗投资和杰晟投资支付股份对价 33 050.67 万元，所需发行股份的数量为 19 418 723 股，具体情况见表9 - 1。

表 9 - 1

交易对方名称	股份对价（万元）	发行股份数量（股）
高新创投	22 570.54	13 261 188
杰康投资	2 758.18	1 620 553
杰浩投资	1 696.82	996 957
杰朗投资	2 768.24	1 626 461
杰晟投资	3 256.89	1 913 564
合计	33 050.67	19 418 723

本次发行股份的定价基准日为第三届董事会第二十一次会议决议公告日，即 2016 年 5 月 17 日。股份发行价格为 25.29 元/股，不低于定价基准日前二十个交易日公司股票交易均价的 90%（即 25.584 元/股）。

在公司 2015 年度派息、转股方案实施后（除权除息日为 2016 年 6 月 20 日），本次发行股份购买资产的发行价格相应调整为 17.02 元/股。

2. 支付现金购买资产

（1）公司拟向杰发科技的全体股东合计支付现金对价 354 459.33 万元，具体情况见表 9-2。

由于上市公司目前主营业务为导航电子地图产品的研发、生产与销售以及提供综合地理信息服务。根据国家发展改革委、商务部 2015 年 3 月 10 日联合发布的《外商投资产业指导目录（2015 年修订）》，"导航电子地图编制"属于禁止外商投资产业。

杰发科技 6 名境外股东合计持有杰发科技 85.38% 的股权。由于上述外商投资产业政策限制，公司不能通过直接或间接向

表 9-2	单位：万元
交易对方名称	现金对价
雷凌科技	321 236.63
高新创投	16 121.82
杰康投资	1 970.13
杰浩投资	1 212.02
杰朗投资	1 977.31
杰晟投资	2 326.35
世昌环球	3 270.36
广嘉有限	1 771.55
Waysing Ventures	2 513.97
Waysing Holdings	1 771.55
CREATIVE TALENT	287.65
合计	354 459.33

该 6 名境外股东发行股份的方式收购其所持杰发科技股权，而只能采用全部支付现金对价的方式。

对于杰发科技剩余 5 名境内股东，公司采用发行股份及支付现金相结合的方式购买其合计所持杰发科技 14.62% 的股权，其中股份对价占比 58.33%、现金对价占比 41.67%。

综上所述，本次交易公司以发行股份及支付现金相结合的方式收购杰发科技 100% 的股权，其中现金对价占比 91.47%、股份对价占比 8.53%。

（2）现金对价分期支付安排

①向境外股东支付安排。公司拟分四期向杰发科技的境外股东雷凌科技、世昌环球、广嘉有限、Waysing Ventures、Waysing Holdings 及 CREATIVE TALENT 支付现金对价，详见表 9-3。

表 9-3　　　　　　　　　　　　　　　　　　　　　　　　　　　　　　　　单位：万元

交易对方	第一期现金对价	第二期现金对价	第三期现金对价	第四期现金对价	现金对价合计
雷凌科技	160 618.31	53 539.44	53 539.44	53 539.44	321 236.63
世昌环球	1 635.18	545.06	545.06	545.06	3 270.36
广嘉有限	885.78	295.26	295.26	295.26	1 771.56
Waysing Ventures	1 256.98	418.99	418.99	418.99	2 513.95
Waysing Holdings	885.78	295.26	295.26	295.26	1 771.56
CREATIVE TALENT	143.83	47.94	47.94	47.94	287.65
合计	165 425.86	55 141.95	55 141.95	55 141.95	330 851.71

表 9-3 中，第一期现金对价将在本次交易经中国证监会核准，协议约定的先决条

件得到满足（配套募集资金不少于 129 170 万元），且标的股权交割完成后支付。

第二期现金对价将在完成杰发科技 2016 年审计，且第一期现金对价支付之日起届满 12 个月后支付。

第三期现金对价将在完成杰发科技 2017 年审计后支付。

第四期现金对价将在完成杰发科技 2018 年审计后，依据《资产购买协议》约定的"盈利预测补偿方案"，按照杰发科技 2016 年至 2018 年三年累计实现净利润相对于三年累计预测净利润的比例，对杰发科技本次股权转让的对价（即 38.751 亿元）进行调整后再支付。

根据《资产购买协议》，杰发科技 2016 年至 2018 年的预测净利润分别为 18 665.07 万元、22 798.51 万元和 30 290.37 万元，三年累计预测净利润为 71 753.94 万元。交易对价调整公式为：调整后的交易对价 = 原交易对价（即 38.751 亿元）× 三年累计实现净利润 ÷ 三年累计预测净利润。

根据上述公式计算的对价调增金额最高不超过 6.4585 亿元且不超过三年累计实现净利润扣减三年累计预测净利润的差额，调减金额最高不超过 6.4585 亿元。

②向境内股东支付安排。公司拟分两期向杰发科技的境内股东高新创投、杰康投资、杰浩投资、杰朗投资和杰晟投资支付现金对价，详见表 9-4。

表 9-4 单位：万元

交易对方	第一期现金对价	第二期现金对价	现金对价合计
高新创投	9 673.09	6 448.73	1 6 121.82
杰康投资	1 182.08	788.05	1 970.13
杰浩投资	727.21	484.81	1 212.02
杰朗投资	1 186.39	790.93	1 977.32
杰晟投资	1 395.81	930.54	2 326.35
合计	14 164.58	9 443.06	23 607.64

表 9-4 中，第一期现金对价将在本次交易经中国证监会核准、协议约定的先决条件得到满足（配套募集资金不少于 129 170 万元），且标的股权交割完成后支付。

对境内股东的第二期现金对价与对境外股东的第四期现金对价支付时间相同，即在按"盈利预测补偿方案"对交易对价进行调整后，再予以结算支付。

（3）本次交易设置共管账户。根据《资产购买协议》，为确保交易对方对杰发科技业绩承诺以及相关对价调整机制的实施，上市公司在向杰发科技全体股东支付第一期现金对价的同时，应将拟向杰发科技全体股东支付的最后一期现金对价（合计为 6.4585 亿元人民币）支付至公司和雷凌科技共同开立的共管账户。根据《资产购买协议》第 6-2-4 条和第 6-3-2 条，前述共管账户户名由四维图新开立，银行预留印鉴人为雷凌科技指定人员，共管账户中产生的利息由四维图新单方所有。

上述安排的合理性在于：

①从上市公司角度：本次交易杰发科技的全体股东对杰发科技 2016 年、2017 年和 2018 年的净利润作出了承诺。如果杰发科技在业绩承诺期间三年累计实现净利润与三

年累计预测净利润存在差异，将按照预先约定的公式对本次交易对价进行调整，调减金额最高不超过 6.4585 亿元。

通过采用分期支付现金对价，将最后一期现金对价（合计 6.4585 亿元）存放于共管账户，待完成杰发科技 2018 年度审计、确定是否涉及对价调整后再支付，有利于充分保证交易对方履行其业绩承诺和相关补偿义务，从根源上杜绝了交易对方不履行补偿义务的可能性，因而有利于保护上市公司及其股东利益，方案安排具有合理性。

②从主要交易对方雷凌科技角度：从雷凌科技角度，由于最后一笔现金对价的支付时间较晚（要待完成杰发科技 2018 年度审计后才支付），期间上市公司的经营和财务情况可能发生较大变化，通过采用共管账户形式，有助于确保上市公司届时具有支付最后一期现金对价所对应的资金，避免违约风险。

综上所述，上市公司将最后一期现金对价支付至共管账户是交易双方协商一致的结果，有利于确保交易对方业绩承诺和相关补偿义务的实施，杜绝交易双方违约风险，具有合理性。

3. 发行股票募集配套资金

（1）股份发行价格。本次配套融资的定价基准日为公司第三届董事会第二十一次会议决议公告日，即 2016 年 5 月 17 日。本次非公开发行股票募集配套资金的发行价格不低于定价基准日前 20 个交易日股票交易均价的 90%，即 25.59 元/股。

在公司 2015 年度派息、转股方案实施后（除权除息日为 2016 年 6 月 20 日），本次发行股份募集配套资金的发行价格由 25.59 元/股调整为 17.02 元/股，发行股份数量也相应调整为不超过 223 266 740 股。

（2）股份发行数量。公司拟通过锁价方式向腾讯产业基金、芯动能基金、天安财险、中信建投证券、华泰资产、林芝锦华、华泰瑞联、安鹏资本、龙华启富和员工持股计划非公开发行股份募集配套资金，募集资金总额不超过 380 000 万元，不超过本次交易标的资产的交易价格，具体情况见表 9 - 5。

表 9 - 5

序号	配套资金认购方	认购金额（万元）	发行股份数量（股）
1	腾讯产业基金	18 000	10 575 793
2	芯动能基金	40 000	23 501 762
3	天安财险	78 000	45 828 437
4	中信建投证券	64 000	37 602 820
5	华泰资产	40 000	23 501 762
6	林芝锦华	35 000	20 564 042
7	华泰瑞联	30 000	17 626 321
8	安鹏资本	20 000	11 750 881
9	龙华启富	15 000	8 813 160
10	员工持股计划	40 000	23 501 762
	合计	380 000	223 266 740

本次交易中，募集配套资金以发行股份及支付现金购买资产为前提条件，同时发行股份及支付现金购买资产以公司实际募集配套资金不少于 129 170 万元为前提。根据《资产购买协议》，若在协议签署后 11 个月届满之日（即至 2017 年 4 月 13 日），公司实际募集的配套资金少于 129 170 万元，则应由协议各方另行协商是否延长一定合理期限以等待前述条件得到满足，如各方未能于开始协商后 30 个工作日达成一致协议，则

本协议自前述协商期届满之日起自动终止且协议各方互不承担任何违约或赔偿责任。

本次募集的配套资金将用于支付标的资产现金对价、交易相关费用以及建设趣驾 Welink 项目。其中，募集配套资金中 354 459.33 万元用于支付标的资产现金对价，22 000.00 万元用于建设趣驾 Welink 项目，剩余 3 540.67 万元用于支付本次交易的相关费用。

4. 锁定期安排

（1）发行股份购买资产。高新创投、杰康投资、杰浩投资、杰朗投资和杰晟投资承诺：本公司/合伙企业于本次交易中认购的四维图新股份，自股份上市之日起 36 个月内不得以任何形式转让。

（2）发行股票募集配套资金。发行对象于本次交易中认购的四维图新股份，自该等股份上市之日起 36 个月内不得转让。

（四）补偿安排

1. 标的公司原股东业绩补偿安排

（1）盈利预测承诺。根据《资产购买协议》，杰发科技全体股东承诺杰发科技 2016 年、2017 年和 2018 年（以下简称业绩承诺期间）年度预测净利润分别为 18 665.07 万元、22 798.51 万元和 30 290.37 万元，三年累计预测净利润为 71 753.94 万元。

（2）盈利预测补偿。如果杰发科技在业绩承诺期间三年累计实现净利润与三年累计预测净利润存在差异，则本次交易对价按照下述方式进行调整：

调整后的交易对价 = 原交易对价（即 38.751 亿元）× 三年累计实现净利润 ÷ 三年累计预测净利润

根据上述计算公式计算，交易对价调增金额最高不超过 6.4585 亿元且不超过三年累计实现净利润扣减三年累计预测净利润的差额，调减金额最高不超过 6.4585 亿元。前述交易对价调增或调减金额，由杰发科技目前的全体股东按其所持杰发科技的股权比例享有或承担。

为确保上述对价调整机制顺利实施，公司在向杰发科技股东支付第一期现金对价的同时，应将表 9 - 6 所列应付款项支付至公司和雷凌科技共同开立的共管账户（该共管账户户名由四维图新开立，银行预留印鉴人为雷凌科技指定人员）：

业绩承诺期间，杰发科技实现的净利润以上市公司控股后的杰发科技聘请的审计师出具的年度审计报告载明的数据为准。上市公司应于 2019 年 5 月 31 日之前将依据上述对价调整公式计算的交易对价扣除已支付对价后的差额，支付至杰发科

表 9 - 6

序号	杰发科技股东	支付至共管账户的现金对价金额（元）
1	雷凌科技	535 394 378
2	世昌环球	5 450 598
3	广嘉有限	2 952 585
4	Waysing Ventures	4 189 942
5	Waysing Holdings	2 952 585
6	CREATIVE TALENT	479 422
7	高新创投	64 487 267
8	杰康投资	7 880 518
9	杰浩投资	4 848 061
10	杰朗投资	7 909 251
11	杰晟投资	9 305 392
	合计	645 850 000

技原股东账户。支付的资金优先从上述共管账户中支付，在该等款项支付完毕后，若共管账户中仍有剩余金额，则应当立刻释放该等金额至上市公司指定的账户（共管账户中产生的利息由上市公司单方所有）。

（五）本次交易前后上市公司股权结构变化情况

本次交易前，公司总股本为 1 066 736 265 股。

根据标的资产作价，公司本次拟向高新创投、杰康投资、杰浩投资、杰朗投资和杰晟投资发行 19 418 723 股作为购买资产对价的一部分；同时，公司拟向腾讯产业基金、芯动能基金、天安财险、中信建投证券、华泰资产、林芝锦华、华泰瑞联、安鹏资本、龙华启富和员工持股计划发行不超过 223 266 740 股募集配套资金。

1. 《股份认购协议》关于表决权授予事宜的约定。本次配套募集资金的发行对象中，除腾讯产业基金、芯动能基金外，其他 8 名发行对象天安财险、中信建投证券、华泰资产、林芝锦华、华泰瑞联、安鹏资本、龙华启富和员工持股计划均已在与公司签署的股份认购协议中同意将其表决权授予公司总经理程鹏先生。

2. 《股份认购协议之补充协议》关于表决权授予事宜的补充约定。根据华泰资产、林芝锦华、华泰瑞联及员工持股计划分别和公司于 2016 年 10 月 12 日签署的《附条件生效的股份认购协议之补充协议》，上述认购方于 2016 年 5 月 13 日签署的原《股份认购协议》项下有关认购方将表决权委托给程鹏先生的条款已经取消，并同意不再以任何形式对表决权授予事宜进行约定。

由此本次重组后，假设配套资金足额募集，由于天安财险、中信建投证券、安鹏资本和龙华启富 4 名募集配套资金认购方将其表决权授予程鹏先生，程鹏先生将直接持有公司 0.36% 的股份，同时拥有公司表决权的比例合计为 8.30%，未超过中国四维（10.09%），中国四维仍为拥有表决权比例最高的股东。

3. 本次交易完成前后，公司的股权结构和表决权结构变化。

（1）本次交易前，截至 2016 年 6 月 30 日，上市公司前十大股东持股情况如表 9 -7 所示：

表 9 - 7

序号	股东名称	持股数量（股）	持股比例（%）
1	中国四维	132 096 306	12.38
2	腾讯产业基金	117 000 000	10.97
3	中央汇金资产管理有限责任公司	43 453 950	4.07
4	孙玉国	19 468 238	1.83
5	全国社保基金——三组合	11 555 896	1.08
6	北京九源恒通科技有限公司	9 122 764	0.86
7	章洪根	8 203 500	0.77
8	胡关凤	8 181 636	0.77
9	程鹏	4 708 365	0.44
10	银丰证券投资基金	4 500 000	0.42
	合计	1 066 736 265	100.00

（2）当上市公司实施发行股份及支付现金购买资产，并足额募集配套资金（即380 000万元），则上市公司股权结构如表9－8所示：

表9－8

序号	股东名称	持股数量（股）	持股比例（%）	表决权比例（%）
1	中国四维	132 096 306	10.09	10.09
2	腾讯产业基金	127 575 793	9.74	9.74
3	程鹏	4 708 365	0.36	8.30
4	高新创投	13 261 188	1.01	1.01
5	杰康投资	1 620 553	0.12	0.12
6	杰浩投资	996 957	0.08	0.08
7	杰朗投资	1 626 461	0.12	0.12
8	杰晟投资	1 913 564	0.15	0.15
9	芯动能基金	23 501 762	1.79	1.79
10	天安财险	45 828 437	3.50	—
11	中信建投证券	37 602 820	2.87	—
12	华泰资产	23 501 762	1.79	1.79
13	林芝锦华	20 564 042	1.57	1.57
14	华泰瑞联	17 626 321	1.35	1.35
15	安鹏资本	11 750 881	0.90	—
16	龙华启富	8 813 160	0.67	—
17	员工持股计划	23 501 762	1.79	1.79
18	其他股东	812 931 594	62.08	62.08
	合计	1 309 421 728	100.00	100.00

本次交易前，公司总股本为1 066 736 265股，中国四维持有公司132 096 306股股份，持股比例为12.38%，为公司第一大股东，但不属于控股股东。公司为无控股股东、无实际控制人的上市公司。

本次交易完成后，假设配套融资足额募集，公司总股本将增至1 309 421 728股，中国四维仍持有公司132 096 306股股份，持股比例和拥有的表决权比例为10.09%，中国四维仍为拥有表决权比例最高的股东，本次重组前后实际支配公司股份表决权比例最高的人未发生变化，上市公司控制权未发生变化。公司仍为无控股股东、无实际控制人的上市公司。

（六）本次交易前后上市公司主要财务指标变化情况

根据经信永中和审阅的上市公司备考合并财务报表，本次交易对公司主要财务指标的影响如表9－9所示。

表 9－9

项目	2016－03－31（实际）	2016－03－31（备考）	2015－12－31（实际）	2015－12－31（备考）	2014－12－31（实际）	2014－12－31（备考）
资产负债率（%）	19.44	10.45	20.49	11.19	15.47	8.08
流动比率	3.07	3.92	3.26	3.73	4.52	4.82
速动比率	2.99	3.82	3.19	3.61	4.41	4.63
每股净资产（元）	2.43	5.15	2.38	5.09	2.37	5.05
营业收入（万元）	32 382.58	44 150.43	150 615.34	187 912.39	105 901.32	155 254.37
净利润（万元）	1 756.61	2 482.41	14 594.67	784.61	12 941.84	30 739.56
归属于公司普通股股东的净利润（万元）	3 311.06	4 241.53	13 016.06	－793.99	11 750.20	29 547.92
基本每股收益（元）	0.0319	0.0331	0.1251	－0.0065	0.1133	0.2309

（七）其他

1. 本次交易构成关联交易。公司本次交易募集配套资金的认购对象包括腾讯产业基金和员工持股计划。其中，腾讯产业基金系公司持股5%以上的股东；员工持股计划的参与对象包括公司董事孙玉国，公司董事、总经理程鹏，公司财务总监唐伟，公司副总经理金水祥、赖丰福、毕垒，以及公司副总经理、董事会秘书雷文辉，因此本次交易构成关联交易。

2. 本次交易构成重大资产重组。根据公司和杰发科技2015年审计报告以及本次交易金额情况计算如表9－10所示：

表 9－10　　　　　　　　　　　　　　　　　　　　　单位：万元

项目	资产总额	营业收入	资产净额
标的公司（杰发科技）	54 849.81	37 297.05	41 902.53
成交金额		387 510.00	
上市公司（四维图新）	372 821.90	150 615.34	254 187.36
标的公司/上市公司	14.71%	24.76%	16.48%
成交金额/上市公司	103.94%	—	152.45%
《重组办法》规定的重大资产重组标准	50%	50%	50%且金额>5 000万元
是否达到重大资产重组标准	是	否	是

根据《重组办法》第十二条，本次交易构成上市公司重大资产重组。同时，由于本次交易涉及发行股份及支付现金购买资产并募集配套资金，需经中国证监会并购重组委工作会议审核，取得中国证监会核准后方可实施。

3. 本次交易不构成借壳上市。根据第（五）项分析，本次重组前后实际支配公司股份表决权比例最高的股东未发生变化，上市公司控制权未发生变化。

公司本次购买资产的交易对方为杰发科技目前的全部股东，公司向交易对方发行的股份数量及占本次重组后公司股份总数（假设配套融资足额完成发行）的比例如表9－11所示。

表 9 – 11

交易对方名称	发行数量（股）	占股份总数比例（%）
高新创投	13 261 188	1.01
杰康投资	1 620 553	0.12
杰浩投资	996 957	0.08
杰朗投资	1 626 461	0.12
杰晟投资	1 913 564	0.15
合计	19 418 723	1.48

综上所述，本次交易完成后，交易对方合计持股比例仅为 1.48%，不会构成对公司的收购，且上述各方与程鹏及其他配套资金认购方不存在关联关系，本次重组实质为公司向非关联第三方购买资产。

因此，本次交易前后，拥有公司表决权比例最高的股东均为中国四维。公司本次发行股份及支付现金购买资产属于向无关联第三方购买资产，不属于《重组办法》第十三条界定的"向收购人及其关联人购买资产"，因此本次重组不构成借壳上市。

四、重点问题分析：杰发科技未来持续盈利能力分析

杰发科技 2015 年营业收入较 2014 年下降 22.4%，原因之一为 2015 年下半年汽车市场有所放缓，车载信息娱乐系统整体市场销售情况出现下滑。杰发科技现有主流 MT 系列产品逐渐老化，新一代 AC 系列产品仅少量型号实现客户量产，多数仍处于较早期阶段。因此，监管机构提出疑问：杰发科技 2015 年营业收入同比下降的影响因素是否已经消除，并补充披露杰发科技未来持续盈利能力。

（一）杰发科技 2015 年营业收入同比下降的影响因素是否已经消除分析

杰发科技是车载信息娱乐系统芯片及解决方案供应商，产品覆盖前装和后装市场。自杰发科技推出车载信息娱乐系统芯片以来，其在国内后装市场的销量和市场份额一直居领先地位，根据 IHS 发布的 "China Automotive Market Introduction" 报告，2014 年杰发科技在国内车载芯片后装市场的份额就已达到 50%。

根据分析杰发科技 2016 年 1 – 7 月与 2015 年 1 – 7 月营业收入情况可知，2016 年 1 – 7 月营业收入为 27 196.37 万元，2015 年 1 – 7 月营业收入为 25 630.08 万元，同比增长 6.11%。

2016 年 1 – 7 月产品销售情况如表 9 – 12 所示。

表 9 - 12　　　　　　　　　　　　　　　　　　　　　　　　　　　　单位：万元

项目	2016 年 1 - 7 月营业收入	2015 年 1 - 7 月营业收入	增长率
MT 系列产品	17 550.90	24 783.47	- 29.18%
AC 系列产品	6 342.52	845.07	650.54%
适配产品	3 302.95	1.54	—
合计	27 196.37	25 630.08	6.11%

随着新产品的推出，原主流产品 MT 系列产品的销售收入逐渐降低，但作为新产品 AC 系列产品的销售情况大幅增长，较 2015 年同期销售水平增长 650.54%。此外，适配产品在 2016 年也实现较大销售。

此外，从行业方面来看，据中国汽车工业协会统计分析，2016 年 1 - 7 月，乘用车共销售 1 264.68 万辆，同比增长 11.13%，增幅比上半年提升 1.90 个百分点。半导体行业同样呈现增长趋势，根据中国半导体行业协会统计，2016 年第一季度中国集成电路产业销售额为 7 986 亿元，同比增长 16.5%。其中，设计业继续保持较快增速，同比增长 26.1%，销售额为 283.9 亿元。

综上所述，结合杰发科技 2016 年经营情况的分析，杰发科技 2015 年营业收入同比下降的影响因素已基本消除。

（二）杰发科技未来持续盈利能力

杰发科技目前正研发的产品涉及车载信息娱乐系统芯片、控制器芯片、放大器芯片、胎压监测芯片等领域。同时，杰发科技有着完善且成熟的研发计划，以及丰富的产品系列；此外，杰发科技对于研发设计的产品均经过产品规格需求的调研以及可行性论证，对于研发产品在技术及规格等方面的需求可以提前把握，提高研发的成功性。

另外，杰发科技拥有较强的研发优势：（1）截至 2016 年 8 月 31 日，杰发科技研发人员 209 人，占公司全部员工的 83.33%，其中多位核心研发骨干，包括芯片设计专家均来自世界级汽车电子芯片大厂，拥有十年以上的行业经验；（2）杰发科技专注于汽车电子芯片及相关技术的研发和储备，在中国大陆、中国台湾及美国共拥有汽车电子相关专利技术和著作权 116 项；（3）杰发科技采用 Fabless 经营模式，制造、封装和测试均通过委外方式来实现，使得杰发科技能够专注于产品的研发设计，从而保证了研发成功的可行性；（4）杰发科技在车载信息娱乐领域内与 Tier - 1 供应商建立了长期良好的合作关系，对大多车厂关于车载信息娱乐系统产品在技术及规格等方面的需求和发展趋势较为了解，从而有针对性地规划未来 3 ~ 5 年的产品体系和 Roadmap。一方面通过核心产品的更新换代，不断提高竞争力，另一方面进行新产品的研发和布局，增加新的收入来源。同时，杰发科技通过高效严谨的产品研发管理体系，降低了产品开发风险，较大程度地保证了新产品的顺利研发设计以及成功量产，实现销售成功的可行性。

综上分析，杰发科技的持续盈利能力较强。

第二节　旋极信息收购泰豪智能

一、交易概览

收购方	北京旋极信息技术股份有限公司（以下简称旋极信息）
被收购方	北京泰豪智能工程有限公司（以下简称泰豪智能）
收购方案	并购基金购买标的资产部分股权＋上市公司发行股份购买资产＋上市公司发行股份募集配套资金

交易价值（万元）	180 000.00	并购方式	并购基金＋发行股份购买资产
现金支付金额（万元）	0	并购目的	产业链延伸
评估价值（万元）	181 509.99	支付方式	股份
评估方式	收益法	标的类型	股权
控制权是否变更	否	股权转让比例	100%
是否有业绩承诺	是	是否有超额奖励	否

旋极信息成立于 1997 年 11 月，并于 2012 年 6 月登陆深交所创业板，实际控制人一直为陈江涛。旋极信息主要从事嵌入式系统的开发、生产、销售和技术服务业务，通过嵌入式信息安全产品和嵌入式行业智能移动终端产品进入智慧城市行业，目前在税控、城市智能停车、油气行业信息化等智慧城市领域有完整的解决方案和较高的知名度；泰豪智能在智慧建筑、智慧城市顶层设计、智慧交通、智慧能源、智慧水务等领域具备顶层设计、实施和运营能力。本次交易完成后，双方在智慧城市的业务和市场能实现互补，组成强大的智慧城市整体解决方案。

考虑到上市公司重大资产重组变现时间较长，且为奖励泰豪智能管理层对公司长期以来的贡献，泰豪智能提出"股份＋现金"支付的交易模式。由于旋极信息缺乏足够的现金向泰豪智能股东支付上述价款，且价款支付时间较为紧迫，旋极信息无法通过上市公司增发等途径及时募集现金用于支付股权对价，因此旋极信息当时不具备收购泰豪智能的条件。为锁定收购标的，且为了解泰豪智能法律财务等方面的规范性，实际控制人陈江涛开始寻求并购基金的方式参与本次重组，以缓解其支付现金的压力。

为了取得并购资金的支持，顺利促成上述交易安排，尽快完成旋极信息对泰豪智能的收购和重组，上市公司控股股东及实际控制人陈江涛出资 2 000 万元，持有汇达基金 LP 之一的汇达资本 20.41% 的份额（折算后持有汇达基金 2.86% 的份额）；

出资 4 300 万元，持有新余京达 LP 之一的汇达私募 68.25% 的份额（折算后持有新余京达 8.5% 份额）。而汇达基金和新余京达的基金规模分别为 7 亿元和 5.06 亿元，陈江涛以 6 300 万元的自有资金，撬动超过 12 亿元的并购基金。

上市公司实际控制人为促成本次重组的顺利进行搭建上述交易架构，符合《重组管理办法》第九条"鼓励依法设立的并购基金、股权投资基金、创业投资基金、产业投资基金等投资机构参与上市公司并购重组"以及《国务院关于进一步优化企业兼并重组市场环境的意见》（国发〔2014〕14 号）中关于"各类财务投资主体可以通过设立股权投资基金、创业投资基金、产业投资基金、并购基金等形式参与兼并重组"的规定。

2016 年 7 月 27 日，经证监会并购重组审核委员会 2016 年第 53 次会议审核，本次重大资产重组事项获有条件通过。

并购重组委关于本次重组的审核意见为：申请材料显示本次交易配套募集资金必要性论证不充分，请申请人进一步论证并适度调减募资规模。

二、交易双方

（一）收购方：旋极信息（300324.SZ）

旋极信息成立于 1997 年 11 月，并于 2012 年 6 月登陆深交所创业板。旋极信息的控股股东和实际控制人为陈江涛，其直接持有上市公司 39.03% 的股权，通过中天涌慧间接持有 3.13% 的股权，通过南华期货股份有限公司华富 15 号资产管理计划间接持有 0.19% 的股权，合计持有上市公司 42.35% 的股份。

旋极信息一直致力于军队信息化的建设，面向嵌入式系统（装备）的可测试性技术、软件测评、故障注入、自动测试等技术和业务一直是公司的传统军工优势，基于这些优势之上整合、发展起来的新一代装备健康管理系统是公司的主要业务方向，也是公司大数据和物联网技术在军用领域的重点应用。装备健康管理和智慧城市一样，都是物联网技术的应用，一个偏军用，一个偏民用，二者在技术、产品、市场、创新等方面都有非常高的协同性。

旋极信息业务稳健发展，2014 年、2015 年、2016 年 1 - 6 月，旋极信息的营业收入分别为 36 243.21 万元、98 031.92 万元、79 100.33 万元；归属上市公司普通股股东的净利润分别为 6 937.35 万元、10 318.10 万元、9 998.83 万元。

（二）被收购方：泰豪智能

泰豪智能成立于 1997 年 9 月 10 日，后经过多次增资及股权转让，重组前的股权结构如表 9 - 13 所示。

表 9–13

序号	出资人名称/姓名	出资额（万元）	出资比例（%）
1	西藏泰豪	3 824.01	36.11
2	恒通达泰	2 059.08	19.45
3	汇达基金	2 295.64	21.68
4	新余京达	2 410.00	22.76
	合计	10 588.73	100.00

西藏泰豪自入资以来，一直负责泰豪智能的实际运营和经营管理，为泰豪智能的第一大股东和控股股东；黄代放通过控股泰豪集团和智能科技实际控制西藏泰豪，进而为上市公司实际控制人。恒通达泰为管理层持股平台，汇达基金和新余京达为财务投资人，均未实际参与公司的经营管理。

泰豪智能主要从事为智慧城市建设提供技术咨询、顶层设计、工程实施及运维服务整体系统解决方案，是国内智慧城市设计、实施和运营的领先企业，在数字城市和物联网领域有丰富的技术、产品和工程积累。而旋极信息的时空网格剖分和编码技术，能通过信息网格技术将城市管理中产生并存储的各种类型的大数据通过时空特征协同起来，共同提供数据存储和业务访问功能。这样，信息网格把各自为战的"信息孤岛"连为一个有机的整体，既可以实现数据共享，也解决了数据重复存储所造成的存储成本高昂的问题。双方技术和产品优势的结合，能为智慧城市的建设带来巨大的想象空间。

本次交易完成后，旋极信息和泰豪智能在智慧城市的业务和市场能实现互补，组成强大的智慧城市整体解决方案，凭借自身的渠道优势和布点能力，在全国乃至海外市场大力拓展智慧城市业务，节约公司整体营销费用，提高网点的综合利用效率，促进销售快速成长，同时通过双方在客户资源、业务资质、专业技术、人才储备等方面的共享和协同，上市公司整体竞争力将得到大幅提升，持续经营能力得以增强。

三、交易方案

（一）总体方案

本次交易方案包括：（1）并购基金购买标的资产部分股权；（2）上市公司发行股份购买资产；（3）上市公司发行股份募集配套资金。本次发行股份购买资产不以募集配套资金的成功实施为前提，最终募集配套资金成功与否不影响本次发行股份购买资产行为的实施。

1. 并购基金购买标的资产股权。旋极信息实际控制人陈江涛认购汇达基金和新余京达部分劣后级份额，然后汇达基金和新余京达收购部分泰豪智能股权，泰豪智能的股东西藏泰豪和恒通达泰获得所要求的现金对价。

2. 上市公司发行股份购买资产。上市公司拟向西藏泰豪、恒通达泰、汇达基金和新余京达发行股份购买其持有的北京泰豪智能工程有限公司100%的股权。本次交易完成后，泰豪智能将成为上市公司的全资子公司。

3. 上市公司发行股份募集配套资金。上市公司拟向不超过 5 名符合条件的特定投资者非公开发行股份募集配套资金。募集配套资金总额不超过 130 000 万元，其中 39 000 万元用于新一代装备健康管理产品体系研制及服务平台建设项目，38 500 万元用于基于全球时空剖分的大数据高速处理技术与服务平台项目，剩余 52 500 万元在扣除发行费用及支付各中介费用后用于补充上市公司流动资金。

（二）估值与作价

中天华对于泰豪智能的全部股东权益分别采用资产基础法、收益法两种方法进行了评估，并最终选用收益法评估结果作为评估结论。根据中天华出具的"中天华资评报字〔2016〕第 1057 号资产评估报告"，截至评估基准日 2015 年 12 月 31 日，泰豪智能经审计的总资产为 107 268.72 万元，总负债为 78 325.63 万元，归属于母公司的所有者权益为 28 349.36 万元，评估值为 181 509.99 万元，评估增值率为 602.74%。经协商确定本次交易泰豪智能 100% 的股权交易对价为 180 000 万元。

（三）本次重组支付情况

1. 并购基金购买泰豪智能股权。考虑到上市公司重大资产重组变现时间较长，且为奖励泰豪智能管理层对公司长期以来的贡献，泰豪智能提出"股份＋现金"支付的交易模式。根据泰豪智能的盈利预测并参考行业平均市盈率，最终约定交易对价为 180 000 万元。

由于旋极信息缺乏足够的现金向泰豪智能股东支付上述价款，且价款支付时间较为紧迫，旋极信息无法通过上市公司增发等途径及时募集现金用于支付股权对价，因此旋极信息当时不具备收购泰豪智能的条件。为锁定收购标的，且为了解泰豪智能法律财务等方面的规范性，实际控制人陈江涛开始寻求并购基金的方式参与本次重组，以缓解其支付现金的压力。

（1）并购基金的交易安排。汇达基金和新余京达是参与此次交易的并购基金，其管理人均为北京达麟投资管理有限公司（以下简称达麟投资）。

2015 年 9 月，汇达基金以 8 000 万元认缴泰豪智能新增注册资本，取得 5.56% 的股权；2015 年 10 月，汇达基金以 5.33 亿元、2.87 亿元分别取得西藏泰豪、恒通达泰持有的泰豪智能 28.89%、15.55% 的股权。汇达基金以总计 90 000 万元取得了泰豪智能 50% 的股权，这两次交易后的泰豪智能股权结构如表 9-14 所示：

表 9-14

序号	出资人名称/姓名	出资额（万元）	出资比例（%）
1	西藏泰豪	3 441.34	32.50
2	恒通达泰	1 853.03	17.50
3	汇达基金	5 294.37	50.00
	合计	10 588.73	100.00

2016 年 1 月，汇达基金以 4.2 亿元的价格将其持有的泰豪智能 22.76% 的股权转让给新余京达（作价依据参考汇达基金取得泰豪智能 50% 的股权对价）。本次股权转让完成后泰豪智能的股权结构如表 9-15 所示。

表 9 – 15

序号	出资人名称/姓名	出资额（万元）	出资比例（%）
1	西藏泰豪	3 441.34	32.50
2	恒通达泰	1 853.03	17.50
3	汇达基金	2 884.37	27.24
4	新余京达	2 410.00	22.76
	合计	10 588.73	100.00

上述交易中，汇达基金和新余京达担负了提供过桥资金的角色。若按照此时的股权结构进行后续重组交易，则泰豪智能原股东将获得"9 亿元股份 + 9 亿元现金"，整个交易的股份支付比例为 50%，现金支付比例为 50%。

2016 年 5 月，汇达基金将其持有的泰豪智能 3.61% 的股权以 6 500 万元的价格转让给西藏泰豪，将其持有的泰豪智能 1.95% 的股权以 3 500 万元的价格转让给恒通达泰。本次股权转让完成后泰豪智能最终的股权结构如表 9 – 16 所示：

表 9 – 16

序号	出资人名称/姓名	出资额（万元）	出资比例（%）
1	西藏泰豪	3 824.01	36.11
2	恒通达泰	2 059.08	19.45
3	汇达基金	2 295.64	21.68
4	新余京达	2 410.00	22.76
	合计	10 588.73	100.00

并购基金将所持股份回售给泰豪智能原股东，按最终股权结构进行后续重组交易，泰豪智能原股东将获得"10 亿元股份 + 8 亿元现金"，整个交易的股份支付比例为 55.56%，现金支付比例为 44.44%。

（2）并购基金的结构安排。为了取得并购资金的支持，顺利促成上述交易安排，尽快完成旋极信息对泰豪智能的收购和重组，上市公司控股股东及实际控制人陈江涛出资 2 000 万元，持有汇达基金 LP 之一的汇达资本 20.41% 的份额（折算后持有汇达基金 2.86% 的份额）；出资 4 300 万元，持有新余京达 LP 之一的汇达私募 68.25% 的份额（折算后持有新余京达 8.5% 的份额）。而汇达基金和新余京达的基金规模分别为 7 亿元和 5.06 亿元，陈江涛以 6 300 万元的自有资金，撬动超过 12 亿元的并购基金。

上市公司实际控制人为促成本次重组的顺利进行搭建上述交易架构，符合《重组管理办法》第九条"鼓励依法设立的并购基金、股权投资基金、创业投资基金、产业投资基金等投资机构参与上市公司并购重组"以及《国务院关于进一步优化企业兼并重组市场环境的意见》（国发〔2014〕14 号）中关于"各类财务投资主体可以通过设立股权投资基金、创业投资基金、产业投资基金、并购基金等形式参与兼并重组"的规定。

①汇达基金。汇达基金的交易结构如图 9 – 1 所示。

汇达资本（劣后级 LP）中，除陈江涛为旋极信息董事、陈海涛曾担任旋极信息监事会主席外（任期为 2011 年 11 月 18 日—2015 年 1 月 27 日），其余投资者均未曾在旋极信息中担任董事、监事或高级管理人员（陈海涛离任后也未再担任过旋极信息董事、

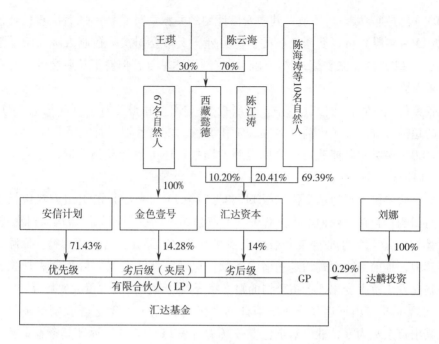

图 9 - 1　汇达基金交易结构

监事或高管职务）。陈江涛以外的汇达资本的全体出资人已声明与陈江涛不存在任何关联关系。

另外，汇达基金的核心交易条款如表 9 - 17 所示：

表 9 - 17

基金结构	出资人	出资额（万元）	权利义务
普通合伙人	达麟投资	200	作为汇达基金的执行事务合伙人，对外代表汇达基金；按照合伙协议的约定收取管理费用；享受最后可分配收入的 20%；委派 1 名委员参加投资决策委员会
有限合伙人 - 优先级	安信计划	50 000	按照合伙协议约定缴纳出资；按 10%/年取得预期收益回报；享受最后剩余可分配收入的 10%；委派 1 名委员参加投资决策委员会（该委员具备一票否决权）
有限合伙人 - 劣后级（夹层）	金色壹号	10 000	按照合伙协议约定履行其缴纳出资的义务；优先级 LP 足额获得投资本金及投资收益后，金色壹号有权以其合伙权益为基数按 12%/年的预期收益回报率享受预期收益；享受最后剩余可分配收入的 15%；委派 2 名委员参加投资决策委员会
有限合伙人 - 劣后级	汇达资本	9 800	按照合伙协议约定履行其缴纳出资的义务；享受最后剩余可分配收入的 55%；委派 1 名委员参加投资决策委员会
合计		70 000	

在投资决策委员会中，达麟投资（GP）、安信计划（优先级 LP）、汇达资本（劣

后级 LP）可分别委派一名委员，其中安信计划的委派委员具备一票否决权；金色壹号（劣后级 LP – 夹层）可以委派两名委员。另外，上市公司实际控制人陈江涛是汇达资本（劣后级 LP）的委派委员，虽不能实际控制汇达基金，但对汇达基金的日常经营能够产生重大影响。

从各类份额的收益分配比例中，达麟投资（GP）和汇达资本（劣后级 LP）可享受较高的超额分成，分成比例分别为 20% 和 55%。安信计划（优先级 LP）和金色壹号（劣后级 LP – 夹层）既能获得较高固定收益回报，还可享受超额分成，分成比例分别为 10% 和 15%。

根据合伙协议，汇达基金优先级 LP 和劣后级 LP（夹层）的退出方式包括正常退出和提前回购；且在这两种退出方式中，上市公司实际控制人陈江涛均需对优先级 LP 和劣后级 LP（夹层）的收益支付及分配利润不足约定部分进行收益弥补，保障其顺利退出。其中，提前回购方式约定了诸多条款，包括陈江涛丧失实际控制人地位、陈江涛财务状况发生重大变化、上市公司的财务状况及经营业绩发生重大变化等。

A. 正常退出。由汇达基金对安信计划（优先级 LP）足额返还投资本金及投资收益直至其出资余额为零，继而对金色壹号（劣后级 LP – 夹层）返还其资本金及投资收益直至其出资余额为零，陈江涛应就不足部分进行出资额弥补；剩余返还汇达资本（劣后级 LP）和达麟投资（GP），直至其实际出资余额为零。此后仍有剩余收益的，则对于陈江涛前期代汇达基金垫付的安信计划（优先级 LP）和金色壹号（劣后级 LP – 夹层）的预期回报由汇达基金返还给陈江涛，最后的剩余可分配收入的 10% 分配给安信计划（优先级 LP），其余由达麟投资（GP）分配 20%，金色壹号（劣后级 LP – 夹层）分配 15%，汇达资本（劣后级 LP）分配 55%。

B. 提前回购。安信计划（优先级 LP）与陈江涛约定了陈江涛应提前溢价购买优先级 LP 所持汇达基金财产份额并支付转让价款的情形：

a. 陈江涛发生任一违反合伙协议及有关补充协议约定的行为，包括但不限于：未能按合伙协议及有关补充协议约定的时间和金额向优先级 LP 支付收益差额补足金额，或陈江涛因转让股权等原因丧失对旋极信息的控股权或实际控制人地位；

b. 汇达基金本身出现任何违反其投资决策委员会决定或违反基金合伙协议及有关补充协议的行为，包括但不限于违反汇达基金的经营范围和投资范围、违反经投资决策委员会批准的基金经营计划或预决算方案、以汇达基金财产对外提供担保、对外借款或负债等；

c. 陈江涛及劣后级 LP 因被起诉或被申请仲裁从而造成对基金产生重大影响；

d. 汇达基金因任何原因决定清算时；

e. 陈江涛财务状况或其他方面发生重大变化，可能对其履行本协议下义务造成重大不利影响；

f. 陈江涛、旋极信息财务状况、经营业绩或其他方面发生重大变化，或遭受监管处罚，对其经营管理能力或声誉造成重大不利影响；

g. 汇达基金聘请的具有证券期货相关业务资格会计师事务所对基金进行审计后，未出具标准无保留意见的审计报告。

金色壹号（劣后级 LP - 夹层）与陈江涛约定了陈江涛应提前溢价购买其所持汇达基金财产份额并支付转让价款的情形：

a. 汇达基金本身出现任何违反其投资决策委员会决定或违反基金合伙协议及有关补充协议的行为，包括但不限于违反汇达基金的经营范围和投资范围、违反经投资决策委员会批准的基金经营计划或预决算方案、以汇达基金财产对外提供担保、对外借款或负债等；

b. 陈江涛、达麟投资因被起诉或被申请仲裁从而造成对汇达基金的收益或投资退出产生重大影响；

c. 陈江涛财务状况或其他方面发生重大变化，可能对其履行本协议下义务造成重大不利影响；

d. 陈江涛、达麟投资、旋极信息财务状况、经营业绩或其他方面发生重大变化，或遭受监管处罚，对其在军工行业的经营管理能力或声誉造成重大不利影响；

e. 汇达基金聘请的具有证券期货相关业务资格会计师事务所对基金进行审计后，未出具标准无保留意见的审计报告；

f. 汇达基金投资的泰豪智能在金色壹号投入汇达基金后两年内未能完成注入上市公司；

g. 汇达基金投资的泰豪智能注入上市公司后，汇达基金持有的股票锁定期超出汇达基金剩余期限，造成对投资退出或汇达基金收益产生重大影响。

另外，陈江涛分别对安信计划（优先级 LP）和金色壹号（劣后级 LP - 夹层）做出担保，其中对安信计划（优先级 LP）的担保方式是股票质押，对金色壹号（劣后级 LP - 夹层）提供不可撤销连带责任保证担保。

Ⅰ. 陈江涛向安信计划（优先级 LP）作出担保。陈江涛（含其指定第三方）的投资本金及收益弥补和购买义务履行完毕前，陈江涛以其持有的 865 万股旋极信息股票，按照 2015 年 10 月 9 日收盘价——30.64 元/股为标准，质押给优先级 LP 来保证其（含其指定第三方）在相关协议项下收益弥补和购买义务的履行。

Ⅱ. 向金色壹号（劣后级 LP - 夹层）作出担保。陈江涛同意对其负有的向金色壹号（劣后级 LP - 夹层）支付收益弥补、出资额弥补和陈江涛或其指定的第三方负有向金色壹号（劣后级 LP - 夹层）支付购买转让价款义务的履行提供不可撤销连带责任保证担保。

②新余京达。新余京达的交易结构图如图 9 - 2 所示。

汇达私募中，除陈江涛为旋极信息董事、吴匀曾担任旋极信息副总经理外（任期为 2011 年 11 月 18 日 - 2015 年 1 月 27 日），其余投资者未在旋极信息中担任董事、监事或高级管理人员（吴匀离任后也未再担任过旋极信息董事、监事或高管职务）。陈江涛以外的汇达私募全体委托人声明与陈江涛不存在任何关联关系。

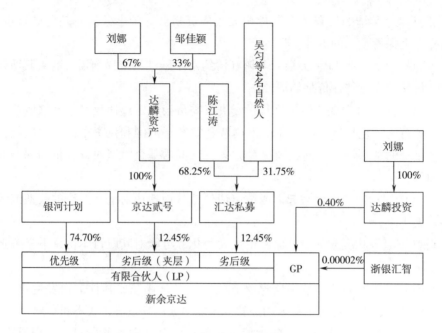

图 9-2　新余京达交易结构

新余京达的核心交易条款如表 9-18 所示：

表 9-18

基金结构	出资人	出资额（万元）	权利义务
普通合伙人	达麟投资	200	作为新余京达的执行事务合伙人，对外代表新余京达；按照合伙协议的约定收取管理费用；享受最后可分配收入的 20%；委派 1 名委员参加投资决策委员会
普通合伙人	浙银汇智	0.01	为新余京达的执行事务合伙人，对外代表新余京达
有限合伙人 - 优先级	银河计划	37 800	按照合伙协议约定缴纳出资；按 7.57%/年取得预期收益回报；委派 1 名委员参加投资决策委员会（该委员享有一票否决权）
有限合伙人 - 劣后级（夹层）	京达贰号	6 300	按照合伙协议约定履行其缴纳出资的义务；优先级 LP 足额获得投资本金及投资收益后，京达贰号有权以其合伙权益为基数按 12%/年的预期收益回报率享受预期收益；享受最后剩余可分配收入的 15%；委派 2 名委员参加投资决策委员会
有限合伙人 - 劣后级	汇达私募	6 300	按照合伙协议约定履行其缴纳出资的义务；享受最后剩余可分配收入的 65%；委派 1 名委员参加投资决策委员会
合计		50 600.01	

关于投资决策委员会的安排，新余京达与汇达基金类似，达麟投资（GP）、优先级 LP、劣后级 LP（夹层）、劣后级 LP 分别委派 1 名、1 名、2 名、1 名，其中优先级 LP 委派委员具备一票否决权，陈江涛是劣后级 LP 委派委员，虽不能实际控制新余京达但可对其日常经营产生重大影响。另外，在收益分配比例中，达麟投资（GP）、劣后级 LP（夹层）、劣后级 LP 可享受超额分成，分成比例分别为 20%、15%、65%；优先级 LP 仅享受固定收益。

另外，在优先级 LP 和劣后级 LP（夹层）的退出方式，以及陈江涛提供的担保方式上，新余京达与汇达基金也比较相似。

略有差异之处为陈江涛向银河计划（优先级 LP）提供的担保：

Ⅰ. 陈江涛（含其指定第三方）的投资本金及收益弥补和购买义务履行完毕前，陈江涛以其持有的 913.8 万股市值 4.5 亿元旋极信息股票（按照 2015 年 11 月 10 日收盘价——49.25 元/股为标准）托管到优先级 LP 指定账户。旋极信息与新余京达签署标的公司股权受让协议前，陈江涛不得处置（含出质及其他任何处分）上述托管股票。

Ⅱ. 陈江涛之妻刘希平向优先级 LP 承诺该等义务为夫妻共同债务，愿承担连带偿还责任。

2. 上市公司发行股份购买资产

（1）股份发行价格。

本次发行股份购买资产的发行股份的价格确定为公司第三届董事会第十八次会议决议公告日前 20 个交易日公司股票的交易均价的 90%，除权除息后为 19.63 元/股。

（2）股份发行数量。

本次交易泰豪智能 100% 的股权交易对价为 180 000 万元，按照 19.63 元/股的发行价格，本次股份发行数量为 91 696 380 股，具体发行情况如表 9 - 19 所示：

表 9 - 19

交易标的	交易对方	持有泰豪智能股权比例（%）	交易对价（万元）	作为对价的股份数
泰豪智能 100% 股权	西藏泰豪	36.11	65 005.20	33 115 231
	恒通达泰	19.45	35 002.80	17 831 278
	汇达基金	21.68	39 024.00	19 879 775
	新余京达	22.76	40 968.00	20 870 096
合计		100.00	180 000.00	91 696 380

3. 上市公司发行股份募集配套资金。发行股份募集配套资金的股份发行价格为询价发行。根据投资者申购报价情况，并按照认购邀请书确定发行价格、发行对象及获配股份数量的程序和规则，确定本次发行价格为 22.20 元每股。本次发行股份数量 58 558 558 股，募集资金总额 1 299 999 987.60 元，未超过募投项目资金需求。本次发行最终配售情况如表 9 - 20 所示：

表 9 - 20

序号	认购对象名称	认购价格（元/股）	配售股数（股）	配售金额（元）	锁定期
1	汇添富基金管理股份有限公司	22.20	11 981 981	265 999 978.20	12 个月
2	鹏华资产管理（深圳）有限公司	22.20	11 711 711	259 999 984.20	12 个月
3	新华基金管理股份有限公司	22.20	16 216 216	359 999 995.20	12 个月
4	浙江浙商证券资产管理有限公司	22.20	11 711 711	259 999 984.20	12 个月
5	北信瑞丰基金管理有限公司	22.20	6 936 939	154 000 045.80	12 个月
合计		—	58 558 558	1 299 999 987.60 元	

4. 锁定期安排。上市公司实际控制人陈江涛承诺，本次重组前其持有及控制的上市公司的股份自本次重组完成之日起 12 个月内不得转让。

（1）发行股份购买资产。本次重组向交易对方西藏泰豪、恒通达泰、汇达基金和新余京达发行的股份，自本次发行结束之日起 36 个月内不得转让。

（2）发行股票募集配套资金

①最终发行价格不低于发行期首日前一个交易日公司股票均价的，发行股份募集配套资金之新增股份数自发行结束之日起可上市交易；

②最终发行价格低于发行期首日前 20 个交易日公司股票均价但不低于 90%，或者发行价格低于发行期首日前一个交易日公司股票均价但不低于 90% 的，发行股份募集配套资金之新增股份数自发行结束之日起 12 个月内不得上市交易。

（四）补偿安排

1. 标的公司原股东业绩补偿安排

（1）盈利预测承诺。根据《利润补偿协议》及其补充协议，泰豪智能全体股东承诺标的资产 2015 年和 2016 年合计、2017 年、2018 年扣除非经常性损益（按照扣除前后孰低计算）后归属于母公司所有者的净利润分别为 27 600 万元、20 280 万元、24 336 万元。

（2）盈利预测补偿。若泰豪智能 2015 年和 2016 年合计、2017 年、2018 年中任一会计年度的实际税后利润金额未达到承诺金额，泰豪智能全体股东将于旋极信息年度审计报告及盈利专项审核意见出具后 30 日内，依照下述公式计算出当期应予补偿的股份数量，该等应补偿股份由旋极信息以一元的总价格进行回购，每年应予补偿的股份数量计算公式如下：

当期补偿金额 =（截至当期期末的累计承诺税后利润金额 − 截至当期期末的累计实际税后利润金额）÷ 截至当期期末的累计承诺税后利润金额 × 标的资产交易作价 − 累计已补偿金额

当期应当补偿股份数量 = 当期补偿金额 / 本次股份的发行价格

若当期应当补偿股份数量按照上述公式计算后小于零，则按零取值，即已经补偿的股份不冲回。

如果上市公司在 2016 年、2017 年、2018 年和 2019 年有现金分红，且泰豪智能股东按《盈利补偿协议》规定应向上市公司补偿股份，则除应补偿的股份外，现金分红的部分也应作相应返还，其计算公式为：

返还金额 = 每股已分配的分红收益 × 当期应当补偿股份数量

如果上市公司在 2016 年、2017 年、2018 年和 2019 年实施送股或公积金转增股本，则当期补偿的股份数量应当调整为：按上述公式计算的补偿股份数量 ×（1 + 送股或转增比例）。

（3）减值情形下的另行补偿安排。2018 年结束时，上市公司有权对泰豪智能进行减值测试，假如：泰豪智能的期末减值额 / 泰豪智能交易作价 > 补偿期限内已补偿股份总数/认购股份总数时，则泰豪智能股东应向上市公司另行补偿股份。另需补偿的股份数量为：泰豪智能的期末减值额/本次股份的发行价格－补偿期限内已补偿股份总数。

（五）本次交易前后上市公司股权结构变化情况

本次重组发行股份总数为 9 169.64 万股，发行后本公司的总股本将增至109 166.26 万股，本次发行股份数量占发行后总股本的 8.40%（不含募集配套资金发行股份）。本次重组前后本公司的股权结构如表 9－21 所示：

表 9－21

股东名称	发行前		发行后（不含募集配套资金发行股份）	
	持股数（万股）	持股比例（%）	持股数（万股）	持股比例（%）
陈江涛	39 031.98	39.03	39 031.98	35.76
中天涌慧	3 134.28	3.13	3 134.28	2.87
南华期货股份有限公司华富 15 号资产管理计划	186.82	0.19	186.82	0.17
西藏泰豪	—	—	3 311.52	3.03
恒通达泰	—	—	1 783.13	1.63
汇达基金	—	—	1 987.98	1.82
新余京达	—	—	2 087.01	1.91
其他股东	57 643.54	57.65	57 643.54	52.80
合计	99 996.62	100.00	109 166.26	100.00

本次交易前，公司控股股东和实际控制人为陈江涛先生。陈江涛先生直接持有公司 39.03% 的股权，通过中天涌慧间接持有 3.13% 的股权，通过南华期货股份有限公司华富 15 号资产管理计划间接持有 0.19% 的股权，合计持有上市公司 42.35% 的股份。本次交易完成后，陈江涛先生合计持有上市公司 38.80% 的股份，由于陈江涛和汇达基金及新余京达为一致行动人，陈江涛及其一致行动人共计持有上市公司 42.53% 的股份，仍为上市公司控股股东和实际控制人。

（六）本次交易前后上市公司主要财务指标变化情况

根据公司 2015 年经审计的合并财务报表和 2016 年 1－6 月合并财务报表，及本次交易完成后公司经审阅的 2015 年备考合并财务报表和 2016 年 1－6 月备考合并财务报表，公司发行前后的主要财务数据如表 9－22 所示。

表 9－22 单位：万元

项目	2016 年 6 月 30 日		
	发行前	发行后	变动幅度（%）
资产总额	251 632.72	524 659.38	108.50
所有者权益	161 957.63	350 539.14	116.44
归属于上市公司股东的所有者权益	142 742.45	330 597.19	131.60
归属于上市公司股东的每股净资产（元/股）	1.43	3.03	111.89
项目	2016 年 1－6 月		
营业收入	79 100.33	149 863.19	89.46
营业利润	23 334.67	32 714.32	40.20
利润总额	26 311.95	35 910.63	36.48
净利润	21 889.80	29 831.70	36.28
归属于母公司股东的净利润	9 998.83	17 853.58	78.56
扣除非经常损益后归属于母公司股东的净利润	10 168.36	17 857.97	75.62
基本每股收益（元/股）	0.11	0.17	54.55
扣除非经常损益后基本每股收益（元/股）	0.12	0.17	41.67
项目	2015 年 12 月 31 日		
资产总额	219 347.63	478 312.89	118.06
所有者权益	142 793.30	323 432.92	126.50
归属于上市公司股东的所有者权益	135 485.24	315 485.24	132.86
归属于上市公司股东的每股净资产（元/股）	2.71	5.78	113.28
项目	2015 年		
营业收入	98 031.92	229 098.59	133.70
营业利润	12 928.48	23 896.67	84.84
利润总额	15 109.00	26 874.67	77.87
净利润	11 560.15	21 656.53	87.34
归属于母公司股东的净利润	10 318.10	20 226.25	96.03
扣除非经常损益后归属于母公司股东的净利润	10 247.11	19 391.69	89.24
基本每股收益（元/股）	0.22	0.41	86.36
扣除非经常损益后基本每股收益（元/股）	0.22	0.38	72.73

（七）其他

1. 本次交易构成关联交易。本次重组中，由于陈江涛为交易对方汇达基金的 LP
（汇达资本）和新余京达的 LP（汇达私募）的投资者之一，且为汇达基金优先级 LP
（安信计划）、劣后级 LP（金色壹号）以及新余京达优先级 LP（银河计划）、劣后级
LP（京达贰号）的回购及差额补偿责任人，陈江涛与汇达基金以及新余京达基于协议

形成关联关系。同时，陈江涛为上市公司的控股股东、实际控制人和董事长兼总经理，因此，本次重组构成关联交易。在上市公司召开董事会及股东大会就本次交易进行表决时，陈江涛均已回避表决。

2. 本次交易构成重大资产重组。本次重组的标的资产为泰豪智能100%的股权，根据上市公司2015年的经审计的财务数据、标的资产报告期内的经审计财务数据和交易金额，本次交易的相关比例计算如表9-23所示：

表 9-23　　　　　　　　　　　　　　　　　　　　　　　　　　　　　　　单位：万元

项目	旋极信息	泰豪智能	交易金额	计算依据	计算比例（%）
资产总额	219 347.63	107 268.72	180 000.00	180 000.00	82.06
资产净额	135 485.24	28 349.36	180 000.00	180 000.00	132.86
营业收入	98 031.92	131 066.67	—	131 066.67	133.70

根据上述测算，本次重组购买的资产总额占上市公司最近一个会计年度经审计的合并财务会计报告期末资产总额的比例达到50%以上；购买的资产在最近一个会计年度所产生的营业收入占上市公司同期经审计的合并财务会计报告营业收入的比例达到50%以上；购买的资产净额占上市公司最近一个会计年度经审计的合并财务会计报告期末净资产额的比例达到50%以上，且超过5 000万元人民币。根据《重组办法》，本次重组构成重大资产重组；同时，本次交易属于《重组办法》规定的上市公司发行股份购买资产的情形，因此，本次交易需要提交中国证监会上市公司并购重组审核委员会审核。

3. 本次交易不构成借壳上市。根据第（五）项分析，本次重组前后，公司控股股东和实际控制人皆为陈江涛。因此，本次重组不构成《重组办法》第十三条规定的借壳上市情形。

四、重点问题分析：并购基金结构化安排对上市公司股权结构稳定影响的分析

汇达基金、新余京达存在结构化安排，旋极信息控股股东及实际控制人陈江涛作为汇达基金、新余京达劣后级LP的出资方之一，为汇达基金、新余京达的LP承担补偿责任；陈江涛与汇达基金以及新余京达基于协议形成关联关系。监管部门对并购基金的这种结构化安排对上市公司股权结构的稳定性提出疑问。

汇达基金的存续期限为2015年6月8日至2019年6月7日；新余京达的存续期限为2015年12月14日至2020年12月13日。汇达基金和新余京达作出承诺：（1）本企业所取得的上市公司本次发行的股份自本次发行结束之日起36个月内不得转让。（2）本承诺函一经作出即生效并不可撤销。

本次重组后，汇达基金将持有旋极信息1 987.98万股，持股比例为1.82%；新余京达将持有旋极信息2 087.01万股，持股比例为1.91%。由于汇达基金和新余京达与陈江涛为一致行动人，陈江涛及其一致行动人合计持有上市公司42.53%的股份，仍为

上市公司控股股东和实际控制人。

陈江涛先生与汇达基金优先级 LP 安信计划、劣后级 LP 金色壹号以及新余京达优先级 LP 银河计划、劣后级 LP 京达贰号分别约定了提前回购的条款。如果陈江涛出现违反协议约定、财务状况发生重大变化等触发回购条款时，则陈江涛应当回购上述 LP 持有的相应基金份额。截至 2016 年 4 月 15 日，陈江涛累计质押所持公司股份数量为 282 073 594 股，占其所持有公司股份总数的 66.67%，占公司股份总数的 28.21%。按照 2016 年 4 月 15 日的股票收盘价（24.01 元）计算，陈江涛所持股份总市值为 10 158 287 801 元，未质押股份总市值为 3 385 757 324 元。在汇达基金中，安信计划出资 5 亿元，金色壹号出资 1 亿元，在新余京达中，银河计划出资 3.78 亿元，京达贰号出资 0.63 亿元，上述四方共计出资 10.41 亿元，因此陈江涛具备回购上述股份的能力。回购前，陈江涛合计持有旋极信息 38.80% 的股份；回购后，陈江涛持有旋极信息的股份将进一步增加。因此，上述提前回购的安排不会导致上市公司实际控制人发生变化。

依据陈江涛与银河资管签署《新余京达投资管理中心（有限合伙）保证与回购协议》、《股票质押合同》，陈江涛将其持有的 913.8 万股市值 4.5 亿元旋极信息股票托管到银河资管指定账户。若新余京达持有的标的公司股权存在重大退出风险，则由银河资管根据委托人指令全权办理股票质押登记事宜。待旋极信息收购交易标的通过董事会决议或标的公司自行上市通过董事会决议日，银河资管解除陈江涛质押股票。陈江涛先生为履行对汇达基金优先级 LP 安信计划的相关担保义务，将其持有的 865 万股旋极信息股票（占公司现有总股本的 1.73%）质押给安信计划。如果陈江涛先生未能履行其对安信计划的担保义务，则安信计划作为质权人有权就陈江涛先生质押的股票行使质权。上述行为可能会导致陈江涛及其一致行动人对旋极信息的持股比例最低降至 40.80%，但是不会影响陈江涛对旋极信息的实际控制能力，不会导致旋极信息的实际控制人发生变更。

第三节 宏磊股份收购广东合利

一、交易概览

收购方	浙江宏磊铜业股份有限公司（以下简称宏磊股份）		
被收购方	广东合利金融科技服务有限公司（以下简称广东合利）		
收购方案	股权转让 + 支付现金购买资产 + 重大资产出售		
交易价值（万元）	140 000.00	并购方式	现金收购
现金支付金额（万元）	140 000.00	并购目的	产业转型

评估价值（万元）	156 148.33	支付方式	现金
评估方式	收益法	标的类型	股权
控制权是否变更	是	股权转让比例	90%
是否有业绩承诺	否	是否有超额奖励	否

宏磊股份成立于 1998 年，主营业务为漆包线、铜管、铜杆、铜线、铜棒等的销售进出口业务，原实际控制人为戚建萍家族。2011 年 12 月，宏磊股份登陆 A 股，但上市之后业绩逐年下滑，开始出现亏损。2015 年之前，公司市值维持在 15 亿元左右；2015 年后，公司股价伴随牛市逐渐走高，之后大盘经历大幅下挫，截至 2015 年 11 月 16 日停牌筹划重大资产前，公司股价 23.84 元/股，市值约 52 亿元。

从 2015 年 6 月至 2016 年 3 月，戚建萍家族通过股权转让的方式陆续进行减持，合计转让其所持有的 60.09% 股权，成功套现约 34.25 亿元。其中，2016 年 1 月至 3 月期间，天津柚子资产管理有限公司以 27 元/股合计作价 16.22 亿元，通过协议转让的方式受让戚建萍家族持有的 6 005.2830 万股上市公司股权（占比 27.35%），成为宏磊股份新的实际控制人。后续，柚子资产主导实施上市公司支付现金购买广东合利 90% 的股权，以及出售上市公司母公司部分资产给戚建萍所控制的浙江泰晟，成功使上市公司转型互联网金融。复牌后，上市公司股价持续上涨；截至 2016 年 12 月 1 日，公司股价 58.66 元/股，总市值约 130 亿元。相较于 27 元/股转让价格，柚子资产投资回报率 117.26%，浮盈 19 亿元。

在本次重组过程中，监管部门对于并购重组的审核趋严，影视、互联网金融在跨界并购审核中施行一事一议原则，交易面临着较大的监管压力。根据业内相关共识，上述情况下，方案能够实施的关键因素在于：（1）根据实质重于形式原则，方案不能有规避借壳情形；（2）现金收购中的资金来源及还款计划是重要环节，尤其是资产负债率较高的上市公司；（3）跨界转型的合理性及是否存在协同效应；（4）若标的资产历史业绩一般，则需尽量避免高估值、高承诺业绩现象；（5）若拟转型互联网金融，标的资产是否具有金融牌照是关键。

对此，深圳证券交易所对于宏磊股份现金收购方案发来问询函，直指收购方案中与前述（2）、（4）、（5）等相关"痛点"。根据问询函相关要点，上市公司数次调整方案，并剔除预案中拟收购的深圳传奇（未取得《支付业务许可证》等）、北京天尧（高估值、高业绩承诺等），减少收购资金以及还款压力。

2016 年 9 月 30 日，上市公司 2016 年第五次临时股东大会审议通过调整后的重大资产购买方案。

二、交易双方

（一）收购方：宏磊股份（002647.SZ）

宏磊股份成立于1998年，主营业务为漆包线、铜管、铜杆、铜线、铜棒等的销售进出口业务，实际控制人为戚建萍家族。截至2011年6月30日，宏磊股份净资产约5.48亿元，戚建萍家族合计持有86.15%的股权，宏磊股份上市前，戚建萍家族的持股价值约为4.72亿元。

2011年12月28日，宏磊股份登陆A股。但由于国内外经济形势严峻，下游行业需求疲软，电气机械及器材制造业备受压力；同时，传统行业面临的劳动力成本上升等问题，也在一定程度上影响了公司的经营业绩。2012－2015年，宏磊股份扣非净利润分别为1 955万元、－7 815万元、－7 950万元和－2.91亿元，公司业绩逐年下滑。

从2015年6月至2016年3月，公司原控股股东戚建萍家族通过股权转让的方式陆续进行减持，合计转让其所持有60.09%的股权，套现约34.25亿元。其中，2016年1月至3月期间，郝江波100%持股的天津柚子资产管理有限公司（以下简称柚子资产）以27元/股合计作价16.22亿元，通过协议转让的方式受让戚建萍家族持有的6 005.2830万股上市公司股权（占比27.35%），成为宏磊股份新的实际控制人，并承诺不排除将借助上市公司平台，整合优质资产，增强上市公司的盈利能力，提升上市公司价值。

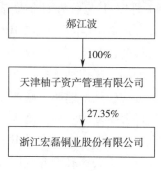

图9－3

除持有宏磊股份股权外，柚子资产还持有霍尔果斯柚子创业投资有限公司的股权，该公司的主营业务为创业投资及创业投资咨询等，与公司及标的公司均不存在同业竞争。

2015年5月13日，在柚子资产的主导下，上市公司披露重大资产购买预案，拟通过重组注入互联网金融优质资产，以使公司能够持续健康发展。截至报告书发布之日，柚子资产所持有的宏磊股份已质押6 005.28万股，占其所持宏磊股份股权的99.99%。

通过本次重组向上市公司注入盈利能力强、发展前景广阔的第三方支付业务，有助于实现上市公司主营业务的转型，改善公司经营状况，增强公司持续盈利能力和发展潜力，提高公司资产质量，实现股东利益最大化。

（二）被收购方：广东合利

广东合利成立于2000年6月16日，经过多次增资及股权转让，目前公司股权结构如表9－24所示，实际控制人为张军红。

表 9 - 24

序号	股东名称	出资方式	出资额（万元）	出资比例（%）
1	张军红	现金	10 000.00	90.00
2	浙银资本	现金	1 111.11	10.00
	合计		11 111.11	100.00

广东合利作为持股型公司并未从事任何实际生产经营业务，旗下合利宝支付具有中国人民银行颁发的《支付业务许可证》，可在全国范围内开展互联网支付、移动电话支付、银行卡收单业务，是广东合利主要经营主体。

从 2014 年至 2016 年第一季度，合利宝支付主要经营指标如表 9 - 25 所示：

表 9 - 25

项目	2016 年 3 月 31 日	2015 年 12 月 31 日	2014 年 12 月 31 日
资产总额	179 536 191.32	197 536 000.49	252 840 111.23
所有者权益总额	112 065 774.60	115 597 770.20	100 217 315.81
营业收入	370 398.53	36 899 811.87	4 261 350.00
净利润	- 3 531 995.60	15 380 454.39	581 635.12
归属于母公司所有者的净利润	- 3 531 995.60	15 380 454.39	581 635.12

根据广东合利之子公司合利宝支付的收益法评估结果，合利宝支付 2016 年 4 - 12 月、2017 年、2018 年将实现净利润分别为 3 082.50 万元、15 549.85 万元及 21 057.00 万元。本次重组完成后，上市公司的盈利能力将得到显著改善。

另外，本次交易完成后，第三方支付业务将成为上市公司主营业务，未来上市公司计划通过全面切入电子支付各环节、扩大经营区域、引进行业人才以及购买资产等措施，力争成为中国行业支付领导者。

三、交易方案

（一）总体方案

本次交易方案包括：（1）股权转让及实际控制人变更；（2）支付现金购买资产；（3）重大资产出售。

1. 股权转让及实际控制人变更。2016 年 1 月 16 日，上市公司原控股股东及一致行动人戚建萍、戚建华分别与柚子资产签署《股份转让协议》，柚子资产协议受让戚建萍、戚建华所持有的上市公司股份 5 502.5078 万股、185.1852 万股。2016 年 3 月 29 日，戚建萍与柚子资产又签署《股份转让协议》，柚子资产再次协议受让戚建萍持有的上市公司剩余全部 317.59 万股股份。

截至重大资产购买预案公布前，上述协议转让涉及股份均已完成过户登记手续。

登记完成后，柚子资产合计持有宏磊股份 6 005.2830 万股，持股比例为 27.35%，为公司第一大股东，控股股东由戚建萍变更为柚子资产，实际控制人由戚建萍家族变更为郝江波。

2. 支付现金购买资产。上市公司与交易对方张军红签署了《支付现金购买资产协议》及《支付现金购买资产补充协议》，上市公司拟以支付现金的方式，购买交易对方持有的广东合利 90% 的股权。经交易双方协商一致，广东合利 90% 的股权作价为 140 000 万元。

3. 重大资产出售。上市公司拟将其截至 2015 年 12 月 31 日母公司除部分其他应收款（专指政府补助部分）外的其余全部流动资产、浙江宏天 68.24% 的股权及江西宏磊 100% 的股权转让给上市公司原控股股东戚建萍控股的浙江泰晟新材料科技有限公司（以下简称浙江泰晟）。经交易双方协商一致，拟出售资产的交易价格确定为（不含税）147 919.18 万元。

（二）估值与作价

1. 购买资产。万隆评估对广东合利采用资产基础法进行评估，并以其评估结果作为评估结论，对其主要子公司合利宝支付采用资产基础法和收益法进行评估，并选取收益法的评估结果作为评估结论。

由于本次交易标的广东合利目前不承载具体业务，具体业务主要由其子公司分别进行，其中合利宝支付为其最重要的子公司，目前所从事的业务及未来拟从事的业务均主要由合利宝支付为主体开展。

根据万隆评估师出具的万隆评报字〔2016〕第 1660 评估报告，以 2016 年 3 月 31 日为评估基准日，广东合利净资产账面值为 148 284 897.37 元，100% 的股权评估值为 156 148.33 万元，评估增值 1 413 198 397.77 元，增值率 953.03%。经交易双方协商一致，广东合利 90% 的股权作价为 140 000 万元。

2. 出售资产。本次交易的评估基准日为 2015 年 12 月 31 日，根据万隆评估出具的"万隆评报字〔2016〕第 1350 号"《浙江宏磊铜业股份有限公司拟资产转让项目涉及的其部分资产评估报告》，最终采用资产基础法评估结果作为本次交易标的评估结论。

经评估，评估基准日拟出售的资产评估值为 147 919.18 万元，账面价值为 139 051.65 万元，增值为 8 867.53 万元，增值率为 6.38%。经交易双方友好协商，本次交易中拟出售的资产作价（不含税）147 919.18 万元。

（三）资金支付及安排

1. 本次交易的支付进度安排。根据交易双方的初步谈判结果，此次重组各标的的评估值及对价支付情况具体如表 9-26 所示。

表 9-26　　　　　　　　　　　　　　　　　　　　　　　　　　　　　单位：亿元

标的名称	评估值	收购比例	现金对价	支付方式	首期支付金额
广东合利	15.61	90%	14.00	首期款项为上市公司股东大会通过本次交易后 5 个工作日内支付 11.20 亿元；剩余款项：在满足（1）标的公司向中国人民银行递交变更合利宝支付的法定代表人和高级管理人员书面申请之日起三个月；或（2）标的公司收到中国人民银行批准文件（两者以较早日期为准）的情况下，支付 2.8 亿元	11.20
合计	15.61	—	14.00	—	11.20

从表 9-26 可以看出上市公司采用分期付款的方式支付此次重组的现金对价，有助于缓解上市公司的现金支付压力。此次重组完成后上市公司所需支付的首期款项为 11.20 亿元。

上市公司支付剩余 2.8 亿元款项的时间为"标的公司向中国人民银行递交变更合利宝支付的法定代表人和高级管理人员书面申请之日起三个月"和"标的公司收到中国人民银行批准文件"二者的较早发生日期。

付款节点做此安排的原因为：相关资质现有权属人广东合利控股子公司合利宝支付持有中国人民银行于 2014 年 7 月 10 日核发的《支付业务许可证》（Z2026044000012），合利宝支付的法人和高管变更需获得人民银行批准。

2. 本次交易的资金来源

（1）通过银行借款等债务融资方式支付现金对价。上市公司于 2016 年 4 月 28 日召开第三届董事会第十三次会议，并于 2016 年 5 月 25 日召开 2015 年度股东大会审议通过《关于向银行等金融机构申请 2016 年综合授信额度的议案》，决议内容如下：2016 年度，公司筹划重大资产重组工作，推进产业转型升级，经营规模将进一步扩张。为推动企业持续稳健经营，满足公司不断扩展的经营规模对流动资金需求，确保公司现金流充足，公司及控股子公司 2016 年度拟向银行等金融机构申请不超过 18 亿元人民币的综合授信额度。在上述综合授信额度内，股东大会授权董事长全权办理相关授信事项。

（2）以自有资金支付现金对价。截至 2016 年 9 月 7 日，上市公司及其全资子公司账面银行存款共有 10.46 亿元。上述自有资金主要来源于宏磊股份置出资产所收到浙江泰晟支付的交易对价款项。

（3）此次交易标的公司未来的分红收入。根据《支付现金购买资产协议》及其补充协议的约定，标的公司过渡期间标的资产所产生的盈利由宏磊股份享有 90%，并且根据标的公司《公司章程》的约定，标的公司的税后利润在弥补亏损和提取公积金、法定公益金后所余利润，按照股东的出资比例分配。

（4）宏磊股份控股股东对宏磊股份的财务支持。根据与宏磊股份控股股东的沟通，如宏磊股份控股股东对宏磊股份本次收购提供财务支持，关于利率计算标准，宏磊股份控股股东与宏磊股份将参考同期银行贷款利率，最终由双方协商确定。

（四）补偿安排

经交易双方友好协商，标的公司的交易对方未作出业绩承诺及补偿安排。

根据《重组办法》第35条规定，采取收益现值法、假设开发法等基于未来收益预期的方法对拟购买资产进行评估或估值并作为定价参考依据的，交易对方应当与上市公司就相关资产实际盈利数不足利润预测数的情况签订明确可行的补偿协议。

上市公司向控股股东、实际控制人或者其控制的关联人之外的特定对象购买资产且未导致控制权发生变更的，不适用本条前款规定，上市公司与交易对方可根据市场化原则，自主协商是否采取业绩补偿措施及相关具体安排。

本次交易中交易对方张军红在交易前与交易后均不属于"上市公司的控股股东、实际控制人或者其控制的关联人"。因此，本次交易中标的公司股东张军红未作出业绩承诺符合《重组办法》相关规定。

（五）标的资产交割

在上市公司股东大会审议通过本次交易且公司将首期11.80亿元股权转让款支付完毕之日起5个工作日内，张军红应协调并确保广东合利办理完毕本次交易对应的广东合利90%股权交割的全部手续，包括但不限于：

（1）张军红应向广东合利所在地的工商行政管理机关办理股权变更至上市公司名下的全部手续。

（2）其他必要的资产过户手续。

（3）现金对价部分对应的广东合利90%股权交割日后，基于该等股权的一切权利义务均由上市公司享有和承担。

（六）其他

1. 本次交易是否构成关联交易

（1）支付现金购买资产（不构成关联交易）。本次重大资产重组，交易对方张军红与上市公司及其控股股东、实际控制人之间不存在关联关系，本次交易不构成关联交易。

（2）重大资产出售（构成关联交易）。本次资产出售的交易对方为浙江泰晟，浙江泰晟的控股股东及实际控制人为戚建萍，过去12个月内，戚建萍为曾经持有公司5%以上股份的自然人，浙江泰晟视同为公司关联法人。根据《公司法》、《证券法》、《上市规则》等法律、法规及规范性文件的相关规定，本次交易构成关联交易。

本届董事与交易对方不存在关联关系，公司召开董事会审议相关议案时，不涉及关联董事回避表决的情形；在召开股东大会审议相关议案时，关联股东将回避表决。

2. 本次交易构成重大资产重组

（1）支付现金购买资产。本次交易标的为合利金融 90% 的股权。合利金融将成为上市公司控股子公司。根据中汇会计师出具的中汇会审〔2016〕4145 号审计报告及万隆评估师出具的万隆评报字〔2016〕第 1660 号评估报告及上市公司 2015 年度财务数据，对相关判断指标计算如表 9 - 27 所示：

表 9 - 27　　　　　　　　　　　　　　　　　　　　　　　　　　　　　　　　　单位：万元

项目	标的资产	交易金额	上市公司	财务指标占比（%）
资产总额	29 093. 07	140 000. 00	211 705. 29	66. 13
净资产额	8 000. 05	140 000. 00	99 853. 67	140. 21
营业收入	3 706. 36	—	445 507. 74	0. 84

标的公司资产总额及归属于母公司股东的所有者权益与交易金额的较高者达到上市公司对应指标的 50%，且超过 5 000 万元人民币。根据《重组办法》第十二条及第十四条的规定，本次交易构成重大资产重组。

（2）重大资产出售

根据上市公司经审计的 2015 年度财务报表，本次交易拟出售资产相关指标占交易前上市公司相应项目的比例情况如表 9 - 28 所示：

表 9 - 28　　　　　　　　　　　　　　　　　　　　　　　　　　　　　　　　　单位：万元

项目	拟出售资产	上市公司（2015 年）	占比
资产总额	139 051. 65	211 705. 29	65. 68%

根据表 9 - 28 的测算，本次重组拟出售资产的资产总额占上市公司最近一个会计年度经审计的相应财务指标的比例达到 50% 以上。按照《重组办法》的相关规定，本次交易构成重大资产重组。

3. 本次交易不构成借壳上市。本次交易为现金收购，不涉及公司股权变动。本次交易完成后，天津柚子仍为公司控股股东，郝江波仍为公司实际控制人，本次交易不会导致本公司控制权发生变化。上市公司于 2016 年 4 月发生控制权变更，天津柚子及郝江波成为上市公司新控股股东及实际控制人，但本次交易不构成关联交易，不涉及向上市公司收购人及其关联人购买资产，因此本次交易不构成《重组办法》第十三条规定的借壳上市。

四、重点问题分析：张军红未就标的公司进行业绩补偿的合理性分析

1. 标的公司拥有支付业务许可证，该牌照的稀缺性是支撑标的公司未来业绩的重要因素。

标的公司之子公司合利宝支付具有人民银行颁发的《支付业务许可证》，业务类型包括银行卡收单、互联网支付及移动电话支付，业务覆盖范围为全国。以上三类业务

与预付卡发行与受理、数字电视支付等其他第三方支付业务相比，具有交易额大、产值高，盈利能力强的特点，是第三方支付行业的主流业务。并且全国范围的业务许可也可为公司未来发展提供广阔的空间。

目前，全国范围内同时拥有该三类业务全国牌照的企业只有 23 家（含合利宝支付），而该三类业务的市场较为广阔，从大宗商品交易（合利宝支付），到网络购物（支付宝、财付通）、刷卡消费（银联商务）再到个人支付（拉卡拉），遍及经济生活的各个方面。

人民银行自 2016 年 1 月以后再未发放过新的《支付业务许可证》。此外，2016 年 8 月 12 日人民银行网站公布的《中国人民银行有关负责人就〈支付业务许可证〉续展工作答记者问》中提到："下一阶段，人民银行将继续按照依法监管、适度监管、分类监管、协同监管、创新监管的指导思想，坚持总量控制、结构优化、提高质量、有序发展的原则，一段时期内原则上不再批设新机构；重点做好对现有机构的规范引导和风险化解工作，防范出现系统性和区域性风险为底线；健全监管制度，强化监管手段，加大专项治理和执法力度，进一步提升监管有效性。"

在少量的产品提供者面对巨大市场的局势下，标的公司的第三方支付业务资质具有较高的商业价值，加之第三方支付市场庞大的市场容量，拥有第三方支付资质能够有效保证标的公司未来业绩的增长。因此，双方未采用业绩补偿措施。

2. 标的公司现有业务单一，交易对方缺乏开展第三方支付业务许可证规定范围内其他业务的经验。

本次对标的公司的估值考虑了未来拟重点开展的银行卡收单业务，而合利宝支付目前从事的业务主要为与大宗商品交易相关的网络支付业务。目前合利宝支付实际控制人即交易对方张军红对未来新增业务运营经验有限。标的公司未来将外聘或选拔在新增业务方面更加具有经验的管理人员对新增业务进行运营管理。因此，交易对方张军红无法对其不主要参与的业务提供业绩保证。

3. 合利宝支付的业务资质是公司开展第三方支付业务的必要条件和基础工具，合利宝作为拥有《支付业务许可证》的支付机构，发展潜力较大。

本次交易完成后，上市公司将凭借其更加规范的管理体系和更加强大的资金支持下，结合合利宝支付的牌照优势，嫁接更多支付业务，从而得到长足的发展。本次交易中，上市公司更加看中标的公司对其实现未来发展战略的重要作用，而标的公司未来的发展并不依赖于交易对方张军红，所以本次交易未设置交易对方业绩承诺。

4. 第三方支付行业属于新兴行业，行业内一些公司通过使用虚假商户号、套码等行为非法获利，并最终受到了监管机构的处罚。本次交易未进行业绩承诺及补偿安排，降低了标的公司日后因业绩压力而违规开展业务的可能性。

第四节 南洋股份收购天融信

一、交易概览

收购方	广东南洋电缆集团股份有限公司（以下简称南洋股份）		
被收购方	北京天融信科技股份有限公司（以下简称为天融信）		
收购方案	发行股份及支付现金购买资产＋发行股份募集配套资金		
交易价值（万元）	570 000.00	并购方式	发行股份及支付现金购买资产
现金支付金额（万元）	207 937.99	并购目的	产业转型
评估价值（万元）	590 191.80	支付方式	上市公司股份＋现金
评估方式	收益法	标的类型	股权
控制权是否变更	是	股权转让比例	100％
是否有业绩承诺	是	是否有超额奖励	是

南洋股份于2008年1月登陆A股，实际控制人郑钟南持股54.63％，近三年净利润维持在5 000万元左右。在继续发展原有主业同时，上市公司收购天融信100％的股权，以期打造新的利润增长点。天融信成立于2003年，是一家专注于信息安全领域的公司，形成具有核心竞争力的安全产品、安全服务、安全集成三条业务主线。

天融信本次重组评估作价59亿元，三年时间增值37倍；57亿元交易作价也成就了当前新三板公司最高"卖身价"，本次交易也将形成约50亿元的商誉。同时，本次置入上市公司溢价7.2倍，同时交易对手作出了很高的业绩承诺，属于典型的高估值、高承诺业绩的"双高"交易方案。另外，交易方案存在"借壳"的可能性。2015年末，上市公司资产总额为31.56亿元；4月停牌时，上市公司市值也仅为50多亿元，与天融信作价几乎一致。另外，交易作价中20.8亿元为现金支付，存在避免股权摊薄过大的可能性；而且，20.8亿元的现金对价均来自配套融资，上市公司大股东还参与配套融资。

监管关注的重点是，方案是否实质构成借壳，主要判断依据有两点：（1）控制权是否发生变化及原实际控制人是否退出；（2）主营业务是否发生变化，包括原有资产剥离以及置入新资产的情况。本次重组交易中，虽然拟置入资产将成为主营业务，但公司原有业务仍保持着较好的盈利能力；关键是原大股东持股比例较高，54.63％，即便本次摊薄后仍保持着较大的持股比例。这种双主业更具有逻辑性与合理性。同时，标的资产虽然具有高估值、高业绩承诺现象，但自身具有高增速的历史业绩以及有竞争力的行业地位。

经证监会并购重组审核委员会于2016年11月3日召开的2016年第83次并购重组委工作会议审核，本次重大资产重组事项获无条件通过。

二、交易双方

（一）上市公司：南洋股份（002212. SZ）

南洋股份成立于 1985 年 8 月，并于 2008 年 1 月在中小板挂牌上市。实际控制人变为郑钟南，持股 54.63%。

南洋股份主营电力电缆、电气装备用电线电缆的研发、生产和销售，近三年实现净利润维持在 5 000 万元上下，属于非典型的壳公司。根据本次重组报告书披露，在拟继续发展原有主业的同时，上市公司关注外部经济环境的走向，寻求恰当的契机及业务领域，以求降低经营业绩的波动，打造新的利润增长点。

（二）被收购方：天融信

天融信成立于 2003 年，是一家专注于信息安全领域的公司，形成具有核心竞争力的安全产品、安全服务、安全集成三条业务主线。主要产品包括防火墙、VPN、入侵检测与防御、终端安全与管理、第三方产品集成等，已经在政府、金融、能源、电信等行业得到广泛应用。

2003 年末，天融信因筹划境外资本市场上市，因此搭建了 VIE 协议架构。2012 年以后，经比较境内外资本市场，天融信又放弃了境外上市计划，并拆除 VIE 协议控制架构。

2015 年 11 月 2 日，经全国中小企业股份转让系统有限责任公司股转系统函〔2015〕6436 号文批准，天融信股票在全国中小企业股份转让系统挂牌公开转让，证券代码为 834032，转让方式为协议转让。

天融信的股权结构如图 9 - 4 所示：

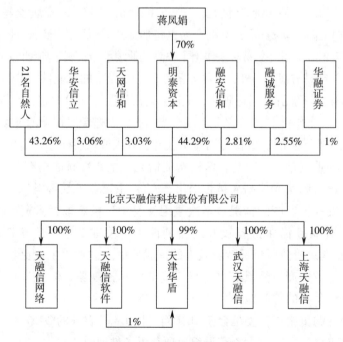

图 9 - 4　天融信股权结构

无论是历史业务，还是未来承诺业绩，天融信都处于高速发展阶段。根据重组报告，天融信 2014 年、2015 年扣非净利润分别为 1.67 亿元、2.09 亿元，年增长率为 25.15%；其股东对未来三年扣非净利润作出承诺，分别不低于 2.88 亿元、3.87 亿元和 5.04 亿元，年复合增长率为 32.29%。同时，天融信行业地位突出，具备较强的竞争力。根据 IDC 研究报告，2015 年上半年，天融信在防火墙硬件市场领域市场份额为 21.9%，排名第一位；入侵检测与防御硬件市场份额为 8.9%，排名第三位；VPN 硬件市场份额为 8.4%，排名第四位。

根据本次重组报告书显示，天融信最近三年分别于 2013 年 10 月、2014 年 2 月、2015 年 3 月、2015 年 7 月发生股权转让或增资，对应的天融信整体估值分别为 1.59 亿元、16 亿元、32 亿元、42 亿元。本次交易以 2016 年 4 月 30 日为基准日，天融信评估作价 59 亿元，三年时间增值 37 倍；57 亿元交易作价也成就了当前新三板公司最高"卖身价"，本次交易也将形成约 50 亿元的商誉。本次置入上市公司溢价 7.2 倍，同时交易对手作出了很高的业绩承诺，属于典型的高估值、高承诺业绩的"双高"交易方案。

同时，交易方案存在"借壳"的可能性。2015 年末，上市公司资产总额为 31.56 亿元；4 月停牌时，上市公司市值也仅为 50 多亿元，与天融信作价几乎一致。另外，交易作价中 20.8 亿元为现金支付，存在避免股权摊薄过大的可能性；而且，20.8 亿元的现金对价均来自配套融资，上市公司大股东还参与配套融资。这些情况都受到了监管部门关于天融信是否存在规避借壳上市的询问。

虽然存在规避借壳的可能性，且标的资产估值及业务承诺都较高，但交易方案体现了稳固控制权的出发点，标的资产高速增长的历史业绩以及较强的行业竞争地位；而且，上市公司原有业务仍然保持着较好的盈利能力。这些都助力本次重组顺利实施。

三、交易方案

（一）总体方案

本次交易方案包括：（1）发行股份及支付现金购买资产；（2）发行股份募集配套资金。本次交易发行股份购买资产与募集配套资金互为条件，其中任何一项不生效或因故无法实施的，其他项也不生效或不予实施。

1. 发行股份及支付现金购买资产。上市公司拟通过发行股份及支付现金的方式购买明泰资本等 6 家机构及章征宇等 21 位自然人合法持有的天融信合计 100% 的股权。天融信的交易协商价格为 570 000 万元，其中以现金支付 207 937.99 万元，以发行股份方式支付 362 062.01 万元，发行股份价格为 8.66 元/股，共计发行 418 085 467 股。

2. 发行股份募集配套资金。上市公司拟向鸿晟汇等 9 个对象发行股份募集配套资金，不超过 212 000 万元，未超过本次交易发行股份购买资产交易价格的 100%。募集资金主要用于本次交易现金对价支付及支付本次交易相关费用。

（二）估值与作价

本次拟购买资产的评估基准日为 2016 年 4 月 30 日，中企华采取收益法和市场法对标的资产进行评估，最终采用收益法评估结果作为本次交易拟购买资产的评估结果。

经评估，天融信100%的股权评估值为 590 191.80 万元，较 2016 年 4 月 30 日经审计归属于母公司的净资产账面价值增加 518 215.22 万元，评估增值 719.98%。参照该评估结果，考虑到天融信股份在基准日后的现金分红，经本次交易各方协商，确定天融信股份 100% 的股权交易价格为 570 000 万元。

（三）股份发行情况

1. 发行股份及支付现金购买资产

（1）股份发行价格。本次交易的股份定价基准日为上市公司审议本次重大资产重组的董事会（即第四届董事会第十七次会议）决议公告日，股份发行价格不低于定价基准日前 60 个交易日上市公司股票交易均价的 90%。

上市公司于 2016 年 5 月 6 日召开了 2015 年度股东大会，会议审议通过了《2015年度利润分配方案》的议案，以上市公司现有总股本 510 260 000 股为基数，向全体股东每 10 股派 0.18 元人民币现金（含税）。上市公司 2015 年度利润分配方案已实施完毕，本次购买资产的股份发行价格确定为 8.66 元/股。

（2）股份发行数量及现金支付金额。上市公司本次向天融信股份股东发行股份数量合计为 418 085 467 股，向天融信股份股东支付现金 207 937.99 万元。向各拟购买资产交易对方分别发行股份及支付现金的数量如表 9–29 所示：

表 9–29

交易对方	持有天融信股权比例（%）	总支付对价（万元）	股份支付金额（万元）	股份支付数量（股）	占总对价比例（%）	现金支付金额（万元）	占总对价比例（%）
明泰资本	44.29	252 441.88	138 843.04	160 326 832.00	24.36	113 598.85	19.93
于海波	3.46	19 696.64	15 757.31	18 195 513.00	2.76	3 939.33	0.69
吴亚飚	1.47	8 390.52	6 712.42	7 751 061.00	1.18	1 678.10	0.29
满林松	0.59	3 350.14	2 680.11	3 094 814.00	0.47	670.03	0.12
刘辉	0.42	2 419.55	1 935.64	2 235 146.00	0.34	483.91	0.08
梁新民	0.42	2 419.55	1 935.64	2 235 146.00	0.34	483.91	0.08
江建平	0.42	2 415.58	1 932.46	2 231 483.00	0.34	483.12	0.08
陈耀	0.36	2 047.30	1 637.84	1 891 273.00	0.29	409.46	0.07
景鸿理	0.36	2 047.30	1 637.84	1 891 273.00	0.29	409.46	0.07
李雪莹	0.29	1 675.07	1 340.05	1 547 407.00	0.24	335.01	0.06
郭熙泠	0.20	1 116.71	893.37	1 031 605.00	0.16	223.34	0.04
刘蕾杰	0.11	632.81	506.24	584 578.00	0.09	126.56	0.02
孙嫣	0.10	558.36	446.68	515 802.00	0.08	111.67	0.02
华安信立	3.06	17 439.33	13 951.46	16 110 236.00	2.45	3 487.87	0.61
天网信和	3.03	17 290.43	13 832.34	15 972 684.00	2.43	3 458.09	0.61
融安信和	2.81	16 006.20	12 804.96	14 786 332.00	2.25	3 201.24	0.56

续表

交易对方	持有天融信股权比例（%）	总支付对价（万元）	股份支付金额（万元）	股份支付数量（股）	占总对价比例（%）	现金支付金额（万元）	占总对价比例（%）
融诚服务	2.55	14 535.86	11 628.69	13 428 050.00	2.04	2 907.17	0.51
姚崎	0.26	1 488.95	967.82	1 117 570.00	0.17	521.13	0.09
章征宇	13.32	75 903.45	49 337.24	56 971 412.00	8.66	26 566.21	4.66
陈方方	7.97	45 410.88	29 517.07	34 084 376.00	5.18	15 893.81	2.79
卜炜明	4.20	23 916.25	15 545.56	17 950 998.00	2.73	8 370.69	1.47
王文华	3.51	20 005.66	13 003.68	15 015 797.00	2.28	7 001.98	1.23
王勇	2.66	15 189.53	9 873.19	11 400 915.00	1.73	5 316.33	0.93
张晓光	2.13	12 120.71	7 878.46	9 097 532.00	1.38	4 242.25	0.74
鲍晓磊	0.81	4 642.01	3 017.30	3 484 185.00	0.53	1 624.70	0.29
陈宝雯	0.20	1 139.33	740.56	855 155.00	0.13	398.77	0.07
华融证券	1.00	5 700.00	3 705.00	4 278 292.00	0.65	1 995.00	0.35
合计	100	570 000.00	362 062.01	418 085 467.00	63.52	207 937.99	36.48

2. 发行股份募集配套资金

（1）股份发行价格。本次发行股份募集配套资金的定价基准日为上市公司审议本次重大资产重组的董事会（即第四届董事会第十七次会议）决议公告日，发行价格不低于定价基准日前20个交易日上市公司股票交易均价的90%。考虑上市公司实施2015年度利润分配，本次募集配套资金的股份发行价格确定为9.70元/股。

（2）股份发行数量。本次重组配套融资募集 212 000 万元资金，按照发行价格9.70元/股计算，共计发行股份 218 556 698 股，鸿晟汇等9个对象认购上市公司募集配套资金所发行的股份。

各募集配套资金的认购方认购金额及股数如表9-30所示：

表9-30

主体	认购金额（元）	认购股数（股）
开源基金（代表前海开源）	475 000 000	48 969 072
朴真投资	410 000 000	42 268 041
华瀛创新	295 000 000	30 412 371
安赐创钰	280 000 000	28 865 979
鸿晟汇	200 000 000	20 618 556
赛麓投资	150 000 000	15 463 917
新华保险	150 000 000	15 463 917
广发信德	100 000 000	10 309 278
方圆资管（代表珞珈二号）	60 000 000	6 185 567
合计	2 120 000 000	218 556 698

3. 锁定期安排

（1）发行股份购买资产之股份锁定期。天融信全体股东通过本次收购获得的南洋股份新增股份自该等新增股份上市之日起至 12 个月届满之日不得以任何方式进行转让。12 个月法定锁定期限届满后，天融信全体股东通过本次收购获得的南洋股份新增股份按照下述安排分期解锁：

① 对于天融信管理层股东和持股平台。于海波等 12 名在天融信担任管理层职位的股东及华安信立、天网信和、融安信和、融诚服务四个天融信员工持股平台，在本次交易中取得的新增股份，自上市之日起满 12 个月且其在《业绩补偿协议》项下就 2016 年度、2017 年度、2018 年度对应的补偿义务（如有）已履行完毕的，其本次取得的新增股份中的 20%、35%、45% 扣减前述因履行相应年度的补偿义务已补偿股份数量（如有）后的剩余部分可解除锁定。

② 天融信的其他股东。对于除管理层股东、持股平台外的其他天融信股东在本次交易取得的新增股份，自上市之日起满 12 个月且其在《业绩补偿协议》项下就 2016 年度、2017 年度、2018 年度对应的补偿义务（如有）已履行完毕的，其本次取得的新增股份中的 30%、40%、30% 扣减前述因履行相应年度对应的补偿义务已补偿股份数量（如有）后的剩余部分可解除锁定。

在《业绩补偿协议》约定的补偿期内，如果天融信当年累积实际实现的扣非净利润不足天融信的全体股东对应承诺的累积应实现扣非净利润的 50%，则天融信的全体股东在本次交易中取得的新增股份中尚未解除锁定部分延长至新增股份上市之日起满 36 个月后方可解除锁定。

（2）发行股份募集配套资金之股份锁定期。鸿晟汇等 9 名股份认购对象承诺，其通过本次重组配套融资获得的南洋股份的新增股份，自该等新增股份上市之日起至 36 个月届满之日前将不以任何方式进行转让，包括但不限于通过证券市场公开转让或通过协议方式转让，也不委托他人管理其持有的南洋股份的股份。

（3）本次交易前郑钟南及其一致行动人持有的上市公司股份的锁定期安排。本次交易前，鸿晟汇未持有上市公司股份。郑钟南持有上市公司 278 746 347 股，根据郑钟南此前做出的《股份限售承诺》，"在任职期间每年转让的股份不超过其所持有本公司股份总数的 25%；本人离任六个月后的十二个月内通过证券交易所挂牌交易出售本公司股票数量占其所持有本公司股票总数（包括有限售条件和无限售条件的股份）的比例不超过 50%"。据此，郑钟南持有南洋股份的 209 168 521 股处于限售状态。

本次交易前后，郑钟南及一致行动人的股份变化情况如表 9 – 31 所示：

表 9 – 31

股东名称	本次交易前持股比例	本次交易后持股比例	
		不考虑配套募集资金	考虑配套募集资金
郑钟南及一致行动人	54.63%	30.03%	26.10%

根据《证券法》第九十八条、《上市公司收购管理办法》第七十四条规定："在上

市公司收购中，收购人持有的被收购上市公司的股票，在收购行为完成后的十二个月内不得转让。"本次交易前郑钟南及其一致行动人已持有上市公司 54.63% 的股权，本次交易完成后郑钟南及其一致行动人将持有上市公司 30.03% 股权（不考虑配套融资新增股份的影响）或 26.10% 股权（考虑配套融资新增股份的影响），持股比例将下降。因此郑钟南及一致行动人未构成《证券法》第九十八条、《上市公司收购管理办法》第七十四条规范的"上市公司收购"的情形。

（四）补偿安排

1. 盈利预测承诺。根据上市公司与补偿责任人签署的《业绩补偿协议》，本次补偿义务主体为天融信全体股东。天融信全体股东承诺天融信合并报表中 2016 年度扣非净利润不低于 28 800 万元，2016 年度和 2017 年度扣非净利润累积不低于 67 500 万元，2016 年度、2017 年度和 2018 年度扣非净利润累积不低于 117 900 万元；同时承诺天融信股份合并报表中 2016 年度净利润（不扣除非经常性损益）不低于 30 500 万元，2016 年度和 2017 年度净利润累积不低于 71 500 万元，2016 年度、2017 年度和 2018 年度净利润累积不低于 125 500 万元。

2. 盈利预测补偿。为保障交易对方履行业绩补偿协议，本次交易采取了以下保障措施：

（1）根据《业绩补偿协议》，如目标公司截至当期期末累积实现的扣非净利润数低于截至当期期末累积承诺的扣非净利润数，各补偿义务主体应首先以本次收购取得的股份进行补偿，补偿义务主体剩余股份数不足以支付全部补偿金额的，补偿义务主体应当以现金形式进行补偿。

（2）本次交易对天融信全体股东设置了分期解锁安排，根据相关安排，在业绩承诺期内，补偿责任人未解锁股份数对以后年度可能的最大补偿金额的覆盖率计算如表 9－32 所示：

表 9－32　　　　　　　　　　　　　　　　　　　　　　　　　　单位：万元

年度	2016	2017	2018
（1）承诺扣非净利润在各年分解	28 800	38 700	50 400
（2）累积需实现的扣非净利润占承诺扣非净利润总和的比例	100.00%	75.57%	42.75%
（3）当期期末补偿责任人限售股份价值占交易价格的比例	63.52%	46.04%	21.41%
（4）当期期末补偿责任人限售股价值对最大补偿金额的覆盖率	63.52%	60.92%	50.10%

注1：承诺扣非净利润在各年的分解，系根据业绩承诺：2016 年度扣非净利润不低于 2.88 亿元，2016 年度和 2017 年度扣非净利润累积不低于 6.75 亿元，2016 年度、2017 年度和 2018 年度扣非净利润累积不低于 11.79 亿元计算得出。

注2：累积需实现的扣非净利润，在 2016 年为 11.79 亿元，在 2017 年为 8.91 亿元（即承诺扣非利润总额 11.79 亿元减去假设 2016 年已完成的 2.88 亿元），在 2018 年为 5.04 亿元；承诺扣非净利润总和为 11.79 亿元。

注3：当期期末补偿责任人限售股份价值，是根据天融信股份股东的解锁安排，假定每年都按期解锁并将解锁股份全部卖出的情况下，计算其在当年年末剩余未解锁股份对应的本次交易中获取的股份对价。

注4：覆盖率的计算，系行（3）／（2）。

由表 9－32 所示，业绩承诺期内当期期末补偿责任人限售股价值对最大补偿金额的覆盖率均在 50％ 以上，且在《业绩补偿协议》约定的补偿期内，如果天融信股份当年累积实际实现的扣非净利润不足天融信的全体股东对应承诺的累积应实现扣非净利润的 50％，则天融信的全体股东在本次交易中取得的新增股份中尚未解除锁定部分延长至新增股份上市之日起满 36 个月后方可解除锁定。在发生天融信业绩大幅下滑情形下，上述约定可进一步提高业绩补偿义务人限售股价值对最大补偿金额的覆盖率。

（3）在本次交易中，天融信全体股东除获得股份对价外，还获得 207 937.99 万元的现金对价；相关现金对价对天融信全体股东承担的承诺扣非净利润补偿及承诺净利润补偿提供了保障。

（五）超额业绩奖励

本次交易各方同意，如果天融信 2016 年度、2017 年度和 2018 年度（以下简称承诺期）实际实现的净利润总和（未扣除非经常性损益归属于天融信的税后净利润）超过《业绩补偿协议》约定的承诺期天融信全体股东承诺累积净利润，且天融信承诺期实际实现的扣非净利润总和超过《业绩补偿协议》约定的承诺期天融信全体股东承诺累积扣非净利润，业绩承诺期满后，上市公司应当将天融信在承诺期实际实现的净利润总和超过《业绩补偿协议》约定的承诺期天融信全体股东承诺累积净利润部分的 30％（上限为本次标的资产交易价格总额的 20％）作为奖金奖励给届时仍于天融信任职的核心管理团队成员，核心管理团队成员名单及具体奖励方案由届时天融信董事会确定，上市公司应当于天融信股份 2018 年度专项审计/审核结果出具后按照天融信董事会拟定的奖励方案进行奖励。

（六）本次交易前后上市公司股权结构变化情况

1. 本次交易完成后上市公司股权结构。截至 2016 年 4 月 30 日，上市公司总股本为 510 260 000 股。按本次发行股份购买资产发行的股数 418 085 467 股，分别考虑及不考虑配套融资发行的股数 218 556 698 股计算，则本次交易完成后上市公司的股权结构变化情况如表 9－33 所示：

表 9－33

股东类别	股东名称	本次交易前		本次交易后（不考虑配套融资）		本次交易后（考虑配套融资）	
		持股数量（股）	持股比例（％）	持股数量（股）	持股比例（％）	持股数量（股）	持股比例（％）
郑钟南及其一致行动人	郑钟南	278 746 347	54.63	278 746 347	30.03	278 746 347	24.30
	鸿晟汇	—	—	—	—	20 618 556	1.80
	小计	278 746 347	54.63	278 746 347	30.03	299 364 903	26.10
原股东	其他股东	231 513 653	45.37	231 513 653	24.94	231 513 653	20.19

续表

股东类别	股东名称	本次交易前		本次交易后 （不考虑配套融资）		本次交易后 （考虑配套融资）	
		持股数量 （股）	持股比例 （%）	持股数量 （股）	持股比例 （%）	持股数量 （股）	持股比例 （%）
发行股份及 支付现金购 买资产交易 对方	明泰资本	—	—	160 326 832	17.27	160 326 832	13.98
	章征宇	—	—	56 971 412	6.14	56 971 412	4.97
	陈方方	—	—	34 084 376	3.67	34 084 376	2.97
	于海波	—	—	18 195 513	1.96	18 195 513	1.59
	卞炜明	—	—	17 950 998	1.93	17 950 998	1.57
	华安信立	—	—	16 110 236	1.74	16 110 236	1.40
	天网信和	—	—	15 972 684	1.72	15 972 684	1.39
	王文华	—	—	15 015 797	1.62	15 015 797	1.31
	融安信和	—	—	14 786 332	1.59	14 786 332	1.29
	融诚服务	—	—	13 428 050	1.45	13 428 050	1.17
	王勇	—	—	11 400 915	1.23	11 400 915	0.99
	张晓光	—	—	9 097 532	0.98	9 097 532	0.79
	吴亚飚	—	—	7 751 061	0.83	7 751 061	0.68
	华融证券	—	—	4 278 292	0.46	4 278 292	0.37
	鲍晓磊	—	—	3 484 185	0.38	3 484 185	0.30
	满林松	—	—	3 094 814	0.33	3 094 814	0.27
	刘辉	—	—	2 235 146	0.24	2 235 146	0.19
	梁新民	—	—	2 235 146	0.24	2 235 146	0.19
	江建平	—	—	2 231 483	0.24	2 231 483	0.19
	陈耀	—	—	1 891 273	0.20	1 891 273	0.16
	景鸿理	—	—	1 891 273	0.20	1 891 273	0.16
	李雪莹	—	—	1 547 407	0.17	1 547 407	0.13
	姚崎	—	—	1 117 570	0.12	1 117 570	0.10
	郭熙泠	—	—	1 031 605	0.11	1 031 605	0.09
	陈宝雯	—	—	855 155	0.09	855 155	0.07
	刘蕾杰	—	—	584 578	0.06	584 578	0.05
	孙嫣	—	—	515 802	0.06	515 802	0.04
配套融资交 易对方	开源基金 （代表前海开源）	—	—	—		48 969 072	4.27
	朴真投资	—	—	—	—	42 268 041	3.69
	华瀛创新	—	—			30 412 371	2.65
	安赐创钰	—	—			28 865 979	2.52

股东类别	股东名称	本次交易前		本次交易后（不考虑配套融资）		本次交易后（考虑配套融资）	
		持股数量（股）	持股比例（%）	持股数量（股）	持股比例（%）	持股数量（股）	持股比例（%）
配套融资交易对方	赛麓投资	—		—	—	15 463 917	1.35
	新华保险	—		—	—	15 463 917	1.35
	广发信德	—		—	—	10 309 278	0.90
	方圆资管（代表珞珈二号）	—		—	—	6 185 567	0.54
总股本		510 260 000	100.00	928 345 467	100.00	1 146 902 165	100.00

2. 本次交易完成后，上市公司控制权将继续保持稳定

（1）本次交易完成后，上市公司控股股东及实际控制人不变。本次交易前，郑钟南持有上市公司278 746 347股股份，占总股本的比例为54.63%，郑钟南为上市公司控股股东及实际控制人。在本次交易完成后，上市公司总股本为1 146 902 165股（已考虑配套融资方认购的新增股份，下同），郑钟南实际控制的主体鸿晟汇持有上市公司20 618 556股股份。在剔除鸿晟汇通过认购本次配套融资所持上市公司股份的情况下，郑钟南直接持有上市公司278 746 347股，持股比例为24.30%（即278 746 347股/1 146 902 165股）；在合并计算郑钟南和鸿晟汇持有的上市公司股份的情况下，郑钟南的持股比例为26.10%（即299 364 903股/1 146 902 165股）。

本次交易完成后，天融信的控股股东明泰资本将持有上市公司160 326 832股，占交易完成后上市公司总股本的比例为13.98%，为上市公司的第二大股东。

在剔除鸿晟汇所认购的南洋股份新增股份的情况下，郑钟南的持股比例比明泰资本高10.32个百分点；在合并计算郑钟南和鸿晟汇持有的上市公司股份的情况下，郑钟南的持股比例比明泰资本高12.12个百分点。

明泰资本已出具《关于不增持上市公司股份的承诺函》，承诺如下："1. 自本次重组上市公司向明泰资本发行的新增股份登记至明泰资本名下之日起36个月内，明泰资本不以任何形式直接或间接增持上市公司股份；2. 前述第1项所述增持，包括但不限于在二级市场增持上市公司股份、协议受让上市公司股份、认购上市公司新增股份、通过协议或其他安排与上市公司其他股东形成一致关系或通过其他方式增加明泰资本所能支配或控制的表决权比例等情形，但不包括因上市公司送红股、转增股本等除权事项导致本公司所持上市公司股份数量增加的情形，也不包括因上市公司注销回购股份、减少股本导致本公司所持上市公司股份比例提高的情形。"

因此，从股权比例上看，本次交易完成后，郑钟南持有上市公司股权比例比明泰资本高10个百分点以上，郑钟南仍为上市公司的控股股东及实际控制人，上市公司的控股股东及实际控制人未发生变更。

（2）本次交易完成后上市公司董事会构成可以保持相对稳定。根据南洋股份公司章程的规定，南洋股份董事会由九名董事组成，任期每届三年，董事任期届满，可以连选连任。在本次交易完成前，上市公司的董事会由九名董事组成，其中非独立董事包括郑钟南、郑汉武、杨茵、王志辉、章先杰、李科辉，独立董事包括刘伟、刘少周、冯育升。

根据南洋股份《公司章程》，选举两名及以上董事或监事时应当实行累积投票。本次交易完成后，郑钟南仍为上市公司的控股股东及实际控制人，且其控制的上市公司股权比例比明泰资本高 10 个百分点以上，在郑钟南维持控股地位的情况下，可以保持南洋股份的董事会构成相对稳定。

（3）本次交易完成后上市公司管理层构成可以保持相对稳定。根据南洋股份《公司章程》，南洋股份董事会将根据公司经营管理及业务发展需要保留原有高级管理人员或者选聘合适人员组成公司管理层。

本次交易完成后，南洋股份控股股东及实际控制人不变，董事会构成也相对稳定，管理层构成也可以保持相对稳定。

（4）郑钟南及其一致行动人不存在放弃上市公司控制权的安排。郑钟南在本次交易后不存在放弃上市公司控制权的安排。郑钟南出具了《承诺函》："本次交易中，本人不存在放弃公司控制权的相关安排，与本次交易有关各方也不存在其他任何未披露的协议、安排，包括委托、转让表决权、提案权、提名权等相关权益的安排。本次交易完成后 36 个月内，本人作为上市公司控股股东，不会放弃上市公司控制权，也不会放弃本人在上市公司董事会及股东大会的提名权、提案权、表决权及合法权益。"明泰资本也出具了《关于不谋求控制权的承诺函》，承诺："自本次交易上市公司向本公司发行的新增股份登记至本公司名下之日起 36 个月内，本公司不通过任何方式主动谋求对上市公司的控制地位。"

（七）本次交易对上市公司主要财务指标的影响

根据珠江所出具的广会专字〔2016〕G16000810080 号备考审阅报告，考虑募集配套资金，南洋股份交易前后合并报表主要财务数据对比如表 9 - 34 所示：

表 9 - 34　　　　　　　　　　　　　　　　　　　　　　　　　　　　　单位：万元

项目	2016 年 8 月 31 日		2015 年 12 月 31 日	
	交易后	交易前	交易后	交易前
资产总计	930 883.98	313 746.44	957 674.71	315 561.66
负债合计	171 982.76	129 016.20	185 853.78	135 736.46
归属于母公司所有者权益合计	758 901.22	184 730.25	771 820.93	179 825.20
资产负债率	18.48%	41.12%	19.41%	43.01%
项目	2016 年 1 - 8 月		2015 年	
	交易后	交易前	交易后	交易前
营业收入	211 685.35	171 580.90	313 661.73	228 149.05

续表

项目	2016 年 1－8 月		2015 年	
	交易后	交易前	交易后	交易前
营业利润	4 530.61	7 487.07	20 355.31	6 646.24
归属于母公司所有者的净利润	7 983.33	5 808.09	27 633.78	5 638.05

本次交易完成后，上市公司主营业务得以丰富，上市公司资产规模、盈利规模大幅增长。

（八）其他

1. 本次交易构成关联交易。本次交易的交易对方之一鸿晟汇与上市公司存在关联关系。

本次交易中，上市公司控股股东及实际控制人郑钟南实际控制的主体鸿晟汇认购配套募集资金 20 618 556 股，本次交易构成关联交易。

此外，本次交易完成后，明泰资本将持有上市公司 160 326 832 股股份，占交易完成后上市公司总股本 13.98%（考虑配套融资增发的股份）。根据《上市规则》第10.1.6 条，明泰资本为上市公司关联方，本次交易构成关联交易。

在上市公司董事会审议相关议案时，关联董事回避表决；在上市公司股东大会审议相关议案时，关联股东回避表决。

2. 本次交易构成重大资产重组。本次交易中，上市公司拟购买天融信股份 100% 的股权，交易价格为 570 000 万元。截至 2015 年 12 月 31 日，上市公司合并报表范围资产总额、营业收入、资产净额等指标与标的公司 2015 年经审计数据对比如表 9 － 35 所示。

表 9 － 35   单位：万元

上市公司		标的企业		比值
资产总额	315 561.66	交易价格	570 000.00	180.63%
营业收入	228 149.05	营业收入	85 512.67	37.48%
资产净值	179 825.20	交易价格	570 000.00	316.97%

根据《重组办法》，购买股权导致上市公司取得被投资企业控股权的，在计算是否达到重大资产重组的比例标准时，其资产总额以被投资企业的资产总额和成交金额二者中的较高者为准，营业收入以被投资企业的营业收入为准，资产净额以被投资企业的净资产额和成交金额二者中的较高者为准。

本次交易标的公司的交易价格占上市公司 2015 年资产总额的比重超过 50%，按照《重组管理办法》的规定，本次交易构成重大资产重组。

3. 本次交易不构成借壳上市。根据第（六）项分析，本次交易前后上市公司的控股股东及实际控制人未发生变更。且上市公司自上市以来，上市公司的控股股东及实际控制人未发生过变更。因此，本次交易不构成借壳上市。

四、重点问题分析：本次交易现金对价比例设置的合理性分析

1. 本次交易现金对价比例的设置。根据《发行股份及支付现金购买资产协议》，上市公司以发行股份方式支付 362 062.01 万元（占交易价格的 63.52%），以现金方式支付 207 937.99 万元（占交易价格的 36.48%）。天融信全体股东按照其在天融信股份的持股比例取得交易对价，各方取得的现金对价和股份对价占总对价的比例不同，具体如表 9-36 所示：

表 9-36

股东类别	现金对价占其获得总对价的比例	股份对价占其获得总对价的比例
明泰资本	45%	55%
除明泰资本外的其他非员工股东	35%	65%
管理层股东、持股平台	20%	80%

注1：管理层股东指在天融信股份担任管理层职位的股东，包括于海波、吴亚飚、满林松、刘辉、梁新民、江建平、陈耀、景鸿理、李雪莹、郭熙泠、刘蕾杰、孙嫣。

注2：持股平台指华安信立、天网信和、融安信和及融诚服务。

2. 现金对价比例设置的原因

（1）交易对方需要缴纳个人所得税和企业所得税等资金需求。本次交易对方需要就交易标的增值部分缴纳所得税，该部分个人/企业所得税金额较大，同时交易对方也有其他资金需求，因此，交易对方需要取得部分现金对价用于满足纳税及其他资金需求。本次交易设置了较大的现金对价比例。

（2）根据交易对方的角色不同，设置了不同的现金对价支付比例。明泰资本是投资公司，其他非员工股东主要系天融信财务投资人，两者都希望通过本次交易尽快实现一定的财务回报，而本次交易取得的股份对价需在 36 个月内分期解锁，锁定期限较长，故经交易双方经协商确定，明泰资本及其他非员工股东取得的现金对价比例较高。

管理层股东主要负责天融信的日常运营与管理，决定了未来承诺业绩的实现情况，故在交易方案设计中，管理层股东获得的股份对价比例较高，加强了交易对方尤其是管理层股东与上市公司在利益上的一致性，从而保障了本次交易完成后上市公司业务经营的稳定性。

（3）股票市场波动较大，交易双方商业谈判的结果。2015 年、2016 年上半年证券市场股票价格波动幅度较大，本次交易现金对价比例安排是上市公司与交易对方基于合理的利益诉求、股票二级市场走势等因素商业谈判的结果。本次交易中现金对价比例的设置，有利于提高本次交易的实施效率，既是上市公司与交易对方商业谈判的结果，也是交易对方与上市公司顺利达成购买资产协议的重要前提条件之一。

3. 现金对价比例的设置对交易对方利润补偿承诺的影响。本次交易设置了股份优先补偿，且对锁定股份设置了分期解锁安排，有效降低业绩补偿期间交易对方不能切实履行承诺的风险。具体见本例交易方案中的盈利预测补偿部分。

综上所述，上述措施对交易对方履行业绩补偿承诺提供了一定保障。

第五节　奥马电器收购中融金

一、交易概览

收购方	广东奥马电器股份有限公司（以下简称奥马电器）		
被收购方	中融金（北京）科技有限公司（以下简称中融金）		
收购方案	股权转让＋支付现金购买资产＋发行股份募集配套资金		
交易价值（万元）	61 200.00	并购方式	现金收购
现金支付金额（万元）	61 200.00	并购目的	产业转型
评估价值（万元）	65 790.00	支付方式	现金
评估方式	收益法	标的类型	股权
控制权是否变更	是	股权转让比例	51%
是否有业绩承诺	是	是否有超额奖励	否

奥马电器成立于 2002 年，集冰箱的研发、生产、销售、出口为一体，是国内最大的冰箱 ODM 生产基地。2012 年 4 月上市后，奥马电器的股价一直比较低迷，常年在 20 元/股徘徊，直到 2015 年年初才逐步攀升至 30 元/股。

2015 年 10 月 28 日，奥马电器发生股权转让和控制权变更，赵国栋通过受让奥马电器原股东股权，从而持有上市公司 33 697 239 股份，持股比例为 20.38%，成为公司实际控制人。同时，在赵国栋的主导下，上市公司以现金 6.12 亿元收购中融金（北京）科技有限公司（以下简称中融金）51% 的股权；并向特定对象非公开发行股票不超过 61 603 652 股，拟募集资金总额不超过190 416.90万元，所募资金拟用于互联网金融云服务平台项目、智能 POS 项目和供应链金融项目。

上述收购动作及方案发布后，奥马电器连续拉出 8 个涨停板，并且攀升到近 130 元/股的历史最高价。赵国栋在获得奥马电器控制权的同时，向奥马电器注入了自己旗下的资产，一举将奥马电器改造成为具备"互联网金融"基因的"创新型"企业。

整个交易由多方合力推动从而顺利完成，对赵国栋而言的关键要素，是股权受让时的资金压力（受让股权的 12 亿元，以及 8.7 亿元的配套融资），及股权转让和资产出售之间存在的时间差，具体安排如下：

1. 奥马电器 6.12 亿元收购中融金 51% 的股权，其中受让赵国栋 30.29% 的股权，对应转让价款 3.63 亿元。

2. 赵国栋所受让的 3 369.72 万股奥马电器股票，分期支付股权受让款，并且在 2015 年 11 月完成了股份的过户；同月，赵国栋将其所持几乎全部奥马电器股票(3 369 万股)

质押给海通证券进行融资，质押期大约为一年半。按照当时 100 元/股左右均价、5 折质押率计算，赵国栋预计能够融到 16.85 亿元左右的现金。

以上两笔资金合计约 20.5 亿元，基本满足股权受让以及配套融资的资金需求。在资金时间匹配上，需要一笔过桥资金予以配合，而这对于赵国栋而言显然较为容易。至于赵国栋因股票质押所背负的债务，完全可以通过资本运作、提升股价后再融资或减持股票来加以解决。另外，赵国栋手中还有中融金 27.8% 股权未置入奥马电器，这部分若变现也将产生不少的资金流入。

2016 年 10 月 26 日，经证监会发行审核委员会审核，奥玛电器本次非公开发行 A 股股票的申请获得审核通过。

二、交易双方

（一）收购方：奥马电器（002668.SZ）

奥马电器成立于 2002 年，并于 2012 年 4 月在深交所上市。公司集冰箱的研发、生产、销售、出口为一体，是国内最大的冰箱 ODM 生产基地。

蔡拾贰为奥马电器创始人，在公司内有着无与伦比的威望，其股权由蔡拾贰、蔡健泉叔侄，以及王济云等 5 名现任或原高管实际控制。这 7 个人合计至少持有奥马电器 54.88% 的股份，牢牢掌握控制权；其中，蔡拾贰直接持有 3 224.1431 万股股份，占比 19.50%，为公司实际控制人。

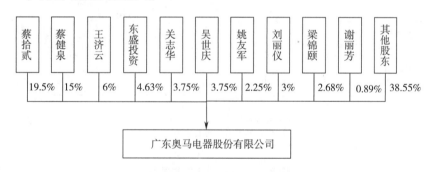

蔡拾贰	蔡健泉	王济云	东盛投资	关志华	吴世庆	姚友军	刘丽仪	梁锦颐	谢丽芳	其他股东
19.5%	15%	6%	4.63%	3.75%	3.75%	2.25%	3%	2.68%	0.89%	38.55%

广东奥马电器股份有限公司

图 9 - 5　股权结构关系

上市后，奥马电器的股价一直比较低迷，常年在 20 元/股徘徊，直到 2015 年年初才逐步攀升至 30 元/股。截至 2015 年 7 月 27 日上市公司因重大事项停牌，奥马电器股价 35.14 元/股。

2015 年 10 月 28 日，奥马电器接到公司股东通知，公司股东蔡拾贰、蔡健泉、王济云、吴世庆、姚友军、关志华、梁锦颐、刘丽仪、东盛投资有限公司拟协议转让其持有的本公司股份与赵国栋、桐庐岩华投资管理合伙企业（有限合伙）、西藏金梅花投资有限公司，相关股份转让情况如表 9 - 37 所示。

表 9 – 37

转让方	受让方	拟转让标的股份数量（股）	拟转让比例（%）	股份转让价款（元）
蔡拾贰	赵国栋（转让价格 36 元/股）	8 060 357	4.87	290 172 852
王济云		2 480 357	1.50	89 292 852
吴世庆		1 550 357	0.94	55 812 852
姚友军		930 000	0.56	33 480 000
关志华		5 304 370	3.21	190 957 320
梁锦颐		4 425 806	2.68	159 329 016
刘丽仪		4 958 569	3.00	178 508 484
东盛投资		5 987 423	3.62	215 547 228
小计		33 697 239	20.38	1 213 100 604
蔡建泉	桐庐岩华投资管理合伙企业（有限合伙）	8 000 000	4.84	288 000 000
	西藏金梅花投资有限公司	12 492 859	7.56	449 742 924
小计		20 492 859	12.39	737 742 924

本次股权转让后，赵国栋将持有上市公司 33 697 239 股份，持股比例为 20.38%。公司原实际控制人蔡拾贰先生持有上市公司股份 24 181 074 股，持股比例下降为 14.63%，公司的实际控制人由蔡拾贰先生变更为赵国栋先生。本次股权转让后新的股权结构图如图 9 – 6 所示：

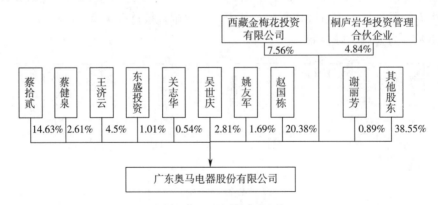

图 9 – 6　新的股权结构关系

其中，赵国栋为京东集团原副总裁，现为中融金（北京）科技有限公司董事长、钱包金服（平潭）科技有限公司及其子公司董事长、钱包金证（北京）资产管理有限公司执行董事。

同时，在赵国栋的主导下，上市公司以现金 6.12 亿元收购中融金（北京）科技有限公司 51% 的股权；并向特定对象非公开发行股票不超过 61 603 652 股，拟募集资金总额不超过 190 416.90 万元，所募资金拟用于互联网金融云服务平台项目、智能 POS 项目和供应链金融项目。

上述收购动作及方案发布后，奥马电器连续拉出 8 个涨停板，并且攀升到近 130 元/股的历史最高价。赵国栋在获得奥马电器控制权的同时，向奥马电器注入了自己旗下的资产，一举将奥马电器改造成为具备"互联网金融"基因的"创新型"企业。

（二）被收购方：中融金

中融金是国内领先的互联网金融服务企业，主要从事银行互联网金融平台技术开发服务及联合运营、自营互联网 P2P 平台、移动互联网金融营销业务。公司已与三十多家银行总行签署互联网金融相关合作协议，包括互联网金融平台开发搭建、技术服务、平台联合运营等。同时，公司拥有自营互联网 P2P 平台"好贷宝"，并且公司拥有的手机端 APP "卡惠"，下载量超过 1 400 万，是领先的银行信用卡优惠信息分发移动互联网平台，同时也开展银行信用卡申请、账单管理等持卡人服务业务。目前中融金的主要金融产品及服务有日息宝及精选理财、银行宝、技术服务、精准营销。

截至收购前，中融金股权结构如表 9 - 38 所示：

表 9 - 38

序号	股东姓名	出资金额（万元）	持股比例（%）
1	赵国栋	1 291	58. 10
2	尹宏伟	489	22. 01
3	高榕资本	111. 1111	5. 00
4	王军	110	4. 95
5	杨鹏	110	4. 95
6	华清道口投资	91. 1111	4. 10
7	思诺起点创投	20	0. 90
	合计	2 222. 2222	100. 00

本次收购前，赵国栋先生已持有上市公司 3 369.7239 万股股票，持股比例为 20.38%，为公司控股股东及实际控制人。根据《深圳证券交易所股票上市规则》的相关规定，上市公司本次收购中融金 51% 的股权构成关联交易，赵国栋构成关联人。除赵国栋外，中融金其余交易对方与上市公司不存在关联关系。

其中，华清道口投资是由清华大学五道口金融学院 EMBA 校友出资成立的专注于互联网金融领域投资的基金，赵国栋任法定代表人（后变更为云景瑛）。

高榕资本的出资人则包括上海歌斐鸿仑投资中心（诺亚财富管理）、宜信卓越财富投资管理（北京）有限公司、江伟强（与分众传媒创始人江南春父亲同名）、孙彤宇（与阿里巴巴前副总裁兼淘宝总经理同名）、姚文彬（与掌趣科技董事长同名）、孙文海（与前德丰杰全球创业投资基金执行董事同名）及牛振寰（与江西鹏润国美总经理同名）等相关人员。根据高榕资本官网介绍，其出资人包括腾讯、阿里巴巴、百度、京东、小米、分众、唯品会等数十家知名企业的创始人，进一步印证前述出资人有较大概率系备注相关人员。

上述相关背景及人员关系有助于赵国栋在收购上市公司控制权期间所需的过桥资金安排。

三、交易方案

（一）总体方案

本次交易方案包括：（1）股权转让及实际控制人变更；（2）支付现金购买资产；（3）发行股份募集配套资金。

1. 股权转让及实际控制人变更。2015 年 10 月 28 日，赵国栋与蔡拾贰、王济云、吴世庆、姚友军、关志华、梁锦颐、刘丽仪、东盛投资有限公司签署《股份转让协议》，以 36 元/股协议受让奥马电器 3 369.7239 万股股票。本次股权转让后，赵国栋先生在上市公司的持股比例为 20.38%，为公司控股股东及实际控制人。

2. 支付现金购买资产。奥马电器与赵国栋、尹宏伟、杨鹏、高榕资本（深圳）投资中心（有限合伙）（以下简称高榕资本）、北京华清道口联金投资管理中心（有限合伙）（以下简称联金投资）于 2015 年 10 月 29 日签订《关于中融金（北京）科技有限公司之股权转让协议》，并于 2015 年 11 月 5 日签订《关于中融金（北京）科技有限公司之股权转让协议之补充协议》，上市公司以现金方式收购中融金 51% 的股权（包括赵国栋所持中融金 30.2941% 的股权、尹宏伟所持中融金 11.4747% 的股权、杨鹏所持中融金 2.5812% 的股权、高榕资本所持中融金 2.5500% 的股权以及联金投资所持中融金 4.1000% 的股权），购买价格为 61 200 万元。

3. 发行股份募集配套资金。上市公司拟以 30.91 元/股向特定对象以非公开发行股票募集资金总额不超过 190 416.90 万元，扣除发行费用后的募集资金净额拟用于基于商业通用的数据管理信息系统建设项目和智能 POS 项目。

具体发行对象为西藏融金汇通投资有限公司（赵国栋控制）、前海开源定增 22 号资产管理计划、西藏金梅花投资有限公司、刘展成、平潭融金核心壹号投资中心（有限合伙）、平潭融金核心叁号投资中心（有限合伙）、桐庐岩华投资管理合伙企业（有限合伙）、深圳东源基石资本管理中心（有限合伙）。

（二）估值与作价

中同华评估对中融金采用市场法和收益法进行评估，并选取收益法评估结果作为评估结论。

根据中同华评报字〔2015〕第 778 号资产评估报告，以 2015 年 9 月 30 日为评估基准日，中融金股东全部权益收益法估值为 129 000 万元，与经审计后的账面净资产 8 518.21 万元相比，评估增值 120 481.79 万元，增值率为 1 414.40%。

本次拟收购中融金 51% 股权的价值为 65 790.00 万元。经交易双方协商一致，最终确定中融金 51% 股权的交易价格为 61 200 万元。

（三）补偿安排

1. 盈利预测承诺。根据中同华评估出具的中同华评报字〔2015〕第 778 号《资产评估报告书》并经各方协商，赵国栋、尹宏伟、杨鹏承诺中融金在 2015 年度至 2017 年度期间的净利润分别不低于 6 200 万元、14 000 万元以及 24 000 万元，即中融金

2015 年度净利润不低于人民币 6 200 万元，2015 年和 2016 年度净利润累积不低于 20 200 万元，2015 年、2016 年和 2017 年度净利润累积不低于 44 200 万元。

2. 盈利预测补偿。如发生实际利润数低于预测利润数而需要业绩承诺方进行补偿的情形，奥马电器应在需补偿当年年报公告后按照《业绩补偿协议》规定的公式计算并确定业绩承诺方当年应补偿金额，并向业绩承诺方就承担补偿义务事宜发出书面通知，赵国栋、尹宏伟、杨鹏应当于收到书面通知之日起二十个工作日内履行相应补偿义务。

补偿期内每个会计年度业绩承诺方应补偿金额的计算公式如下：

当年应补偿金额 =（截至当期期末累积预测利润数 − 截至当期期末累积实际利润数）÷补偿期内各年的预测利润数总和×标的股权转让价格 − 已补偿金额

上述公式所称补偿期为 2015 年、2016 年和 2017 年三个会计年度。在逐年补偿的情况下，各年计算的应补偿金额小于 0 时，按 0 取值，即已经补偿的金额不冲回。

业绩承诺方中各补偿义务主体应当按照其转让的股权对应的相对持股比例承担补偿义务。业绩承诺方中各补偿义务主体应当以其通过本次股权转让获得的股权转让价款为限向奥马电器承担业绩补偿义务，即业绩承诺方中应向奥马电器支付的补偿金额不超过其通过本次股权转让获得的股权转让价款。

（四）股份发行情况

1. 股份发行价格。本次非公开发行股票的定价基准日为公司第三届董事会第十三次会议决议公告日（2015 年 10 月 30 日）。本次发行价格不低于定价基准日前 20 个交易日公司股票交易均价的 90%，经第三届董事会第十三次会议审议通过，本次发行股票价格为 31.07 元/股。

2016 年 5 月 10 日，公司召开 2015 年度股东大会审议通过了《关于公司 2015 年度利润分配方案的议案》，以截至 2015 年 12 月 31 日公司总股本 16 535 万股为基数，向全体股东每 10 股派发现金红利 1.62 元人民币（含税）。本次非公开发行股票的发行价格在公司 2015 年度利润分配方案实施后由不低于 31.07 元/股调整为不低于30.91 元/股。

2. 股份发行数量。本次非公开发行的股票数量不超过 61 603 652 股，拟募集资金总额不超过 190 416.90 万元。各发行对象认购情况如表 9 – 39 所示：

表 9 – 39

序号	认购对象	认购股数（万股）	认购金额（万元）	认购比例（%）	认购方式
1	西藏融通众金投资有限公司	2 834.34	87 609.46	46.01	现金
2	前海开源定增 22 号资产管理计划	897.54	27 743.00	14.57	现金
3	西藏金梅花投资有限公司	708.59	21 902.37	11.50	现金
4	刘展成	491.68	15 197.98	7.98	现金
5	平潭融金核心壹号投资合伙企业（有限合伙）	377.91	11 681.26	6.13	现金
6	平潭融金核心叁号投资合伙企业（有限合伙）	330.67	10 221.10	5.37	现金
7	桐庐岩华投资管理合伙企业（有限合伙）	283.43	8 760.95	4.60	现金
8	深圳东源基石资本管理中心（有限合伙）	236.20	7 300.79	3.83	现金
	合计	6 160.37	190 416.90	100	

在上述认购对象中：

（1）西藏融通众金投资有限公司实际控制人为赵国栋，此举意在进一步巩固控制权。

（2）西藏金梅花投资有限公司与桐庐岩华投资管理合伙企业（有限合伙）是之前与赵国栋一起受让奥马电器控制权的"联合财团"。

（3）前海开源定增22号属于新增"财务投资者"。其中海通证券通过全资子公司海通创新证券投资有限公司认缴37 900万元，占资管计划认购份额的99.74%。

2015年11月，赵国栋将其受让持有的几乎全部奥马电器股票（3 369万股）质押于海通证券进行融资，质押期到2017年5月。按照当时均价约100元/股价格，50%的质押率测算，融资金额约16.85亿元。赵国栋本次股票质押所获得的大量资金是整个交易顺利进行的关键。

（4）平潭融金核心壹号投资合伙企业（有限合伙）与平潭融金核心叁号投资合伙企业（有限合伙）则代表的中融金员工。

（5）刘展成作为仅存的奥马电器原高管，某种程度上则代表着原股东一方。

3. 锁定期安排。本次非公开发行完成后，各发行对象认购的股份自发行结束之日起36个月内不得转让。

（五）其他

1. 本次非公开发行是否构成关联交易。本次非公开发行的认购对象融通众金为上市公司实际控制人赵国栋控制的公司，金梅花投资为持有上市公司5%以上比例股份的公司，刘展成为上市公司董事、副总经理，核心壹号的执行事务合伙人张佳为上市公司副总经理，核心叁号的执行事务合伙人权秀洁为上市公司董事、财务总监及副总经理，因此本次非公开发行构成关联交易。

在董事会审议相关议案时，关联董事已回避表决，由非关联董事表决通过；在股东大会审议相关议案时，关联股东应回避表决。

2. 本次非公开发行是否导致公司控制权发生变化。赵国栋目前持有上市公司33 697 239股股份，持股比例为20.38%，为公司的控股股东及实际控制人。本次非公开发行完成后，发行人总股数预计为226 953 652股，赵国栋直接及通过其控制的融通众金合计控制发行人的股份总数为62 040 642股，持股比例达到27.34%，仍为奥马电器的实际控制人。本次非公开发行不会导致发行人控制权发生变化。

3. 本次收购中融金51%的股权是否构成重大资产重组。本次交易标的为中融金51%的股权。根据中同华评报字〔2015〕第778号资产评估报告及上市公司2014年度财务数据，对相关判断指标计算如表9-40所示：

表9-40   单位：万元

项目	标的资产	交易金额	上市公司	财务指标占比（%）
资产总额	9 734.40	61 200.00	321 474.32	19.04
净资产额	8 494.07	61 200.00	151 614.83	40.37
营业收入	434.67	—	446 101.30	0.1

标的公司资产总额及归属于母公司股东的所有者权益与交易金额的较高者未达到上市公司对应指标的50%，且其产生的营业收入也未达到上市公司对应指标的50%。根据《重组办法》第十二条及第十四条的规定，本次交易不构成重大资产重组。

四、重点问题分析

奥马电器股权转让的合规性分析

2015年10月28日，蔡拾贰、王济云、吴世庆、姚友军、关志华、梁锦颐、刘丽仪、东盛投资有限公司与赵国栋签署《股份转让协议》；同日，蔡健泉与桐庐岩华投资管理合伙企业（有限合伙）、西藏金梅花投资有限公司签订了《股份转让协议》。根据前述《股份转让协议》，奥马电器股份转让的具体情况如表9-41所示：

表9-41

转让方	受让方	拟转让标的股份数量（股）	拟转让比例（%）	股份转让价款（元）
蔡拾贰	赵国栋（转让价格36元/股）	8 060 357	4.87	290 172 852
王济云		2 480 357	1.50	89 292 852
吴世庆		1 550 357	0.94	55 812 852
姚友军		930 000	0.56	33 480 000
关志华		5 304 370	3.21	190 957 320
梁锦颐		4 425 806	2.68	159 329 016
刘丽仪		4 958 569	3.00	178 508 484
东盛投资		5 987 423	3.62	215 547 228
小计		33 697 239	20.38	1 213 100 604
蔡健泉	桐庐岩华投资管理合伙企业（有限合伙）	8 000 000	4.84%	288 000 000
	西藏金梅花投资有限公司	12 492 859	7.56	449 742 924
小计		20 492，859	12.39	737 742 924

公司股东蔡拾贰、蔡健泉、王济云、吴世庆、姚友军、关志华、梁锦颐、刘丽仪、东盛投资有限公司所转让的奥马电器股份均为其合法持有的无限售条件流通股。截至《股份转让协议》签署时，上述各方在奥马电器任职情况及本次转让前持股数量、转让股份占其全部持股数量比例情况如表9-42所示：

表9-42

转让方	股份转让时在奥马电器任职情况	转让股份数量（股）	转让前持股数量（股）	转让股份占其全部持股数量比例（%）
蔡拾贰	董事长	8 060 357	32 241 431	25
王济云	总经理	2 480 357	9 921 431	25
吴世庆	副总经理	1 550 357	6 201 431	25
姚友军	副总经理	930 000	3 720 000	25

续表

转让方	股份转让时在奥马电器任职情况	转让股份数量（股）	转让前持股数量（股）	转让股份占其全部持股数量比例（%）
关志华	原副总经理（已于 2013 年 8 月 16 日离职）	5 304 370	6 201 431	85.53
梁锦颐	未在上市公司任职董事、监事、高级管理人员	4 425 806	4 425 806	100
刘丽仪	未在上市公司任职董事、监事、高级管理人员	4 958 569	4 958 569	100
东盛投资		5 987 423	760 355	78.16
蔡健泉	原副董事长（已于 2014 年 11 月 21 日离职）	20 492 859	24 797 138	82.64

《公司法》第一百四十二条规定："公司董事、监事、高级管理人员应当向公司申报所持有的本公司的股份及其变动情况，在任职期间每年转让的股份不得超过其所持有本公司股份总数的百分之二十五；所持本公司股份自公司股票上市交易之日起一年内不得转让。上述人员离职后半年内，不得转让其所持有的本公司股份。公司章程可以对公司董事、监事、高级管理人员转让其所持有的本公司股份作出其他限制性规定。"

《深圳证券交易所中小企业板上市公司规范运作指引》3.8.2 条款规定：上市公司董事、监事和高级管理人员在申报离任六个月后的十二个月内通过证券交易所挂牌交易出售本公司股票数量占其所持有本公司股票总数的比例不得超过 50%。

奥马电器在本次股份转让发生之时有效的《公司章程》规定，"公司董事、监事、高级管理人员应当向公司申报所持有的本公司的股份及其变动情况，在任职期间每年转让的股份不得超过其所持有本公司股份总数的 25%；所持本公司股份自公司股票上市交易之日起 1 年内不得转让。上述人员离职后半年内，不得转让其所持有的本公司股份。

公司董事、监事、高级管理人员、持有本公司股份 5% 以上的股东，将其持有的本公司股票在买入后 6 个月内卖出，或者在卖出后 6 个月内又买入，由此所得收益归本公司所有，本公司董事会将收回其所得收益。但是，证券公司因包销购入售后剩余股票而持有 5% 以上股份的，卖出该股票不受 6 个月时间限制。"

奥马电器上市时间为 2012 年 4 月 16 日，截至本次股权转让协议签署日，奥马电器股票上市交易已满一年。经核查本次股权转让方在奥马电器的任职情况和尚在履行的承诺，公司股东蔡拾贰、蔡健泉、王济云、吴世庆、姚友军、关志华、梁锦颐、刘丽仪、东盛投资有限公司本次转让奥马电器股权均未违反《公司法》、《深圳证券交易所中小企业板上市公司规范运作指引》、《公司章程》相关规定和其尚在履行的承诺。

第十章 借壳上市

第一节 顺丰控股借壳鼎泰新材

一、交易概览

上市公司	马鞍山鼎泰稀土新材料股份有限公司（以下简称鼎泰新材）		
借壳方	顺丰控股（集团）股份有限公司（以下简称顺丰控股）		
借壳方案	资产置换 + 发行股份购买资产 + 发行股份募集配套资金		
交易价值（万元）	4 330 000	并购方式	发行股份购买资产
现金支付金额（万元）	0	并购目的	借壳上市
评估价值（万元）	4 483 000	支付方式	上市公司股份 + 资产
评估方式	收益法	标的类型	股权
控制权是否变更	是	股权转让比例	100%
是否有业绩承诺	是	是否有超额奖励	否

2016 年是快递公司上市元年，快递行业的证券化率于这一年急速提升。顺丰、申通、圆通、韵达、中通五大快递巨头集体登陆资本市场，并相继发布更名计划。

2015 年 12 月 2 日，艾迪西发布公告，申通快递拟作价 169 亿元借壳艾迪西上市，成为"中国民营快递第一股"，开启快递公司上市浪潮。该重组方案于 2016 年 10 月 24 日获证监会并购重组委 2016 年第 77 次工作会议审核通过。

2016 年 3 月 23 日，大杨创世发布公告，圆通速递拟作价 175 亿元借壳大杨创世上市，该方案于 2016 年 7 月 28 日获证监会并购重组委 2016 年第 55 次工作会议审核通过。

2016 年 5 月 23 日，鼎泰新材发布公告，公司拟置出全部资产及负债，与拟置入资产顺丰控股 100% 的股权中等值部分进行置换，差额部分由公司以发行股份支付；同时公司拟以非公开发行股份募集配套资金不超过 80 亿元。该方案于 2016 年 10 月 11 日获证监会并购重组委 2016 年第 75 次工作会议审核通过。

续表

2016 年 7 月 1 日，新海股份发布公告，韵达货运拟作价 177.6 亿元借壳新海股份上市，该方案于 2016 年 11 月 8 日获证监会并购重组委 2016 年 84 次工作会议审核通过。

至此，加上 2016 年 10 月 27 日成功登陆美国纽交所的中通快递，"四通一达"全部实现证券化。

2017 年 1 月 19 日，中国国家邮政局公布数据显示，2016 年中国快递业务量突破 313.5 亿件，同比增长 51.7%，快递业务量位居世界第一位；业务收入完成 4 005 亿元，同比增长 44.6%。中国快递业务连续 6 年保持 50% 以上的高速增长，已成为中国经济的一匹"黑马"，未来中国快递业务仍将保持快速增长势头。

同时，圆通、韵达、申通、顺丰已先后发布 2016 年业绩预告，四家公司的净利润规模均在 10 亿元以上，（可比）业绩增幅也均超过 50%；照此业绩预告，四大公司去年均已达到借壳重组时的业绩承诺。其中，顺丰 2016 年利润总额 51.91 亿元，同比增长 206.98%；归属于上市公司股东的净利润为 41.80 亿元，同比增长 279.65%，且超过圆通、韵达、申通三家总和，独占半壁江山。

二、交易双方

（一）上市公司：鼎泰新材（002352.SZ）

鼎泰新材成立于 2003 年 5 月 22 日，并于 2010 年 2 月 5 日首发上市成功。鼎泰新材的主营业务为生产、销售稀土合金镀层钢丝、钢绞线和 PC 钢绞线等金属制品。近年来，我国制造业面临着经济转型、整体出口下降、国内经济下行压力持续增加、国内制造业去库存压力增大等不利因素。受此影响，2013 年、2014 年和 2015 年，上市公司实现的净利润分别为 4 028.10 万元、2 412.44 万元和 2 513.06 万元，整体呈快速下滑趋势，公司现有主营业务未来的盈利能力不容乐观。

自上市以来，公司的控制权未发生变化，控股股东、实际控制人均为刘冀鲁。截至 2016 年 6 月 30 日，刘冀鲁直接持有公司 100 164 338 股股份，持股比例为 42.90%，为公司控股股东和实际控制人。

（二）借壳方：顺丰控股

顺丰控股是国内领先的快递物流综合服务提供商，不仅为客户提供全方位的物流服务，也提供包括金融服务和信息服务等在内的一体化供应链解决方案。

经过多年发展，顺丰控股已在物流圈构建了集物流、资金流和信息流为一体的开放生态系统。在物流方面，顺丰控股可以为客户提供全方位多品类的物流快递服务，包括商务快递、国际快递、电商快递、仓储配送、逆向物流等多种快递服务，以及物流普运、重货快运等重货运输服务，同时，还为食品和医药领域的客户提供冷链运输服务。在物流服务基础上，顺丰控股提供保价、代收货款等多种增值服务，以满足客户个性化需求。资金流方面,顺丰控股拥有第三方支付、保理、融资租赁、小额贷款等多个金融牌照,可以为客户提供第三方支付、银行卡收单、供应链金融、理财等多项金融服务。信息流方面,顺丰控股快递服务不但已经实现全业务流程信息跟踪查询和管控、投递路线动态优化、运力预警、车辆运输异常警告等功能,信息处理能力位居行业前列,同时,顺丰控股利用大数据分析和云计算技术,可以为电商客户提供销售预测、提前发货、数据分析等信息服务。

运输网络方面,顺丰控股建立了覆盖全国及海外重点国家的服务网络,拥有全国最大的民营货运航空公司顺丰航空,自有全货机 30 架,并依托航空货运网和陆路运输网形成通达国内外的运输能力,为快件的高效中转运输提供了有力的支持。

业务经营模式方面,顺丰控股采用直营的经营模式,由总部对各分支机构实施统一经营、统一管理,在开展业务的范围内统一组织揽收投递网络和集散处理、运输网络,并根据业务发展的实际需求自主调配网络资源;同时,公司大量运用信息技术保障全网执行统一规范,建立多个行业领先的业务信息系统,提升了网络整体运营质量。

在快递行业持续快速发展的背景下,具备规模优势、专业服务能力的行业龙头地位将更加突出,顺丰控股作为国内领先的快递物流服务商迎来难得的发展机遇。为顺应行业发展趋势,顺丰控股拟通过本次交易取得 A 股资本市场运作平台,未来可积极运用 A 股资本市场平台实现融资、并购整合功能,为顺丰控股长远发展奠定良好的基础。

截至 2016 年 3 月 31 日,顺丰控股资产总计 3 715 119.34 万元,所有者权益合计 1 833 825.77万元,2015 年营业收入 4 810 115.48 万元,扣除非经常性损益后归属于母公司股东的净利润为 75 350.99 万元。

顺丰控股的直接控股股东为深圳明德控股发展有限公司,实际控制人为王卫先生,且顺丰控股最近三年实际控制人未发生变更。其股权结构关系图如图 10 - 1 所示:

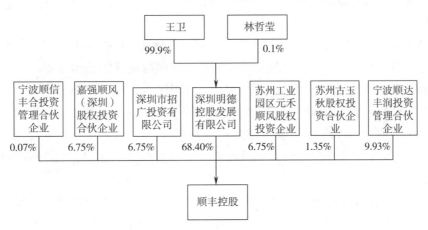

图 10 - 1 股权结构关系

鉴于上述情况,为使上市公司盈利能力能够保持持续健康的发展,鼎泰新材决定进行本次重大资产重组,从传统的金属制品制造转型成为国内领先的快递物流综合服务提供商,将现有资产出售,同时注入持续盈利能力较强的快递业务优质资产,保护上市公司广大股东特别是中小股东的利益。

三、交易方案

（一）总体方案

本次交易方案包括：（1）重大资产置换；（2）发行股份购买资产；（3）发行股份募集配套资金。本次重大资产置换和发行股份购买资产互为条件，共同构成本次交易不可分割的组成部分，任何一项因未获得监管机构批准而无法付诸实施，则另一项交易不予实施。募集配套资金在前两项交易的基础上实施，募集配套资金最终成功与否不影响前两项交易的实施。

1. 重大资产置换。鼎泰新材以截至拟置出资产评估基准日全部资产及负债与顺丰控股全体股东持有的顺丰控股 100% 股权的等值部分进行置换。

2. 发行股份购买资产。上述重大资产置换双方交易标的作价的差额部分由上市公司依据顺丰控股全体股东各自持有顺丰控股的股权比例向交易对方非公开发行股份购买。

经交易各方协商一致，本次交易中拟置出资产最终作价 79 600 万元，拟购买资产最终作价 4 330 000 万元，两者差额为 4 250 400 万元。按照本次发行股票价格 10.76 元/股计算，上市公司需向交易对方发行股份 3 950 185 873 股。

3. 发行股份募集配套资金。鼎泰新材拟采用询价方式募集总金额不超过 800 000 万元的配套资金，按照本次发行底价 11.03 元/股计算，发行股份数量不超过 725 294 650 股。本次募集配套资金扣除中介费用及相关税费后将用于标的公司航材购置及飞行支持项目、冷运车辆与温控设备采购项目、信息服务平台建设及下一代物流信息化技术研发项目、中转场建设项目。本次非公开发行股份募集配套资金总额不超过拟购买资产交易价格的 100%，未用于补充流动资金。

（二）估值与作价

1. 拟置出资产评估情况。江苏银信采用资产基础法及收益法对拟置出资产进行评估，并选择资产基础法的评估结果作为最终结论。根据江苏银信出具的"苏银信评报字〔2016〕第 056 号"评估报告的评估结论，截至评估基准日 2015 年 12 月 31 日，拟置出资产母公司报表经审计净资产账面价值为 70 393.37 万元，拟置出资产的全部资产及负债评估价值为 81 153.03 万元，较审计后账面净资产增值 10 759.66 万元，增值率为 15.29%。经交易双方友好协商，本次交易中拟置出资产最终作价 79 600.00 万元（经分红调整后）。

2. 拟置入资产评估情况。评估机构坤元评估采用收益法和资产基础法对顺丰控股 100% 股份的价值进行评估，并选择收益法的评估结果作为最终评估结论。根据坤元评估出具的"坤元评报〔2016〕239 号"评估报告，截至评估基准日 2015 年 12 月 31 日，顺丰控股母公司报表经审计净资产账面价值为 1 447 157.50 万元，顺丰控股股东全部权益评估价值为 4 483 000.00 万元，评估增值 3 035 842.50 万元，增值率 209.78%。经交易双方友好协商，本次交易中拟购买资产最终作价 4 330 000.00 万元（经分红调整后）。

（三）股份发行情况

1. 发行股份购买资产

（1）股份发行价格。本次发行股份购买资产定价基准日为公司第三届董事会第十三次会议决议公告日，发行价格为21.66元/股，不低于定价基准日前60个交易日股票均价的90%。

2016年5月17日，鼎泰新材召开2015年年度股东大会，审议通过《关于2015年度利润分配预案的议案》，公司向2016年5月25日深交所收市后中登公司登记在册的全体股东每10股派发现金红利1.40元（含税），现金分红总额为1 634.45万元，同时以资本公积向全体股东每10股转增10股。经除权、除息调整后，本次购买资产的股份发行价格为10.76元/股。

（2）股份发行数量。本次购买资产与置出资产的差额为4 250 400万元，按照10.76元/股计算，公司向顺丰控股全体股东发行股份的数量为3 950 185 873股。

（3）锁定期安排。本次交易对方明德控股承诺：

①在本次重组中所认购的鼎泰新材股票，自该等股票登记在明德控股名下之日起36个月内不得转让，也不委托第三方管理该等股份。

②前述锁定期届满之时，如因顺丰控股未能达到《盈利预测补偿协议》约定的承诺净利润而导致明德控股须向鼎泰新材履行股份补偿义务且该等股份补偿义务尚未履行完毕的，上述锁定期延长至明德控股在《盈利预测补偿协议》项下的股份补偿义务履行完毕之日。

本次交易的交易对方嘉强顺风、招广投资、元禾顺风、古玉秋创、顺达丰润、顺信丰合承诺：

①若在本次重组中取得鼎泰新材股票时，其持有顺丰控股股份（以工商登记完成日为准）未满12个月，自相关股份登记至其名下之日起至36个月届满之日且业绩补偿义务（若有）履行完毕之日前（以较晚者为准）（若无业绩补偿义务，则为关于承诺业绩的专项审计报告公告之日）不得转让。

②若在本次重组中取得鼎泰新材股票时，其持有顺丰控股股份（以工商登记完成日为准）已满12个月，自相关股份登记至其名下之日起12个月内不得转让，前述期限届满后，且2016年、2017年、2018年的业绩承诺补偿义务（若有）履行完毕之日，其所持鼎泰新材股份按30%、30%、40%（扣除补偿部分，若有）解锁。

本次重组完成后6个月内，如鼎泰新材的股票连续20个交易日的收盘价均低于本次发行价，或者本次重组完成后6个月期末收盘价低于本次发行价的，则明德控股持有的该等股票的锁定期限自动延长至少6个月。

2. 募集配套资金

（1）股份发行价格。本次配套融资发行股份的定价基准日为公司第三届董事会第十三次会议决议公告日，发行价格不低于定价基准日前20个交易日公司股票交易均价的90%，即不低于22.19元/股，经除权除息调整后发行价格为不低于11.03元/股。

（2）股份发行数量。本次交易拟募集配套资金总额不超过 800 000 万元。按照本次发行底价 11.03 元/股计算，向其他不超过 10 名特定投资者发行股份数量不超过 725 294 650 股。

（3）锁定期安排。本次募集配套资金采用询价方式发行，对象认购的股份自结束之日起 12 个月内不得转让。

（四）补偿安排

根据上市公司与顺丰控股签署的《盈利预测补偿协议》，本次交易的业绩补偿期为 2016 年度、2017 年度和 2018 年度。顺丰控股承诺本次重大资产重组实施完毕后，在 2016 年度、2017 年度和 2018 年度预测实现的合并报表范围扣除非经常性损益后归属于母公司所有者的净利润分别不低于 218 500 万元、281 500 万元和 348 800 万元。

若顺丰控股在利润补偿期间截至每个会计年度期末实际净利润数（专项审计报告，累计数）未能达到承诺净利润数（累计数），顺丰控股全体股东应首先以本次交易取得的鼎泰新材股份进行补偿，当股份补偿的总数达到本次发行股份购买资产发行的股份总数的 90% 后，顺丰控股全体股东以现金进行补偿；鼎泰新材按照人民币 1 元的总价回购顺丰控股全体股东持有的该等应补偿股份并予以注销。

当期应补偿股份数 =（截至每一利润补偿期末承诺净利润累计数 - 截至每一利润补偿期末实际净利润累计数）÷业绩承诺期间内各年度的承诺净利润数总和×标的股权作价÷本次购买资产的股份发行价格 - 已补偿股份数量；

当期应补偿现金金额 =（每一承诺期间当期应补偿股份数 - 每一承诺期间当期已补偿股份数）×本次购买资产的股份发行价格。

在利润补偿期间相应年度期末，若应补偿股份数或应补偿金额小于零，则按零取值，已经补偿的股份及金额不冲回。

在利润补偿期届满后三个月内，鼎泰新材应聘请具有证券期货业务资格的会计师事务所依照中国证监会的规则及要求，对顺丰控股出具《减值测试报告》。如：顺丰控股期末减值额 >已补偿股份总数×对价股份的发行价格，则补偿义务人应对鼎泰新材另行补偿股份。

减值测试应补偿的股份数 = 期末减值额÷本次购买资产的股份发行价格 - 利润补偿期间内已补偿股份总数。

补偿时，先以本次交易取得的对价股份进行补偿，若补偿股份数量超过交易对方所获得的鼎泰新材的对价股份，则差额部分应由交易对方用现金进行补偿，补偿现金 =（减值测试应补偿的股份数 - 交易对方届时实际补偿股份数量）×对价股份的发行价格。

上述股份补偿数额、现金补偿金额由交易对方按照其各自原持有的顺丰控股的股份比例相应承担。

（五）本次交易前后股权结构变化情况

本次交易前后，鼎泰新材的股权结构如表 10 - 1 所示。

表 10 – 1

股东名称	本次交易之前		本次发行股份数量	本次交易之后（不考虑配套融资）		本次交易之后（考虑配套融资）	
	持股数量	持股比例		持股数量	持股比例	持股数量	持股比例
刘冀鲁	100 164 338	42.90%	—	100 164 338	2.39%	100 164 338	2.04%
中科汇通	25 529 570	10.93%	—	25 529 570	0.61%	25 529 570	0.52%
刘凌云	14 394 704	6.16%	—	14 394 704	0.34%	14 394 704	0.29%
重组前鼎泰新材其他股东	93 403 728	40.00%	—	93 403 728	2.23%	93 403 728	1.90%
明德控股	—	—	2 701 927 139	2 701 927 139	64.58%	2 701 927 139	55.04%
顺达丰润	—	—	392 253 457	392 253 457	9.38%	392 253 457	7.99%
嘉强顺风	—	—	266 637 546	266 637 546	6.37%	266 637 546	5.43%
招广投资	—	—	266 637 546	266 637 546	6.37%	266 637 546	5.43%
元禾顺风	—	—	266 637 546	266 637 546	6.37%	266 637 546	5.43%
古玉秋创	—	—	53 327 509	53 327 509	1.27%	53 327 509	1.09%
顺信丰合	—	—	2 765 130	2 765 130	0.07%	2 765 130	0.06%
配套融资投资者	—	—	725 294 650	—	—	725 294 650	14.77%
合计	233 492 340	100%	4 675 480 523	4 183 678 213	100%	4 908 972 863	100%

本次交易完成后，不考虑配套融资因素，王卫控制的明德控股将持有上市公司总股本的 64.58%；考虑配套融资因素，王卫控制的明德控股将持有上市公司总股本的 55.04%（募集配套资金发行价格按照发行底价测算）。明德控股将成为上市公司控股股东，王卫将成上市公司实际控制人。

（六）本次交易对上市公司主要财务指标的影响

表 10 – 2

财务指标	2016 年 1 – 3 月/2016 年 3 月 31 日（万元）		
	实际数	备考数	变动幅度
资产总额	81 657.71	3 715 119.34	4 449.62%
归属于母公司股东所有者权益	71 118.32	1 828 319.61	2 470.81%
营业收入	14 263.45	1 232 231.39	8 539.08%
利润总额	375.99	92 228.43	24 429.63%
归属于母公司股东净利润	318.10	68 013.59	21 281.15%
每股收益（元）	0.01	0.16	1 093.29%
财务指标	2015 年度/2015 年 12 月 31 日（万元）		
	实际数	备考数	变动幅度
资产总额	88 541.15	3 471 657.33	3 820.95%
归属于母公司股东所有者权益	70 800.22	1 369 573.62	1 834.42%
营业收入	66 846.55	4 810 115.48	7 095.76%
利润总额	2 927.67	169 050.50	5 674.24%
归属于母公司股东净利润	2 513.06	110 143.08	4 282.83%
每股收益（元）	0.11	0.26	144.61%

备注：上述测算中的股本未考虑配套融资增加的股本，且在计算上述每股收益指标时已考虑上市公司因实施 2015 年度权益分派导致股本变动的影响。

从表10-2可以看出，本次交易将显著提升上市公司的经营规模，交易完成后，上市公司总体盈利能力将显著提高，归属于母公司股东的净利润将明显增加，每股收益显著提升，不存在因并购重组交易而导致即期每股收益被摊薄的情况。

（七）其他

1. 本次交易构成关联交易。本次交易完成后，王卫将成为上市公司的实际控制人，明德控股将成为上市公司的控股股东。根据《重组办法》和《深圳证券交易所股票上市规则》，本次交易是上市公司与潜在控股股东之间的交易，构成关联交易，关联方在相关决策程序时需回避表决。

2. 本次交易构成重大资产重组。本次交易拟购买资产经审计的最近一年末资产总额、资产净额及最近一年的营业收入占上市公司最近一个会计年度经审计的合并财务报表相关指标的比例如表10-3所示：

表10-3   单位：万元

项目	鼎泰新材	顺丰控股	交易金额	计算依据	指标占比
资产总额	88 541.15	3 471 657.33	4 330 000.00	4 330 000.0	4 890.38%
资产净额	70 800.22	1 369 573.62	4 330 000.00	4 330 000.00	6 115.80%
营业收入	66 846.55	4 810 115.48	—	4 810 115.48	7 195.76%

由表10-3可知，根据《上市公司重大资产重组管理办法》第十二条的规定，本次交易构成重大资产重组。同时，本次交易涉及向特定对象发行股份购买资产，根据《重组办法》第四十七条的规定，本次交易需提交中国证监会上市公司并购重组审核委员会审核并经中国证监会核准后方可实施。

3. 本次交易构成借壳上市。本次交易完成后，上市公司实际控制人变更为王卫。本次交易中，拟购买资产的资产总额与交易金额孰高值为4 330 000.00万元，占上市公司2015年末资产总额88 541.15万元的比例为4 890.38%，超过100%。按照《重组办法》第十三条的规定，本次交易构成借壳上市，需提交中国证监会上市公司并购重组审核委员会审核并经中国证监会核准后方可实施。

四、重点问题分析：资产评估增值的合理性问题

本次交易评估值基准日为2015年12月31日，评估值为448.30亿元，较2015年11月股改参照的评估值353.30亿元（评估基准日为2015年6月30日）增加95.00亿元，经剔除期后增资影响，两次评估值的差异为55.78亿元，差异率为15.79%。

（一）两次评估方法与估值思路

顺丰控股整体变更设立股份有限公司涉及的该公司相关资产及负债价值评估（以下简称股改评估）报告以2015年6月30日为评估基准日，根据其评估目的，整体采用了资产基础法，对于顺丰控股所属的四大BG（速运BG、供应链BG、仓配物流BG、金融BG）采用收益法测算后，并入顺丰控股母公司长期股权投资价值之中，评估对象为顺丰控股的相关资产及负债，评估价值为353.30亿元，评估报告日为2015年10月。

本次重组评估以 2015 年 12 月 31 日评估基准日，整体分别采用了资产基础法和收益法，并以收益法结果作为最终评估结论，评估对象为股东全部权益，评估价值（含 39.22 亿元增资款）为 448.30 亿元，评估报告日为 2016 年 6 月。

虽然两次作价采用的评估方法有所不同，但对于主要资产及业务（即速运等业务板块）均采用了收益途径进行评估；股改评估中采用成本途径评估的其他资产（负债）也可认为是整体采用收益法评估中的非经营性资产（负债）、溢余资产及付息债务之一部分，因此两次评估的思路较为接近，评估技术方案的内涵差异不大。

（二）两次评估参数选择的对比分析

根据两次评估基准日及报告日不同时点对应的行业发展及顺丰控股实际经营情况及不同规划，经对股改评估报告未纳入收益法预测的资产、负债的模拟调整，两次评估的主要参数对比分析如表 10 - 4、表 10 - 5 所示：

（1）息前税后利润

表 10 - 4　　　　　　　　　　　　　　　　　　　　　　　　　　单位：百万元

类别	2016 年	2017 年	2018 年	2019 年	2020 年及以后
股改息前税后利润	2 380.49	3 036.81	3 567.07	3 993.05	4 288.84
重组息前税后利润	2 380.57	3 007.39	3 680.50	4 324.03	4 683.99
差异额	0.08	- 29.42	113.43	330.98	395.15
差异率	0.00%	- 0.97%	3.18%	8.29%	9.21%

（2）企业现金流（息前税后利润 + 折旧及摊销 - 资本性支出 - 营运资金增加）

表 10 - 5　　　　　　　　　　　　　　　　　　　　　　　　　　单位：百万元

类别	2016 年	2017 年	2018 年	2019 年	2020 年	2021 年及以后
股改企业现金流	1 603.38	1 243.05	2 557.19	3 706.67	4 186.54	4 401.50
重组企业现金流	107.67	2 569.17	3 425.91	4 992.95	4 743.04	5 000.45
差异额	- 1 495.71	1 326.12	868.72	1 286.28	556.50	598.95
差异率	- 93.28%	106.68%	33.97%	34.70%	13.29%	13.61%

从上述对比中可以看出，重组评估中息前税后利润和企业现金流总体高于股改评估，原因主要如下：①公司 2015 年下半年优化了产品及业务结构，减少中低端电商类等低附加值业务的占比，从以量为主演变为以质为主；②公司主要成本（人工成本、运输成本等）通过优化用工结构、提高用工效率、提升车辆装载率、优化路由设计等措施得以有效保障，毛利率总体保持稳中有升，费用率有所下降；③部分固定资产超前投资（于 2015 年下半年及 2016 年陆续投入），导致 2016 - 2017 年的实际折旧金额较股改评估预测时为高；④重组评估时基于公司的战略规划及整体投资计划，在对收入较为谨慎预测的前提下，并未对冷运设施、未签协议的电商产业园及飞机等投资进行测算，也未考虑增加的车辆购置支出（转为外包方式），虽相应增加了外包成本，但未来年度的资本性支出将明显小于股改评估对应测算数据，相应的 2018 年后的折旧、

摊销金额将明显小于股改评估时金额，总体有利于盈利能力的改善。

综上所述，业务、产品、成本、费用、资本性支出等措施及规划的优化，总体增厚了预测期的利润，也提升了未来年度的现金流。

（3）折现率。股改评估收益法折现率为 10.47%，本次重组评估收益法折现率为 11.05%，增加 0.58%，主要差异系本次企业特定风险系数上调 0.5% 所致，主要原因为考虑了业务转型、人员及运力外包比重增大及汇率波动风险等加大情形对折现率的影响。

（4）溢余资产、非经营性资产（负债）及付息债务等。本次重组溢余资产及非经营性资产（负债）金额（含增资）较股改评估高 58 亿元，付息债务高 6 亿元，冲抵后净额高 52 亿元（该差异由 39.22 亿元增资款、2015 年下半年实际经营性现金流较原预测现金流变动、非经营性资产内容及价值变动等诸多因素共同所致，总体变动属合理区间）。

虽然本次评估折现率较股改评估高，但总体而言，本次评估因现金流等相关数据的提升，评估值也有一定幅度的提高。

（三）两次评估结果差异的合理性分析

1. 2015 年下半年及 2016 年第一季度财务指标大幅提升。2015 年下半年尤其是第四季度，顺丰控股通过不断优化产品结构、业务模式及内部管理机制（公司在剥离顺丰商业及顺丰电子商务等公司及业务的同时，着力对过往管理的冗余现象进行回顾和改进，明显提升了管理及决策效率），对人力、运力模式及成本的精益管理，积极管控其他各项成本费用，合理的税务筹划，有效提升了公司经营效率，增厚了 2015 年全年盈利，相应提升了盈利能力。

2. 管理层及员工通过顺达丰润、顺信丰合对顺丰控股进行的增资入股，提升了管理层及员工的积极性和主人翁意识，对于提升管理及经营效率有相应帮助，相应提升估值。

3. 2015 年特别是股改后经营模式的改变大大增强了公司竞争力，改善了公司现金流：

（1）业务、产品优化及销售策略调整。2015 年第二季度起，顺丰控股根据市场情况适时调整营销策略和产品结构，不断推陈出新，创新产品及运营模式，将电商类产品推广重心调整至高附加值的中高端产品和增值服务，从追求收入规模向追求收益（产品边际效益）角度演变，导致当年收入增长速度略有放缓，但却有效提升了中高端客户的品牌感知和客户粘性，整体毛利率也因此明显回升。

（2）职工薪酬及运力模式的优化降低了成本。顺丰控股 2015 年以来不断优化成本及费用管控策略，加强人员及运输等的外包力度，2015 年下半年特别是 2016 年第一季度职工薪酬及运输成本下降明显。

（3）资本性支出模式的优化提升了现金流。股改完成后，随着业务及成本模式的优化，本次评估较股改评估对于资本性支出的预测，根据企业的实际规划，进行了相应的调整。

本次评估预测中，结合以收入规模增长为重心向高附加值业务（即以利润）为重心的业务模式演化，同时考虑到大幅增加了人力及运力外包的成本模式，相应减少了电商产业园、冷运设施、运输工具等固定资产的新增产能投资，在较少影响利润的前提下，大大减少了资本性支出的现金流出，节约了资金的时间成本，有利于企业整体估值的提升。

上述经营模式的改变虽为近年来一直延续下来的，但主要政策的实施及效果体现在股改评估报告日后，在股改评估报告日，也是难以预见的。

综上所述，本次评估较股改评估有一定增值，具有相应的合理性。

第二节　江苏院借壳金城股份

一、交易概览

上市公司	金城造纸股份有限公司（以下简称金城股份）		
借壳方	江苏省冶金设计院有限公司（以下简称江苏院）		
借壳方案	资产出售＋资产置换＋发行股份购买资产		
交易价值（万元）	346 000.00	并购方式	发行股份购买资产
现金支付金额（万元）	0	并购目的	借壳上市
评估价值（万元）	346 294.94	支付方式	上市公司股份＋资产
评估方式	收益法	标的类型	股权
控制权是否变更	是	股权转让比例	100%
是否有业绩承诺	是	是否有超额奖励	否

江苏院为冶金行业领先的节能环保技术方案提供商和工程承包商，最早于2015年8月28日公布重大资产重组预案拟借壳金城股份上市。根据重组方案，上市公司进行重大资产出售、置换，并拟通过发行股份的方式购买江苏院100%的股权，同时募集配套资金。通过本次重大资产重组，上市公司现有资产、负债、业务等将被剥离，并注入优质资产，实现上市公司的转型发展，显著提升上市公司的盈利能力。同时，江苏院可实现与资本市场的对接，提高江苏院的综合竞争力、品牌影响力和行业地位，进一步推动其业务发展。

2015年12月17日，经证监会并购重组委2015年第109次会议审核，由于江苏院报告期内多名董事变更、与神雾集团同业竞争问题未予以充分解决、金城股份部分股东存在代持及其他利益安排等，本次重组未获通过。

2016年5月3日，金城股份公告修订后的重组草案，公司拟通过进行重大资产出售、置换及发行股份的方式购买江苏院 100% 的股权。与此同时，对于前次借壳方案并购重组委的否决意见，公司进行了回复，并在修订的方案中予以体现和落实，江苏院借壳金城股份的再度冲关。

经证监会并购重组委于 2016 年 6 月 17 日召开的 2016 年第 43 次工作会议审核，本次重大资产重组事项获得有条件通过。

并购重组委关于本次重组的审核意见为：

1. 请申请人补充披露张寿清与冯彪、高忠林签署《解除代持协议》的具体内容，股权代持是否彻底解除以及是否存在潜在纠纷。

2. 请申请人补充披露江苏院与神雾环保不存在同业竞争的依据以及未来两家公司的发展定位。

二、交易双方

（一）上市公司：金城股份（000820. SZ）

金城股份于 1998 年在深交所上市，所处造纸行业属于传统行业，在当前行业周期的相对底部，且环保压力日益增大，行业形势相对严峻。金城股份自身规模较小，产品结构相对单一，销售地区主要限于东北地区和北京地区，盈利能力和抗风险能力极差，2013 年至今扣除非经常性损益的净利润持续为负值，分别为 −476. 58 万元、−1 116. 15 万元、−2 894. 92 万元。2012 年 5 月 22 日锦州中院裁定金城造纸股份有限公司进行破产重整，朱祖国及一致行动人做出了将矿业资产注入上市公司等相关承诺。重整以后，朱祖国及一致行动人积极履行承诺，但拟注入资产恒鑫矿业的金龙—葫芦应整合矿区合并资源/储量报告一直未完成，恒鑫矿业收购金龙金矿的五个探矿权的过户手续也未及时办理完毕及国家政策对稀土矿开采限制，使恒鑫矿业稀土矿资产不具备注入条件，朱祖国作出的相关资产注入承诺目前已属于无法履行承诺或履行承诺将不利于维护上市公司权益的情形。

经实际控制人朱祖国同意，金城股份董事会就变更资产重组方等相关事宜于 2014 年 7 月 23 日向锦州中院提交了书面请示。锦州中院于 2014 年 7 月 23 日复函，同意金城股份变更资产重组方，以及基于此变更事项所产生的重整计划中其他变更或调整事项（包括但不限于已让渡股票的锁定安排及再转让等相关事宜），应由公司股东大会通过，并依据《公司法》、《证券法》的相关规定，履行批准程序。

金城股份未来持续经营能力面临较大不确定性，破产重整时实际控制人朱祖国做的相关资产注入的承诺已无法履行，金城股份亟须引入新的资产重组方，以解决上市公司当前的困境，切实保护中小投资者的利益。

朱祖国在上市公司 2012 年破产重整过程中，通过与高万峰、曹雅群、张寿清签署《一致行动协议》，约定在公司重整及后续资产重组中一致行动。朱祖国通过《一致行动协议》的安排成为公司实际控制人。2015 年 12 月 2 日，因债权债务纠纷，原一致行动人高万峰所持有的上市公司 3 080. 2254 万股经衡阳中院司法裁定，过户至文菁华名

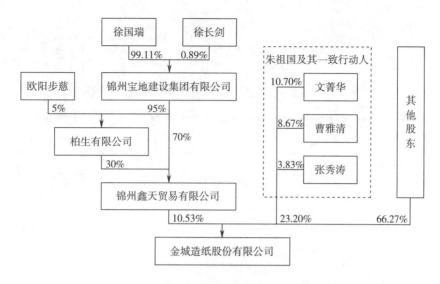

图 10-2 股权结构关系

下，文菁华已出具《承诺函》，承诺将继续履行上述《一致行动协议》。

截至重组前，朱祖国通过《一致行动协议》的安排一直为公司实际控制人，最近三年公司实际控制人未发生变更。

（二）借壳方：江苏院

江苏院为冶金行业领先的节能环保技术方案提供商和工程承包商。江苏院以直接还原冶炼技术为基础，对矿产资源、钢铁、有色等高能耗高污染行业的工艺、路线进行开拓性创新，实现工业行业的节能环保和资源综合利用。目前江苏院的相关技术方案已广泛应用于大宗工业固废资源综合利用、矿产资源综合利用、节能环保流程再造等领域。相关技术工艺方案的创新和应用，在为客户带来良好经济效益的同时，也有效减少了温室气体排放、降低大气雾霾，实现了社会效益。

凭借突出的技术实力、工程案例的积累以及市场认可度的不断提高，并受益于对节能减排和资源综合利用解决方案需求的日益增长，江苏院步入了快速发展期。

报告期内，江苏院业务发展提速，承建的各 EPC 项目稳步推进，已成为国内知名的工业节能环保与资源综合利用的技术方案提供商和工程承包商。根据战略安排，江苏院未来计划通过多种形式加大技术的推广力度，从而占领市场高地，使公司成为行业领导企业。上述战略安排将依托于 A 股资本市场的融资功能、并购整合等功能实现。

本次交易完成后，上市公司现有资产、负债、业务等将被剥离，并注入优质资产，实现上市公司的转型发展，显著提升上市公司的盈利能力。同时，江苏院可实现与资本市场的对接，提高江苏院的综合竞争力、品牌影响力和行业地位，进一步推动其业务发展。

吴道洪直接持有神雾集团 19 548 万股股份，并通过其投资设立的独资公司神雾创新间接持有神雾集团 2 520 万股股份，其直接和间接合计持有神雾集团 22 068 万股股

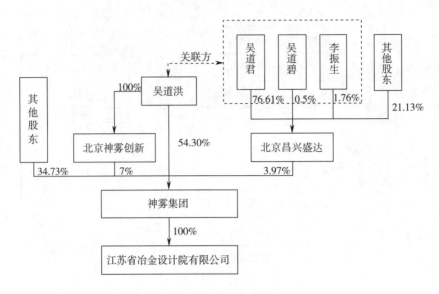

图 10 – 3 股权结构关系

份，占神雾集团总股本总额的 61.30%，为神雾集团的控股股东、实际控制人。神雾集团持有江苏院 100% 的股权。

三、交易方案

（一）总体方案

本次重组方案包括：（1）重大资产出售；（2）重大资产置换；（3）发行股份购买资产。其中，重大资产置换、发行股份购买资产作为本次交易方案的必备内容，同时生效，任何一项内容因未获得中国政府部门或监管机构的批准而不能实施，则其他项均不予实施；重大资产出售在本次重组取得中国证监会批准后实施，但其成功与否不影响方案其他部分的实施。

1. 重大资产出售。本次交易拟出售资产为截至基准日 2015 年 6 月 30 日金城股份长期股权投资（金地纸业 100% 的股权和锦州宝盈 100% 的股权）、其他应收款（应收金地纸业 3 500 万元），出售资产合计交易价格为 5 725 万元，出售对方为宝地集团或其指定的第三方。

2. 重大资产置换。本次交易拟置出资产为金城股份拥有的除货币资金和上述出售资产以外全部资产和全部负债（包括或有负债），拟置入资产为神雾集团持有的江苏院 100% 的股权。根据《资产置换及发行股份购买资产协议》，金城股份拟将上述置出资产与置入资产进行置换，置入资产价格超出置出资产价格的差额部分，由金城股份向神雾集团发行股份购买。

3. 发行股份购买资产。拟发行股份购买的资产为江苏院 100% 的股权（扣除上述置出资产等值部分）。经交易各方协商一致，本次交易中拟置入资产的交易价格为 346 000 万元，扣除上述置出资产的交易价格 21 397.68 万元，拟发行股份购买资产价值为 324 602.32 万元；按照本次发行股票价格 9.29 元/股计算，上市公司需向交易对方非公开发行股份 34 941.05 万股。

（二）估值与作价

1. 拟出售资产评估作价。根据辽宁众华出具的众华评报字〔2015〕第 116 号《资产评估报告书》，以 2015 年 6 月 30 日为基准日，锦州宝盈 100% 的股权账面值和评估值为 547.87 万元；根据众华评报字〔2015〕第 117 号《资产评估报告书》，以 2015 年 6 月 30 日为基准日，金地纸业 100% 的股权账面价值为 425.85 万元，评估值为 1 677.13 万元，评估增值 1 251.29 万元，增值率为 293.84%。根据《出售资产协议》，经交易双方协商，金地纸业 100% 的股权交易价格为 1 677.13 万元，锦州宝盈 100% 股权交易价格为 547.87 万元，其他应收款（应收金地纸业 3 500 万元）交易价格为 3 500 万元，出售资产合计交易价格为 5 725 万元。

2. 拟置换资产评估作价。根据辽宁众华出具的众华评报字〔2015〕第 115 号《资产评估报告书》，截至 2015 年 6 月 30 日，采用资产基础法，金城股份所有者权益账面价值为 25 339.77 万元，评估值价值为 27 274.31 万元，评估增值 1 934.54 万元，增值率为 7.63%。扣除金城股份拥有的货币资金（151.63 万元）和上述出售资产评估价值，置出资产的评估价值为 21 397.68 万元。经交易各方协商，置出资产的交易价格为 21 397.68 万元。

3. 拟注入资产的评估情况。评估机构中京民信采用收益法和成本法对江苏院 100% 的股份价值进行评估，并选择收益法的评估结果作为最终评估结论。根据中京民信出具的京信评报字〔2015〕第 291 号《资产评估报告书》，截至 2015 年 6 月 30 日，拟置入资产的账面价值 22 567.70 万元，收益法下的评估值 346 294.94 万元，评估增值 323 727.24 万元，增值率 1 434.47%。经交易各方协商确认，拟置入资产的交易价格为 346 000 万元。

拟置入资产与置出资产的交易价格差额部分为 324 602.32 万元，由金城股份以发行股份的方式向神雾集团购买。

（三）股份发行情况

1. 股份发行价格。本次发行股份购买资产定价基准日为金城股份第七届第十次董事会决议公告日，市场参考价为定价基准日前 120 个交易日金城股份股票的交易均价，即 10.32 元/股，发行价格确定为 9.29 元/股，不低于市场参考价的 90%。

2. 股份发行数量。金城股份向神雾集团非公开发行股份数量 =（拟置入资产的交易价格 − 上市公司置出资产交易价格）÷9.29 元/股 =34 941.05 万股。

3. 锁定期安排。神雾集团承诺：因本次发行股份购买资产取得的金城股份的新增股份自上市之日起的 36 个月期满之日和其在另行签订的《利润补偿协议》中利润补偿义务履行完毕之日中的较晚日前不进行转让。

（四）补偿安排

神雾集团确认并承诺江苏院 2016 年、2017 年、2018 年经审计扣除非经常性损益后归属于母公司股东的净利润将分别不低于 30 000 万元、40 000 万元、50 000 万元。

未来，如江苏院届时实际实现的扣除非经常性损益后归属于母公司股东的净利润未达到神雾集团承诺的净利润数，则神雾集团应就未达到利润承诺的部分对金城股份进行补偿。补偿方式为神雾集团优先以其在本次重组中取得的股份进行补偿，不足部分再以现金补偿。

补偿期间当年应补偿金额 ＝（截至当年年末累计净利润承诺数 － 截至当年年末累计实际盈利数）÷ 补偿期间内各年度的净利润承诺数总和 ×（神雾集团认购股份总数 × 发行价格）－ 已补偿金额

已补偿金额 ＝ 已补偿股份数量 × 发行价格 ＋ 已补偿现金金额

补偿期间当年应补偿的股份数 ＝ 补偿期间当年应补偿金额 ÷ 发行价格

当年应补偿股份数量超过神雾集团当时持有的本次发行所取得股份数量时，差额部分由补偿义务人以现金补偿，补偿期间当年应补偿的现金金额 ＝ 补偿期间当年应补偿金额 － 当年已补偿股份数量 × 发行价格。在补偿期间各年计算的应补偿股份数或应补偿金额少于或等于 0 时，按 0 取值，即已经补偿的股份及金额不冲回。

双方协商在全部补偿期间届满后对标的资产进行减值测试，若标的资产期末减值额 ＞（补偿期限内已补偿股份总数 × 发行价格 ＋ 现金补偿金额），则神雾集团应按照以下方式另行补偿：

另需补偿股份数额 ＝（标的资产期末减值额 － 补偿期间已补偿股份总数 × 发行价格 － 补偿期间已补偿现金金额）÷ 发行价格

如神雾集团持有的股份数量不足，则按以下公式进行现金补偿：

另需补偿现金金额 ＝（标的资产期末减值额 － 补偿期间已补偿股份总数 × 发行价格 － 补偿期间内已补偿现金金额）－ 当年可另行补偿的股份数 × 发行价格

（五）本次交易前后股权结构变化情况

本次交易前，上市公司总股本为 28 783.476 万股。本次发行股份购买资产拟发行 34 941.05 万股股份；本次交易完成后，神雾集团将成为上市公司的控股股东，吴道洪将成为实际控制人。本次交易完成前后公司的股权结构如表 10 - 6 所示：

表 10 - 6

股东名称	重组前		本次发行股份数量（万股）	重组后	
	持股数量（万股）	持股比例（％）		持股数量（万股）	持股比例（％）
神雾集团	—	—	34 941.05	34 941.05	54.83
文菁华	3 080.23	10.70	—	3 080.23	4.83
曹雅群	2 494.14	8.67	—	2 494.14	3.91
锦州鑫天贸易有限公司	2 230.36	7.75	—	2 230.36	3.50
张寿清	1 103.61	3.83	—	1 103.61	1.70
社会公众股东	19 875.14	69.05	—	19 875.14	31.19
总股本	28 783.476	100.00	34 941.05	63 724.526	100.00

（六）本次交易对上市公司主要财务指标的影响

根据上市公司 2014 年和 2015 年年报和备考合并财务报表（大信审字〔2016〕第 1 - 01336 号）计算，本次交易完成前后，上市公司的主要财务指标比较如表 10 - 7 所示：

表 10 - 7　　　　　　　　　　　　　　　　　　　　　　　　　　　　　　　单位：万元

项目	2015 年 12 月 31 日			2014 年 12 月 31 日		
	交易前	交易完成后	变化率	交易前	交易完成后	变化率
总资产	69 677.50	86 784.12	24.55%	68 846.55	82 471.10	19.79%
归属于上市公司股东的所有者权益	26 322.81	40 587.89	54.19%	22 945.25	24 648.82	7.42%
归属于上市公司股东的每股净资产（元/股）	0.91	0.64	-30.01%	0.8	0.39	-51.48%
营业收入	24 315.18	65 487.04	169.33%	30 504.53	10 726.95	-184.37%
利润总额	955.61	20 037.77	1 996.86%	-116.05	2 695.78	—
归属于上市公司股东的净利润	1 145.52	17 139.08	1 396.18%	223.61	2 306.05	90.30%
基本每股收益（元/股）	0.04	0.27	575.81%	0.01	0.04	72.37%

本次交易完成后上市公司 2015 年基本每股收益为 0.27 元，高于交易前上市公司基本每股收益，不存在本次重组摊薄每股收益的情况。

（七）其他

1. 本次交易构成关联交易。本次交易完成后，神雾集团成为上市公司的控股股东。本次重组涉及上市公司与潜在控股股东之间的交易，因而构成关联交易，关联方在相关决策程序时需回避表决。

2. 本次交易构成重大资产重组及借壳上市。本次交易拟置入资产江苏院 100% 股权的交易价格为 346 000 万元，上市公司截至 2014 年 12 月 31 日经审计的资产总额（合并报表数）为 68 846.55 万元，拟置入资产交易价格占上市公司最近一年的合并财务会计报告期末资产总额的比例超过 100%。

本次交易前后，上市公司的实际控制人由朱祖国变更为吴道洪，上市公司实际控制权发生变更。

根据《重组办法》的规定，本次交易构成重大资产重组并构成借壳上市，需提交中国证监会并购重组审核委员会审核。

四、重点问题分析

（一）股权代持是否存在潜在纠纷问题

金城股份原股东之一张寿清与冯彪、高忠霖于 2012 年 12 月 30 日分别签署的《股票代持协议书》，约定张寿清持有的金城股份股票中 235.738 万股/167.869 万股分别归冯彪/高忠霖所有，且本金由张寿清出资，相关股东权利由张寿清代为行使，上述股份锁定期满可上市流通后，张寿清向冯彪/高忠霖支付扣除上述股份本金后的收益。

经张寿清与冯彪和高忠霖友好协商一致决定解除原约定之股份代持，于 2016 年 1

月 20 日分别与冯彪、高忠霖签署的《解除代持协议》，相关协议主要内容如下：

1. 双方基于《股票代持协议书》达成的张寿清替冯彪/高忠霖代持 235.738 万股/167.869 万股金城股份股票之约定于《解除代持协议》签订生效之日起解除，解除股份代持后，双方均不就原股份代持之相关约定享有权利或承担义务。

2. 解除股份代持后，张寿清即为原股份代持约定的 235.738 万股/167.869 万股上市公司股份之所有人，并就该 235.738 万股/167.869 万股上市公司股份享有股东权益并承担股东义务。

3. 冯彪/高忠霖承诺解除股份代持后，张寿清即为该 235.738 万股/167.869 万股上市公司股份之所有人，冯彪/高忠霖不就该股份代持事项与张寿清就该 235.738 万股/167.869 万股上市公司股份所有权发生争议。

4. 张寿清承诺解除股份代持后，张寿清不得再就原股份代持事项向冯彪/高忠霖索要对价或产生争议。张寿清承诺原代持协议存续期间，张寿清作为该 235.738 万股/167.869 万股股份之名义持有人发生的一切事项均由张寿清承担与冯彪/高忠霖无关，冯彪/高忠霖不承担由此产生的任何责任或义务。

另外，张寿清出具的《声明与承诺》，主要内容如下：（1）本人现持有金城股份 11 036 070 股，本人持有金城股份的股份不存在被质押、扣押、冻结、司法查封或拍卖、托管、设定信托、被依法限制表决权，或其他使该等股份权利行使和/或转让受到限制或禁止的情形；（2）本人持有的金城股份的股份不存在委托持股、信托持股情形，不存在利益输送或其他权益安排，本人基于该等股份依法行使股东权利没有任何法律障碍，该等股份不存在纠纷或潜在纠纷。

同时，冯彪、高忠霖已分别出具《声明与承诺》，主要内容如下：（1）本人与张寿清就金城股份 235.738 万股/167.869 万股股票形成的股份代持已彻底解除，张寿清为原股份代持约定的 235.738 万股/167.869 万股金城股份股票之所有人，本人与张寿清就该股份代持事项以及前述股票的权属不存在任何现实或潜在的争议和纠纷；本人目前不存在委托张寿清代为持有金城股份股票的情况，本人未与张寿清就金城股份的股票设置其他利益安排；（2）本人承诺前述股份代持解除后，本人未委托任何其他主体代本人持有金城股份的股票，也未就金城股份的股票设置其他利益安排。

综上所述，张寿清与冯彪、高忠霖之间就金城股份形成的股份代持关系已于 2016 年 1 月 20 日彻底解除，代持关系解除后，张寿清为原约定代持股份的实际持有人，各方就此不存在纠纷和潜在纠纷。

（二）江苏院与神雾环保是否存在同业竞争

江苏院和神雾环保采购、销售、研发和生产经营是相互独立的两个法人主体，同时在主营业务、下游客户所处行业及开展业务所需的行业资质、技术工艺和研发人员专业背景、技术工艺所需装备和处理的原料及形成的产成品等方面均存在明显差异，具体情况如下：

1. 主营业务不同。江苏院和神雾环保的服务和产品具有不同的应用领域，不存在相互替代的情形如表10-8所示。

表10-8

项目	江苏院	神雾环保
主营业务	以咨询、设计及总承包方式为钢铁有色行业提供节能环保整体解决方案	以咨询、设计及总承包方式为电石（煤化工）、石油化工行业提供炉窑系统的总承包

2. 下游客户所处行业及开展业务所需的行业资质不同。江苏院具有冶金行业甲级工程设计资质，该资质为住建部统一管理，具备该行业资质的企业，才可以从事相应行业的工程设计业务。神雾环保没有冶金行业工程设计资质，不能从事冶金相关业务。如表10-9所示。

表10-9

项目	江苏院	神雾环保
下游客户所处行业	钢铁、有色行业	电石（煤化工）、石油化工
主要客户	客户主要从事钢铁、有色类业务，如沙钢集团、金川集团等；其中沙钢集团是全国最大的知名民营钢铁企业；金川集团是中国最大的镍钴铂族金属的生产企业，是世界500强企业	客户主要从事化工类业务，如新疆圣雄能源股份有限公司，该公司是一家深化资源开发利用的绿色环保型煤化工企业，是国家和新疆省重点扶持的百家优强企业之一
开展业务所需行业资质	冶金行业甲级工程设计资质	炉窑工程专业承包二级资质

3. 技术工艺和研发人员专业背景不同，如表10-10所示。

表10-10

项目	江苏院	神雾环保
技术工艺	转底炉直接还原工艺：铁矿粉/固废＋煤造球→转底炉直接还原出铁和脉石的混合物→熔分炉分离出铁水 氢气竖炉直接还原工艺：铁矿粉/固废造球→焙烧成氧化球团→竖炉内直接还原出铁和脉石的混合物→熔分炉分离出铁	乙炔法煤化工新工艺：生石灰和煤磨粉混合造球→预热炉内热解分离出人造天然气、人造石油→电石炉内加热到2 200度生成电石
研发人员专业背景	主要是钢铁冶金、矿物加工专业背景人员	主要是化工专业背景人员

江苏院的转底炉直接还原工艺和氢气竖炉直接还原工艺是对传统钢铁有色冶炼工艺的改进和升级，通过精准控制炉内温度，实现C（碳）、氢和矿石、固废内金属物的直接还原，再通过高温熔分炉，实现铁和脉石的分离。相较于传统高炉冶炼工艺，直接还原工艺可以实现对低品位矿石（红土镍矿、钒钛海砂矿等）、工业固废内金属的

冶炼。

神雾环保的乙炔法煤化工新工艺采用化工工艺，通过新型电石预热炉对煤所含的挥发分进行热解，提炼出人造天然气和人造石油，首先实现煤的分质提级利用，然后将高温混合球送入密闭电石炉，在 2 200 度的环境下生产电石。该工艺一方面对煤进行分质提取利用增加生产的附加值，同时降低了电石炉所需的温度，实现节能降耗，从而大幅降低电石生产的成本。

由于两家公司技术工艺的不同，两家公司的研发人员背景也存在较大的差别。

4. 技术工艺所需装备和处理的原料及形成的产成品不同，如表 10 – 11 所示。

表 10 – 11

项目	江苏院	神雾环保
工艺所需主要装备	转底炉 + 熔分炉、氢气竖炉 + 熔分炉	电石预热炉 + 密闭电石炉
技术工艺处理的主要原料	铁矿石、工业固废	生石灰和煤，煤作为原料，首先进行分质提级利用
工艺的产成品	主要是铁	主要是电石

由于江苏院和神雾环保技术工艺的不同，两家公司技术工艺所需的设备、所处理的原料及形成工艺的产成品也不同。

5. 江苏院和神雾环保未来的发展定位不同。江苏院致力于针对钢铁和有色行业进行工业节能环保技术与资源综合利用技术的研发与推广，力争在未来 3 ~ 5 年内逐步成长为具有国际竞争力的大宗工业固废资源综合利用、矿产资源综合利用、节能环保流程再造等领域的整体解决方案提供商。而神雾环保将致力于成长为针对煤化工、石油化工等高耗能、高污染工业企业的节能环保综合解决方案提供商，着力向煤制乙炔化工下游延伸及"大环保"产业链进行外延式拓展。

综上所述，经过内部资产划转及业务梳理，江苏院与神雾环保各自的业务结构和发展定位比较清晰，已不存在同业竞争。

第三节 欢瑞世纪借壳星美联合

一、交易概览

上市公司	星美联合股份有限公司（以下简称星美联合）		
借壳方	欢瑞世纪影视传媒股份有限公司（以下简称为欢瑞世纪）		
借壳方案	股权转让 + 发行股份购买资产		
交易价值（万元）	300 000.00	并购方式	发行股份购买资产

续表

现金支付金额（万元）	0	并购目的	借壳上市
评估价值（万元）	302 512.90	支付方式	上市公司股份
评估方式	收益法	标的类型	股权
控制权是否变更	是	股权转让比例	100%
是否有业绩承诺	是	是否有超额奖励	否

本次重组前，星美联合的主营业务已基本停止，需通过优质资产注入来实现转型发展。欢瑞世纪是一家致力于电影电视剧投资、制作、发行以及相关产业发展的公司，符合国家产业政策。欢瑞世纪着眼于年轻群体市场，盈利能力强，具有广阔发展空间。欢瑞世纪从 2011 年开始便谋划上市，路途多舛；本次重组乃二次借壳，通过本次交易，实现欢瑞世纪与 A 股资本市场的对接，可进一步推动欢瑞世纪的业务发展，提升其在行业中的综合竞争力和行业地位。借助资本市场平台，欢瑞世纪将拓宽融资渠道，为后续发展提供推动力，实现上市公司股东利益最大化。

经证监会并购重组审核委员会于 2016 年 7 月 21 日召开的 2016 年第 48 次并购重组委工作会议审核，本次重大资产重组事项获得有条件通过。

并购重组委关于本次重组的审核意见为：

1. 请补充披露标的公司报告期营业成本结转及存货跌价准备计提的合理性。

2. 请补充披露标的公司电视剧收益权转让经营模式的风险。

二、交易双方

（一）上市公司：星美联合（000892. SZ）

星美联合成立于 1997 年 11 月 16 日，并于 1999 年 1 月 15 日首发上市成功。公司原主营业务为通信产业投资，通信设备制造，通信工程及技术咨询、增值电信业务等。2009 年 6 月，杜惠恺控制的新丰福贸易（上海）有限公司受让了上海鑫以实业有限公司（以下简称鑫以实业）100% 的股权，从而成为公司的实际控制人。2015 年 4 月，欢瑞世纪（天津）资产管理合伙企业（有限合伙）（以下简称天津欢瑞）与鑫以实业签订《股份转让协议》，协议受让鑫以实业所持有的星美联合 57 938 783 股股份，成为上市公司的第一大股东。上市公司于 2015 年下半年设立全资子公司欢瑞世纪（北京）营销策划有限公司，主要从事为相关影视剧提供全媒体宣传推广服务。

重组前，星美联合的主营业务基本停止，需通过优质资产注入来实现转型发展：

1. 2013 年度上市公司实现营业收入（合并报表口径）1 096.60 万元，是公司全资子公司星宏商务向关联方销售苗木资产以及从事市场调研等业务取得的收入，上市公司本部未取得任何收入；

2. 2014 年度上市公司及星宏商务未实际开展业务，故上市公司未能实现营业收入；

3. 2015 年度上市公司实现营业收入为 1 343. 58 万元，是上市公司 2015 年 10 月
设立的全资子公司欢瑞世纪（北京）营销策划有限
公司，从事文化产品的营销策划服务取得收入，上市
公司本部未取得任何收入；

4. 2016 年 1 - 6 月上市公司营业收入为 619. 41
万元，主要是子公司因业务发展持续向好而增加的业
务收入，上市公司本部未取得收入。

根据上市公司控股股东所作出的承诺，上市公司
需要通过优质资产注入来实现转型发展，维护上市公
司及中小股东的利益。

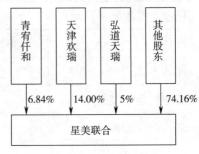

图 10 - 4　股权结构关系

（二）借壳方：欢瑞世纪

欢瑞世纪影视传媒股份有限公司注册成立于 2006 年，是一家致力于电影电视剧投
资、制作、发行以及相关产业发展的公司，陈援及其配偶钟君艳以及其他一致行动人
合计持有欢瑞世纪 30. 64% 的股份，陈援、钟君艳夫妇为欢瑞世纪的实际控制人。

欢瑞世纪着眼于年轻观众市场，出品了《古剑奇谭》、《宫锁心玉》、《宫锁珠帘》、
《胜女的代价》、《盛夏晚晴天》、《胜女的代价Ⅱ》、《画皮Ⅱ》、《盗墓笔记》、《青云
志》、《红酒俏佳人》等影视剧。

欢瑞世纪盈利能力强，具有广阔发展空间。2016 年 1 - 6 月、2015 年度、2014 年
度、2013 年度财务报表显示，营业收入分别为 25 314. 85 万元、47 437. 72 万元、
29 420. 49 万元、20 091. 26 万元；归属于母公司所有者净利润分别为 4 735. 87 万元、
17 130. 46 万元、5 110. 67 万元、2 950. 52 万元。

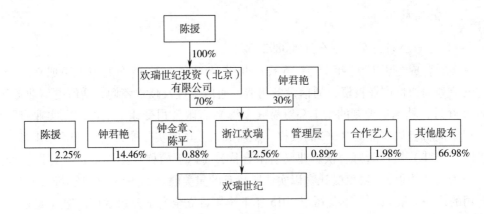

图 10 - 5　股权结构关系

随着我国国民经济的持续增长、人民物质生活水平的不断提高，以及受文化体制
改革的深入推进和国家连续出台多项政策大力支持文化产业发展的影响，我国文化产
业不断增长，影视剧、游戏作为丰富精神文化需求的重要产品，行业市场规模持续快
速增长。欢瑞世纪作为经验丰富的大型电视剧制作机构，未来发展空间广阔。

欢瑞世纪的上市路途多舛。早在 2011 年下半年，就着手启动上市计划；2012 年 9 月，欢瑞世纪引入光线传媒；同年 12 月，引入中国文化产业投资基金等主要投资 Pre－IPO 的机构投资人，开始冲刺上市。然而，在接下来的两年，欢瑞世纪却始终未能实现上市。甚至在 2014 年 7 月，欢瑞世纪原本计划与上市公司泰亚股份进行资产重组实现曲线上市，但结果事与愿违，重组方案以失败告终。

2014 年 12 月，已经等待两年的中国文化产业投资基金宣布离开。但欢瑞世纪一直没有放弃寻求上市之路。2015 年 4 月末，欢瑞世纪创始人陈援、钟君艳夫妇曲线持有上市公司星美联合 14% 的股份，并随之着手推动借壳，并在同年 9 月公布重组预案。

但是欢瑞世纪的二次借壳之路在进入 2016 年以来也并非一帆风顺，中间几经波澜。2016 年 5 月 17 日，星美联合发布午间公告称，5 月 13 日，证监会召开的新闻发布会通报了 6 家审计和评估机构被证监会立案调查的情况，其中之一的北京兴华会计师事务所（特殊普通合伙）（以下简称兴华会计）正是公司本次重大资产重组事项的审计机构。星美联合在公告中表示，兴华会计为本次重大资产重组标的资产提供审计服务的相关人员并未被立案调查或被采取监管措施，也没有参与被立案调查的相关项目。按照相关规定，审计机构、评估机构被立案调查的，不会影响证监会受理其出具的财务报告、评估报告等文件，但在审核中将重点关注其诚信信息及执业状况。

随后，7 月 15 日，深交所发布《深圳证券交易所创业板行业信息披露指引第 1 号——上市公司从事广播电影电视业务（2016 年修订）》，给影视公司信息披露立规矩。监管层的这一举动为欢瑞世纪借壳星美联合平添了许多变数。

最终，在 2016 年 7 月 21 日晚间，星美联合发布公告称，收到中国证监会通知，经证监会上市公司并购重组审核委员会于当日召开的 2016 年第 48 次并购重组委工作会议审核，公司发行股份购买资产并募集配套资金暨关联交易事项获得有条件通过。

通过本次交易，注入盈利能力较强、发展前景广阔的影视剧的投资制作与发行、演艺经纪、游戏及影视周边衍生业务的资产，实现上市公司主营业务的转型，从根本上改善公司的经营状况，增强公司的持续盈利能力和发展潜力，提高公司的资产质量和盈利能力。

通过本次交易，实现欢瑞世纪与 A 股资本市场的对接，可进一步推动欢瑞世纪的业务发展，提升其在行业中的综合竞争力和行业地位。借助资本市场平台，欢瑞世纪将拓宽融资渠道，为后续发展提供推动力，实现上市公司股东利益最大化。

三、交易方案

（一）总体方案

本次交易方案包括：（1）股权转让；（2）发行股份购买资产；（3）发行股份募集配套资金。配套融资的生效和实施以发行股份购买资产的生效和实施为条件。

1. 股权转让。2015 年 4 月 27 日，天津欢瑞与鑫以实业签订《股份转让协议》，协议受让鑫以实业所持有的星美联合 57 938 783 股股份，占星美联合已发行总股本的

14.00%。本次股份转让完成后，天津欢瑞将成为上市公司的第一大股东。

天津欢瑞的唯一普通合伙人及执行事务合伙人为欢瑞世纪投资（北京）有限公司（以下简称北京欢瑞），北京欢瑞的唯一股东及实际控制人为陈援。本次股份转让后，陈援将成为上市公司的实际控制人。

2. 发行股份购买资产。星美联合向欢瑞世纪全体股东非公开发行股票购买其持有欢瑞世纪 100%的股权。

3. 发行股份募集配套资金。本次重大资产重组中，星美联合向欢瑞联合、弘道天华、青宥仟和、青宥瑞禾非公开发行股票募集配套资金 15.3 亿元，发行价格为 8.72 元/股，发行股份的数量不超过 17 545.87 万股。配套募集资金扣除发行费用后用于标的资产欢瑞世纪电视剧、电影的投资、特效后期制作中心及补充公司流动资金，补充流动资金比例不超过本次募集资金净额的 30%。

（二）估值与作价

中水致远资产评估有限公司采用收益法和市场法法对欢瑞世纪 100%的股权价值进行评估，并选择收益法的评估结果作为最终评估结论。根据中水致远出具的编号为"中水致远评报字〔2015〕第 1121 号"的《资产评估报告》，截至评估基准日（2015 年 5 月 31 日），欢瑞世纪账面资产净值约为 79 839.16 万元，欢瑞世纪 100%的股权评估值为 302 512.90 万元，评估增值率 278.90%。经交易各方友好协商，本次交易标的资产交易价格以评估值为依据，确定为 300 000.00 万元。

根据中水致远出具的编号"中水致远评报字〔2016〕第 1082 号"的《资产评估报告》，拟购买资产于评估基准日（2015 年 12 月 31 日）净资产评估值为 318 387.68 万元，较评估基准日（2015 年 5 月 31 日）的评估值 302 512.90 万元增加 15 874.78 万元，增幅 5.25%。补充评估不影响本次交易标的资产的作价。

（三）股份发行情况

1. 发行股份购买资产

（1）股份发行价格。本次发行股份购买资产的定价基准日为上市公司关于本次重组事宜的首次董事会决议公告日。发行价格为 7.66 元/股，不低于定价基准日前 120 个交易日上市公司股票交易均价的 90%。

（2）股份发行数量。经交易各方友好协商，本次交易标的资产交易价格以评估值为依据，确定为 300 000 万元，按照前述发行价格 7.66 元/股测算，发行股份的数量不超过 39 164.49 万股。

（3）锁定期安排

①陈援、钟君艳及其一致行动人（浙江欢瑞世纪文化艺术发展有限公司、钟金章、陈平）通过本次交易取得的上市公司股份自上市之日起，至 36 个月届满之日和欢瑞世纪股东与上市公司就本次交易签署的《利润补偿协议》及《利润补偿协议之补充协议》约定的利润补偿义务履行完毕之日中的较晚日不进行转让。

②取得本次交易上市公司发行的股份时，持续拥有欢瑞世纪权益的时间不足 12 个

月的欢瑞世纪股东，本次交易取得的上市公司股份自上市之日起，至 36 个月届满之日和利润补偿义务履行完毕之日中的较晚日不进行转让。

③取得本次交易上市公司发行的股份时，持续拥有欢瑞世纪权益的时间超过 12 个月的欢瑞世纪股东，本次交易所取得的上市公司股份自上市之日起，至 12 个月届满之日不进行转让。之后，解锁按照如下安排进行：

A. 自本次交易股份发行上市之日起满 12 个月，其未参与业绩对赌的部分，即其本次交易所取得的上市公司股份数量的 14% 部分解除锁定；

B. 自本次交易股份发行上市之日起满 12 个月、24 个月、36 个月，且其已履行完毕补偿义务或根据实际情况当年度无须进行补偿，其当年可解除锁定的股份比例分别不超过 73%、83%、100%。

（4）交易对方。发行股份购买资产的交易对方为欢瑞世纪的全体股东，即浙江欢瑞、南京顺拓、中达珠宝、包头龙邦、掌趣科技、宏图资本、光线传媒、东海创新、华元兴盛、海通开元、南京汇文、弘道晋商、北京以渔、宁波睿思、金色未来、锦绣中原、汇文添富、中原报业、南京魔映、博润创业、阳光盛和、上海杉联、耘杉创投、北京泓创、大华投资、泓信博瑞 26 家机构股东以及钟君艳、陈援、王贤民、胡万喜、薛美娟、梁晶、施建平、何晟铭、王程程、姚群、吴丽、李忠良、李水芳、钟金章、冯章茂、刘奇志、向勇、顾裕红、毛攀锋、杜淳、张儒群、陈平、闫炎、金文华、孙耀琦、邓细兵、江新光、李易峰、贾乃亮、赵丽、谭新国、姜鸿、吴明夏、梁振华 34 名自然人股东，共 60 名股东。

2. 发行股份募集配套资金

（1）股份发行价格。本次配套融资的定价基准日与发行股份购买资产的定价基准日相同，均为上市公司第六届董事会第十七次会议决议公告日。配套融资的发行价格确定为 8.72 元/股，不低于定价基准日前 20 个交易日公司股票交易均价的 90%。

（2）股份发行数量。本次配套融资总额不超过 153 000 万元，通过锁价方式向欢瑞联合、弘道天华、青宥仟和、青宥瑞禾非公开发行股份的数量不超过 17 545.87 万股。其中欢瑞联合认购本次发行的 10 665.1376 万股；青宥仟和、青宥瑞禾、弘道天华分别认购本次发行的 2 293.5779 万股。

（3）锁定期安排。本次募集配套资金采用锁价方式发行，认购对象自所获得的新增股份上市之日起 36 个月将不以任何方式进行转让，包括但不限于通过证券市场公开转让或通过协议方式转让，也不委托他人管理本公司持有的星美联合股份。

（四）补偿安排

1. 盈利预测承诺。盈利预测承诺期间为本次发行股份购买资产交易实施完毕的当年及后续两个完整的会计年度；即，如本次交易于 2016 年度内实施完毕，则盈利预测期间为 2016 年度、2017 年度和 2018 年度。本次交易的 60 名交易对方承诺，欢瑞世纪于 2015 年度、2016 年度、2017 年度和 2018 年度实现的合并报表中归属于母公司的净利润将分别不低于 1.70 亿元、2.41 亿元、2.90 亿元和 3.68 亿元；扣非净利润分别不低于 1.52 亿元、2.23 亿元、2.70 亿元和 3.43 亿元。

2. 盈利预测补偿。若欢瑞世纪承诺期间每一年度截至当期期末累积实际净利润或实际扣非净利润未能达到截至当期期末累积承诺净利润或承诺扣非净利润时，60 名交易对方按照如下顺序进行补偿：

（1）首先由陈援、钟君艳及其一致行动人以本次交易获得的上市公司股份（即上市公司为购买其所持欢瑞世纪股份而向其发行的股份数）按照比例向上市公司补偿。

（2）陈援、钟君艳及其一致行动人本次交易获得的上市公司全部股份全部支付补偿后，如仍有未能补偿的部分，再由其他欢瑞世纪股东各自按照其原来所持的欢瑞世纪股份占其他欢瑞世纪股东（除陈援、钟君艳及其一致行动人外）原来合计所持的欢瑞世纪股份中的比例，用其在本次交易获得的上市公司股份进行股份补偿，其他欢瑞世纪股东各自承担的补偿最多为其本次交易获得的上市公司股份的 86% 部分。

对于每年需补偿的股份数将由上市公司以 1 元总价回购并予以注销。

净利润计算应补偿股份的数量 =（截至当期期末累积承诺净利润 – 截至当期期末累积实际净利润）÷承诺年度内各年的承诺净利润总和×本次交易发行的股份总数 – 已补偿股份数量

扣非净利润计算应补偿股份的数量 =（截至当期期末累积承诺扣非净利润 – 截至当期期末累积扣非实际净利润）÷承诺年度内各年的承诺扣非净利润总和×本次交易发行的股份总数 – 已补偿股份数量

每年应补偿股份数量按照当年净利润计算应补偿的股份的数量与当年扣非净利润计算应补偿股份的数量孰高的原则确定。补偿股份数量合计不超过本次交易发行的股份总量。在各年计算的补偿股份数量小于零时，按零取值，即已经补偿的股份不冲回。

盈利预测期间届满后，上市公司应聘请具有证券期货从业资格的审计机构对欢瑞世纪进行减值测试。如经测试，欢瑞世纪期末减值额 > 盈利预测期间内已补偿股份总数×本次交易发行价格，则陈援、钟君艳应以现金方式向上市公司支付资产减值补偿：

资产减值补偿的金额 = 欢瑞世纪期末减值额 – 盈利预测期间内已补偿股份总数×本次交易发行价格。

前述减值额为本次交易欢瑞世纪作价减去期末欢瑞世纪的评估值并扣除补偿期限内欢瑞世纪股东增资、减资、接受赠与以及利润分配的影响。

欢瑞世纪减值补偿与盈利承诺补偿合计不应超过本次交易中上市公司收购欢瑞世纪 100% 股权的总对价。

（五）本次交易前后股权结构变化情况

本次交易前，上市公司总股本为 413 876 880 股，陈援和钟君艳夫妇直接/间接持有上市公司的股份比例合计为 14%，为上市公司的实际控制人。本次交易完成后（考虑配套融资），陈援和钟君艳夫妇直接/间接持有上市公司的股份比例合计约 28.82%，仍为公司的实际控制人。本次交易前后公司的股权结构变化如表 10 – 12 所示。

表 10 – 12   单位：万股、%

股东名称		本次发行前		本次发行后（考虑配套融资）	
		股份数量	股份比例	股份数量	股份比例
陈援、钟君艳及其一致行动人	陈援	—	—	881.20	0.90
	钟君艳	—	—	5 663.19	5.77
	浙江欢瑞	—	—	4 919.06	5.01
	天津欢瑞	5 793.88	14.00	5 793.88	5.91
	陈平	—	—	109.66	0.11
	钟金章	—	—	234.99	0.24
	合计	5 793.88	14.00	17 601.97	17.94
欢瑞世纪其他股东		—	—	27 356.40	27.89
其他社会公众股东		32 763.23	79.16	32 763.23	33.40
配套募集交易对方	欢瑞联合	—	—	10 665.14	10.87
	青宥仟和	2 830.58	6.84	5 124.16	5.22
	青宥瑞禾	—	—	2 293.58	2.34
	弘道天华	—	—	2 293.58	2.34
	合计	2 830.58	6.84	20 376.46	20.77
合计		41 387.69	100	98 098.05	100.00

（六）本次交易对上市公司主要财务指标的影响

星美联合在本次交易前后（不考虑配套融资）主要财务数据如表 10 – 13 所示。

表 10 – 13   单位：万元

项目	2016 年 6 月 30 日		2015 年 12 月 31 日	
	本次交易前	本次交易后（备考）	本次交易前	本次交易后（备考）
资产总额	819.88	152 729.75	870.29	132 333.32
负债总额	408.00	54 316.47	442.74	38 634.30
所有者权益合计	411.88	98 413.28	427.56	93 699.02
归属于母公司的所有者权益	411.88	98 398.88	427.56	93 683.57
归属于母公司股东每股净资产（元/股）	0.0051	1.2216	0.0103	1.1632
项目	2016 年 1 – 6 月		2015 年度	
	本次交易前	本次交易后（备考）	本次交易前	本次交易后（备考）
营业收入	619.41	25 564.01	1 343.58	48 331.90
营业利润	43.38	5 308.60	281.04	19 903.11
利润总额	43.38	6 770.50	281.48	22 133.16
净利润	– 15.68	4 714.26	130.03	17 263.20
基本每股收益（元）	– 0.0002	0.0585	0.0031	0.2143

（七）其他

1. 本次交易构成关联交易。2015 年 4 月 27 日，陈援所控制的天津欢瑞协议受让上海鑫以所持有的星美联合 57 938 783 股股份，占星美联合已发行总股本的 14.00%。协议转让完成后，天津欢瑞成为上市公司的第一大股东。

2015 年 4 月 27 日，青宥仟和与弘道天瑞分别协议受让上海鑫以所持有的星美联合 28 305 807 股、20 693 850 股股份，分别占星美联合已发行总股本的 6.84%、5.00%。青宥仟和、弘道天瑞与上市公司本次交易的交易对方弘道晋商、青宥瑞禾、弘道天华为关联方。

本次重组交易，上市公司拟向陈援、钟君艳等欢瑞世纪的全体股东发行股份购买其持有的欢瑞世纪 100% 的股权，同时向欢瑞联合、弘道天华、青宥仟和、青宥瑞禾非公开发行股票募集配套资金。欢瑞联合为陈援所控制的企业，陈援、钟君艳成为本公司的实际控制人。本次重大资产重组构成关联交易，关联方在相关决策程序时已回避表决。

2. 本次交易构成重大资产重组。上市公司 2014 年度未产生营业收入，本次交易拟购买资产欢瑞世纪 2014 年度营业收入约为 29 420.49 万元，超过上市公司营业收入的 100%；本次交易标的资产作价 30.00 亿元，超过上市公司 2014 年经审计合并财务报告资产总额 308.37 万元的 100%，超过上市公司 2014 年经审计合并财务报告归属母公司所有者权益 297.44 万元的 100%，且超过 5 000 万元，因此本次交易构成重大资产重组。

同时，本次交易涉及发行股份购买资产，需提交中国证监会上市公司并购重组审核委员会审核。

3. 本次交易构成借壳上市。上市公司控股股东天津欢瑞系陈援所控制，因此陈援及钟君艳夫妇共为上市公司的实际控制人。本次交易中，陈援与钟君艳夫妇将其所控制的欢瑞世纪注入上市公司，欢瑞世纪的交易作价为 30 亿元，占上市公司 2014 年末资产总额 308.37 万元的比例超过 100%，按照《重组管理办法》第十三条的规定，本次交易构成借壳上市。

四、重点问题分析：欢瑞世纪的收入预测和成本结转方法分析及举例

计划收入比例法是指公司从首次确认销售收入起，在成本配比期内，以当期已实现的收入占计划收入的比例为权数，计算确定本期应结转的相应成本。公司由影视片的主创、销售和财务等专业人员，结合以往的经验和数据，对发行或播映的影视作品的市场状况，本着谨慎原则进行预测，并估算出该片在规定成本配比期内可能获得收入的总额。在此基础上，计算其各期应结转的销售成本。计算公式为：

计划销售成本率＝影视剧入库的实际总成本/预计影视剧成本配比期内的销售收入总额×100%

本期（月）应结转成本额＝本期（月）影视剧销售收入额×计划销售成本率

在影视剧配比期内，因客观政治、经济环境或者企业预测、判断等原因而发生预期收入与实际收入严重偏离的情况时，公司将及时重新预测，依据实际情况调整影响影视剧成本配比期内的预计销售收入总额，使预测收入的方法更科学，结果更准确。

欢瑞世纪主要产品为电视剧，其预期收入测算方法如下：

电视播映权转让，包括首轮播映权转让和二轮播映权转让。首轮播映权是部分电视台可以按约定的顺序在 2 年内（部分剧目延长到 3~5 年内）先后开始播放的权利；二轮播映权是指在首轮播映结束后，其他部分电视台继续播放的权利。

以电视剧《少年四大名捕》为例说明欢瑞世纪各期实际收入、预测收入、成本结转的确认过程、数额及其准确性。

《少年四大名捕》由欢瑞世纪和光线传媒共同出资联合拍摄，欢瑞世纪为制片方，预算投资金额 6 000 万元，欢瑞世纪和光线传媒各占 50%。2013 年 12 月 18 日取得发行许可证，实际制作成本 6 384.27 万元，其中库存商品 - 成本 6 384.27 万元，库存商品 - 备抵 -3 150 万元，2014 年收到进项税发票冲抵成本 27.62 万元。

预计总收入 11 000 万元，计划销售成本率 2013 年 58.04%，2014 年和 2015 年为 57.79%；截至 2015 年末实现收入 9 403.55 万元，占预计总收入 85.49%。

截至 2015 年末应结转成本 2 877.88 万元；实际结转营业成本 2 876.86 万元，少转 1.02 万元。具体情况如表 10 - 14 所示。

表 10 - 14 单位：万元

项目	2013 年度	2014 年度	2015 年度	合计
1. 合同收入	308.57	8 446.87	648.11	9 403.55
其中：确认营业收入	171.75	4 464.95	342.63	4 979.34
确认分账收入	136.82	3 981.91	305.48	4 424.21
2. 计划销售成本率	58.04%	57.79%	57.79%	—
3. 应结转制作成本	179.09	4 881.26	374.53	5 434.88
其中：应结转营业成本	99.68	2 580.20	198.00	2 877.88
应结转备抵成本	79.41	2 301.06	176.53	2 557.00
4. 实际结转成本	179.40	4 879.87	383.53	5 442.79
其中：实际结转营业成本	98.88	2 580.30	197.68	2 876.86
实际结转备抵成本	80.52	2 299 57	185.85	2 565.94

注：1. 计划销售成本率 1 = 6 384.27/11 000 = 58.04%；计划销售成本率 2 = 6 356.66/11 000 = 57.79%。

2. 应结转成本 = 计划成本销售率 × 合同收入/100。

第四节　卓郎智能借壳新疆城建

一、交易概览

上市公司	新疆城建（集团）股份有限公司（以下简称新疆城建）		
借壳方	卓郎智能机械有限公司（以下简称卓郎智能）		
借壳方案	资产置换 + 置出资产承接及股份转让 + 发行股份购买资产		
交易价值（万元）	1 025 000	并购方式	发行股份购买资产
现金支付金额（万元）	—	并购目的	借壳上市
评估价值（万元）	1 025 029.2	支付方式	上市公司股份 + 资产
评估方式	收益法	标的类型	股权
控制权是否变更	是	股权转让比例	100%
是否有业绩承诺	是	是否有超额奖励	否

卓郎智能成立于 2012 年 10 月，由金昇实业出资设立。卓郎智能主要资产、业务来源于 2013 年收购完成的 Oerlikon 天然纤维纺机业务和纺机专件业务的全部资产和股权。新疆城建主营业务萎缩，未来盈利能力持续增长面临一定压力；本次重组完成后，新疆城建现有资产、负债、业务等将被剥离，转而持有卓郎智能 100% 的股权，卓郎智能拥有的盈利能力较强、发展前景广阔的智能化纺织装备业务将注入上市公司，上市公司的盈利能力将显著增强。

截至 2017 年 3 月 31 日，本次重组已完成国资委批复/备案、上市公司董事会及股东大会审议通过，并收到中国证监会行政许可项目审查一次反馈意见通知书等。本次交易尚需国务院国资委、中国证监会等部门批复/核准。

常规收购方案中，往往以现金收购老股及承接资产，而现金对价通常来源于配套融资。而本方案最大亮点，就是在整个交易过程中，主要都以股权作为交易作价，减少资金环节，降低收购方的资金压力（重组新规下借壳上市不再能募集配套资金），提高交易效率。

1. 资产置出环节：上市公司以除 1.85 亿元现金以外的其他全部资产及负债（交易作价 221 240 万元），与标的公司大股东金昇实业所持有 21.49% 的标的股份（该部分作价 22.13 亿元）进行置换。

2. 资产承接环节：上市公司原控股股东乌鲁木齐国资公司，以其持有的上市公司 22.11% 股份（1.494 亿股作价 22.13 亿元，约 14.82 元/股）作为交易对价，承接金昇实业通过置换获得的上市公司原资产；标的股份转让总价超出置出资产交易价格的部分，即 60 万元，金昇实业应以现金方式向国资公司补足。

3. 发行股份购买资产环节：上市公司以 6.44 元/股的价格发行 12.48 亿股，合计作价 80.38 亿元收购标的资产剩余股权。

由以上可以看出，上市公司原股东股权作价 14.82 元/股，相较于发行股份购买资产的 6.44 元/股，溢价 130%（"壳费"溢价）；金昇实业正是以持有的 21.49% 标的公司股权，溢价 130% 收购乌鲁木齐国资公司持有的 22.11% 上市公司股权，避免了传统模式下标的公司 100% 均通过发行股份方式收购，降低新发行股份数，从而减少上市公司权益摊薄。

另外，根据《业绩补偿协议》约定，业绩承诺方金昇实业以其本次重组获得的上市公司股票进行补偿，不足补偿的部分由金昇实业从二级市场购买，或其他合法方式取得的公司股票进行补偿。这一安排也有利于投资者。

二、交易双方

（一）上市公司：新疆城建（600545.SH）

新疆城建于 2003 年 11 月 18 日上市，控股股东为乌鲁木齐国有资产经营（集团）有限公司（持股 26.56%），实际控制人为乌鲁木齐市国资委。自上市以来，公司控制权未发生变动。

新疆城建主营业务为建筑施工和房地产开发业务。近些年受宏观经济下行影响，公司的施工业务及房地产业务都开始下滑。2014 年、2015 年及 2016 年 1 – 9 月，归属于上市公司股东的净利润分别为 9 660.78 万元、3 119.07 万元和 –22 244.46 万元，盈利能力持续下滑。

新疆城建未来盈利能力持续增长面临一定压力，为保护上市公司全体股东、特别是中小股东的利益，上市公司需通过重大资产重组注入具有较强盈利能力和持续经营能力的优质资产，提升公司核心竞争力，实现主营业务整体转型。

（二）借壳方：卓郎智能

卓郎智能成立于 2012 年 10 月，由金昇实业出资设立。卓郎智能主要资产、业务来源于 2013 年收购完成的 Oerlikon 天然纤维纺机业务和纺机专件业务的全部资产和股权。

通过上述收购，卓郎智能成为全球范围极少数能够提供从梳棉机、粗纱机，环锭纺纱机和转杯纺纱机直至络筒机、并线机和倍捻机的整体解决方案提供商，所处细分行业为智能化纺织装备行业。

卓郎智能是一家具有百年品牌历史，全球领先的高端纺织装备及解决方案提供商，主要从事智能化纺织成套设备及核心零部件的研发、生产和销售。作为纺织机械行业中具备悠久历史的全球领军企业之一，通过企业多年经营积累及技术沉淀，形成了卓

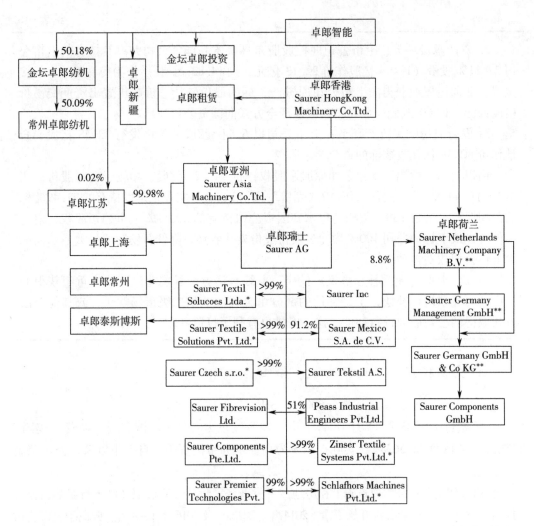

注：1. 所有未标注比例的控股关系均为 100%；2. * 号标注的公司剩余 <1% 的股权部分由卓郎荷兰持有；

3. * * 卓郎管理为卓郎德国的普通合伙人，卓郎荷兰为卓郎德国的有限合伙人。

图 10 - 6　股权关系结构

郎（Saurer）、赐来福（Schlafhorst）、青泽（Zinser）、阿尔玛（Allma）、福克曼（Volk-mann）等多个历史悠久、全球知名的纺织机械行业品牌。

卓郎智能在智能化纺织装备领域拥有行业顶尖的技术水平和研发创新团队，全球共计拥有研发人员约 400 名，在德国、瑞士、中国、美国等 12 个国家和地区申请获得 1 127 项注册专利，其中发明专利 1 038 项。公司产品采用机械模块化理念的全产品链研发设计，依据 TTM（Time To Money）研发流程，在节能、经济、人体工程学等方面具备显著的竞争优势。其中，公司在转杯纺的单锭自动化纺纱、环锭纺的集成 COWEMAT 自动落纱、IMPACT 紧密纺装置等领域的技术革新引领着纺织机械行业技术的发展。

卓郎智能目前设立纺纱、加捻、刺绣和专件四大产品线，涵盖纺纱全产业链，其产业链产品覆盖情况如图 10 - 7 所示。

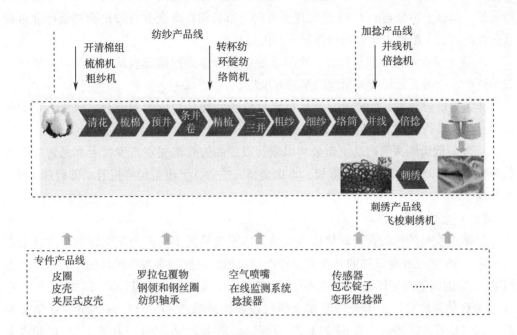

图 10 – 7 产业链产品覆盖情况

2014 年 12 月 17 日，卓郎智能进行第一次股权转让，由金昇实业向国开金融转让卓郎纺机 5% 的股权（折合注册资本 5 800 万元）转让价格 45 000 万元。卓郎智能估值 90 亿元。后续，卓郎智能先后进行 8 次股权转让，根据战略发展需要引入不同的投资机构。2016 年 10 月，卓郎智能进行第 10 次股权转让，本次公司估值 100 亿元。卓郎智能自 2014 年底以来公司估值变化不大，与本次重组评估值也差异较小。

与估值对应的是，2013 年、2014 年、2015 年、2016 年 1 – 8 月，卓郎智能扣除非经常性损益后归属于母公司股东的净利润分别为 16 300.70 万元、25 840.00 万元、30 143.40 万元和 15 631.10 万元，业绩处于平稳增长中。

本次重组完成后，新疆城建现有资产、负债、业务等将被剥离，转而持有卓郎智能 100% 的股权，卓郎智能拥有的盈利能力较强、发展前景广阔的智能化纺织装备业务将注入上市公司，上市公司的盈利能力将显著增强。交易完成后，卓郎智能将实现与 A 股资本市场的对接，进一步推动卓郎智能的业务发展，并有助于提升企业的综合竞争力、品牌影响力和行业地位，有助于实现上市公司股东利益最大化。

三、交易方案

（一）总体方案

本次交易方案包括：（1）资产置换；（2）置出资产承接及股份转让；（3）发行股份购买资产。上述资产置换、置出资产承接及股份转让、发行股份购买资产互为条件，其中任何一项不生效或因故无法实施的，其他两项也不生效或不予实施。

1. 资产置换。上市公司以置出资产与金昇实业持有的同等价值的卓郎智能股权进行置换。留在上市公司的 1.85 亿元现金可由上市公司在本次发行股份购买资产前以现金分红的方式分配给上市公司全体股东并由其享有。

2. 置出资产承接及股份转让。金昇实业以部分卓郎智能股权从上市公司置换出的置出资产，由国资公司或其指定的第三方承接。

作为国资公司或其指定第三方承接置出资产的交易对价的一部分，国资公司向金昇实业转让其持有的上市公司 22.11% 的股份，即 149 400 432 股普通股。

3. 发行股份购买资产。上市公司以发行股份的方式购买资产置换后卓郎智能全体股东持有的卓郎智能剩余全部股权。本次交易完成后，上市公司将持有卓郎智能 100% 的股权。

（二）估值与作价

1. 本次交易的标的资产评估值及作价。本次交易置出资产为截至评估基准日上市公司除 1.85 亿元现金以外的其他全部资产及负债。根据国融兴华出具的经新疆国资委核准/备案的国融兴华评报字〔2016〕第 600001 号《资产评估报告》，以 2016 年 8 月 31 日为评估基准日，上市公司股东全部权益账面价值为 175 517.29 万元，评估值为 239 730.51 万元，评估增值 64 213.22 万元，增值率为 36.59%，扣除 1.85 亿元现金后，交易各方协商确定本次置出资产交易作价 221 240 万元。

本次交易置入资产为卓郎智能 100% 的股权。根据中联评估出具的经新疆国资委核准/备案的中联评报字〔2016〕第 1979 号资产评估报告，以 2016 年 8 月 31 日为评估基准日，卓郎智能归属于母公司所有者权益账面值为 226 666.9 万元，评估值为 1 025 029.2 万元，评估增值 798 362.3 万元，增值率为 352.22%，交易各方协商确定本次置入资产交易作价 1 025 000 万元。

2. 置出资产承接及股份转让的交易对价。国资公司或其指定的第三方承接公司置出资产后，作为承接置出资产的交易对价，国资公司将向金昇实业转让其持有的上市公司 22.11% 的股份（149 400 432 股普通股）（以下简称标的股份），标的股份转让总价为 22.13 亿元。置出资产的交易价格为 221 240 万元，标的股份转让总价超出置出资产交易价格的部分，即 60 万元，金昇实业应在上市公司、国资公司、金昇实业就置出资产的交割签署交割确认书当日或之前以现金方式向国资公司补足。

（三）股份发行情况

1. 股份发行价格。本次发行股份的定价基准日为上市公司审议本预案的 2016 年第十四次临时董事会决议公告日，发行股份价格为定价基准日前 20 个交易日公司股票交易均价的 90%，即 6.49 元/股。

由于新疆城建 2015 年年度股东大会审议通过年度利润分配方案，向全体股东每 10 股派发现金股利 0.5 元（含税），该利润分配于 2016 年 7 月 7 日（本次重组上市公司停牌期间）实施完成，因此，本次发行价格调整为 6.44 元/股。

2. 股份发行数量。本次交易股份发行对象为卓郎智能全体股东，根据本次交易方案，初步计算的股份发行数量如表 10 – 15 所示：

表 10 – 15

卓郎智能全体股东	出资（万元）	持股比例（%）	置入资产交易作价（元）	发行股份作价（元）	实际发行股份数（股）
金昇实业	75 400.00	65.00	6 662 500 000	4 450 100 000	691 009 316
国开金融	6 960.00	6.00	615 000 000	615 000 000	95 496 894
上海涌云	5 800.00	5.00	512 500 000	512 500 000	79 580 745
赵洪修	5 220.00	4.50	461 250 000	461 250 000	71 622 670
金布尔	4 640.00	4.00	410 000 000	410 000 000	63 664 596
江苏华泰	3 469.59	2.99	306 580 257	306 580 257	47 605 629
和合投资	2 689.23	2.32	237 625 750	237 625 750	36 898 408
深圳龙鼎	2 436.00	2.10	215 250 000	215 250 000	33 423 913
先进制造产业基金	2 320.00	2.00	205 000 000	205 000 000	31 832 298
华山投资	1 160.00	1.00	102 500 000	102 500 000	15 916 149
上海永钧	1 160.00	1.00	102 500 000	102 500 000	15 916 149
宁波裕康	1 160.00	1.00	102 500 000	102 500 000	15 916 149
西藏嘉泽	1 160.00	1.00	102 500 000	102 500 000	15 916 149
合众投资	790.77	0.68	69 874 250	69 874 250	10 850 038
上海谨业	580.00	0.50	51 250 000	51 250 000	7 958 074
上海泓成	580.00	0.50	51 250 000	51 250 000	7 958 074
北京中泰	464.00	0.40	41 000 000	41 000 000	6 366 459
南京道丰	10.41	0.01	919 743	919 743	142 817
合计	116 000.00	100.00	10 250 000 000	8 037 600 000	1 248 074 527

3. 锁定期安排

（1）金昇实业承诺

①从国资公司受让取得的上市公司股票，自本次重组完成之日起 36 个月不得转让。

②因本次发行取得的上市公司股票，自股份发行结束之日起 36 个月内不得转让。

③本次重组完成后 6 个月内，如上市公司股票连续 20 个交易日的收盘价均低于本次发行价格，或者本次重组完成后 6 个月期末收盘价低于本次发行价格的，则前述金昇实业因本次重组取得的上市公司股票（含自国资公司受让取得的股票及因本次发行取得的股票）的锁定期自动延长 6 个月。

④前述锁定期届满，如金昇实业在《业绩承诺及补偿协议》约定的业绩承诺期间尚未届满或金昇实业尚未履行完毕在《业绩承诺及补偿协议》项下的股份补偿义务，则前述锁定期应延长至业绩承诺期间届满且股份补偿义务履行完毕之日。

（2）除金昇实业以外的卓郎智能其余股东（以下简称其余股东）承诺

①若在本次股份发行结束时，其持有标的公司股权未满12个月，则其以该等股权认购取得的上市公司股票自股份发行结束之日起36个月不得转让；若在本次股份发行结束时，其持有标的公司股权已满12个月，则其以该等股权认购取得的上市公司股票自股份发行结束之日起24个月不得转让。

②本次重组完成后6个月内，如上市公司股票连续20个交易日的收盘价均低于本次股份发行价格，或者本次重组完成后6个月期末收盘价低于本次股份发行价格的，则因本次发行取得的上市公司股票的锁定期自动延长6个月。

（3）乌鲁木齐国资公司承诺

①自本次重组完成后36个月内，本公司不转让所持新疆城建剩余股票。

②本公司就所持新疆城建剩余股票，由于上市公司分配股票股利、资本公积转增股本等情形而衍生取得的股票，也应遵守上述承诺。

（四）补偿安排

1. 盈利预测承诺。金昇实业的业绩承诺期间为本次重组实施完毕当年度及其后两个完整会计年度，即2017年、2018年、2019年。若本次重组未能在2017年12月31日前实施完毕的，则前述业绩承诺期间相应顺延。

金昇实业承诺本次重组实施完毕当年及其后两个完整会计年度，即2017年、2018年、2019年，卓郎智能实现的归属于母公司所有者的净利润（合并报表口径，扣除非经常性损益，下同）分别不低于5.83亿元、7.66亿元、10.03亿元，合计不低于23.52亿元。

2. 盈利预测补偿。若卓郎智能截至当期期末累积实现净利润数未达当期期末累积承诺净利润数，金昇实业应对上市公司按如下进行补偿：

（1）金昇实业应首先以其因本次重组获得的上市公司股票进行补偿，前述股份不足补偿的，由金昇实业以从二级市场购买或其他合法方式取得的上市公司股票进行补偿；

（2）当股份补偿总数达到本次发行股份购买资产发行的股份总数的90%后，将由金昇实业以现金补偿。

当期补偿金额＝（截至当期期末累积承诺净利润－截至当期期末累积实现净利润）÷业绩承诺期间各年度承诺净利润总额×卓郎智能100%股权作价－累积已补偿金额

当期股份补偿数量＝当期补偿金额÷本次股份发行价格

当期现金补偿金额＝（当期股份应补偿数量－当期股份已补偿数量）×本次股份发行价格

如上市公司在业绩承诺期间发生资本公积金转增股本或分配股票股利等除权事项，

则前述当期股份补偿数量应做相应调整，即当期股份补偿数量（调整后）＝当期股份补偿数量（调整前）×（1＋转增或送股比例）。

如上市公司在业绩承诺期间发生现金分红等除息事项，则金昇实业按上述公式计算的当期股份补偿数量所对应之累积获得的现金分红，应随之赠送给上市公司。

按前述公式计算的当期补偿金额、当期股份补偿数量小于零的，按零取值，已经补偿的股份及现金不予冲回。

3. 减值测试。业绩承诺期间届满后，如置入资产期末减值额大于累积已补偿金额，则金昇实业应对上市公司另行补偿。应补偿金额＝期末减值额－累积已补偿金额。补偿时，首先以本次重组获得的上市公司股票进行补偿，前述股份不足补偿的，由金昇实业以从二级市场购买或其他合法方式取得的上市公司股票进行补偿；当股份补偿总数达到本次发行股份购买资产发行的股份总数的90％后，将由金昇实业以现金补偿。

金昇实业向上市公司业绩承诺补偿及减值测试补偿的总金额不超过卓郎智能100％的股权作价。

（五）本次交易前后股权结构变化情况

本次交易前，上市公司总股本为67 578.58万股，国资公司持有17 947.29万股，为上市公司控股股东，乌鲁木齐市国资委为上市公司实际控制人。本次交易完成后，上市公司总股本将增加至192 386.03万股，金昇实业将持有84 040.97万股，占本次交易后上市公司总股本的43.68％，金昇实业将成为上市公司控股股东，潘雪平将成为上市公司实际控制人。

本次交易前后，上市公司股本总额及股本结构变化情况如表10 - 16所示：

表10 - 16

股东名称	资产重组前		发行股份购买资产后		股权转让完成后	
	数量（股）	比例（％）	数量（股）	比例（％）	数量（股）	比例（％）
原上市公司股东						
国资公司	179 472 899	26.56	179 472 899	9.33	30 072 467	1.56
上市公司原其他股东	496 312 879	73.44	496 312 879	25.80	496 312 879	25.80
小计	675 785 778	100.00	675 785 778	35.13	526 385 346	27.36
新增股东						
金昇实业	—	—	691 009 316	35.92	840 409 748	43.68
国开金融	—	—	95 496 894	4.96	95 496 894	4.96
上海涌云	—	—	79 580 745	4.14	79 580 745	4.14
赵洪修	—	—	71 622 670	3.72	71 622 670	3.72
金布尔	—	—	63 664 596	3.31	63 664 596	3.31

续表

股东名称	资产重组前		发行股份购买资产后		股权转让完成后	
	数量（股）	比例（%）	数量（股）	比例（%）	数量（股）	比例（%）
江苏华泰	—	—	47 605 629	2.47	47 605 629	2.47
和合投资	—	—	36 898 408	1.92	36 898 408	1.92
深圳龙鼎	—	—	33 423 913	1.74	33 423 913	1.74
先进制造产业基金	—	—	31 832 298	1.65	31 832 298	1.65
华山投资	—	—	15 916 149	0.83	15 916 149	0.83
上海永钧	—	—	15 916 149	0.83	15 916 149	0.83
宁波裕康	—	—	15 916 149	0.83	15 916 149	0.83
西藏嘉泽	—	—	15 916 149	0.83	15 916 149	0.83
合众投资	—	—	10 850 038	0.56	10 850 038	0.56
上海谨业	—	—	7 958 074	0.41	7 958 074	0.41
上海泓成	—	—	7 958 074	0.41	7 958 074	0.41
北京中泰	—	—	6 366 459	0.33	6 366 459	0.33
南京道丰	—	—	142 817	0.01	142 817	0.01
小计	—	—	1 248 074 527	64.87	1 397 474 959	72.64
合计	675 785 778	100.00	1 931 531 108	100.00	1 923 860 305	100.00

（六）其他

1. 本次交易构成关联交易

本次交易置出资产承接方为上市公司控股股东国资公司或其指定的第三方，因此，本次交易资产置换构成关联交易。

此外，本次重大资产重组实施后，金昇实业将成为上市公司控股股东，潘雪平将成为上市公司实际控制人，本次交易是上市公司与潜在控股股东之间的交易，构成关联交易。

综上所述，本次交易构成关联交易，关联方在相关决策程序时回避表决。

2. 本次交易构成重大资产重组

本次交易拟购买资产 2015 年末资产总额、资产净额及 2015 年营业收入占上市公司同期合并财务报告相关指标的比例如表 10 - 17 所示。

表 10 - 17　　　　　　　　　　　　　　　　　　　　　　　　　　　　单位：万元、%

项目	新疆城建	卓郎智能	交易金额	计算依据	比例
资产总额	1 044 908.20	942 626.0	1 025 000.00	1 025 000.00	98.09
归属于母公司股东权益	209 061.83	202 809.5	1 025 000.00	1 025 000.00	490.29
营业收入	437 972.60	664 890.2	—	664 890.2	151.81

此外，本次交易上市公司拟置出截至基准日除 1.85 亿元现金以外的其他全部资产及负债。拟置出资产的资产总额与交易金额孰高值、净资产额与交易金额孰高值、

2015 年营业收入占上市公司同期对应指标比例均不低于 50% 。

综上所述，根据《重组管理办法》第十二条、第十四条的相关规定，本次交易构成重大资产重组。

3. 本次交易构成借壳上市。本次拟购买资产 2015 年末资产总额、资产净额及 2015 年营业收入、净利润占上市公司同期合并财务报告相关指标的比例，以及购买资产发行股份占上市公司本次交易首次董事会决议公告日前一个交易日股份的比例如表 10 - 18 所示。

表 10 - 18　　　　　　　　　　　　　　　　　　　　　　　　单位：万元、%

项目	新疆城建	卓郎智能	交易金额	计算依据	比例
资产总额	1 044 908.20	942 626.0	1 025 000.00	1 025 000.00	98.09
归属于母公司股东权益	209 061.83	202 809.5	1 025 000.00	1 025 000.00	490.29
营业收入	437 972.60	664 890.2	—	664 890.2	151.81
归属母公司股东净利润	6 011.67	38 216.2	—	38 216.2	635.70
股份数	67 578.58	124 807.45	—	124 807.45	184.68

本次交易完成后，金昇实业将成为上市公司控股股东，潘雪平将成为上市公司实际控制人。本次交易中，拟购买资产的部分指标超过上市公司 2015 年末及 2015 年度相关指标的 100% 且本次交易导致上市公司主营业务发生根本变化，根据新的《重组办法》规定，本次交易构成借壳上市。

四、重点问题分析

（一）关于交易对方人数的合规性问题

根据重组预案，本次发行股份购买资产的对象为卓郎智能全体股东，即包括金昇实业在内的 17 位法人和 1 位自然人，其中包括众多有限合伙企业。据此，监管部门关注两点：（1）本次发行股份购买资产的交易对方是否包含私募基金，是否已履行私募基金备案程序；（2）本次交易对方股东或出资人穿透计算后，是否存在超过 200 人的情况。

根据本次发行股份购买资产交易对方提供的工商登记资料、作出的相关说明和陈述，并经全国企业信用信息公示系统、中国证券投资基金业协会网站查询，本次发行股份购买资产部分交易对方为私募基金，除深圳龙鼎私募基金尚未备案完毕，其他私募基金均已完成备案工作。此外，本次发行股份购买资产交易对方经穿透核查后的股东或出资人合计为 174 名，符合发行对象原则上不超过 200 人的相关规定。

第十一章 跨境收购

第一节 美的集团收购 KUKA

一、交易概览

收购方	美的集团股份有限公司（以下简称美的集团）		
被收购方	KUKA Aktiengesellschaft（以下简称 KUKA 或库卡集团）		
收购方案	现金要约收购（银团贷款＋自有资金）		
交易价值（亿元）	272	并购方式	支付现金购买资产
现金支付金额（万元）	272	并购目的	产业延伸
评估价值（万元）	无	支付方式	现金
评估方式	无	标的类型	股权
控制权是否变更	是	股权转让比例	81.04%
是否有业绩承诺	否	是否有超额奖励	否

　　美的集团成立于 2000 年 4 月 7 日，并于 2013 年 9 月 18 日在深交所上市，实际控制人为何享健。美的集团是一家以家电制造业为主的大型综合性企业集团，旗下拥有小天鹅、威灵控股两家子上市公司，2015 年进入福布斯世界 500 强企业。

　　美的集团的发展史，本质上是一部企业并购史。本次瞄准机器人产业，是因制造过程机器人自动化已成为全球发展趋势。根据国际机器人协会预测，2016 – 2017 年全球机器人年均增长率达 12%，中国年均增长率甚至达 26%。预计 2018 年年底世界各地工厂内将配置的工业机器人数量将达约 230 万台，其中中国预计配置 61 万台。

　　本次要约收购标的库卡集团是全球领先的机器人及自动化生产设备和解决方案的供应商，为全球四大机器人企业之一。库卡集团的客户主要分布于汽车工业领域，并覆盖物流、医疗、能源等多个领域，其中在汽车工业机器人行业位列全球市场前三、欧洲第一；在系统解决方案的市场份额美国排名第一，欧洲排名第二。

美的集团发起全面要约收购，向除 MECCA 外其他拟接受要约的股东合计收购
32 233 536 股股份，占库卡集团已发行股本的比例约为 81.04%，加上本次要约收购
前 MECCA 已持有库卡集团 13.51% 股权（5 372 196 股）；本次要约收购交割时，
MECCA 将共计持有库卡集团股份 37 605 732 股，占库卡集团已发行股本的比例为
94.55%。按照每股 115 欧元的要约价格，本次最终的要约收购价格为 37.07 亿欧元
（约合 272 亿元）。

截至 2016 年 12 月 31 日，本次收购已履行全部法定的决策和审批程序。

二、交易双方

（一）收购方：美的集团 （000333. SZ）

美的集团成立于 2000 年 4 月 7 日，并于 2013 年 9 月 18 日在深交所上市。美的集
团的控股股东为美的控股有限公司，实际控制人为何享健，自上市以来，公司实际控
制人未发生变更。

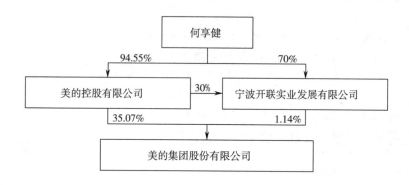

图 11 -1　股权关系结构

美的集团是一家以家电制造业为主的大型综合性企业集团，旗下拥有小天鹅、威
灵控股两家子上市公司。2015 年《财富》中国 500 强榜单，美的集团位居家电行业第
一；2015 年福布斯全球企业榜中，美的集团进入世界 500 强。

美的集团的主要业务分为四大板块，分别是大家电业务板块（空调、冰箱、洗衣
机等）、小家电业务板块（微波炉、风扇等）、电机业务板块（洗涤电机、工业电机
等）、物流业务板块（运输、仓储、配送等）。美的集团近些年稳步发展，凭借自身的
成长和同行业并购不断壮大，市场占有率不断提高，品牌知名度和认可度不断提升。
2013 - 2015 年，美的集团营业总收入分别为 1 212.65 亿元、1 423.11 亿元、1 393.47
亿元；归属母公司股东的净利润分别为 53.17 亿元、105.02 亿元、127.07 亿元。

从表 11 -1 可以看出，美的集团的发展史，本质上是一部企业并购史。

表 11-1

时间	事件
2016 年	收购东芝家电业务的主体东芝生活电器株式会社 80.1% 的股权,并获得 40 年的东芝品牌的全球授权及超过 5 000 项与白色家电相关的专利
2016 年	收购意大利中央空调企业 Clivet S. p. A. 80% 股权
2015 年	与国际中央空调巨头开利合作、和德国最大的工业企业博世成立合资公司、与日本希克斯公司成立合资公司
2014 年	打造美的创新中心,构建面向未来的科技竞争力
2013 年	美的集团整体上市
2012 年	进行组织架构调整,打造扁平化敏捷型组织,全面开展文化再造
2012 年	何享健卸任美的集团董事长,只担任美的控股董事长;方洪波接替担任美的集团董事长,标志着美的完成职业经理人和企业创始人的交接棒,开创中国现代企业传承先河
2012 年	美的印度生产基地建成,占地面积 15 000 平方米,是印度空调生产最大基地之一
2011 年	收购开利 Tierra del Fuego 工厂,生产家用空调
2011 年	收购开利巴西南部的南大河州 Canoas 工厂,生产商用空调;以及收购开利巴西北部的 Manaus 工厂,生产家用空调分体机、窗机产品
2010 年	销售收入突破 1 000 亿元;美的总部大楼落成并投入使用;制定"十二五"发展规划
2010 年	收购埃及 Miraco 公司 32.5% 股权,建立美的埃及生产基地,战略布局中东非
2009 年	美的电器公开增发 1.89 亿新股,募集资金 30 亿元
2008 年	美的白俄罗斯基地建成,成为美的拓展欧洲市场重要基地
2008 年	深化与东芝开利的合作,在家用、商用空调领域结成全球性战略联盟
2008 年	收购小天鹅(000418. SZ),进一步增强冰箱、洗衣机产品竞争力
2007 年	收购广东正力,进军空气压缩机领域,空调越南基地建成投产,开启海外布局
2006 年	美的电器股改,引入战略投资者,实行期权激励
2005 年	收购江苏春花吸尘器,制定美的集团"十一五"战略发展规划
2004 年	与东芝开利签署合作协议,先后收购荣事达、华凌公司(0382. HK,2009 年重组变更为威灵控股),制冷产业实业全面提升
2003 年	相继收购云南、湖南客车企业,正式进军汽车业,进入多元化发展领域
2002 年	全面推行战略性结构调整
2002 年	电冰箱公司成立
2001 年	完成产权改革;磁控管公司、变压器公司成立,形成微波炉产业链
2001 年	新项目 MDV、微波炉、饮水机、洗碗机、燃气具等相继投产
2000 年	美的进行 MBO(管理层回购),顺德政府出让所有股份,退出美的股份公司,以董事长何享健为核心的管理层成为第一大股东,公司成为民企
1999 年	成立信息技术公司、物流公司、电工材料公司
1999 年	美的商标被评为"中国驰名商标"
1998 年	以 5 400 万元的对价,收购东芝万家乐,布局往上游核心零部件延伸,杀入被誉为空调"心脏"的压缩机领域
1998 年	成立芜湖制冷公司、工业设计公司
1997 年	进行事业部制改造

续表

时间	事件
1993 年	成立电机公司和电饭煲公司
1993 年	成立美的集团并进行股份制改造
1985 年	公司开始制造空调
1981 年	公司正式注册使用"美的"商标
1980 年	生产电风扇,进入家电行业
1968 年	何享健带领 23 人集资 5 000 元在北窖开始创业

2000 年,美的集团开启的 MBO(管理层回购)是中国上市公司 MBO 第一案,是中国资本市场"开荒式的案例"。这个动作成为美的集团快速、稳健发展至关重要的核心,也使其真正具备市场化的竞争力。

同时,从美的集团成长史中可以看出,美的集团十分注重海外市场,关注海外扩张和并购的机会。

本次布局机器人产业,是因制造过程机器人自动化已成为全球发展趋势。在中国,由于工资成本上涨、质量需求不断增长,机器人销售潜力大。根据国际机器人协会预测,2016－2017 年全球机器人年均增长率达 12%,中国年均增长率甚至达 26%。预计 2018 年年底世界各地工厂内将配置的工业机器人数量将达约 230 万台,其中中国预计配置 61 万台。

美的集团自 2015 年新成立机器人业务部门,在机器人产业拓展上全面布局。自 2012 年以来,美的集团累计投入使用近千台机器人,自动化改造预计投入约 50 亿元,美的集团广州及武汉空调全智能工厂,以设备自动化、生产透明化、物流智能化、管理移动化与决策数据化,实现订单、供应、研发、生产乃至配送全过程实时监控,大幅提高了生产的自动化率。

本次交易将为美的集团又一战略投资。与 KUKA 合作有助于美的集团在机器人与自动化领域深入拓展,并强化战略布局;同时,本次交易将进一步为美的集团开拓海外业务,寻求新的业务增长点以及提高上市公司盈利能力奠定基础。

(二)被收购方:KUKA(库卡集团)

库卡集团成立于 1889 年 2 月 14 日,并于 1980 年在德国法兰克福证券交易所上市(国际证券代码:DE0006204407)。根据境外律师尽职调查报告,库卡集团已发行股份总数为 39 775 470 股,其股权结构见表 11－2。

表 11－2

序号	股东名称	持股比例
1	J. M. Voith GmbH & Co. Beteiligungen KG.	25.10%
2	MECCA	13.51%
3	SWOCTEM GmbH	10.02%
4	其他股东	51.37%
	合计	100.00%

库卡集团是全球领先的机器人及自动化生产设备和解决方案的供应商，为全球四大机器人企业之一。库卡集团的客户主要分布于汽车工业领域，并覆盖物流、医疗、能源等多个领域，其中在汽车工业机器人行业位列全球市场前三、欧洲第一；在系统解决方案的市场份额美国排名第一，欧洲排名第二。

截至 2016 年 3 月 31 日，KUKA 合并报表下资产总额分别为 23.7 亿欧元（174.0 亿元人民币，本案中欧元与人民币汇率以 7.34∶1 折算，下同）。2014 年、2015 年、2016 年 1 - 3 月，KUKA 销售收入为 20.96 亿欧元（153.8 亿元人民币）、29.66 亿欧元（217.70 亿元人民币）、6.29 亿欧元（46.2 亿元人民币）。

库卡集团拥有 118 年的历史，在德国及整个欧洲的工业体系中，都有着举足轻重地位。库卡集团 1973 年研发了第一台由电动机驱动的 6 轴工业机器人 FAMULUS；2007 年，其研制的"泰坦"机器人，是当时世界上最强大的 6 轴工业机器人，列入吉尼斯世界纪录；2012 年上市的 KR AGILUS 系列，则被认为是世界上最快的小型机器人。目前，库卡集团使用 KUKA 品牌为大众、福特、戴姆勒等知名厂商提供机器人产品，在工业机器人特别是汽车工业方面享有较高的声誉。2015 年库卡集团产品获得了 iF 设计、红点设计等奖项，库卡集团也获得了福特、戴姆勒汽车厂商为供应商颁发的质量和创新奖。

库卡集团的三个主要业务板块如下：

（1）机器人（Robotics）板块。库卡机器人板块处于市场领先地位，在汽车工业机器人行业位列全球市场前三、欧洲第一，主要从事开发、制造和销售可应用于自动化制造过程的核心机器人设备，及其相关的服务和控制器。其产品组合包括 Robocaster 机器人，运动控制和医疗用机器人，模板，电弧焊，钢刷，架装等零件，以及重型机器人等。

（2）系统（Systems）板块。在欧洲和北美，库卡系统为汽车工业自动化解决方案的两家市场引领者之一，主要从事设计和建立涵盖整个工厂价值链的自动化制造系统，包括组件、工具、制造单元及完整的系统。

（3）瑞仕格（Swisslog）板块。瑞仕格主要提供多领域创新的自动化解决方案，为客户提供一站式服务，从咨询、设计、实施，到售后，提供一体化的系统和服务。瑞仕格通过三个部门提供各种自动化解决方案，分别为：仓库和分销解决方案部门、咨询服务部门、医疗保健解决方案部门。解决方案包含构建复杂的仓库和分销中心，其中包括瑞仕格软件、医院的内部物流解决方案，以及供应链管理领域的软件和咨询服务。

库卡集团近年来也频频进行行业内并购，在此领域也拥有丰富经验：

（1）收购 Reis Group 51% 股权。2013 年年底，库卡集团收购了 Reis Group 51% 股权。该公司于 1957 年成立，主要从事制造和生产机器人系统以及生产过程主导的自动化方案。

（2）收购 Alema Automation SAS 的 100% 股权。2014 年 3 月，库卡集团收购了 Alema Automation SAS 100% 股权。该公司于 1979 年在法国梅里尼亚克成立，主要提供工业钻孔和紧固的自动化方案，它生产的自动化机器人钻进自动化程度高且半径较小，能协助完成翼上钻孔，车门总成和机身组装件。

（3）收购瑞仕格并完成其私有化。2014年12月，库卡完成了对瑞仕格的收购。瑞仕格是医疗、仓储、物流等领域的自动化服务商，曾为瑞士证券交易所的上市公司。该次收购后，瑞仕格退市并私有化，瑞仕格的品牌得以保留，其医疗解决方案和仓储及配送解决方案部门和其全球的商业模式保持不变。另外，瑞仕格入选在美国《机器人商业评论》2016全球最具影响力的50家机器人公司。

三、交易方案

（一）总体方案

美的集团拟通过境外全资子公司 MECCA International（BVI）Limited（以下简称 MECCA）以现金方式全面要约收购 KUKA 的股份，要约收购价格为每股 115 欧元。

本次收购前，美的集团通过 MECCA 持有 KUKA 13.51% 的股权；本次收购要约期（包括额外要约期）结束后，接受本次要约收购的库卡集团股份数合计为 32 233 536 股，占库卡集团已发行股本的比例约为 81.04%。按照要约价格为每股 115 欧元计算，本次收购总价约为 37.07 亿欧元（约 292 亿元人民币）。

本次收购完成后，美的集团通过 MECCA 合计持有库卡集团 37 605 732 股股份，占库卡集团已发行股本的比例约为 94.55%。

本次交易的收购资金来源于美的集团自有资金和银行贷款（中国工商银行巴黎分行及法兰克福分行）。

1. 交易对方。本次交易为要约收购，要约收购对象为 KUKA 除 MECCA 外的其他所有股东。

2. 收购主体。本次收购主体为 MECCA，由美的集团香港全资子公司美的国际控股持有 100% 股权。

3. 交易标的。本次交易为全面要约收购，收购标的为除 MECCA 外其他拟接受要约的股东所持有的 KUKA 股份。

截至 2016 年 8 月 4 日，本次要约收购要约期结束，接受本次要约收购的库卡集团股份数量合计为 32 233 536 股，占库卡集团已发行股本的比例约为 81.04%。加上本次要约收购前 MECCA 已持有库卡集团 13.51% 股权（5 372 196 股），MECCA 共计持有库卡集团 37 605 732 股股份，占其已发行股本的比例为 94.55%。

4. 标的资产估值。本次要约收购价格是美的集团在综合考虑并全面评估目标资产的资产状况、盈利水平、品牌、技术水平、市场稀缺性、协同效应等因素的基础上，参考战略投资者收购大型德国上市公司的溢价水平而确定的。

5. 交易定价。本次收购的要约价格为每股 115 欧元。

根据实际收购的股票数量（32 233 536 股），本次最终的要约收购价格为 37.07 亿欧元（约合 272 亿元）。

6. 交易方式及融资安排。本次交易为现金收购，收购资金来源为美的集团自有资金和银行贷款。

根据《德国收购法案》，收购人有义务"采取必要措施保证在收购对价到期应付时，即可履行全部要约"。在现金支付要约收购的情形中，收购人需要安排一家独立于收购人的"投资服务企业"，由该企业以书面形式确认：收购人已采取必要措施，保证在到期需要支付收购对价时，有必要资金能够履行全部要约。此书面形式确认一般简称为"现金确认函"。同时根据要求，发送给 KUKA 股东的要约收购文件第 14.2 节包含了关于现金确认函的强制披露信息。要约收购文件必须附上该现金确认函作为附件，并提交德国联邦金融监管局审批。

根据要约收购的市场常规性商业安排，现金确认函需要由位于欧洲的银行出具，获得融资银行授信并签署银行贷款协议是银行出具现金确认函的必要条件。在获得现金确认函和银行授信后，美的集团用于本次收购的资金即可视为到位。贷款银行将在本次交易全部所需的前置条件达成后无条件放款，不会产生不能及时取得并购借款而导致本次交易失败的风险。

在要约收购期开始前，MECCA 已经取得中国工商银行（欧洲）有限公司提供的现金确认函。

（二）本次交易后对库卡集团治理安排

1. 库卡集团的治理结构。库卡集团是一家德国股份公司，根据《德国股份公司法案》，股份公司有三个公司治理机构，执行委员会（也称管理董事会）、监事会和股东会。

（1）执行委员会。执行委员会负责管理公司，并不受监事会、股东会或某一特定股东决定或指令约束（如不存在控制协议）。执行委员会的成员由监事会任命。

目前库卡集团的执行委员会成员有两名：首席执行官 Till Reuter 博士和首席财务官 Peter Mohnen。

（2）监事会。监事会的主要职责是任免执行委员会的成员，监督执行委员会，并在适当时候向执行委员会提出建议。根据德国关于员工共同决策的法规，库卡集团半数监事会成员由股东会选举产生，另一半监事成员由库卡集团的员工选举产生。

目前，库卡集团监事会由 12 名成员构成。

（3）股东会。股东会是公司股东组成的大会，至少一年召开一次。股东会决定如利润分配和任命审计师等事项。

2. 美的集团拟在完成收购后，继续支持库卡集团业务的独立性。本次收购完成后，美的集团并不谋求执行委员会的席位，仅寻求监事会席位。美的集团在要约收购报告书中明确表示："美的集团十分欣赏库卡集团的管理层和员工，对库卡集团现有管理层充满信心，希望在收购完成后继续支持库卡集团业务的独立性，维护库卡集团管理层及核心技术人员稳定。"

同时，美的集团对于监事成员提名表述也十分委婉："本次交易完成后，本公司希望能够与库卡集团执行委员会及股东合作，共同支持库卡集团未来的发展。同时，美的集团可能会通过向股东会提交监事人选议案、并就该提名投赞成票，寻求监事会代表席位，以适当反映美的集团要约收购完成后的持股比例。"

（三）本次交易对上市公司的影响

本次交易为现金要约收购，不涉及发行股票，对公司股权结构无影响。

从战略角度来看，本次交易将是美的集团推进"双智"战略、推进集团全球化发展、优化产业布局、全面深入布局机器人产业的关键一步，具有重大战略意义。

具体而言，本次交易完成后：（1）美的集团可凭借 KUKA 在工业机器人和自动化生产领域的技术优势，提升公司生产效率，推动公司制造升级，拓展 B2B 产业空间。（2）美的集团子公司安得物流将受益于 KUKA 子公司瑞仕格领先的物流设备和系统解决方案，提升物流效率，拓展第三方物流业务。双方可通过加强合作来驱动不断发展中的中国物流市场仓储及物流自动化进程。（3）美的集团与 KUKA 将共同发掘服务机器人的市场，提供丰富多样化与专业化的服务机器人产品。美的集团将结合 KUKA 在机器人的业务专长及美的在消费者中的影响力，合力拓展多领域的机器人市场。

从财务角度而言，若本次要约收购后美的集团合并 KUKA 报表，对上市公司现有资产总额与结构、负债总额与结构、营业收入规模和结构、期间费用以及各项财务指标均会产生一定影响：（1）标的公司将显著提升上市公司的资产规模；截至 2015 年 12 月 31 日，标的公司总资产约 174.8 亿元人民币。（2）标的公司也将提升上市公司的业务多样性；2015 年度标的公司营业收入约 217.7 亿元人民币，其中 45.74% 来自欧洲，34.92% 来自北美，仅约 19.34% 来自亚洲和其他地区，与上市公司形成地域互补，进一步增加美的集团的销售规模。（3）标的公司 2014 年和 2015 年归属母公司净利润分别达 5.0 亿元和 6.4 亿元，本次收购将提升公司利润水平。

（四）本次交易涉及的审批情况

截至 2017 年 1 月 6 日，本次收购已履行全部法定决策和审批程序，且完成本次要约收购中涉及的库卡集团股份的交割工作并全部支付完毕收购款项。

1. 上市公司内部审批程序。本次收购已经取得公司内部以下授权和批准：

（1）2016 年 5 月 18 日，美的集团召开第二届董事会第十一次会议，审议通过了《关于向库卡集团股东发起要约的议案》以及《关于公司向相关金融机构进行融资事宜的议案》，同意公司进行本次收购。

（2）2016 年 5 月 25 日，美的集团召开第二届董事会第十二次会议，审议通过《关于〈美的集团股份有限公司要约收购 KUKA Aktiengesellschaft 报告书（草案）〉及其摘要的议案》等与本次收购相关的议案。

（3）2016 年 5 月 26 日，美的集团召开 2016 年第三次临时股东大会，审议通过《关于〈美的集团股份有限公司要约收购 KUKA Aktiengesellschaft 报告书（草案）〉及其摘要的议案》等与本次收购相关的议案。

2. 境内履行程序情况。本次收购系美的集团通过其境外全资子公司 MECCA 以全面要约方式收购库卡集团股份。就本次收购涉及的境内有权政府部门审批事宜说明如下：

（1）关于发改部门备案事宜。2016 年 5 月 27 日，国家发改委向美的集团出具《境外收购或竞标项目信息报告确认函》（发改外资境外确字〔2016〕223 号），对美的集团进行本次收购予以确认。

2016 年 11 月 25 日，国家发改委出具《项目备案通知书》（发改办外资备〔2016〕
635 号），对本次收购予以备案。

（2）关于商务部门反垄断审批。2016 年 8 月 10 日，中国商务部反垄断局《不实施
进一步审查通知》（商反垄初审函〔2016〕第 224 号），审核通过本次要约收购涉及的
经营者集中审查事宜，允许本次要约收购实施。

3. 境外履行程序情况。

（1）2016 年 6 月 15 日，德国联邦金融监管局批准 MECCA 要约收购文件。

（2）2016 年 8 月 20 日，德国联邦经济事务和能源部批准本次要约收购。

（3）2016 年 8 月 27 日、2016 年 9 月 6 日、2016 年 9 月 17 日、2016 年 10 月 12
日、2016 年 10 月 13 日，美国、俄罗斯、巴西、墨西哥、欧盟的反垄断部门分别审查
通过本次要约收购。

（4）2016 年 12 月 30 日，美国外资投资委员会（CFIUS）和国防贸易管制理事会
（DDTC）审查通过本次要约收购。

（五）其他

1. 本次交易不构成关联交易。本次交易潜在的交易对方为库卡集团除 MECCA 外
的其他股东，潜在交易对方与美的集团不存在关联关系，本次交易不构成关联交易。

2. 本次交易构成重大资产重组。美的集团截至 2015 年 12 月 31 日经审计归属于母
公司所有者权益为 492 亿元，本次收购总价约为 292 亿元人民币，占公司 2015 年末经
审计净资产的比例将超过 50%，构成重大资产重组。

3. 本次交易不构成借壳上市。本次交易为上市公司现金要约收购，不涉及公司股
份变动，不影响公司股权架构，不会导致公司实际控制人变更，不涉及借壳上市。

四、重点问题分析：本次要约收购价格的合理性分析

本次要约价格为 115 欧元/股，较美的集团召开董事会通过发出要约议案的前一天
（2016 年 5 月 17 日）的股票收盘价溢价 36.24%。

本次要约价格对应股权价值为 45.7 亿欧元。截至 2016 年 3 月 31 日，库卡集团净
负债为 5 500 万欧元，少数股东权益为 −70 万欧元，因此对应的企业价值为 45.2 亿欧
元。库卡集团以 2016 年 3 月 31 日为基准日的前 12 个月的 EBITDA 为 2.5 亿欧元，收
入为 28.8 亿欧元。因此，本次交易的企业价值/EBITDA 倍数为 $18.2x$，企业价值/销售
额倍数为 $1.6x$。

1. 可比上市公司。机器人行业的技术门槛较高，具有核心技术且规模较大的公司
较为稀缺。库卡集团为世界范围内四大机器人公司之一，其余三家大型机器人公司为
ABB、发那科、安川电机。

境内上市公司主营机器人或智能制造相关业务的上市公司有机器人、博实股份等 8
家公司。

（1）境外可比上市公司情况

表 11-3

序号	同行业上市公司	企业价值/EBITDA（过去 12 个月）	企业价值/销售额（过去 12 个月）
1	ABB	10.8x	1.4x
2	发那科	10.3x	3.9x
3	安川电机	7.6x	0.9x
	平均值	9.6x	2.1x

A. 企业股权价值以 2016 年 5 月 19 日收盘价计算并采用 2016 年 3 月 31 日财报数据；

B. EBITDA、收入为以 2016 年 3 月 31 日为基准日的前 12 个月数据。

（2）境内可比上市公司情况

表 11-4

序号	同行业上市公司	企业价值/EBITDA	企业价值/销售额
1	机器人	71.2x	21.4x
2	博实股份	54.1x	16.7x
3	三丰智能	201.7x	18.7x
4	亚威股份	43.0x	5.3x
5	佳士科技	40.8x	5.1x
6	瑞凌股份	44.9x	5.2x
7	软控股份	61.8x	7.0x
8	埃斯顿	93.4x	14.0x
	平均值	70.1x	10.8x

A. 企业股权价值以 2016 年 5 月 19 日收盘价计算并采用 2016 年 3 月 31 日财报数据；

B. EBITDA、收入为采用 2015 年全年数据。

从境外可比公司来看，ABB、发那科、安川电机的企业价值/EBITDA 平均倍数较本次收购价格对应的倍数低，企业价值/销售额倍数平均值与本次收购价格对应的倍数相当。因此，为进一步增强与世界上具有领先水平的机器人企业的合作，库卡集团是为数不多的合适的标的公司。

从境内可比公司来看，本次收购的企业价值/EBITDA 和企业价值/销售额指标均远低于可比公司相应估值指标。

2. 可比交易

表 11-5

交易描述	交易金额（百万美元）	企业价值/EBITDA（过去 12 个月）	企业价值/销售额（过去 12 个月）
欧姆龙 2015 年收购美国工业机器人厂商 Adept Technology	198	EBITDA 为负	3.6x
泰瑞达公司 2015 年收购生产协作机器人的优傲机器人公司	350	23.5x	8.9x
亚马逊 2012 年收购生产仓储物流服务机器人及控制软件的 Kiva 公司	775	—	7.8x
软银 2012 年收购生产人形机器人的 Aldebaran Robotics 公司	100	—	14.4x
平均值		23.5x	8.7x

从可比交易情况来看，目前公开披露盈利数据或息税折旧摊销前金额数据的可比案例较少，从企业价值/销售额倍数来看，可比案例中的估值水平较高，平均值远高于本次收购估值水平，泰瑞达公司收购优傲机器人公司的企业价值/EBITDA 倍数也高于本次收购水平。

3. 战略投资者收购大型德国上市公司溢价情况。表 11 - 6 列示了 2007 年以来标志性的战略投资者收购德国上市公司的收购溢价情况，其中收购溢价率在 30% ~69% 之间，平均值为 46%。本次美的集团收购库卡集团相对于美的集团董事会做出要约收购决定公告前一天收盘价（2016 年 5 月 17 日）的溢价为 36.24%，相对于美的集团收购库卡集团超过 10% 公告前一天（2016 年 2 月 3 日）收盘价的溢价为 59.60%，两个时点的收购溢价水平均落在可比交易收购溢价水平范围内，其中相对于美的集团董事会做出要约收购决定公告前一天收盘价的溢价率低于可比交易平均水平，相对于美的集团收购库卡集团超过 10% 公告前一天收盘价的溢价率高于可比交易平均水平。

表 11 - 6

交易描述	要约价格较收购传闻公开前一天收盘价溢价率
印度风机制造公司苏司兰 2007 年收购德国风力发电公司 Repower	69%
大型医疗保健集团费森尤斯集团 2012 年收购德国上市的医疗集团 Rhon – Klinikum（RHK）	52%
美国机械产品制造商 Terex Corp 2011 年收购德国起重机制造商 Demag Cranes AG	52%
戴姆勒和罗罗通过其合资公司 Engine Holding GMBH 2011 年收购工业发动机生产企业 Tognum AG	40%
美国药物销售大型集团麦克森 2013 年收购德国同行业竞争对手 Celesio	39%
英国网络运营商沃达丰 2013 年收购德国有线电视运营商 Kabel Deutschland Holding	37%
联想集团 2011 年收购德国个人消费电子企业 Medion	30%
平均	46%

从上述可比公司、可比交易及可比收购溢价案例来看，本次收购价格对应的企业价值/EBITDA 倍数较境外可比上市公司高，企业价值/销售额倍数处于可比境外上市公司区间，比平均值低。与境内可比上市公司相比，本次收购对应的估值倍数远低于境内可比上市公司估值倍数；从可比交易来看，本次收购对应的估值倍数均低于可比交易的估值平均水平；从战略投资者收购大型德国上市公司溢价情况来看，本次收购的溢价水平处于可比交易溢价水平区间范围内。

考虑到本次收购为美的集团从战略角度出发做出的决策，对于美的集团未来转型升级推进"双智"战略集中开发智慧家居和提高智能制造能力具有深远的意义。另一方面，库卡集团为市场上为数不多具有核心技术的且具备收购条件的大型机器人公司，收购机遇也较为难得，因此虽然本次收购价格对应的企业价值/EBITDA 倍数较境外同行业公司高，但考虑上述两方面因素，以及结合境内可比上市公司估值情况、可比交易估值情况和可比交易溢价水平情况来看，本次收购价格具有合理性。

第二节 西王食品收购 Kerr

一、交易概览

收购方	西王食品股份有限公司（以下简称西王食品）
被收购方	Kerr Investment Holding Corp.（以下简称 Kerr）
收购方案	全现金收购 Kerr100% 股权 + 非公开发行股份募集资金

交易价值（万元）	487 537.80	并购方式	支付现金购买资产
现金支付金额（万元）	390 030.24	并购目的	产业链延伸
评估价值（万元）	516 458.08	支付方式	现金
评估方式	收益法	标的类型	股权
控制权是否变更	是	股权转让比例	100%
是否有业绩承诺	否	是否有超额奖励	是

西王食品成立于 1987 年 3 月 18 日，并于 1996 年 11 月 26 日登陆 A 股。截至 2016 年 6 月末，上市公司控股股东西王集团及其全资子公司合计持有公司 274 670 656 股，占公司股本总数的 60.43%；王勇持有西王集团 67.91% 的股权，为上市公司实际控制人。

本次收购的标的 Kerr 是全球最大的运动保健品公司，位于加拿大安大略省，主营业务为运动营养产品和体重管理产品的研发和销售。本次收购完成后，西王食品将进入运动营养与体重管理健康食品市场，运动营养与保健食品业务将成为公司新的利润增长点。

本次跨境并购，是一例经典"蛇吞象"案例。本次收购标的资产总额（与交易额孰高）、资产净额（与交易额孰高）和营业收入分别为西王食品相关指标的 279.80%、358.51%、114.44%，如表 11－7 所示。

表 11－7   单位：万元、%

项目	Kerr	西王食品	占比	是否构成重大资产重组
资产总额及交易额孰高	487 537.80	174 247.86	279.80	是
资产净额及交易额孰高	487 537.80	135 989.29	358.51	是
营业收入	256 772.75	224 378.10	114.44	是

因此，为增加交易确定性、提升交易效率，收购方通过引入 PE 机构、委托贷款、股东借款、Earn－Out 等交易结构的巧妙安排，仅动用可能 8 700 多万元的出资，撬动 487 537.80 万元估值的跨境收购，整整 56 倍的交易杠杆，令人惊叹。同时，

本次交易估值对应静态、动态 P/E 倍数分别为 15.33 倍和 13.36 倍, 远低于可比 A 股上市公司的 79.10 倍平均 P/E 倍数; 本次交易估值对应静态 EV/EBITDA 倍数为 12.26 倍, 远低于可比 A 股公司的 42.80 倍的平均 EV/EBITDA 倍数。未来有望推动股价高涨。

表 11 - 8   单位: 万元

首期 80% 股权收购出资安排			交易后
1	西王食品对西王青岛的出资	169 275	西王食品间接取得 Kerr 60% 股权 (作价为 292 523 万元)
	其中, 西王食品对外借款	100 500	
	向西王集团借款	60 000	
	自有资金	8 775	
2	春华资本对西王青岛出资	56 425	春华资本间接取得 Kerr 20% 股权 (作价 97 508 万元)
3	西王青岛对外借款	167 500	
合计		393 200	西王青岛间接取得 Kerr 80% 股权 (作价 390 030 万元)

整个交易过程的步骤如下: (1) 西王食品引入春华资本, 设立境内合资公司西王青岛, 西王食品持股 75%, 春华资本持股 25%; (2) 西王青岛在加拿大设立全资子公司加拿大 SPV1, SPV1 设立全资子公司加拿大 SPV2; (3) 加拿大 SPV2 收购标的公司 Kerr 80% 的股权; (4) 首期 80% 股权收购完成后, 公司通过境内外子公司合计持有 Kerr 60% 股权, 春华资本间接持有 20% 股权; (5) 西王食品同步启动非公开发行股票募集资金, 所募集 16.7 亿元资金扣除发行费用后的净额用于偿还西王食品对西王青岛出资中约 16.05 亿元的借款部分; (6) 剩余 20% 股权, 将每年分别购买 5%、5%、10% 股权, 收购资金以 Earn - out 方式支付。

本次成功收购, 核心在于融资安排, 其中最关键的在于信达资产的资金支持: 西王食品、西王青岛与西王集团、宁波梅山保税港区信善投资合伙企业 (有限合伙)、信达资本管理有限公司、西王药业有限公司、山东西王糖业有限公司、王勇夫妇、王棣夫妇签署《关于西王集团有限公司海外并购特殊机遇投资项目的合作总协议》, 由信善投资向西王食品、西王青岛提供人民币 2 680 000 000 元委托贷款, 用于收购 Kerr 的股权。即后续西王食品对西王青岛 10.05 亿元的股东出资和西王青岛对外 16.75 亿元的借款, 均来自信善投资, 而该合伙企业的两个合伙人为信达资本管理有限公司和中国信达资产管理股份有限公司。

2016 年 10 月 17 日, 西王食品召开 2016 年第三次 (临时) 股东大会, 审议通过了西王食品联合春华资本以现金方式收购 Kerr Investment Holdings Corp. 100% 股权事项。2016 年 10 月 31 日 (加拿大多伦多时间), 交易双方共同签署了《交割备忘录》, 各方确认交割条件全部达成; 西王食品控股加拿大子公司 Xiwang Iovate Health Science International Inc. 已全额支付根据《股权购买协议》、《补充协议 (一)》和《补充协议 (二)》调整后的、本次交易首期购买价款 503 437 190 美元, Kerr Investment Holdings Corp. 80% 股权均已登记在 Xiwang Iovate Health Science International Inc. 名下, 本次交易首期收购股权已完成交割。

2017 年 6 月 27 日, 本次非公开发行股票申请获得发行审核委员会审核通过。

二、交易双方

（一）收购方：西王食品（000639. SZ）

西王食品成立于 1987 年 3 月 18 日，并于 1996 年 11 月 26 日登陆 A 股。从上市至今，公司控股权发生多次转让；2011 年 1 月 24 日，上市公司进行重大资产重组，装入西王食品 100% 股权，公司主营业务发生变更。截至 2016 年 6 月末，上市公司控股股东西王集团及其全资子公司合计持有公司 274 670 656 股，占公司股本总数的 60.43%；王勇持有西王集团 67.91% 的股权，为上市公司实际控制人。上市公司的股权控制关系如图 11 - 2 所示。

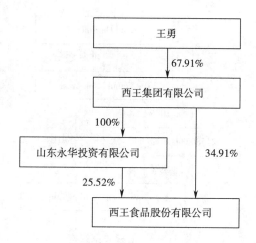

图 11 - 2 股权关系结构

西王食品主营业务为精炼玉米油的生产和销售，其主要产品为小包装玉米油、散装玉米油和玉米油加工的副产品胚芽粕。西王食品是国内唯一一家拥有全产业链控制条件的玉米油生产企业，专注于玉米油生产制造领域十余年，积累了雄厚的技术与资金资源，是中国最大的玉米胚芽油生产基地。2010 年 8 月，西王食品被中国食品工业协会冠名"中国玉米油城"。

2014 年、2015 年、2016 年 1 - 6 月，西王食品营业收入分别为 187 032.28 万元、224 378.10 万元、117 272.69 万元，归属于母公司所有者的净利润分别为 11 749.40 万元、14 627.98 万元、9 463.89 万元。

本次收购完成后，西王食品将进入运动营养与体重管理健康食品市场，运动营养与保健食品业务将成为公司新的利润增长点。Kerr 具有良好的盈利能力，本次收购将增强西王食品的盈利能力并增加资产规模。同时，国内运动营养与体重管理健康食品市场规模可期，本次收购完成后，西王食品将与 Kerr 原业务体系进行融合，利用西王食品国内销售网络及团队，加快 Kerr 业务在中国市场的推广，提升其收入及盈利水平。Kerr 经营业绩具有良好的可预见性，进而推高西王食品业绩，给股东带来更好的回报。

（二）被收购方：Kerr

Kerr 成立于 1998 年 11 月，由 The Toronto Oak Trust 直接或间接持有 100% 股权。

Oak Trust 唯一受托人为 Paul Gardiner，受益人为 Paul Gardiner、其配偶及其子孙后代及其配偶。截至本次收购前，Kerr 的股权结构和控制关系如表 11-9、图 11-3 所示：

表 11-9

股东名称	股份类别和数量
The Toronto Oak Trust	41 股 A 类普通股
2158068 Ontario Inc.	59 股 B 类普通股
合计	100 股普通股

备注：上述 A 类与 B 类普通股的唯一区别为 Kerr 公司向 A 类普通股股东分红与向 B 类普通股股东分红没有必然联系，即 Kerr 公司可以实现向两类普通股股东不同时分红。除此之外，A 类与 B 类普通股在其他所有权利上无任何区别。

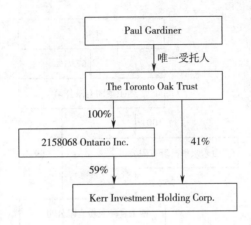

图 11-3 股权关系结构

Kerr 是全球最大的运动保健品公司，位于加拿大安大略省，未上市，主营业务为运动营养产品和体重管理产品的研发和销售。主要销售区域以美国、加拿大等为主，并覆盖世界其他市场，其产品已入驻亚马逊、GNC、沃尔玛、沃尔格林、山姆会员店等零售商体系。

Kerr 的体重管理产品主要包含 Hydroxycut、PurelyInspired、Xenadrine 和 Nature's Food 等 4 个品牌，运动营养产品主要包括 MuscleTech、SixStar、Mission1、Epiq、Strong Girl、True Grit、fuel：one 等 7 个品牌。其中以 MuscleTech、Six Star 两个品牌知名度最高。

2014 年、2015 年及 2016 年 1-5 月，Kerr 营业收入分别为 242 076.62 万元、256 772.75 万元和 128 528.92 万元，实现的净利润分别为 21 662.86 万元、31 898.17 万元和 16 601.79 万元。

三、交易方案

（一）总体方案

本次交易方案包括：（1）西王食品跨境收购 Kerr 100% 的股权；（2）西王食品非公开发行股份募集资金。西王食品收购 Kerr 的实施不以非公开发行获得中国证监会核准为前提，且在中国证监会核准之前即可单独实施。

1. 西王食品跨境收购 Kerr 100% 股权。西王食品支付现金收购 The Toronto Oak Trust 和 2158068 Ontario Inc. 合计持有的 Kerr 100% 的股权，包括：（1）Kerr 首期 80% 股权收购；（2）Kerr 公司剩余 20% 股权后续收购。

本次交易标的公司 100% 股权的基础交易价格为 7.30 亿美元（折合人民币约为 487 537.80 万元），本次交易中标的公司首期 80% 股权收购价格相当于该价格的 80%，即 5.84 亿美元，折合人民币约 390 030.24 万元。

上述汇率参照 2016 年 9 月 19 日（即董事会召开日）人民币汇率中间价（汇率为 1 美元兑人民币 6.6786 元）计算，下同。

2. 西王食品非公开发行股份募集资金。西王食品非公开发行股份募集资金总额预计不超过 167 000 万元，扣除发行及相关费用后的募集资金净额用于联合收购 Kerr 80% 的股权。

如实际募集资金净额少于拟募集资金总额，募集资金不足部分由公司以自有资金或通过其他融资方式解决。本次募集资金到位之前，公司先行以自筹资金进行支付，募集资金到位后对先期投入予以置换。

（二）估值与作价

评估机构中通诚采用收益法和市场法两种方法，对 Kerr 全部股东权益进行估值，并以收益法估值结果作为估值结论。根据中通诚出具的《资产估值报告》中通咨报字〔2016〕41 号，截至 2016 年 5 月 31 日，采用收益法估值，Kerr 股东全部权益价值约为 7.85 亿美元，约合 516 458.08 万元人民币，较 Kerr 合并财务报告股东权益增值 468 182.81 万元人民币。经交易各方协商，标的公司 100% 股权基础交易价格为 7.30 亿美元（折合人民币约为 487 537.80 万元），其中首期收购股权对价将依据《股权购买协议》约定的交易对价调整机制进行调整。

（三）本次重组支付与具体安排

1. 西王食品跨境收购 Kerr 100% 股权

（1）西王食品联合 PE（春华资本）收购 Kerr 首期 80% 股权。西王食品联合春华资本共同收购交易对方 Oak Trust 持有的 Kerr Investment Holding Corp. 41 股 A 类普通股与 2158068 Ontario Inc. 持有的 Kerr 39 股 B 类普通股，合计为 Kerr 80% 的股权。

2016 年 7 月 22 日与 2016 年 9 月 12 日，西王食品与春华资本分别签署《投资协议》与《投资协议第一修正案》，共同设立境内合资公司西王食品（青岛）有限公司（以下简称西王青岛），其中西王食品持股 75%，春华资本持股 25%。西王青岛在加拿大设立全资子公司 Xiwang Iovate Holdings Company Limited（加拿大 SPV1），后者设立全资子公司 Xiwang Iovate Health Science International Inc.（加拿大 SPV2）。由加拿大 SPV2 收购标的公司 Kerr 80% 的股权。Kerr 首期 80% 股权收购完成后，西王食品将通过境内外子公司合计持有 Kerr 60% 的股权，春华资本将间接持有 Kerr 20% 的股权。本次交易架构示意图具体如图 11-4 所示。

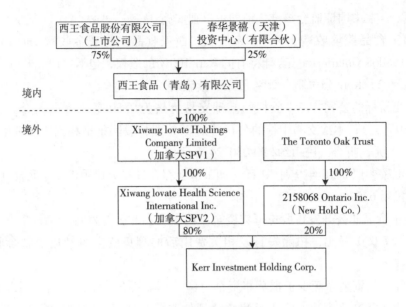

图 11 – 4　交易架构

（2）西王食品收购 Kerr 剩余 20% 股权的后续安排。《股权购买协议》同时约定了西王食品将在 Kerr 首期 80% 股权完成后三年内向卖方收购 Kerr 的剩余 20% 股权。具体而言：

①交割日周年届满至之后的 90 日内，西王食品应向交易对方支付标的公司交割日满第一个 12 个月期间内 EBITDA × 10 × 5% 以受让其所持标的公司剩余 20 股 B 类普通股 25%；

②交割日两周年届满至之后的 90 日内，西王食品应向交易对方支付标的公司交割日满第二个 12 个月期间内 EBITDA × 10 × 5% 以受让其所持标的公司剩余 20 股 B 类普通股 25%；

③交割日三周年届满至之后的 90 日内，西王食品应向交易对方支付标的公司交割日满第三个 12 个月期间内 EBITDA × 10 × 10% 以受让其所持标的公司剩余 20 股 B 类普通股 50%。

Kerr 剩余 20% 股权的收购采用 Earn – Out 模式支付，即"业绩目标付款安排"，此处 Earn – Out 方案采用的业绩指标为 EBITDA，Kerr 在 2016 年、2017 年、2018 年、2019 年的目标 EBITDA 分别约为 6.2 亿元、7.4 亿元、8.6 亿元、10.5 亿元。若双方在 2016 年完成股份交割，且 Kerr 达到目标 EBITDA，则西王食品 2017 年、2018 年、2019 年需支付 3.7 亿元、4.3 亿元、10.5 亿元，合计 18.5 亿元。加上首期支付款 39.32 亿元，总交易金额达到 57.82 亿元，西王食品总支付对价超过 Kerr 100% 股权估值。同时，若 Kerr 未来 3 年达到目标 EBITDA，西王食品将为 Kerr 管理层提供奖励，奖励金额为实际 EBITDA 超出目标 EBITDA 部分的 8%。

根据西王食品与春华资本签署的《投资协议》，收购 Kerr 剩余 20% 股权的交易对价由西王食品予以支付，春华资本无须就此提供任何进一步的资金。假设标的公司剩余 20% 股权收购全部完成，公司将直接及/或间接合计持有 Kerr 80% 的股权，春华资本将间接持有 Kerr 20% 的股权。

（3）本次交易的支付方式及资金来源。根据交易双方在《股权购买协议》及《补充协议（二）》中的约定，本次交易标的公司 100% 股权的基础交易价格为 7.30 亿美元（折合人民币约为 487 537.80 万元），本次交易中标的公司首期 80% 股权收购价格相当于该价格的 80%，即 5.84 亿美元，折合人民币约 390 030.24 万元，并依据《股权购买协议》约定的交易对价调整机制进行调整。

本次交易为全现金收购，资金来源为西王食品自有资金、春华资本的自筹资金以及西王食品通过其他法律法规允许的方式筹集的资金，包括并购贷款和以非公开发行股票募集资金等。其中，购买 Kerr 80% 股权的资金来源有三个：

①西王食品对西王青岛出资 16.93 亿元。

西王食品出资 169 275 万元资金来源包括：

A. 对外借款 10.05 亿元。西王食品、西王青岛与西王集团、宁波梅山保税港区信善投资合伙企业（有限合伙）、信达资本管理有限公司、西王药业有限公司、山东西王糖业有限公司、王勇夫妇、王棣夫妇签署《关于西王集团有限公司海外并购特殊机遇投资项目的合作总协议》，由信善投资向西王食品、西王青岛提供人民币 26.8 亿元委托贷款，用于收购 Kerr 的股权。

基于上述协议，西王食品与西王集团、信善投资及南洋商业银行（中国）有限公司青岛分行签署《南洋商业银行（中国）有限公司委托贷款协议》，约定信善投资委托南洋银行向西王食品发放 10.05 亿元贷款用于收购 Kerr 股权。

B. 向西王集团财务公司借款 6 亿元。经西王食品第十一届董事会第二十三次会议及 2016 年第一次（临时）股东大会审议通过，西王食品与西王集团财务公司签订《金融服务协议》，2016 年 12 月 31 日、2017 年 12 月 31 日及 2018 年 12 月 31 日止三个年度西王集团财务公司向西王食品提供的综合授信额度年度上限分别为人民币 6 亿元、人民币 8 亿元及人民币 10 亿元。

C. 自有资金。截至 2016 年 6 月 30 日，西王食品合并报表货币资金余额为 6.54 亿元，母公司报表货币资金为 2.40 亿元。公司在保证日常经营所需资金的前提下，将以部分自有资金支付交易对价。

上述 A + B + C 的出资合计 169 275 万元，占西王青岛 75% 股权；后续，西王食品拟通过非公开发行股份募集资金 16.7 亿元，用于替换 A 与 B 项下的借款。

②春华资本对西王青岛出资 5.64 亿元。这是典型的"PE + 上市公司"模式。此处的春华资本在内业大名鼎鼎，由前高盛集团合伙人兼大中华区主席胡祖六博士创立。春华资本出资 5.64 亿元占西王青岛 25% 股权。

另外，春华资本退出路径也暂不明确。协议中仅约定，各方同意，在出资日后，春华资本可与西王食品协商，在履行法律法规规定的程序后，通过现金、有价证券或其他形式的对价由西王食品或其指定第三方收购春华资本在合资公司中的所有股权，实现春华资本退出各合资公司。

③西王青岛对外借款 16.75 亿元。西王食品、西王青岛与西王集团、信善投资及南洋银行签署《南洋商业银行（中国）有限公司委托贷款协议》，约定信善投资委托南洋银行向西王青岛发放 16.75 亿元贷款用于收购 Kerr 股权。

如上所述，西王食品与春华资本向西王青岛合计出资 225 700 万元，折合美元约为3.38 亿美元，西王青岛对外借款 16.75 亿元人民币，折合美元约为 2.5 亿美元，合计约为 5.88 亿美元，以支付本次交易首期收购股权对价。

通过上述资金安排与连环嵌套，西王食品只需出资 0.8775 亿元（即 16.9274 – 10.05 – 6），就能撬动首期约 39 亿元的支付价款，从而撬动总交易对价为 48.75 亿元的跨境收购，整整 56 倍的杠杆，令人叹为观止。

（4）本次交易的决策过程。西王食品收购 Kerr 100% 股权先后履行了如下审批或备案程序：

A. 2016 年 5 月 10 日，国家发展改革委外资司下发《境外收购或竞标项目信息报告确认函》（发改外资境外确字〔2016〕141 号）。

B. 2016 年 6 月 12 日（多伦多时间），Paul Gardiner 先生作为 TOT 的唯一受托人签署文件，同意 TOT 作为签约方签署《股权购买协议》及后续可能的一系列补充协议。

C. 2016 年 6 月 13 日，西王食品召开第十一届董事会第二十六次会议，审议通过《关于收购 Kerr Investment Holding Corp. 100% 股份并签署〈股份购买协议〉及其附属协议的议案》、《关于授权公司董事长王棣先生签署〈股份购买协议〉及其附属协议的议案》、《关于与春华秋实（天津）股权投资合伙企业（有限合伙）签署〈联合收购意向性协议〉的议案》以及《关于委托银行开具履约保函的议案》等与本次交易有关议案。

D. 2016 年 7 月 21 日，加拿大竞争委员会依照加拿大竞争法案批准本次交易并出具预先裁决证明。

E. 2016 年 7 月 22 日，西王食品召开第十一届董事会第二十七次会议，审议通过《关于公司与春华景禧（天津）投资中心（有限合伙）合资设立子公司的议案》等与本次交易有关的议案。

F. 2016 年 8 月 8 日，美国联邦贸易委员会（Federal Trade Comission）根据《哈特 – 斯科特 – 罗迪诺反垄断改进法案》（HSR Act）受理了与本次交易相关的 HSR 通告及报告材料。2016 年 8 月 19 日，Kerr 已经取得提前终止审核程序的答复。

G. 2016 年 8 月 22 日，青岛市商务局向西王食品（青岛）有限公司下发《企业境外投资证书》（境外投资证第 K3702201600203 号）。

H. 2016 年 8 月 26 日，西王食品召开第十一届董事会第三十次会议，审议通过《关于签署〈股份购买协议第一修正案〉的议案》。

I. 2016 年 8 月 30 日，国家发改委下发《项目备案的通知》（发改办外资备〔2016〕390 号），对西王食品（青岛）有限公司收购加拿大 Kerr Investment Holding Corp. 全部股权项目予以备案。

J. 2016 年 9 月 9 日，西王青岛取得招商银行青岛分行出具的《外汇业务登记凭证》。

K. 2016 年 9 月 12 日，西王食品召开第十一届董事会第三十一次会议，审议通过《关于签署〈股份购买协议第二修正案〉的议案》、《关于签署〈一致股东协议〉的议案》与《关于与春华景禧（天津）投资中心（有限合伙）签署〈投资协议第一修正案〉的议案》等与本次交易有关的议案。

L. 2016 年 9 月 12 日，2158068 Ontario Inc. 单一董事出具决议，同意 2158068 Ontario Inc. 签署、送达《补充协议（二）》，并履行相应的义务。

M. 2016 年 9 月 14 日，Kerr 完成并通过加拿大 IRD 投资审查。

N. 2016 年 9 月 19 日，西王食品召开第十一届董事会第三十二次会议，审议通过了《西王食品重大资产购买报告书（草案）》以及与本次交易相关的议案。

O. 2016 年 9 月 28 日，西王食品召开第十一届董事会第三十三次会议，审议通过了《关于为本次交易申请贷款及授权公司董事会办理本次贷款相关事项的议案》、《关于为境内借款提供担保的议案》、《关于同意签署〈投资协议第二修正案〉并向西王食品（青岛）有限公司增资的议案》等与本次交易相关的议案。

P. 2016 年 10 月 17 日，西王食品召开 2016 年第三次（临时）股东大会，审议通过《关于收购 Kerr Investment Holding Corp. 100% 股份并签署〈股份购买协议〉及其附属协议的议案》、《西王食品股份有限公司关于公司重大资产购买方案的议案》、《关于公司非公开发行 A 股股票方案的议案》等一系列文件。

2. 西王食品发行股份募集资金

（1）股份发行价格。本次非公开发行股票的定价基准日为发行期首日，发行价格不低于定价基准日前 20 个交易日公司股票交易均价的 90%。具体发行价格将在本次发行获得中国证监会核准后，由发行人和保荐机构（主承销商）根据有关规定以询价方式确定。

（2）股份发行数量。本次非公开发行的股票数量不超过 13 000 万股，具体发行数量由公司股东大会授权公司董事会与保荐机构（主承销商）协商确定。

（3）募集资金金额。本次非公开发行募集资金总额预计不超过 167 000 万元，扣除发行及相关费用后的募集资金净额联合收购 Kerr 80% 股权。本次募集资金到位之前，西王食品先行以自筹资金进行支付，募集资金到位后对先期投入予以置换。

（4）锁定期安排。本次非公开发行股票完成后，发行对象认购的股份自本次发行结束之日起 12 个月内不得转让。

（四）本次交易对上市公司的影响

1. 本次交易对上市公司股权结构的影响。西王食品以现金方式支付跨境收购 Kerr 100% 股权的对价，交易完成后对上市公司的股权结构不产生影响（不考虑非公开发行股份募集资金）。

2. 本次交易对上市公司财务状况的影响。根据天健审〔2016〕2－377 号审阅后的

《备考财务报告》，Kerr 首期 80% 股权收购完成前后西王食品主要财务数据比较如表
11 - 10 所示：

表 11 - 10　　　　　　　　　　　　　　　　　　　　　　　　　　　　单位：万元

项目	2016 年 5 月 31 日		2015 年 12 月 31 日	
	实际数 （本次交易前）	备考数 （本次交易后）	实际数 （本次交易前）	备考数 （本次交易后）
总资产	219 246.19	651 653.40	174 247.86	590 334.88
总负债	32 636.19	440 043.70	38 258.57	446 571.50
归属于上市公司股东的 所有者权益	186 610.00	186 610.00	135 989.29	125 653.93
营业收入	96 216.99	224 745.91	224 378.10	481 150.85
利润总额	8 234.78	32 378.48	16 627.92	60 261.21
归属于母公司所有者的净利润	7 431.48	17 392.55	14 627.98	33 766.88
基本每股收益（元/股）	0.17	0.40	0.39	0.90

（1）对上市公司负债结构的影响。本次交易后，Kerr 报表将被纳入上市公司合并
报表范围。本次交易为现金收购，收购资金将来主要自于西王食品自有资金、银行贷
款及西王集团贷款等，预计本次交易后西
王食品的资产负债率短期内将会显著
提高。

表 11 - 11

项目	实际数	备考数
资产负债率	21.96%	75.65%
流动比率	2.5x	0.42x
速动比率	1.73x	0.26x

截至 2015 年 12 月 31 日，上市公司合
并报表与本次交易完成后的备考合并报表
之间的偿债能力指标对比情况如表 11 - 11
所示。

（2）对上市公司盈利能力的影响。本次交易完成后，西王食品营业收入规模预计
会出现较大增长。假设 2016 年 1 月 1 日为本次交易交割日，公司 2016 年 1 - 5 月模拟
合并营业收入预计将从 96 216.99 万元增加至 224 745.91 万元，归属于母公司净利润预
计将从 7 431.48 万元增加至 17 392.55 万元。

本次交易完成后，Kerr 将纳入西王食品的合并报表范围，利润也将合并计算，由
于 Kerr 当前利润能够完全覆盖贷款利息支出，因此本次交易总体将使西王食品经营业
绩有所提升。

（五）其他

1. 本次交易不构成关联交易。本次交易前，本次重大资产重组的交易对方与西王
食品不存在关联关系，本次交易不构成关联交易。

2. 本次交易构成重大资产重组。根据毕马威华振审字第 1602288 号审计的 Kerr 两
年一期财务报告，Kerr 及西王食品 2015 年的相关财务指标比例计算如表 11 - 12 所示：

表 11－12				单位：万元、%
项目	Kerr	西王食品	占比	是否构成重大资产重组
资产总额及交易额孰高	487 537.80	174 247.86	279.80	是
资产净额及交易额孰高	487 537.80	135 989.29	358.51	是
营业收入	256 772.75	224 378.10	114.44	是

本次交易构成中国证监会规定的上市公司重大资产重组行为。

同时，本次交易涉及的非公开发行股份募集资金行为，需经中国证监会审核并取得核准后方可实施。

3. 本次交易不构成借壳上市。本次交易为纯现金收购，交易完成前后上市公司控股股东为西王集团，实际控制人为王勇，均未发生变化。本次交易不会导致上市公司控制权发生变更，不属于《重组管理办法》第十三条规定的交易情形，不构成借壳上市。

四、重点问题分析：关于西王食品能否顺利取得金融机构贷款的风险关注

本次交易过程中，交易对方对于西王食品能否取得金融机构贷款的风险一直予以关注；西王食品也因此面临着 KKR、鼎辉等知名机构的竞争压力。因此，本次成功收购的核心在于融资安排，其中最关键的在于信达资产给予的并购贷款承诺函：2016 年 6 月 8 日，中国信达资产管理股份有限公司山东分公司向西王食品出具《融资承诺函》，拟通过银行委托贷款或中国法律允许的其他方式向西王食品或其关联方提供不超过 30 亿元人民币的贷款，用以支付与本次交易相关的融资成本与费用。

后续，西王食品、西王青岛与西王集团、宁波梅山保税港区信善投资合伙企业（有限合伙）、信达资本管理有限公司、西王药业有限公司、山东西王糖业有限公司、王勇夫妇、王棣夫妇签署《关于西王集团有限公司海外并购特殊机遇投资项目的合作总协议》，由信善投资向西王食品、西王青岛提供人民币 26.8 亿元委托贷款，用于收购 Kerr 的股权，即西王食品对西王青岛 10.05 亿元的股东出资和西王青岛对外 16.75 亿元的借款，均来自信善投资，而该合伙企业的两个合伙人为信达资本管理有限公司和中国信达资产管理股份有限公司。

第三节　梅泰诺收购 BBHI

一、交易概览

收购方	北京梅泰诺通信技术股份有限公司（以下简称梅泰诺）
被收购方	Blackbird Hypersonic Investments Ltd.（以下简称 BBHI）
收购方案	并购基金收购境外标的资产＋上市公司发行股份及支付现金购买资产＋上市公司发行股份募集配套资金

续表

交易价值（万元）	630 000.00	并购方式	发行股份及支付现金购买资产
现金支付金额（万元）	210 000.00	并购目的	产业链整合
评估价值（万元）	605 800.37	支付方式	股份 + 现金
评估方式	资产基础法	标的类型	股权
控制权是否变更	否	股权转让比例	100%
是否有业绩承诺	是	是否有超额奖励	是

　　梅泰诺成立于 2004 年 9 月 10 日，并于 2010 年 1 月 8 日登陆深交所创业板。自上市以来，公司控股股东和实际控制人均为张志勇、张敏夫妇，合计持股 26.13%。作为通信领域的先行者，梅泰诺紧抓行业发展脉搏，通过技术创新、产业整合及市场拓展等诸多手段，转型并聚焦于"信息基础设施投资与运营"和"移动互联网运营与服务"两大领域，逐步将公司打造成"移动互联时代的综合服务提供商"。本次拟收购的 BBHI 集团主要从事互联网营销业务，是全球领先的互联网广告供应端平台公司，在全球范围内拥有 7 000 多家媒体资源，为媒体主提供优质的广告位的管理和运营业务，为 Yahoo! Bing Network 等广告网络及其广告主提供精准的广告投放业务。

　　本次跨境并购，是一例经典"蛇吞象"案例。本次收购标的资产总额、资产净额和营业收入分别为梅泰诺相关指标的 221.67%、334.90% 和 163.97%。因此，为增加交易确定性、提升交易效率，收购方通过交易设计（BBHI 股权切分、差别定价）、并购基金、信托贷款、Earn‑out 以及大客户对赌等巧妙安排，仅动用可能 7.16 亿元出资，撬动 63 亿元的重组交易，整整 8.8 倍的交易杠杆。

　　整个交易过程的步骤如下：（1）上市公司实际控制人成立由其控制的并购基金上海诺牧及宁波诺裕；（2）上海诺牧及宁波诺裕共同成立宁波诺鑫、宁波诺信；（3）宁波诺鑫设立香港子公司香港诺祥，宁波诺信成立香港子公司香港诺睿；（4）由香港诺祥和香港诺睿收购 Starbuster 持有的 BBHI 100% 股权，其中，香港诺睿以 4.27 亿美元（约 28.16 亿元人民币）收购 BBHI 99.998% 股权，该部分交易对价于交割日以现金形式支付，香港诺祥以 4.62 亿美元（约 30.51 亿元人民币）收购 BBHI 0.002% 股权，该部分交易对价采取分期支付，也是对 BBHI 原股东的超额业绩奖励（Earn‑Out）；（5）上市公司向上海诺牧、宁波诺裕发行股份及支付现金收购宁波诺信 100% 股权，交易价格 63 亿元；（6）宁波诺信成为梅泰诺的全资子公司，梅泰诺通过宁波诺信及香港诺睿持有 BBHI 99.998% 股权；（7）剩余 0.002% 股权，香港诺祥先将全部股东权益转让给梅泰诺，并在 2019 年度审计报告出具后无条件赠与梅泰诺。

　　经证监会并购重组审核委员会于 2016 年 12 月 29 日召开的 2016 年第 102 次并购重组委工作会议审核，本次重大资产重组事项获无条件通过。

二、交易双方

（一）收购方：梅泰诺（300038. SZ）

梅泰诺成立于2004年9月10日，并于2010年1月8日登陆深交所创业板。自上市以来，公司控股股东和实际控制人均为张志勇、张敏夫妇。其中，张敏持有上市公司44 690 000股股份，占总股本的23.47%；张志勇持有5 056 600股股份，占总股本的2.66%；两人合计持有上市公司股份49 746 600股，占上市公司总股本的26.13%。

梅泰诺是国内通信基础设施领域的先行者、国内通信塔行业主要供应商。公司紧抓行业发展脉搏，通过技术创新、产业整合及市场拓展等诸多手段，转型并聚焦于"信息基础设施投资与运营"和"移动互联网运营与服务"两大领域，逐步将公司打造成"移动互联时代的综合服务提供商"。

在"信息基础设施投资与运营"领域，公司业务主要包含通信网络基础设施产品、通信运维服务、通信基础设施投资运营、网络优化系统集成、接入传输网络产品、网络优化设备销售等通信基础设施传统性业务。在"移动互联网运营与服务"领域，公司以外延式扩张的方式大力拓展互联网营销业务。2015年，公司收购日月同行100%股权，日月同行主要从事互联网营销服务，通过构建专业化的互联网营销平台，整合各类互联网应用下载平台资源及流量资源，为广告主与媒体主搭建桥梁，平衡、匹配、优化他们的价值诉求，满足广告主对推广效果和媒体主对流量变现的要求，因此在互联网营销行业具有较强的竞争力。

2015年上市公司"信息基础设施投资与运营"业务的总收入为73 147.64万元，净利润4 188.01万元，同期日月同行实现营业收入为12 675.10万元，净利润4 484.43万元。经模拟测算，2015年互联网营销业务收入和净利润分别占上市公司模拟合并总收入和净利润的14.77%和51.71%，互联网营销业务成为上市公司的主营业务之一。

未来，公司将根据产业链格局的变化，坚持深耕互联网营销领域，继续通过产业整合的方式进行全产业链的布局，夯实公司在互联网营销领域的业务基础并将其做大做强，提升整体竞争力和盈利能力，为实现公司的战略目标打下坚实的基础。

（二）被收购方：BBHI

BBHI成立于2014年6月24日，由Starbuster持有其100%股权，实际控制人为Divyank。

BBHI集团主要从事互联网营销业务，是全球领先的互联网广告供应端平台公司，在全球范围内拥有7 000多家媒体资源，为媒体主提供优质的广告位的管理和运营业务，为Yahoo! Bing Network等广告网络及其广告主提供精准的广告投放业务。BBHI集团拥有领先的基于上下文检索（Contextual）的广告技术，尤其在预测数据分析（Predictive Analytics）和机器学习（Machine learning）方面，其自主算法可以根据用户正在浏览/搜索的网页内容自动和动态地选择用户可能会感兴趣的广告，并且智能化的实现点击率和竞价排名之间的平衡，从而帮助媒体主大幅提高长期广告收入，实现广告位价值的最大化，帮助广告主实现精准营销。BBHI 集团作为全球范围内参与竞争的 SSP 平台，建立了成熟的互联网营销体系，拥有丰富的媒体资源、优质的客户和先进的广告技术，在全球互联网营销行业具有较强的竞争优势和盈利能力。BBHI 集团 2014 年、2015 年及 2016 年 1 – 8 月的营业收入分别为 70 844.53 万元、125 936.37 万元、110 563.53 万元，归属于母公司所有者净利润分别为 8 953.32 万元、30 413.91 万元、29 580.30 万元。

本次交易完成后，BBHI 集团的业务将纳入上市公司整体业务体系，对上市公司主营业务产生重大影响。

首先，从产业链的角度看，日月同行属于互联网营销领域的 DSP + SSP 平台，而 BBHI 集团属于 SSP 平台，两者形成战略协同与业务互补，上市公司将成功实现互联网营销的全产业链布局，通过对平台资源的整合，进一步发挥协同效应，为公司跨越式的发展和战略目标的实现奠定坚实的基础。

其次，日月同行和 BBHI 集团虽然均从事互联网营销业务，但两者业务层面各有侧重，其中日月同行的优势在于高效的资源整合和运营能力，更注重作为商业变现渠道，将广告主和媒体主的需求进行匹配，通过其积累的广告主等资源实现优质流量的商业变现。而 BBHI 集团作为全球领先的 SSP 平台，其拥有先进的广告技术和丰富的媒体资源，可以为广告主提供精准的广告投放，并实现媒体广告位价值最大化，其优势在于通过先进的广告技术提升广告投放效果。因此，BBHI 集团可以弥补日月同行在广告投放技术上的不足，也带来大量海外优质广告主（Yahoo、Microsoft、Google 等）以及媒体主资源（Forbes、Fluent 等），为上市公司的海外市场扩张奠定契机。因此，未来在业务经营过程中，日月同行和 BBHI 集团将发挥各自特长，优劣互补，使公司互联网营销全产业链协同效应更加明显，整体竞争力大幅提升。

最后，本次交易完成后，上市公司的互联网营销业务将会在地域上覆盖国内外重要广告市场，产品上提供包括 PC 端和移动端的全方位广告体验，产业链上覆盖了 DSP 到 SSP 的关键环节。在稳固并发展中国、美国为主的互联网营销市场的同时，公司还将会积极整合、利用旗下各相关公司积累的技术优势和优质的广告主以及媒体主资源，积极开拓全球其他市场。

三、交易方案

（一）总体方案

本次交易方案包括：（1）并购基金跨境收购 BBHI 100% 股权；（2）上市公司发行股份及支付现金购买资产；（3）上市公司发行股份募集配套资金。本次发行股份募集配套资金以发行股份及支付现金购买资产为前提条件，但发行股份募集配套资金成功与否并不影响发行股份及支付现金购买资产的实施。

1. 并购基金跨境收购 BBHI 100% 股权。梅泰诺实际控制人张志勇发起设立并购基金上海诺牧以及宁波诺裕，由上海诺牧和宁波诺裕共同成立宁波诺鑫、宁波诺信；

宁波诺鑫设立香港子公司香港诺祥，宁波诺信成立香港子公司香港诺睿。根据香港诺睿、香港诺祥、上海诺牧、张志勇、张敏、宁波诺信、宁波诺鑫与 Starbuster、BBHI、Divyank、Bhavin 签署《股份购买总协议》，香港诺睿将以 4.27 亿美元现金（约 28.16 亿元人民币）收购 Starbuster 持有的 BBHI 的 49 999 股股权，占比99.998%；香港诺祥承诺分期支付 4.62 亿美元（约 30.51 亿元人民币）收购 Star-buster 持有的 BBHI 的 1 股股权，占比 0.002%；香港诺睿、香港诺祥合计收购 Star-buster 所持有的 BBHI 100% 股权。

2. 上市公司发行股份及支付现金购买资产。梅泰诺向上海诺牧和宁波诺裕以发行股份及支付现金的方式购买其持有的宁波诺信 100% 股权。本次交易完成后，宁波诺信成为梅泰诺的全资子公司，梅泰诺通过宁波诺信及香港诺睿持有 BBHI 99.998% 股权。关于 BBHI 剩余 0.002% 股权及权益作出如下安排：香港诺祥承诺在本次交易完成后将其由于持有 BBHI 的 0.002% 的股权所享有的全部股东权益转让给梅泰诺，并在 2019 年度审计报告出具后 30 个工作日内向梅泰诺无条件赠与其持有 BBHI 0.002% 股权。

宁波诺信 100% 股权的交易价格确定为 630 000 万元，股份和现金支付的比例分别为 66.67% 和 33.33%，具体支付方式如表 11-13 所示。

表 11-13　　　　　　　　　　　　　　　　　　　　　　　　　　单位：万元

序号	交易对方	持有宁波诺信股权比例（%）	交易对价	支付方式			
				股份对价	股份比例（%）	现金对价	现金比例（%）
1	上海诺牧	99.00	623 700	420 000	67.34	203 700	32.66
2	宁波诺裕	1.00	6 300	—	—	6 300	100.00
	合计	100.00	630 000	420 000	66.67	210 000	33.33

3. 上市公司发行股份募集配套资金。上市公司拟向不超过 5 名符合条件的特定投资者非公开发行股份募集总额不超过 340 000 万元的配套资金。配套资金总额占本次发行股份购买资产交易价格 420 000 万元（剔除现金对价 210 000 万元）的 80.95%。本次募集配套资金在扣除相关中介机构费用后将用于支付本次交易现金对价和 SSP 平台中国区域研发及商用项目。

表 11-14

序号	项目名称	投资金额（万元）	占比（%）
1	支付本次交易现金对价	210 000.00	61.76
2	SSP 平台中国区域研发及商用项目	122 065.30	35.90
3	支付相关中介机构费用	7 934.70	2.33

（二）估值与作价

以 2016 年 4 月 30 日为评估基准日，宁波诺信 100% 股东权益分别采用资产基础法和市场法进行评估。在资产基础法评估中，宁波诺信主要资产为对香港诺睿 100% 的长期股权投资，并通过香港诺睿持有 BBHI 99.998% 股权，中和评估对该部分股权价值使用收益法进行评估。

BBHI 的评估增值情况如表 11 – 15 所示：

表 11 – 15
单位：万元，美元兑人民币

BBHI 收益法评估值	评估基准日账面净资产（人民币）	美元	人民币	增值率
BBHI 100.00% 股权	20 144.16	93 795.00	605 812.53	2 907.39%
BBHI 99.998% 股权	—	93 379 312	605 800.41	—

宁波诺信的评估情况如表 11 – 16 所示：

表 11 – 16
单位：万元

项目	资产基础法	市场法	评估结论
宁波诺信 100.00% 股权	605 800.37	1 111 511.00	资产基础法

本次评估最终采用资产基础法的评估结果，即 605 800.37 万元。参考上述评估值，并考虑本次交易的资金出境成本以及交易对方为间接收购 BBHI 股权所聘请中介机构的成本，经交易各方协商，标的资产的交易价格确定为 630 000 万元。

（三）本次重组支付情况

为增加交易确定性、提升交易效率、减少外部审批程序、高效履行内部决策程序、尽早出具足额的履约能力证明以满足交易对方对交易确定性的要求，上市公司与大股东协商后确定交易分两步进行：

1. 并购基金购买 BBHI 100% 股权

（1）并购基金收购 BBHI 过程。2014 年 6 月 24 日，Divyank 在 BVI 设立 BBHI，股权结构如表 11 – 17 所示：

表 11 – 17

序号	股东名称	股数	持股比例（%）
1	Divyank	50 000.00	100.00
合计		50 000.00	100.00

2016 年 5 月 3 日，Divyank 将其持有的 BBHI 全部股份转移至其控股的 BVI 公司 Starbuster。交易完成后，BBHI 的股权结构如表 11 – 18 所示。

表 11 – 18

序号	股东名称	股数	持股比例（%）
1	Starbuster	50 000	100.00
合计		50 000	100.00

本次股权转让系 BBHI 的实际控制人 Divyank 进行的 BBHI 集团内部组织架构调整，股权受让方 Starbuster 为 Divyank 100% 控股的 BVI 公司。本次转让的作价依据为 Price Waterhouse&Co LLP Chartered Accountants 出具的《BBHI 评估报告》；截至评估基准日 2015 年 12 月 31 日，BBHI 整体股权的评估价值为 8.19 亿美元至 8.61 亿美元。经交易各方协商，本次股权转让的最终交易作价为 8.24 亿美元。

为完成对 BBHI 的间接收购，上市公司成立由张志勇、张敏夫妇控制的并购基金上海诺牧和宁波诺裕，再由上海诺牧和宁波诺裕共同成立宁波诺鑫、宁波诺信；宁波诺鑫设立香港子公司香港诺祥，宁波诺信成立香港子公司香港诺睿。2016 年 5 月 15 日，根据香港诺睿、香港诺祥、上海诺牧、张志勇、张敏、宁波诺信、宁波诺鑫与 Starbuster、BBHI、Divyank、Bhavin 签署《股份购买总协议》，协议约定由香港诺睿、香港诺祥，收购 Starbuster 所持有的 BBHI 50 000 股；其中，香港诺睿买 99.998%，香港诺祥买 0.002%。

本次股权转让未经过评估，转让价格由交易各方遵循市场原则、经过谈判协商达成，即 8.89 亿美元交易价款加上 0.21 亿美元的由于营运资金调整而产生的股权对价款。

为完成本次收购，相关主题已履行如下备案及审批程序：

① 2016 年 5 月 17 日，上海诺牧已按照 HSR 法案向美国 Federal Trade Commission 和 Department of Justice 提交了申请；HSR 法案项下与本交易有关的任何等待期（30 个自然日）已期满，即涉及上海诺牧及其关联方对 BBHI 的收购已经通过美国反垄断调查；

② 2016 年 5 月 25 日，宁波诺信和宁波诺鑫取得宁波市商务委员会出具的"境外投资证书第 N3302201600155 号"《企业境外投资证书》；

③ 2016 年 7 月 13 日，宁波诺信和宁波诺鑫取得国家发展改革委办公室出具的"发改办外资备〔2016〕325 号"《项目备案通知书》。

根据《股份购买总协议》约定的条款和条件，张志勇与 BBHI 全体股东于阿联酋迪拜时间 2016 年 8 月 12 日共同签署了 100% 股权交割的文件，并支付约 4.27 亿美元（28.182 亿元人民币）交易对价，完成了本次收购的股权交割工作。本次交割完成后，香港诺睿、香港诺祥持有 BBHI 100% 股权，股权结构如表 11 – 19 所示：

表 11 – 19

序号	股东名称	股数	持股比例（%）
1	香港诺睿	49 999	99.998
2	香港诺祥	1	0.002
合计		50 000	100.00

本次跨境收购完成后，标的资产整体股权结构如图 11 – 15 所示。

（2）本次交易主要条款安排。根据《股份购买总协议》，香港诺睿将以 4.27 亿美元现金（约 28.16 亿元人民币）收购 Starbuster 持有的 BBHI 的 49 999 股股权，占比 99.998%；香港诺祥承诺分期支付 4.62 亿美元（约 30.51 亿元人民币）收购 Starbuster

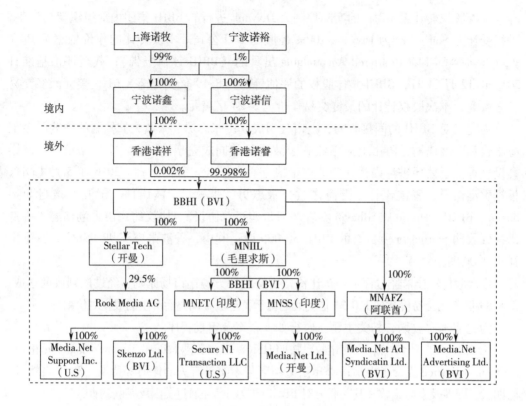

注1：图11-5虚线为业务开展的全部子公司；

注2：根据印度公司法的有关规定，MNET、MNSS无法登记为一人公司，因此MNIIL将Brijesh Joshi登记为MNET、MNSS的名义股权持有人，持有1股，但Brijesh Joshi并不享有MNET、MNSS的任何股东权益，MNIIL仍然享有MNET、MNSS全部股东权益。

图11-5 股权关系结构

持有的BBHI的1股股权，占比0.002%。香港诺祥将于2016年年度审计报告出具后向Starbuster支付由于营运资金调整产生的0.21亿美元（约合1.38亿元人民币）的股权对价款。收购总金额约为9.1亿美元（约60.06亿元人民币），直接收购价款约为8.9亿美元（约58.67亿元人民币），人民币金额按人民币兑美元汇率6.60测算（下同）。

①Starbuster及其关联方与上海诺牧及其关联方的对赌。除交割日付款外，剩余交易价款（4.62亿美元，约30.51亿元人民币）上海诺牧及其关联方应当在业绩承诺期，即2016年、2017年、2018年、2019年年度审计报告出具后进行支付。对赌期内某一年付款金额计算如下：

当期付款金额 = 当期承诺应付款额 - 当期补偿金额

当期补偿金额 = （截至当期期末累积承诺净利润数 - 截至当期期末累积实现净利润数）÷补偿期限内各年的预测净利润数总和×拟购买资产交易作价 - 累积已补偿金额

当期付款额不能超过当期承诺应付款额。

具体对价和付款比例如表11-20所示。

表 11–20   单位：万美元

	交割	2016 年	2017 年	2018 年	2019 年	总数	总数（人民币）
承诺利润		5 965.60	7 158.70	8 590.50	8 800.00	30 514.80	201 397.68
PE	14.9x	—	—	—	—	—	—
购买对价	88 887.4	—	—	—	—	—	—
付款比例	48%	12%	13%	10%	17%	100.00%	100.00%
承诺应付款额	42 666.0	10 666.5	11 555.4	8 888.7	15 110.9	88 887.50	586 657.5

注 1：上述测算不包含香港诺祥将于 2016 年年度审计报告出具后向 Starbuster 支付的由于营运资金调整产生的 0.21 亿美元的股权对价款。

注 2：PE = 购买对价/2016 年承诺利润。

②针对 BBHI 与其最大客户 Yahoo 合同的调价约定。Yahoo 是 BBHI 最大客户，2016 年 1–8 月销售金额占比达到 80.71%；2014 年度、2015 年度占比分别达到 77% 和 81%。假若与 Yahoo 的订单撤销，则将对收购方造成极大影响，因此，本次交易制定了大客户的对赌条款。

A. 激活条件：在交割完成后 12 个月以内，一旦发生 Yahoo 合同终止的情况，且在 Yahoo 合同终止状态下的任一对赌年份中，Yahoo 调整额大于买方当期承诺应付款额，则激活 Yahoo 回拨款机制。

B. 计算方法及回拨款额上限：回拨款具体金额为该对赌年份 Yahoo 调整额与买方当期承诺应付款额之间的差值，但累计支付的回拨款不超过 2 亿美元，同时不超过买方历年累计实际支付的对赌金额。

其中，Yahoo 调整额 =（截至当期期末累积承诺净利润数 – 截至当期期末累积实现净利润数）÷补偿期限内历年承诺净利润数总和×总交易估值 – 卖方累计已补偿金额。

C. 补偿机制解除条件：如果 Starbuster 及其关联方在 Yahoo 合同终止前签署一份 Yahoo 同等级别替代合同，则 Yahoo 合同终止视同没有发生。如果 Starbuster 及其关联方在 Yahoo 合同终止后签署一份 Yahoo 同等级别替代合同，则 Yahoo 回拨款机制自该同等级别替代合同签署后的下一对赌年度终止。

Yahoo 同等级别替代合同是指与 Yahoo Inc.、Microsoft Corporation、Google Inc. 或其各自关联方或与其他经香港诺睿同意的第三方签订的相关关键词搜索广告合同，且目标公司及其子公司通过该等合同从广告主支付的毛收入中抽取的分成比例不低于 76.5%（该等毛收入按行业惯例计算）。

Yahoo 补偿机制在短期内可以给予一定的回拨补偿，但从长期来看，由于累计支付的回拨款不超过 2 亿美元，且不超过买方历年累计实际支付的对赌金额，该补偿机制并不能完全覆盖 BBHI 集团因与 Yahoo 终止合作而产生的经营损失。

除此之外，如果 Yahoo 合同在本次交易交割日后 12 个月内终止，则 BBHI 应当结合对赌期内利润实现情况，并按照补偿机制来支付相应回拨款。但如果 Yahoo 合同在本次交易交割日后 12 个月之后终止，Yahoo 补偿机制将无法被触发，无论 BBHI 在之后业绩如何下滑，上海诺牧、宁波诺信都无法追偿回对赌期内已经支付的对赌款。

③本次交易价格确定及付款安排。本次交易总对价约 8.89 亿美元（约 58.67 亿元人民币）为并购基金基于 BBHI 的经营状况以及对其所属行业的判断，与 BBHI 谈判协商确定。其中：

A. 香港诺睿（宁波诺信控制）以 4.27 亿美元（约 28.16 亿元人民币）收购 BBHI 99.998% 股权，该部分交易对价于交割日以现金形式支付；

B. 香港诺祥（宁波诺鑫控制）以 4.62 亿美元（约 30.51 亿元人民币）收购 BBHI 0.002% 股权，该部分交易对价采取分期支付形式，将于 2016 年、2017 年、2018 年、2019 年年度审计报告出具后进行支付，每年支付的比例分别为总对价的 12%、13%、10%、17%，即为 70 398.9 万元、76 265.64 万元、58 665.42 万元、99 731.94 万元。

上述安排比较巧妙，将 BBHI 股权拆分成两部分，采取差别化定价模式：一边是 99.998% 的股权，首期只需支付 28.16 亿元人民币，重组时以 63 亿元被上市公司收购；另一边是 0.002% 的股权，30.51 亿元的收购价款可分期支付，后续赠与上市公司，同时该部分交易对价又是对 BBHI 原股东的超额业绩奖励。

本处的业绩支付对价模式便是国外并购中常用的 Earn – Out，即"业绩目标付款安排"或翻译为"盈利能力支付计划"，是对收购价格和支付方式的特殊规定。Earn – Out 背后核心的交易逻辑，是交易双方在风险、价格、时间三个交易变量的利益博弈：在交易中，收购方先支付部分交易对价，并和资产原有方就并购标的约定相关条件；若后续这些条件达成，则支付剩余交易价款。由此看出，Earn – Out 本质上是一种定价模式，类似于"固定 + 浮动"收益安排，浮动部分收益通常挂钩的指标是净利润和营业收入，也可采用其他指标，比如电商领域的 GMV（Gross Merchandise Volume，交易流水）、国外通行的 EBITDA 等。

（3）并购基金上海诺牧的交易结构。香港诺睿收购 BBHI 99.998% 股权的价款（约为 28.16 亿元人民币），来自于宁波诺信，最终来自于张志勇控制的并购基金上海诺牧。

上海诺牧投资中心（有限合伙）的执行事务合伙人为宁波诺裕，有限合伙人为财通资管（代表财通资产 – 瑾瑜并购 1 号特定多个客户专项资产管理计划），私募基金备案编号为 SK4952。上海诺牧的合伙人结构为：

表 11 –21

合伙人名称	出资方式	认缴财产份额（万元）	认缴财产份额比例（%）	类型
宁波诺裕	货币资金	1 167.00	1.00	普通合伙人
财通资产（代表财通资产 – 瑾瑜并购 1 号特定多个客户专项资产管理计划）	货币资金	115 000.00	99.00	有限合伙人
合计		116 167.00	100.00	—

上海诺牧的权益架构如图 11 – 6 所示：

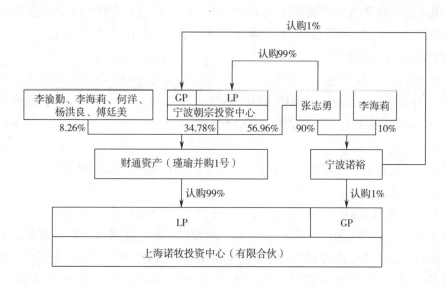

图 11 – 6　股权关系结构

瑾瑜 1 号最终出资情况如下，张志勇直接及通过其控制的宁波朝宗认购 10.55 亿元，占该资管计划认购总额 91.74%，如表 11 – 22 所示。

表 11 – 22

序号	姓名	金额（万元）
1	张志勇	105 500.00
2	李渝勤	5 000.00
3	李海莉	2 000.00
4	何洋	1 000.00
5	杨洪良	1 000.00
6	傅廷美	500.00
	总计	115 000.00

同时，根据上海诺牧与中融国际信托有限公司（以下简称中融信托）签署的《信托贷款合同》及相关担保合同，中融信托为上海诺牧提供总金额不超过 23 亿元的信托贷款（实际贷款 21 亿元），贷款期限为 4 年。上述贷款的担保措施包括：①张志勇、张敏为上海诺牧在《信托贷款合同》项下提供不可撤销的连带责任保证担保；②张志勇、李海莉以其持有的宁波诺裕的股权提供质押担保；③张志勇以持有的瑾瑜 1 号的份额提供质押担保；④瑾瑜 1 号以其持有的上海诺牧的份额提供质押担保；⑤宁波诺裕以其持有的上海诺牧的份额提供质押担保。

若上述 21 亿元的信托贷款全部用于香港诺睿收购 BBHI 99.998% 股权的交易，则上海诺牧在本次交易中仅需动用 7.16 亿元人民币。

假设后续重大资产重组顺利实施,梅泰诺收购BBHI 99.998%股权的总交易对价63亿元;其中,上海诺牧和宁波诺裕合计得到梅泰诺21亿元现金和价值42亿元股票,现金部分可以置换全部信托贷款;等于在假设情景下,上海诺牧用7.16亿元自有资金,取得梅泰诺1.27亿股股票。

假设4年后,BBHI业绩承诺实现,上海诺牧需支付Starbuster 30.51亿元;再加上7.16亿元自有资金,上海诺牧收购BBHI 100%的成本变为37.67亿元。只要梅泰诺的股价在29.69元/股之上,上海诺牧即可盈利。而截至2016年12月16日,梅泰诺的收盘价为41.78元/股。

整个交易过程,上海诺牧初始仅动用7.16亿元的资金,撬动63亿元的重组交易,整整8.8倍的交易杠杆。

(4)上海诺牧实际控制人情况。宁波诺裕作为上海诺牧唯一的普通合伙人,能有效控制上海诺牧,张志勇持有宁波诺裕90%的股权,为宁波诺裕的控股股东及实际控制人。同时,张志勇直接和通过其控制的宁波朝宗认购105 500万元财通资产"瑾瑜并购1号特定多个客户专项资产管理计划"份额,占该资产管理计划认购总额的91.74%,财通资产"瑾瑜并购1号特定多个客户专项资产管理计划"认购上海诺牧的全部有限合伙份额。因此,张志勇实际控制上海诺牧。

本次交易完成后,张志勇、张敏夫妇将直接和通过上海诺牧合计控制上市公司176 634 817股股份,占发行后总股本的55.66%,为上市公司的实际控制人。

(5)本次交易的后续款项支付安排。根据上海诺牧、Starbuster、Divyank、张志勇和张敏等签署的《Amended and Restated Security Arrangement Agreement》(《修订及重述的保障安排协议》)及其修订案(2016年11月27日签署),为保证上海诺牧按照《股份购买总协议》的约定向Starbuster分期支付2016年至2019年股权转让款,各方作出如下约定:

①股票质押安排。在上海诺牧取得本次交易新增发行股份的90天内,上海诺牧应将其获得的部分上市公司股票质押给Starbuster或其指定的实体,其中:

质押的股票市值=应付给Starbuster的下一期对赌分期款项×135%,且质押的股票数量总额不超过上海诺牧持有上市公司股票数量的30%。

在计算质押的股票数量时,股票的每股市值应为质押前20个交易日上市公司的股票成交量加权平均价。

若对赌期间,由于上述关于上海诺牧质押股份数量不得超过持有上市公司股票数量的30%的限制,导致上海诺牧质押股份的价值低于下一期对赌分期款项的135%,则上海诺牧需就差额部分向Starbuster提供银行保函(Letter of Credit),保函金额=应付给Starbuster下一期的对赌分期款项-可用于办理质押的上市公司股票市值/135%。

若上海诺牧或其关联方无法按时办理股票质押(并非由于卖方或Divyank违反保障安排协议所导致),则上海诺牧及其关联方应当就下一期的应付款项提供银行保函,保函金额=下一期的应付对赌款。

②质押解除安排。在 2016－2019 年，若上海诺牧按照《股份购买总协议》的约定，根据实际业绩实现情况向 Starbuster 足额支付股权转让款，则在当期款项支付完成的同时或之后，上海诺牧按照应付下一期应质押的上市公司股票数量的差额部分办理质押或解押。在上海诺牧支付完成 2019 年对赌款后，协议项下的股票质押将全部解除。

③违约安排。在 2016－2019 年，若上海诺牧未能按照约定提供足额的上市公司股票质押用于下一期的对赌款支付，且未能提供银行保函，则将会触发协议项下的加速支付条款，具体如下：

A. 若已提供质押的股票市值低于下一期对赌款项的 135%，且银行保函金额不足，且差额部分小于或等于下一期应付款的 10%，则上海诺牧应立即支付下一期应付的对赌款项；

B. 若已提供质押的股票市值低于下一期对赌款项的 135%，且银行保函金额不足，且差额部分大于下一期应付款的 10%，则上海诺牧应立即支付剩余所有对赌年度的所有应付款项。

④超额奖励安排。根据《股份购买总协议》，在遵守对赌条款的前提下，买方应在 2019 对赌年度的对赌款项确定日之后 30 天内，向卖方（或卖方股东指定的在付款之时受雇于目标公司或其任何子公司的目标公司其他管理层雇员），支付一笔额外奖金，其金额相当于对赌期内的累计实际净利润超出对赌期的累计承诺净利润的正数值（经审计调整后）。奖金应基于用来计算对赌款项的实际净利润（以对赌期内最终确定的为准）计算。

（6）关于香港诺祥持有的 BBHI0.002% 股权的安排。在本次交易交割后，香港诺睿持有 BBHI 49 999 股，香港诺祥持有 BBHI1 股，该等股权均为普通股，股权性质不存在差异。

根据香港诺祥于 2016 年 6 月 21 日出具的《承诺函》，其在本次重组完成后将其由于持有 BBHI 的 0.002% 的股权所享有的全部股东权益转让给梅泰诺。本次重组完成后，虽然梅泰诺仅通过宁波诺信、香港诺睿间接持有 BBHI 99.998% 的股权，但由于香港诺祥已承诺在本次重组完成后将其由于持有 BBHI 的 0.002% 的股权所享有的全部股东权益转让给梅泰诺，且在 BBHI 2019 年度审计报告出具后 30 个工作日内，将持有 BBHI 的 1 股股权无条件的赠与给梅泰诺，因此，在本次交易完成后，梅泰诺将享有 BBHI 全部的股东权益，香港诺祥持有的 BBHI 的 1 股不会在本次交易完成后影响梅泰诺对 BBHI 的控制。

2. 上市公司发行股份及支付现金购买资产

（1）股份发行价格。上市公司发行股份购买资产的股票发行定价基准日为公司第三届董事会第十六次会议决议公告日，发行价格为不低于定价基准日前 60 个交易日公司股票交易均价的 90%，经交易各方协商确定为 33.10 元/股。

（2）股份发行数量。本次标的资产的交易价格确定为 630 000 万元，其中以股份方式支付对价 420 000 万元，现金支付对价 210 000 万元，具体情况如表 11 - 23 所示：

表 11 - 23

序号	交易对方	持股比例（%）	交易对价	支付方式		
				现金对价（万元）	股份对价（万元）	股份数量
1	上海诺牧	99.00	623 700	203 700	420 000	126 888 217
2	宁波诺裕	1.00	6 300	6 300	—	—
	合计	100.00	630 000	210 000	420 000	126 888 217

根据本次交易的对价支付方式及发行价格测算，本次交易公司将向上海诺牧发行股份数量为 126 888 217 股。

3. 上市公司发行股份募集配套资金。本次交易拟募集配套资金不超过 340 000 万元，募集配套资金总额占本次发行股份购买资产交易价格 420 000 万元（剔除现金对价 210 000 万元）的 80.95%，并根据规定按以下方式进行询价：

（1）不低于发行期首日前一个交易日公司股票均价；

（2）低于发行期首日前二十个交易日公司股票均价但不低于百分之九十，或者发行价格低于发行期首日前一个交易日公司股票均价但不低于百分之九十。

最终发行价格和具体发行数量将在本次发行获得中国证监会核准后，由梅泰诺董事会根据股东大会的授权，按照相关法律、行政法规及规范性文件的规定，依据发行对象申购报价的情况，与本次交易的独立财务顾问协商确定。

4. 锁定期安排。张志勇、张敏夫妇承诺，在本次交易前所持有的所有梅泰诺股票在向上海诺牧发行的股票登记在上海诺牧名下之日起 12 个月内不得转让。

（1）发行股份购买资产。上海诺牧承诺，本次交易取得的对价股份自该等股份发行结束之日起 36 个月内不得进行转让；本次交易完成后 6 个月内如梅泰诺股票连续 20 个交易日的收盘价低于本次交易发行价格，或者本次交易完成后 6 个月期末收盘价低于本次交易发行价格的，股票的锁定期自动延长至少 6 个月。

（2）发行股票募集配套资金。本次发行股份募集配套资金的发股价格按照《创业板上市公司证券发行管理暂行办法》的规定确定，配套募集资金认购方锁定期安排如下：

①若发行价格不低于发行期首日前一个交易日公司股票均价，则发行股份募集配套资金之新增股份数自发行结束之日起可上市交易；

②若发行价格低于发行期首日前二十个交易日公司股票均价但不低于百分之九十，或者发行价格低于发行期首日前一个交易日公司股票均价但不低于百分之九十的，发行股份募集配套资金之新增股份数自发行结束之日起十二个月内不得上市交易。

本次配套募集资金发行结束后，由于公司送红股、转增股本等原因增加的公司股份，亦应遵守上述约定。

（四）补偿安排

1. 上市公司与宁波诺裕、上海诺牧关于梅泰诺的业绩对赌

（1）盈利预测承诺。上海诺牧、宁波诺裕共同承诺，BBHI2016 年度、2017 年度、

2018 年度经审计扣除非经常性损益后归属于母公司股东的净利润分别不低于 5 965.60 万美元（约合人民币 39 372.96 万元）、7 158.70 万美元（约合人民币 47 247.42 万元）和 8 590.50 万美元（约合人民币 56 697.30 万元），前述折算按美元兑人民币汇率 6.60 测算。

在本次交易完成后，若宁波诺信开展除 BBHI 外的其他业务，则该等业务所产生的净利润或亏损均不影响承诺净利润。

（2）盈利预测补偿。若 BBHI 在业绩承诺期内的任一会计年度未能实现承诺净利润，上海诺牧、宁波诺裕按照其持有宁波诺信的股权比例承担补偿责任，其中，宁波诺裕应以其通过本次交易取得的现金承担补偿责任；上海诺牧应以其通过本次交易取得的股份和现金承担补偿责任，首先应以股份形式进行补偿，补偿数量应按下述公式计算：

当期补偿金额 =（截至当期期末 BBHI 累积承诺净利润数 – 截至当期期末 BBHI 累积实现净利润数）÷补偿期限内各年 BBHI 的承诺净利润数总和×本次交易对价总和 – 累积已补偿金额

当期应当补偿股份数量 = 当期补偿金额×上海诺牧在宁波诺信的持股比例/本次股份的发行价格

在逐年补偿的情况下，在各年计算的补偿股份数量小于 0 时，按 0 取值，即已经补偿的股份不冲回。当期股份不足补偿的部分，应以现金形式补偿。

（3）减值情形下的另行补偿安排。在业绩承诺期限届满时，上市公司应聘请会计师事务所对目标公司进行减值测试，如：BBHI 期末减值额 >已补偿的股份总数×本次重大资产重组的股份发行价格 + 已补偿现金金额，则转让方需另行进行补偿，补偿的金额为：

应补偿金额 = 期末减值额 – 业绩承诺期限内已补偿金额之和

其中，业绩承诺期限内存在以股份进行补偿的，股份补偿金额 = 业绩承诺期内补偿股份之和×本次重大资产重组的股份发行价格

（4）顺延业绩补偿期限和金额的安排。为保护中小股东权益，上市公司与上海诺牧、宁波诺裕签署业绩补偿协议的补充协议，约定若重组交易无法在 2016 年底前完成，则业绩承诺期顺延，即变为 2017 年、2018 年、2019 年，相应年度的承诺净利润不低于《评估报告》确定的 BBHI 相应年度扣除非经常性损益后归属于母公司所有者的预测净利润。

2. 宁波诺裕、上海诺牧与 BBHI 全体股东的对赌安排。

根据各方签署的《股份购买总协议》，宁波诺裕、上海诺牧与 BBHI 全体股东的对赌安排由三部分组成：

（1）Starbuster 及其关联方与上海诺牧及其关联方的对赌款；

（2）针对 BBHI 与其最大客户 Yahoo 合同的调价约定；

（3）上海诺牧向 Starbuster 及其关联方支付的超额业绩奖励。

具体见交易方案第（三）部分相关介绍。

（五）本次交易前后上市公司股权结构变化情况

本次交易前公司的总股本为 190 430 995 股，本次交易新增 126 888 217 股 A 股股

票（暂不考虑募集配套资金），本次交易前后公司的股本结构变化如表 11 - 24 所示：

表 11 - 24

股东名称	发行前		发行后 （不含配套融资发行股份）	
	持股数	持股比例	持股数	持股比例
张敏	44 690 000	23.47%	44 690 000	14.08%
贾明	11 686 956	6.14%	11 686 956	3.68%
全国社保基金——四组合	7 678 909	4.03%	7 678 909	2.42%
兴证证券资管—工商银行—兴证资管鑫众 11 号集合资产管理计划	6 895 000	3.62%	6 895 000	2.17%
江西日月同辉投资管理有限公司	6 573 913	3.45%	6 573 913	2.07%
张志勇	5 056 600	2.66%	5 056 600	1.59%
万家基金—民生银行—万家基金恒赢定增 26 号资产管理计划	4 608 072	2.42%	4 608 072	1.45%
杭州创坤投资管理有限公司	4 050 148	2.13%	4 050 148	1.28%
中国建设银行股份有限公司—华宝兴业服务优选混合型证券投资基金	3 051 728	1.60%	3 051 728	0.96%
富国基金—建设银行—中国人寿—中国人寿委托富国基金混合型组合	2 941 992	1.54%	2 941 992	0.93%
上海诺牧	—	—	126 888 217	39.99%
其他社会股东	93 197 677	48.94%	93 197 677	29.38%
合计	190 430 995	100%	317 319 212	100%

（六）本次交易前后上市公司主要财务指标变化情况

根据大信出具的《2016 年 1 - 8 月、2015 年度梅泰诺备考审阅报告》［大信阅字〔2016〕第 1 - 00010 号］和《梅泰诺 2015 年审计报告》［大信审字〔2016〕第 1 - 00720 号］，梅泰诺 2016 年 1 - 8 月和 2015 年实际及备考财务指标（合并报表口径）对比如表 11 - 25 所示：

表 11 - 25　　　　　　　　　　　　　　　　　　　　　　　　　　单位：万元

项目	2016 年 1 - 8 月		2015 年度	
	实际	备考	实际	备考
营业收入	51 891.76	162 455.29	76 804.94	202 741.31
利润总额	6 607.09	36 831.36	6 227.24	36 256.65
净利润	5 939.33	35 514.66	5 617.35	35 497.96
归属于母公司股东的净利润	5 709.84	35 285.18	5 649.64	35 529.66
毛利率	30.97%	30.42%	29.88%	29.06%
销售净利率	11.45%	21.86%	7.31%	17.51%

本次交易完成后，上市公司营业收入、营业利润、利润总额、净利润和归属于母公司股东的净利润均有大幅提升，上市公司的销售毛利率基本保持稳定，销售净利率、盈利能力均较之前有明显提升。

（七）其他

1. 本次交易构成关联交易。本次交易拟购买梅泰诺实际控制人之一张志勇控制的上海诺牧所持宁波诺信99%的股权，其控制的宁波诺裕所持宁波诺信1%的股权，且本次交易完成后，上海诺牧将成为梅泰诺控股股东，因而本次重组构成关联交易。

2. 本次交易构成重大资产重组。本次交易中，梅泰诺拟购买宁波诺信100%股权。根据宁波诺信的模拟财务数据以及交易作价情况，相关财务比例计算如表11－26所示。

表11－26　　　　　　　　　　　　　　　　　　　　　　　　　　　　　单位：万元

项目	宁波诺信	梅泰诺	财务指标占比
资产总额与交易额孰高	670 049.29	302 275.53	221.67%
资产净额与交易额孰高	630 000.00	188 118.45	334.90%
营业收入	125 936.37	76 804.94	163.97%

根据《重组办法》第十二条规定，本次交易构成中国证监会规定的上市公司重大资产重组行为。同时，本次交易涉及发行股份购买资产及募集配套资金，需经中国证监会并购重组委审核，取得核准后方可实施。

3. 本次交易不构成借壳上市。本次交易前，张敏、张志勇夫妇合计持有上市公司股份49 746 600股，占比26.13%，为上市公司的实际控制人。

在不考虑募集配套资金的情况下，本次交易完成后，上海诺牧（张志勇实际控制）直接持有上市公司126 888 217股股份，占比39.99%，成为上市公司控股股东，张志勇、张敏夫妇直接持股比例降为15.67%；张志勇、张敏夫妇直接和通过上海诺牧合计控制上市公司176 634 817股股份，占比55.66%，为上市公司的实际控制人。

中国证监会于2016年6月17日发布的《关于上市公司发行股份购买资产同时募集配套资金的相关问题与解答》第2点回答："上市公司控股股东、实际控制人及其一致行动人在本次交易停牌前六个月内及停牌期间取得标的资产权益的，以该部分权益认购的上市公司股份，按前述计算方法予以剔除。"

在本次交易中，上海诺牧和宁波诺裕作为上市公司控股股东、实际控制人的一致行动人，其用于认购上市公司股份的全部资产为宁波诺信间接持有的BBHI 100%的权益。按照前次交易的进度安排，上海诺牧、宁波诺裕与BBHI股东于阿联酋迪拜时间2016年8月12日完成对BBHI 100%股权的交割。取得上述权益的时间在本次交易停牌期间，应适用《相关问题与解答》第2点的相关规定。

按前述计算方法剔除上海诺牧因本次交易取得的上市公司126 888 217股股份后，在不考虑募集配套资金的情况下，张敏、张志勇夫妇在本次交易完成后直接持有上市公司 49 746 600 股股份，占比 15.67%，为上市公司第一大股东。

第二大股东贾明及其一致行动人江西日月同辉投资管理有限公司合计持股比例为 5.75%，张志勇、张敏夫妇持股比例远大于贾明及其一致行动人，不会其实际控制人地位造成实质性影响。因此，本次交易完成前后，上市公司的实际控制人没有发生变化，本次交易不构成《上市公司重大资产重组管理办法》第十三条所述之重组上市的情形。

四、重点问题分析：上海诺牧将上市公司股票质押给 Starbuster 对上市公司控股权稳定性的影响分析

2016 年 11 月 27 日，上海诺牧、Starbuster、Divyank、张志勇和张敏等就保证上海诺牧按照《股份购买总协议》的约定向 Starbuster 分期支付 2016 - 2019 年股权转让款事项签署修订案，对已签署保障安排协议中股票质押和资金监管安排作出调整，修订后的协议针对股票质押情形作出如下约定：

"在上海诺牧取得本次交易新增发行股份的 90 天内，上海诺牧应将其获得的部分上市公司股票质押给 Starbuster 或其指定的实体，其中质押的股票市值等于应付给 Starbuster 的下一期的对赌分期款项 ×135%，且质押的股票数量总额不超过上海诺牧持有上市公司股票数量的 30%。"

据此测算，2016 - 2019 年上海诺牧每年需质押或解除质押的股票数量如表 11 - 27 所示：

表 11 - 27

	2016 年	2017 年	2018 年	2019 年
应付对赌款（万美元）	10 666.50	11 555.40	8 888.70	15 110.90
应付对赌款（万元人民币）	70 398.90	76 265.64	58 665.42	99 731.94
股票价格（元/股）	33.10	33.10	33.10	33.10
质押股票数量	21 268 549	23 040 978	17 723 691	30 130 495
发行后总股本	317 319 212	317 319 212	317 319 212	317 319 212
已质押股票占比	6.70%	7.26%	5.59%	9.50%

注1：发行后的总股本数不考虑配套融资；

注2：假设质押时点的股票价格为本次发行股份购买资产的股票价格，即 33.10 元/股。

在不考虑募集配套资金的情况下，本次交易完成后，上海诺牧直接持有上市公司 126 888 217 股股份，占比 39.99%，成为上市公司控股股东，张志勇、张敏夫妇直接持股比例降为 15.67%。张志勇、张敏夫妇将直接和通过上海诺牧合计控制上市公司 176 634 817 股股份，占比 55.66%，为上市公司的实际控制人。

鉴于上海诺牧在 2016 - 2019 年各年质押给 Starbuster 或其指定实体的上市公司的股

票数量至多为发行后总股本的9.50%。同时，上海诺牧质押给 Starbuster 或其指定实体的上市公司股票总数上限不超过上海诺牧持有上市公司股票数量的30%，即上市公司总股本的12.00%，以上质押股票数量与第一大股东上海诺牧及实际控制人张志勇、张敏夫妇的合计持股数量均有较大差距。在极端条件下，若上海诺牧质押股份全部被 Starbuster 或其指定的实体收回，上海诺牧的第一大股东地位将不会发生变更，张志勇、张敏夫妇仍将是上市公司的实际控制人。

综上所述，上海诺牧将其获得的部分上市公司股票质押给 Starbuster 导致上市公司控股股东发生变更的风险较小。

第四节 艾派克收购 Lexmark

一、交易概览

收购方	珠海艾派克科技股份有限公司（以下简称艾派克）		
被收购方	Lexmark International，Inc.（以下简称 Lexmark）		
收购方案	全现金收购 Lexmark 100%股权 + 非公开发行股份募集资金		
交易价值（亿元）	174.69	并购方式	支付现金购买资产
现金支付金额（亿元）	174.69	并购目的	产业整合
评估价值（亿元）	204.19	支付方式	现金
评估方式	企业价值倍数法	标的类型	股权
控制权是否变更	是	股权转让比例	100%
是否有业绩承诺	否	是否有超额奖励	否

艾派克成立于2004年8月18日，并于2007年11月在深交所挂牌上市。2014年9月17日，赛纳科技将持有的艾派克微电子96.67%股权置入上市公司，完成借壳上市；汪东颖、李东飞、曾阳云为上市公司一致行动人，通过赛纳科技持有艾派克68.74%股权，为艾派克实际控制人。

目前，艾派克的产品主要集中在通用打印耗材芯片、通用打印耗材及核心部件和再生打印耗材等，而 Lexmark 在 ISS 业务的产品布局则包括：黑白激光打印机、彩色激光打印机、多功能数码复合一体机以及与之相关的耗材、配件和一系列打印管理服务。从产业链布局来看，本次收购将使公司在打印领域的布局更加完整，将使公司形成从打印复印机整机设备到打印耗材（包含原装和通用）到各种打印配件（含芯片）以及打印管理服务的完整产业链。产业链布局的完善和提升会带来一系列的协同效应。

根据本次收购的重组报告书，Lexmark 100% 股权的交易金额约 27 亿美元（约合 174.69 亿元人民币），并考虑 Lexmark 在 2015 年末全部带息债务及潜在负债事项的预算后，此次交易内含企业价值约为 40.44 亿美元（约合 261.65 亿元）。

Lexmark 根据美国通用会计准则编制、经 PWC 审计的财务数据显示，Lexmark 2015 年营业收入为 35.51 亿美元，折合人民币约 229.76 亿元；而根据艾派克 2015 年年报，其 2015 年营业收入为 20.48 亿元。Lexmark 的营收体量是艾派克的 10 倍。同时，截至 2015 年底，艾派克总资产为 31.19 亿元，Lexmark 总资产为 39.12 亿美元，两者资产规模相差超过 8 倍。无论从营收角度，还是从总资产角度，此次收购都是一例体量悬殊的"蛇吞象"案例。

本次跨境收购，不仅运用了"上市公司 + PE"模式，同时引入并购贷款、股东借款、私募 EB 等多元化的融资手段；其中，艾派克控股股东赛纳科技发行两期私募 EB：16 塞纳 01 的规模为 29.7 亿元，质押股数 1.4 亿股；16 塞纳 02 规模为 30.30 亿元，质押股数 1.5 亿股。两期私募 EB 合计规模高达 60 亿元，令市场瞩目。

2016 年 11 月 29 日（纽约时间），本次交易的相关款项已支付完成，合并生效，Lexmark 的股票已在纽交所停止交易，瑞士子公司 I 成为 Lexmark 的唯一股东。在交割当日，Lexmark 的董事均已更换为上市公司所委派董事，同时更换了部分高级管理人员，以配合日后整合事宜。

二、交易双方

（一）收购方：艾派克（002180.SZ）

艾派克成立于 2004 年 8 月 18 日，并于 2007 年 11 月在深交所挂牌上市。2014 年 9 月 17 日，赛纳科技将持有的艾派克微电子 96.67% 股权置入上市公司，完成借壳上市。

赛纳科技持有艾派克 391 256 047 股股份，占比 68.74%，系艾派克控股股东。赛纳科技的控股股东为恒信丰业，恒信丰业直接持有赛纳科技 52.09% 的股份，间接持有赛纳科技 8.52% 的股份，合计持有赛纳科技 60.61% 的股份。恒信丰业三名股东汪东颖、李东飞、曾阳云分别持有恒信丰业 40.73%、29.63%、29.63% 的股权，根据汪东颖、李东飞、曾阳云于 2010 年 8 月 1 日签署的《一致行动人协议》，三方自愿就其所控制公司（包括恒信丰业及其下属公司）的生产经营和业务决策保持一致行动，因此，汪东颖、李东飞、曾阳云为赛纳科技实际控制人。

实际控制人对公司的控制关系如图 11 - 7 所示。

艾派克 2014 年、2015 年的营业收入分别为 166 705.76 万元、202 687.49 万元，归属于母公司所有者的净利润分别为 34 266.63 万元、28 126.09 万元。

通过本次收购，艾派克的打印产业链布局更加完整和健康。目前，艾派克的产品主要集中在通用打印耗材芯片、通用打印耗材及核心部件和再生打印耗材等，而 Lex-

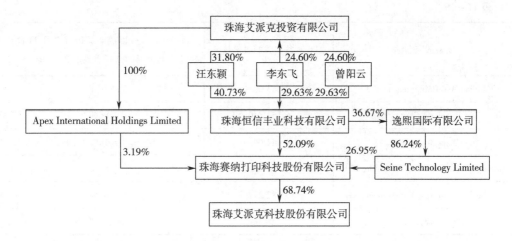

图 11 – 7　股权关系结构

mark 在 ISS 业务的产品布局则包括：黑白激光打印机、彩色激光打印机、多功能数码复合一体机以及与之相关的耗材、配件和一系列打印管理服务。从产业链布局来看，本次收购将使公司在打印领域的布局更加完整，将使公司形成从打印复印机整机设备到打印耗材（包含原装和通用）到各种打印配件（含芯片）以及打印管理服务的完整产业链，带来一系列协同效应。同时，艾派克全球化战略布局基本成型。通过本次并购，可以使公司从生产、销售、研发、品牌方面往全球化方向更进一步，在全球范围内进行资源整合及品牌推广，使公司有能力在全球范围内与全球打印巨头进行全方位、全领域、全产品的竞争，分享全球打印市场的增长成果。

（二）被收购方：Lexmark

Lexmark 于 1991 年从 IBM 分拆出来成立，并于 1995 年在纽交所成功上市，是世界领先的打印产品及服务供应商。2000 年 7 月，Lexmark 与其控股母公司利盟集团进行合并；合并完成后，Lexmark 作为存续主体。

截至 2016 年 2 月 29 日，Lexmark 的股本结构如表 11 – 28 所示：

表 11 – 28

序号	股票类别	授权发行的股本数	已发行流通股本数	充分稀释后已发行流通股本数
1	A 类普通股，每股面值 0.01 美元	900 000 000	62 639 833	66 661 904
2	B 类普通股，每股面值 0.01 美元	10 000 000	—	—
3	优先股，每股面值 0.01 美元	1 600 000	—	—
	合计	911 600 000	62 639 833	66 661 904

持有 Lexmark 5% 以上流通股本的实益股东情况如表 11 – 29 所示。

表 11 – 29

实益股东名称	拥有实益权益的股份数量	持股比例——以截至 2016 年 2 月 29 日发行流通的 A 类普通股数为基本
Iridian Asset Management LLC	9 363 001	14. 97%
The Vanguard Group, Inc.	6 164 540	9. 86%
BlackRock, Inc.	4 444 044	7. 10%
Fidelity Management and Research, LLC	4 150 260	6. 64%
First Eagle Investment Management, LLC	3 382 217	5. 41%
合计	27 504 062	43. 98%

Lexmark 在超过 170 个国家销售产品和提供服务，是受许多高科技产业分析公司认可的打印行业全球领导者。自 2010 年以来，Lexmark 收购整合了 ReadSoft、Kofax 等几家企业软件公司，进一步扩展了产品广度。Lexmark 的企业发展战略在于聚焦金融、医疗等特定行业，通过其激光打印硬件平台、打印管理软件平台以及内容与流程管理平台，为企业客户提供集打印、内容管理、流程管理等服务于一身的一站式企业办公解决方案。

细分来看，Lexmark 主要经营两部分业务，ISS 业务和 ES 业务。

ISS 业务主要生产和销售多种型号的黑白激光打印机、彩色激光打印机、多功能数码复合一体机以及与之相关的耗材、配件和一系列打印管理服务。ISS 业务拥有一大批的销售和市场开拓人员帮助 Lexmark 创造收入。ISS 的客户主要包括大型跨国企业，中小型公司和政府公共部门，行业主要集中在金融业、零售业、制造业以及教育、医疗等公共领域。2015 年，Lexmark 的 ISS 部门共实现收入 30. 17 亿美元（约合 195. 22 亿元）。

ES 业务主要为客户提供一整套的企业软件解决方案，属于企业内容管理（ECM）的一部分，具体包括企业客户沟通管理软件（CCM）、企业文档输出管理（DOM）、医疗内容管理（HCM）、业务流程管理（BPM）等。Lexmark ES 业务的客户主要集中在零售业、金融业、保险业、制造业、医疗保健行业以及教育、政府等公共部门。2015 年，Lexmark 的 ES 部门共实现收入 5. 34 亿美元（约合 34. 54 亿元）。

Lexmark 的营业收入折算为人民币的金额如表 11 – 30 所示：

表 11 – 30

业务分类	2015 年（亿美元）	2015 年（亿元）	2014 年（亿美元）	2015 年（亿元）
ISS	30. 174	195. 22	34. 148	220. 94
ES	5. 338	34. 54	2. 957	19. 13
合计	35. 512	229. 76	37. 105	240. 07

Lexmark 的商业模式，是通过持续不断的技术投入来开发和销售与打印、成像、内容管理和流程管理相关的产品（Lexmark 2015 年的研发费用为 3.32 亿美元，约合 21.48 亿元，占 Lexmark 全年销售收入的比重约为 9%）。通过对技术、硬件、软件产品和整体企业解决方案的战略性投资，Lexmark 将扩大其硬软件产品在市场中的份额，并持续从耗材销售及软件的维护服务费中获取利润。

三、交易方案

（一）总体方案

本次交易方案包括：（1）艾派克跨境收购 Lexmark 100% 股权；（2）艾派克非公开发行股份募集资金。

1. 艾派克跨境收购 Lexmark 100% 股权。艾派克通过多元化形式筹集现金，并以设在特拉华州的合并子公司（即 Ninestar Lexmark Company Limited）和 Lexmark 合并的方式实施，合并后合并子公司停止存续，Lexmark 作为合并后的存续主体。

2. 艾派克非公开发行股份募集资金。艾派克非公开发行募集资金总额预计不超过 213 000 万元，扣除发行费用后拟全部用于艾派克智能化生产改造项目（53 000 万元）、美国再生耗材生产基地项目（100 000）万元、美国研发中心（30 000 万元）、补充艾派克流动资金（30 000 万元）。

（二）估值与作价

本次交易以 2015 年 12 月 31 日为估值基准日，确定市场法对标的资产进行估值，选取企业价值倍数法估值结果为估值结论，并参考市盈率法的估值结果。Lexmark 截至估值基准日的账面净资产为 11.18 亿美元（约合 72.33 亿元），Lexmark 全部股东权益估值为 31.56 亿美元（约合 204.19 亿元），较账面净资产增值 20.38 亿美元（约合 131.86 亿元），增值率为 182.25%。

交易各方同意依据 Lexmark 同行业上市公司的估值情况，结合估值基准日 Lexmark 的股票价格，综合考虑 Lexmark 的技术、品牌和渠道价值以及长期发展前景等相关因素，同意本次收购股东全部权益的价格为 27 亿美元（约合 174.69 亿元）。

（三）本次重组支付与具体安排

1. 艾派克跨境收购 Lexmark 100% 股权

（1）交易结构与安排。2016 年 4 月 20 日，艾派克发布公告，公司拟与太盟投资及君联资本在开曼群岛共同设立开曼子公司Ⅰ，然后开曼子公司Ⅰ在开曼群岛设立开曼子公司Ⅱ，后者在美国特拉华州设立合并子公司用于本次合并交易。

2016 年 4 月 19 日（纽约时间），艾派克、开曼子公司Ⅰ、开曼子公司Ⅱ、合并子公司与 Lexmark 签署《合并协议》，本次交易将通过合并子公司和 Lexmark 合并的方式实施，合并后合并子公司停止存续，Lexmark 作为合并后的存续主体。

本次重大资产购买的交易结构如下：

本次交易中，Lexmark 公司股东全体股份的每股交易价格为 40.5 美元。截至 2016

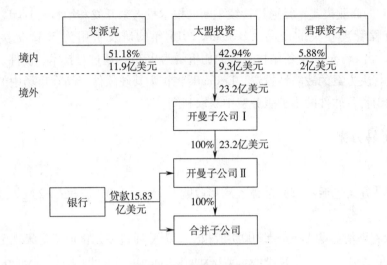

图 11 – 8 并购交易结构

年 4 月 13 日，Lexmark 已发行的普通股数为 62 639 833 股，综合考虑限制性股票和期权对股份稀释的影响后，Lexmark 充分稀释后的股份数为 66 661 904 股。因此，本次交易股东全体股份的金额预计约 27 亿美元（约合 174.69 亿元）。

同时，根据 Lexmark 现有债务协议，在 Lexmark 控制权变更时需对截至交割日的所有带息负债进行再融资。截至 2015 年 12 月 31 日，Lexmark 全部带息债务净额为 9.14 亿美元（约合 59.14 亿元）。

综合考虑约 4.30 亿美元（约合 27.82 亿元）类负债事项的预算后，本次交易的内含企业价值约为 40.44 亿美元（约合 261.65 亿元）。

上述类负债事项具体如表 11 – 31 所示。

表 11 – 31   单位：亿美元

序号	项目	金额
1	养老金及其他退休福利	1.80
2	重组费用	0.81
3	2016 年交割前预期分红	0.66
4	控制权变更导致的员工奖励费用—现金部分	0.32
5	卖方交易费用	0.50
6	其他	0.21
	类负债事项	4.30

截至 2015 年 12 月 31 日，上述类负债事项总额为 4.30 亿美元：其中 2.58 亿美元已在 Lexmark 的账面上计提，相关成本费用已在 Lexmark 过去的财务报表中计提体现，不会对 Lexmark 未来的利润造成影响；1.72 亿美元尚未在 Lexmark 的账面上计提，主要包括 "Lexmark 在 2016 年交割前预计分红"、"Lexmark 因本次交易所产生的相关中介机构费用" 以及 "控制权变更而预计需支付给高管的现金奖励、激励及留任计划"，

根据合并协议和交易进展综合判断，上市公司预计该等金额将在交割前逐步计提，相关的成本费用将在 Lexmark 账面上逐步体现，对于交割后上市公司的合并报表损益不存在重大影响。

联合投资者在与 Lexmark 协商股权收购价格时已充分考虑上述类负债事项的影响，同时 Lexmark 拥有较为稳定、充裕的经营性现金流，随着其与上市公司业务的逐步整合、协同效应逐步发挥，Lexmark 的经营性现金流将进一步优化，Lexmark 具备充足的现金流以支付上述负债事项。

（2）本次交易的支付方式及资金来源。对于跨境收购而言，资金来源与安排一直是市场最为关注的要点。其他很多上市公司的海外并购资金来源较为单一，主要是银行贷款和公司自有资金；但艾派克对 Lexmark 这次体量悬殊的并购，资金来源却格外多元化。

首先，在开曼子公司 Ⅰ 层面，艾派克、太盟投资、君联资本均以现金方式出资，总计拟出资 23.20 亿美元（约合 150.10 亿元），具体出资承诺如下：

①艾派克拟以现金出资 11.90 亿美元（约合 76.99 亿元）；

②太盟投资拟以现金出资 9.30 亿美元（约合 60.17 亿元）；

③君联资本拟以现金出资 2.00 亿美元（约合 12.94 亿元）。

在上述"PE + 上市公司"模式下，太盟投资和君联资本合计出资 11.3 亿美元，占比 48.7%；艾派克出资 11.9 亿美元，占比 51.3%。

其后，开曼子公司 Ⅰ 将上述 23.20 亿美元用于向开曼子公司 Ⅱ 出资，开曼子公司 Ⅱ 再将此 23.20 亿美元向合并子公司出资。

本次交易的剩余款项将由开曼子公司 Ⅱ 和合并子公司向银行贷款取得。艾派克已取得中国银行和中信银行的并购贷款承诺函（共计 15.83 亿美元授信，约合 102.42 亿元），将由该等大型国有银行牵头组织银团为本次交易提供并购贷款。

（3）艾派克出资来源。根据公告，艾派克 11.90 亿美元（约合 76.99 亿元）的现金出资来源包括以下三个部分：

①自有现金。根据艾派克 2016 年第一季度未经审计的财务报告，截至 2016 年 3 月 31 日，上市公司的货币资金账面金额约为 15.07 亿元，扣除募集资金及必要的营运资金外，其中 7.00 亿元可以作为现金出资，约合 1.08 亿美元。

②控股股东赛纳科技提供的股东借款。根据赛纳科技 2016 年第一季度未经审计的财务报表，截至 2016 年 3 月 31 日，赛纳科技的货币资金账面金额约为 19.45 亿元，其中 19.00 亿元可借予上市公司，约合 2.94 亿美元。

③赛纳科技对外融资。赛纳科技可通过发行可交换债等形式融资，只要通过 EB 融资达到 51.00 亿元，加上其自有现金 19.00 亿元，共计 70.00 亿元，约合 10.82 亿美元，即可满足上市公司出资需求。

（4）史上最大规模私募可交换债发行。2016 年 7 月 22 日，艾派克发布公告，其控股股东赛纳科技将从 2016 年 7 月 21 日起质押 1.4 亿股，用于支持上市公司收购 Lexmark。2016 年 9 月 1 日，艾派克再次发布公告，控股股东赛纳科技已从 8 月 30 日起质押 1.5 亿股，同样用于支持上市公司收购 Lexmark。截至本次公告，赛纳科技共持有公司股份 684 698 082 股，占公司股份总数的 68.74%。两次质押后，其所持有艾派克股份累计被质押 462 753 700 股，占总股本的 46.46%。

根据 Wind 所获数据，上述两次质押分别对应两期私募 EB 的发行：16 塞纳 01 的规模为 29.7 亿元，质押股数 1.4 亿股；16 塞纳 02 规模为 30.30 亿元，质押股数 1.5 亿股。两期 EB 起息日分别为 2016 年 7 月 28 日和 2016 年 9 月 5 日，合计规模高达 60 亿元，是史上规模最大的私募 EB。两期私募 EB 要素如表 11 - 32 所示：

表 11 - 32

债券代码	117030. SZ	债券简称	16 赛纳 01
当前余额（亿元）	29.70	债券类型	可交换债
上市日期	2016 - 11 - 17	摘牌日期	2018 - 07 - 28
票面利率（当期）	4.50	发行价格（元）	100.00
利率类型	固定利率	息票品种	附息
付息频率	每年付息 1 次	距下一付息日（天）	220
利率说明	4.5%	期限（年）	2
剩余期限（年）	1.6（加权：1.6）	到期日期	2018 - 07 - 28
起息日期	2016 - 07 - 28	发行方式	私募
发行人	珠海赛纳打印科技股份有限公司	主承销商	华泰联合证券有限责任公司
发行规模（亿元）	29.70	增信方式	质押担保
增信情况	将其持有的 14 000 万股艾派克 A 股股票及其孳息（包括送股、转股和现金红利）一并质押给债券受托管理人		
当前余额（亿元）	30.30	债券类型	可交换债
上市日期	2016 - 12 - 07	摘牌日期	2018 - 09 - 03
交易市场	117038. SZ（深圳）	发行价格（元）	100.00
票面利率（当期）	4.50	息票品种	附息
利率类型	固定利率	距下一付息日（天）	259
付息频率	每年付息 1 次	期限（年）	2
利率说明	4.50%	到期日期	2018 - 09 - 05
剩余期限（年）	1.71（加权：1.71）	是否城投债	否
起息日期	2016 - 09 - 05	发行方式	私募
发行人	珠海赛纳打印科技股份有限公司	主承销商	华泰联合证券有限责任公司
发行规模（亿元）	30.30	增信方式	质押担保
增信情况	将其持有的 15 000 万股艾派克 A 股股票及其孳息一并质押给债券受托管理人		

塞纳科技发行的两期 EB 的票面利率和初始转股价格保持一致，分别为 4.5% 和

57.15 元/股，二者发行时的股价也基本持平，其对应的初始溢价率高达 80% 以上，且均未设置回售条款。

两期 EB 票面利率为 4.5%，对比其他明显偏债型 EB 利率（7% ~8% 左右），处于较低水平，故偏债属性不强。同时，两期 EB 并未设置换股期前的赎回条款，下修条款也对投资者较为友好（标的股票在任意连续 20 个交易日中至少 10 个交易日的收盘价低于当期换股价格的 85% 时可进行下修，修正后的换股价格应不低于该次董事会决议签署日前 1 个交易日标的股票收盘价的 90% 以及前 20 个交易日收盘价均价的 90%）。综上所述，赛纳科技此次发行的两期 EB 并没有明显偏债或偏股的属性，更多体现出艾派克及其控股股东对股价走势的信心。

随着跨境并购不断增多，私募可交换债将成为上市公司筹措收购资金的重要融资手段之一，本案例也因此成为重要参考范例。

（5）并购方案调整及并购贷款逻辑

2016 年 11 月，艾派克与其他联合投资者对并购方案进行调整，交易结构安排如图 11 -9 所示。

按照调整好的交易安排，艾派克与太盟投资及君联资本管理的投资机构朔达投资（由君联资本管理的投资机构，以下简称朔达投资）在开曼群岛共同设立开曼子公司 I（即 Ninestar Holdings Company Limited），开曼子公司 I 在开曼群岛设立开曼子公司 II（即 Ninestar Group Company Limited），开曼子公司 II 在开曼群岛设立开曼子公司III（即 Apex KM Technology Limited），开曼子公司III在香港设立香港子公司 I（即 Apex HK Holdings Limited），香港子公司 I 在瑞士设立瑞士子公司 I（即 Apex Swiss Holdings SARL），瑞士子公司 I 控股在美国特拉华州设立的合并子公司（即 Ninestar Lexmark Company Limited）用于本次合并交易。另外，香港子公司 I 在香港设立香港子公司 II（即 Lexmark Holdings Company Limited），香港子公司 II 在香港设立香港子公司III（即 Lexmark Group Company Limited），香港子公司III在瑞士设立瑞士子公司 II（即 Apex Tech Swiss SARL）。

本次的调整，主要体现在两个方面：

①原买方投资者联盟由艾派克（11.90 亿美元）、太盟投资（9.30 亿美元）和君联资本（2.00 亿美元），调整为新的投资者联盟，即艾派克（7.77 亿美元）、太盟投资（6.52 亿美元）和上海朔达投资中心（有限合伙）（0.89 亿美元），出资规模由 23.2 亿美元下降为 15.18 亿美元。本次交易的剩余款项将由海外子公司向银团申请中长期并购贷款获取。

②调整后的交易结构更复杂，为便于实施并购贷款，新增香港子公司III在瑞士设立瑞士子公司 II（即 Apex Tech Swiss SARL），作为本次交易贷款的担保人或用于交割后的架构调整之目的。

艾派克为本次收购设立的境外子公司申请银行贷款且艾派克及子公司为该银行贷款提供相关股份质押担保以及连带责任保证担保，具体贷款及担保情况如下。

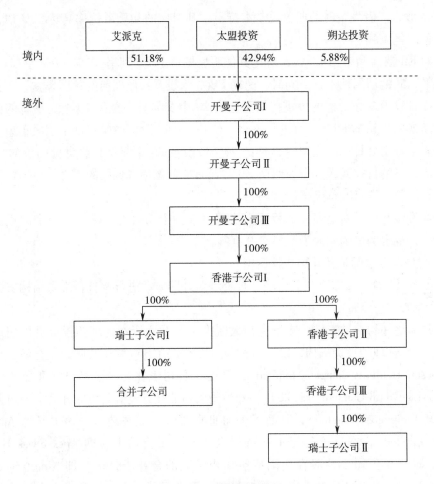

图 11 – 9 交易结构安排

①艾派克于开曼群岛投资设立的开曼子公司 Ⅱ（Ninestar Group Company Limited）向中信银行广州分行作为全球牵头行，中信银行（国际）有限公司、中信银行广州分行、中国进出口银行和 BANK OF CHINA LIMITED, NEW YORK BRANCH 作为联合牵头安排行，中信银行广州分行作为管理代理行和担保代理行、中国担保代理行等相关方组成的银团申请9亿美元的并购贷款，并由该银团向开曼子公司 Ⅱ 发放不超过9亿美元的贷款，在获得银团内部审批同意的前提下，向银团额外申请6亿美元的贷款；或者向银团申请15亿美元的短期周转过桥贷款且不超过根据软件业务出售协议得出的最终价格。

艾派克为上述贷款向银团（中信银行广州分行作为担保代理行以及中国担保代理行）提供艾派克持有开曼子公司 Ⅰ（即 Ninestar Holdings Company Limited）51.18% 股份作为质押担保，并提供连带责任保证。

②艾派克于美国特拉华州投资设立的合并子公司（即 Ninestar Lexmark Company Limited）向银团申请：（A）11.8亿美元的并购贷款；（B）4亿美元的 Lexmark 现有债券的再融资贷款；（C）2亿美元的流动资金循环贷款，由该银团向合并子公司发放不

超过 17.8 亿美元的贷款。合并子公司与 Lexmark 合并后，将由 Lexmark 承担前述本金不超过 17.8 亿美元的贷款还款义务。

上述①②贷款的增信措施，包括但不限于艾派克为完成本次收购设立的各海外子公司将其持有的下层公司（包括 Lexmark）的所有普通股向银团（中信银行广州分行作为担保代理行以及中国担保代理行）提供股份质押担保，并由艾派克以及艾派克为完成本次收购设立的各海外子公司提供连带责任保证担保。收购完成后，以 Lexmark 及其重大美国子公司的资产抵质押和股权质押。

（6）PE 机构退出安排。2016 年 11 月 7 日，艾派克与太盟投资、朔达投资签署了《股东协议》，约定关于太盟投资以及朔达投资退出的如下安排：

①本次收购完成后的三个完整财政年度结束后，太盟投资及朔达投资有权选择要求艾派克购买其持有合资公司的全部或部分权益，艾派克计划通过经营活动产生的现金流、再融资或发行债券等方式筹集所需资金。

艾派克将尽最大努力配合评估机构获得目标公司的估值不低于 13 倍的正常化预估盈利或者 10 倍的正常化 EBITDA 孰高的价值的最大评估值。但艾派克无法确保评估值在任何情况下都不低于前述之孰高价值。重大资产购买完成后的三个完整财政年度结束后到收购完成后的六周年内，如果在太盟投资及朔达投资要求艾派克收购股份但未能在其发出要求收购通知的 9 个月内完成后，则太盟投资及朔达投资有权要求艾派克按照其投入合资公司所有金额和向合资公司所提供的股东贷款加上 10% 的年化收益率的价格收购其拟出售的股份。

②若太盟投资选择以接受艾派克股份的方式作为售出股份的对价，根据上市公司有关法规的要求，上市公司非公开发行股票，发行价格不低于定价基准日前二十个交易日公司股票均价的 90%，定价基准日为关于本次非公开发行的董事会决议公告日。

③由于艾派克违反股东协议规定的义务，造成未能及时根据《股东协议》完成其收购联合投资者出售的股份的义务，将触发领售权。

④在太盟投资或朔达投资对外转让合资公司股份时，艾派克享有优先购买权。

2. 艾派克发行股份募集资金

（1）股份发行价格

本次非公开发行股票的定价基准日为公司第五届董事会第九次会议决议公告日（2016 年 12 月 13 日），发行价格不低于定价基准日前 20 个交易日公司股票交易均价的 90%，即不低于 27.77 元/股。

（2）股份发行数量

本次非公开发行股票数量不超过 76 701 476 股具体发行数量将由公司董事会根据股东大会的授权及发行时的实际情况，与本次发行的保荐机构（主承销商）协商确定。

（3）募集资金金额

本次非公开发行募集资金总额不超过 213 000 万元，扣除发行费用后拟全部用于以下项目：

表 11 –33   单位：万元

序号	项目名称	实施主体	投资总额	拟投入金额
1	智能化生产改造项目	艾派克	53 460	53 000
2	美国再生耗材生产基地项目	新设美国子公司 Ninestar Image（USA）Company Limited	100 215	100 000
3	美国研发中心	新设美国子公司 Apex R&D（USA）Company Limited	30 042	30 000
4	补充流动资金	艾派克	30 000	30 000
	合计		213 717	213 000

（4）锁定期安排

本次非公开发行股票完成后，发行对象认购的股份自本次发行结束之日起 12 个月内不得转让。

（四）其他

1. 本次交易不构成关联交易。上市公司及其关联方与 Lexmark 之间不存在关联关系，本次交易不构成关联交易。

2. 本次交易构成重大资产重组。上市公司 2015 年度经审计的营业收入约为 20. 49 亿元，标的公司 Lexmark 2015 年度经审计的营业收入为 35. 51 亿美元（约合 229. 75 亿元），Lexmark 2015 年度所产生的营业收入占上市公司同期经审计的营业收入的比例超过 50%。根据《重组管理办法》的相关规定，本次交易构成重大资产重组。

3. 本次交易不构成借壳上市。本次交易为艾派克以现金方式支付对价，不涉及本公司股权变动。本次交易前后上市公司的实际控制人均为汪东颖、李东飞、曾阳云，本次交易不会导致上市公司控制权发生变更。因此，本次交易不构成《重组管理办法》第十三条定义的借壳上市交易情形。

四、重点问题分析：上市公司为有效控制 Lexmark 所采取的措施和整合计划分析

本次跨境收购标的为境外资产且体量较大，监管部门对上市公司是否能有效控制标的公司提出疑虑，并要求提出具体措施和整合计划。

本次交易前，上市公司于 2015 年 7 月收购 SCC 100% 股权。SCC 于 20 世纪 80 年代中期成立于美国北卡罗来纳州，主营业务为通用打印耗材芯片的设计、生产和销售等。SCC 的研发、生产、制造主要集中在美国，在英国、加拿大、南非、土耳其、中国、中国香港地区均设有销售中心，并在美国等国家设有仓库和配送中心，属于典型的跨国企业。通过前述重大资产购买，上市公司成功打通上下游产业链，产业布局更加完整，加快了国际化进程，提高了技术水平和盈利能力，从而提升了上市公司的核心竞争力。同时，通过前述重大资产购买，上市公司也提高了管理跨国公司的能力，在管理跨国公司方面积累了丰富经验，将有利于本次收购 Lexmark 后的企业整合。

本次交易完成后，Lexmark 将进入上市公司体系之内，但其资产、业务及人员将保持相对独立和稳定。上市公司短期不会对 Lexmark 的管理团队、组织架构、主营业务进行重大调整，而是采取多种措施维持其原有管理团队稳定性和经营积极性。同时，上市公司与 Lexmark 将积极探索在业务、战略、管理、资金、资源等方面的协同与整合，对 Lexmark 的经营管理进行规范；Lexmark 也将在业务发展、品牌推广等方面考虑上市公司整体战略的需要，为上市公司整体业务拓展和协调及全球品牌塑造战略提供支持，以实现协同发展，提升上市公司整体价值。

（一）对资产及业务的整合

本次交易将使公司在打印设备相关领域的业务规模大幅增加，服务的客户数量和区域分布也将大幅提升。本次交易完成后，为发挥本次交易的协同效应，上市公司将会对公司和 Lexmark 的资产及业务进行有效整合，调整优质资源，充分发挥公司和 Lexmark 的特长和优势，提升经营管理水平，提高资源使用效率，为股东创造价值。

（二）对人员的调整

本次交易不影响 Lexmark 员工与 Lexmark 签订的劳动合同关系，原劳动合同关系继续有效。本次交易完成后，Lexmark 将主要维持其现有的管理团队进行经营管理。而上市公司将通过派驻董事、监事等人员的方式，履行母公司对子公司的管理职能。

在董事会层面，公司拟委派董事，并对董事的选聘拥有决定权；在管理层面，公司也拟在财务、人力资源方面派驻人员，对 Lexmark 的日常运营进行管理；同时，在过渡期间公司也拟向 Lexmark 派驻观察员，监督过渡期间 Lexmark 的运营情况。在上市公司层面，公司拟成立专门的工作小组，在业务、技术、管理上与 Lexmark 进行对接。

（三）对企业文化和管理理念的整合

尽管上市公司与 Lexmark 都属于证监会《上市公司行业分类指引（2012 年修订）》中"制造业"项下的"C39 计算机、通信和其他电子设备制造业"，但在企业文化、管理理念等方面存在一定差异。上市公司为中国企业，主要经营管理人员均来自中国境内；而 Lexmark 为美国企业，主要经营管理人员来自于中国境外。本次交易完成后，上市公司将在管理机制设计方面充分考虑企业文化和管理理念的影响，并借鉴以往经验，与 Lexmark 建立和完善企业文化理念体系，加大企业文化、管理理念方面的融合力度，为协同效应的良好发挥奠定基础。

（四）完善公司治理

本次交易采用现金交易方式，交易完成以后 Lexmark 成为公司控股子公司，本次交易对本公司的治理机制无重大不利影响。本次交易完成后，公司将依据相关法律法规要求继续完善公司法人治理结构及独立运营的公司管理体制，继续保持公司业务、资产、财务、人员、机构的独立性，切实保护全体股东的利益。

综上所述，本次交易完成后，上市公司将通过上述整合计划及相关措施对标的公司进行有效控制。

第十二章　其他案例

第一节　红筹回归：巨人网络借壳世纪游轮

一、交易概览

上市公司	重庆新世纪游轮股份有限公司（以下简称世纪游轮）		
借壳方	上海巨人网络科技有限公司（以下简称巨人网络）		
借壳方案	私有化及拆除红筹结构 + 重大资产出售 + 发行股份购买资产 + 募集配套资金		
交易价值（万元）	1 312 424.00	并购方式	发行股份购买资产
现金支付金额（万元）	0	并购目的	借壳上市
评估价值（万元）	1 312 424.08	支付方式	上市公司股份
评估方式	收益法	标的类型	股权
控制权是否变更	是	股权转让比例	100%
是否有业绩承诺	是	是否有超额奖励	否

世纪游轮成立于 2006 年 11 月 24 日，并于 2011 年 3 月 2 日登陆 A 股；重组前，彭建虎、彭俊珩父子合计持有上市公司 74.28% 的股权，为上市公司控股股东及实际控制人。近年来，受宏观经济增速放缓、行业竞争加剧及需求不足等因素影响，世纪游轮的盈利水平呈现明显下降趋势。

而巨人网络从成立至今始终是中国网络游戏行业龙头企业，在全国范围内有着广泛的知名度，公司创始人及实际控制人史玉柱是中国最有影响力的企业家之一；巨人网络多次获得"金翎奖十大网络游戏"、"中国游戏行业年会最受欢迎的网络游戏"等荣誉，奠定了在国内自主研发客户端游戏市场的领跑地位。

本次巨人网络借壳世纪游轮，是横跨 2015 – 2016 年的经典案例，也是继完美世界之后第二个借壳回归的游戏中概股，堪称"拆 VIE 结构 + 借壳"最经典的案例之一。2015 年 11 月 11 日，公司重组公告后复牌，股价从 31.65 元/股，连续 20 个涨停板，最高到达 231.10 元/股，短短一个月之内暴涨 630.17%，让人充分领略了中国商界最具争议、最具传奇色彩之一的资本大鳄史玉柱的风采。

2016 年 10 月 21 日，在完成巨人网络借壳仅仅 6 个月的世纪游轮发布交易草案，上市公司拟以 39.34 元/股发行 6.48 亿股，并支付现金 50 亿元，合计作价 305.04 亿元，收购 Alpha 全部 A 类普通股，从而间接收购以色列休闲社交棋牌类网络游戏公司 Playtika。本次交易中，Alpha 的 AB 股设置，使得世纪游轮子公司巨人香港仅出资 100 万美元，即可获得对 Alpha 日常事务的控制权，充分体现了史玉柱娴熟的资本财技，令人叹服。

经证监会并购重组审核委员会于 2016 年 3 月 2 日召开的 2016 年第 15 次并购重组委工作会议审核，世纪游轮发行股份购买巨人网络 100% 股权的重大资产重组事项获得有条件通过。

并购重组委关于本次重组的审核意见为：

1. 申请材料显示，标的公司 2014 年与 2015 年收入、利润大幅下滑，请申请人补充披露标的公司预测期收入、利润大幅增长的依据、可实现性及经营风险。

2. 请申请人结合标的公司未来业务发展及现金流情况，补充披露配套募集资金的必要性。请独立财务顾问核查并发表明确意见。

二、交易双方

（一）上市公司：世纪游轮（002558.SZ）

世纪游轮成立于 2006 年 11 月 24 日，并于 2011 年 3 月 2 日登陆 A 股。重组前，彭建虎、彭俊珩父子合计持有上市公司 74.28% 的股权，为上市公司控股股东及实际控制人。

世纪游轮主要从事内河豪华游轮休闲旅游服务的开发和运营，属于"休闲度假旅游产品"，游轮成为产品的载体，景区、景点观光成为产品的附属，在游轮上的观赏、休憩和娱乐成为产品的主要内容。截至 2014 年底，公司已总共拥有 7 艘世纪系列豪华游轮。近年来，受宏观经济增速放缓、行业竞争加剧及需求不足等因素影响，加上行业内"东方之星"游船沉船事故影响，使得世纪游轮游客减少，营业收入及其他业务均有所下降。

2012 年、2013 年、2014 年和 2015 年 1 - 9 月，世纪游轮归属于母公司净利润分别为 3 834.94 万元、310.89 万元、1 058.15 万元、- 2 494.72 万元，盈利水平呈现明显下降趋势。

（二）借壳方：巨人网络

公司前身为上海征途网络科技有限公司，成立于 2004 年 11 月 18 日。2007 年 10 月 12 日，征途网络通过章程修正案，企业名称变更为上海巨人网络科技有限公司。经过多次增资与股权转让，史玉柱通过兰麟投资及其一致行动人腾澎投资实际控制巨人网络 47.57% 的股权，为巨人网络的实际控制人。截至重组上市前，巨人网络股权关系结构如图 12 - 1 所示。

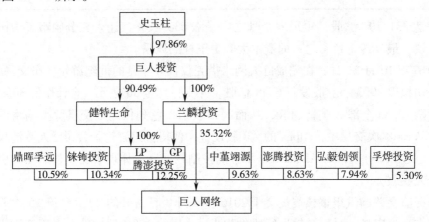

图 12 - 1 股权关系结构

巨人网络从成立至今始终是中国网络游戏行业龙头企业，在全国范围内有着广泛的知名度，公司创始人史玉柱是中国最有影响力的企业家之一。凭借多年深耕游戏领域，巨人网络曾多次获得行业及政府组织颁发的各项荣誉，在端游手游市场均占据重要行业地位。以《征途》、《仙侠世界》及《征途 2》为代表的系列端游作品已成为业内知名品牌；2014 年巨人网络布局手游市场，接连推出《征途口袋版》、《大主宰》等精品产品。

巨人网络自主开发运营的《征途》是率先采用免费商业模式的网络游戏之一，突破了此前行业按时间收费的商业模式，推动网络游戏市场进入新的增长阶段。该游戏在国内首创了自动打怪、自动寻路、给玩家发工资等全新游戏玩法与运营措施，是国内最成功的自主研发 MMORPG 游戏之一。此后，巨人网络相继成功向市场推出《征途》、《征途 2》、《仙侠世界》等多款自主研发产品。并多次获得"金翎奖十大网络游戏"、"中国游戏行业年会最受欢迎的网络游戏"等荣誉，奠定了在国内自主研发客户端游戏市场的领跑地位。

根据易观智库最新发布的《中国客户端网络游戏市场季度监测报告 2015 年第一季度》数据显示，巨人网络与腾讯、网易、畅游、盛大游戏、完美世界为以客户端游戏为主导的传统网络游戏公司占据着中国网络游戏市场的第一梯队。2012 年、2013 年、2014 年、2015 年 1 - 9 月，巨人网络的营业收入分别为 227 055.46 万元、248 670.48 万元、233 936.97 万元、154 762.40 万元，归属于母公司所有者的净利润分别为 123 687.81 万元、130 490.56 万元、116 142.84 万元、22 239.11 万元。

根据国家发改委发布的《产业结构调整指导目录（2011 年本）（2013 年修正）》，增值电信业务平台建设是我国重点扶持的鼓励类产业，巨人网络的业务符合国家大力发展互联网产业的有关政策。

本次交易完成后，上市公司将成为一家以网络游戏为主的综合性互联网企业，上市公司的盈利能力及发展空间将得到有效提升，本次重组有助于提高上市公司的资产质量和可持续经营能力。

三、交易方案

（一）总体方案

本次交易方案包括：（1）私有化及拆除红筹结构；（2）重大资产出售；（3）发行股份购买资产；（4）募集配套资金。其中，重大资产出售与发行股份购买资产互为前提、互为条件，共同构成本次交易方案不可分割的组成部分，其中任何一项因任何原因终止或不能实施，则本次交易将终止实施；募集配套资金实施与否或配套资金是否足额募集均不影响前两项交易的实施。

1. 私有化及拆除红筹结构。2013 年 11 月 25 日，GA 董事会收到史玉柱、Union Sky、Vogel、Baring 共同组成的财团发出私有化邀约，并于同日签订了财团协议。后经过一系列的安排与交易，巨人网络完成私有化操作且其全部 VIE 协议以及 VIE 协议控制关系彻底解除，其过程履行了相应的法律程序，不存在潜在的法律风险。

VIE 协议控制架构拆除后：巨人网络股权权属清晰，不会对借壳上市产生实质不利影响；巨人网络的生产经营符合国家产业政策相关法律法规等规定；巨人网络董事、高级管理人员未发生重大变化、实际控制人未发生变更。

2. 重大资产出售。上市公司向原实际控制人彭建虎或其指定第三方出售其全部资产及负债（母公司口径），彭建虎或其指定第三方以现金方式向上市公司支付。

截至评估基准日，本次交易的拟出售资产评估值为 60 423.62 万元，经交易双方友好协商，本次交易中拟出售资产作价为 60 424.00 万元。

3. 发行股份购买资产。本次发行股份购买资产所发行股份的定价基准日为上市公司第四届董事会第三次会议决议公告日，发行价格为经除权除息调整后的定价基准日前 20 个交易日上市公司股票交易均价的 90%，为 29.58 元/股。

本次交易中拟购买资产作价为 1 312 424.00 万元，世纪游轮向巨人网络全体股东发行股份的数量合计为 443 686 270 股。

4. 募集配套资金。上市公司采用询价发行方式向不超过 10 名符合条件的特定对象非公开发行股份募集配套资金，总金额不超过 500 000 万元，上市公司的控股股东或其控制的关联人不参与募集配套资金部分的认购，配套资金总额不超过本次交易拟购买资产交易价格的 100%。

本次募集配套资金发行价格不低于经除权除息调整后的定价基准日前 20 个交易日上市公司股票交易均价的 90%，为 29.58 元/股。根据募集配套资金上限和发行底价计算，本次交易募集配套资金所发行股份数量不超过 169 033 130 股。

（二）估值与作价

1. 拟出售资产的评估情况。根据华康出具的重康评报字（2015）第 227 号《资产评估报告》，选取资产基础法对世纪游轮拟置出的全部资产及负债（母公司口径）进行评估，并以资产基础法作为评估结论。截至评估基准日 2015 年 9 月 30 日，世纪游轮净资产评估值 60 423.62 万元，评估减值 516.72 万元，减值率 0.85%。根据交易各方协商，确定拟出售资产定价为 60 424.00 万元。

2. 拟购买资产的评估情况。根据中企华出具的中企华评报字（2015）第 4137 号《资产评估报告》，本次评估以 2015 年 9 月 30 日为评估基准日，选取收益法及市场法对巨人网络的全部股东权益进行评估，最终采用收益法确定评估结论。收益法评估后的全部股东权益价值为 1 312 424.08 万元，增值额为 1 215 927.75 万元，增值率为 1 260.08%。根据交易各方协商，拟购买资产定价为 1 312 424.00 万元。

（三）本次红筹回归及重组相关安排

1. 私有化及拆除 VIE 结构。2006 年至今，巨人网络经历了搭建红筹架构境外上市、私有化退市、拆除红筹架构的过程，如图 12-2 所示。

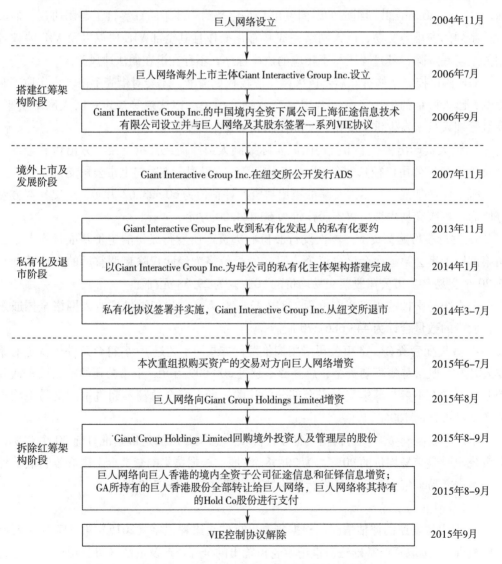

图 12-2　境外上市及拆除 VIE 结构操作过程

（1）搭建红筹架构境外上市。2006 年 7 月 26 日，GA 在开曼群岛设立，史玉柱通过 Union Sky 持有 GA 51.00% 的股权。同日，GA 全资子公司 Eddia 在维京群岛设立。

GA 设立时的股权架构如表 12 - 1 所示：

表 12 - 1

序号	股东	持股数量（股）	股权比例（%）
1	Union Sky	2 040	51.00
2	Vogel	960	24.00
3	Barreto Management Limited	255	6.38
4	Mendez International Limited	200	5.00
5	Goodview Profit Holdings Limited	65	1.63
6	Caneira Holdings Limited	65	1.63
7	Mendez Holdings Limited	55	1.38
8	Baros Profit Limited	50	1.25
9	Gerard Resource Limited	40	1.00
10	Able Offer Group Limited	40	1.00
11	Schwarzer International Limited	40	1.00
12	Stronginsight Group Limited	40	1.00
13	Robinho Group Limited	30	0.75
14	Fine idea Management Limited	30	0.75
15	Lahm Investments Group Limited	25	0.63
16	Couper Holdings Limited	15	0.38
17	Maniche Group Limited	15	0.38
18	Pineda Holdings Limited	15	0.38
19	Huth Group Limited	10	0.25
20	Kakata Group Limited	10	0.25
	合计	4 000	100.00

2006 年 9 月 6 日，Eddia 于中国境内设立全资子公司征途信息。

2006 年 9 月，征途信息与史玉柱、巨人网络及其当时的相关股东签订了包括《购买选择权及合作协议》、《授权委托书》、《股权质押协议》、《网络游戏软件销售及许可协议》、《独家技术咨询和服务协议》等 VIE 协议。根据上述协议安排，GA 全资境内下属公司征途信息开始通过 VIE 协议控制巨人网络及其下属境内经营实体的日常经营、高管选聘以及需获得股东批准的重要事务，从而实现 GA 对巨人网络及其下属境内经营实体的实际控制。

VIE 协议签署后，红筹架构如图 12 - 3 所示。

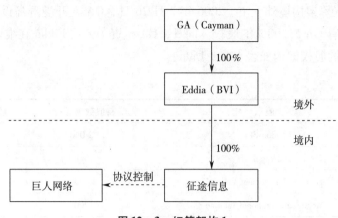

图 12 - 3　红筹架构 1

（2）境外上市及发展阶段

经过历次融资，2007 年 11 月 1 日，GA 的 57 197 423 股美国存托股份（"ADS"）在纽交所以每股 15.50 美元价格首次公开发行。

GA 上市之后，于 2008 年 12 月设立巨人香港。2009 年 7 月，由于业务发展的需要，巨人香港设立境内全资子公司征铎信息。2012 年 5 月，为优化企业境外业务发展的管理，巨人香港对征途信息增资 180 万美元，获得其 54.55% 股权，并代理征途信息所有境外业务。2013 年 4 月 Eddia 对征途信息全额退资，征途信息成为巨人香港的全资子公司。

截至 GA 私有化退市前的红筹架构如图 12 - 4 所示：

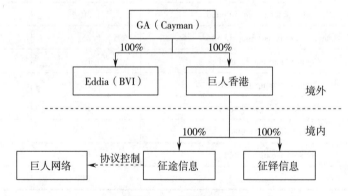

图 12 - 4　红筹架构 2

（3）境外私有化退市阶段

①私有化发起人发出私有化邀约。2013 年 11 月 25 日，GA 董事会收到史玉柱、Union Sky、Vogel、Baring 共同组成的财团发出的私有化邀约（史玉柱、Union Sky、Vogel、Baring 合称"私有化发起人"），并于同日签订了财团协议（Consortium Agreement）。境外投资人 RNEL 和境外投资人 CDH 分别于 2014 年 1 月 12 日和 2014 年 6 月 6 日与当时的私有化发起人签署财团协议之补充协议（Adherence Agreement），成为私有化发起人之一。

②私有化发起人新设私有化实施主体。2014 年 1 月 13 日，根据财团协议的约定，Union Sky 在开曼群岛（Cayman Islands）注册成立全资子公司 Hold Co、Giant Investment

Limited 和 Giant Merger Limited，股权架构如图 12 - 5 所示。

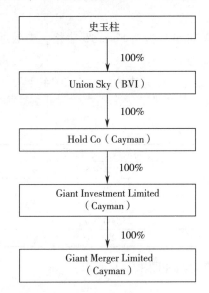

图 12 - 5　股权架构

③私有化协议的签署与实施。2014 年 3 月 17 日，GA、Giant Merger Limited、Giant Investment Limited 共同签署了一份合并协议（Agreement and Plan of Merger）。根据合并协议和相关补充协议，私有化将通过 Giant Merger Limited 与 GA 合并的方式实施。GA 将以每股 12 美元的价格回购除 Union Sky 持有的 58 224 305 股及 Baring 持有的 11 800 000 股以外的所有 GA 股份；而 Union Sky 及 Baring 所持 GA 股份将被转换为相等数量的 Hold Co 股份；回购及转换完成后的 GA 已发行股份将被予以注销。合并正式生效后，Giant Merger Limited 不再存续，GA 作为合并后的存续主体将成为 Giant Investment Limited 的全资控股子公司。

2014 年 6 月 6 日、2014 年 7 月 1 日、2014 年 7 月 1 日，Baring、RNEL、CDH 分别与 Hold Co 签署了股权认购承诺函（Commitment Letter），共计向 Hold Co 提供用于私有化的资金 8.084 亿美元。2014 年 6 月 27 日，Giant Merger Limited 与借款银团签署授信协议（Facility Agreement），借款银团向 GA 提供私有化借款 8.5 亿美元。

2014 年 7 月 14 日，GA 召开临时股东大会，审议通过了合并协议及其所规定的各项交易。

2014 年 7 月 17 日，Hold Co 与 CDH、RNEL、Atlanta 分别签署股份认购协议（Share Subscription Agreement），Hold Co 分别向 CDH 增发 16 666 667 股，向 RNEL 增发 31 250 000 股，向 Atlanta 增发 19 450 000 股 Hold Co 股份。同日，合并协议及相关交易文件中约定的 Union Sky 及 Baring 所持 GA 股票转换成 Hold Co 股票事项实施完成（其中，Baring 指定 Atlanta 为承接 Hold Co 股票主体 SPV）。

2014 年 7 月 18 日，GA 向开曼群岛公司注册处报备并登记了合并计划。据此，Giant Merger Limited 与 GA 的合并正式生效。

2014 年 7 月 21 日，根据 CDH 分别与 Union Sky、Hold Co 签署的相关协议，Union

Sky 向 CDH 转让 2 500 000 股 Hold Co 股份，同时 Hold Co 向 CDH 增发 5 833 333 股
Hold Co 股份。

2014 年 7 月 31 日，GA 向 SEC 报备 Form 15 表格，有效地终止了 GA 作为纽交所上
市公司向 SEC 提交报告的义务。

GA 私有化及上述股权变更事项完成后，截至 2014 年 7 月 21 日，Hold Co 的股权架
构如表 12 - 2 所示。

表 12 - 2

序号	股东	持股数量（股）	股权比例（%）
1	Union Sky	55 724 305	38. 91
2	Atlanta	31 250 000	21. 82
3	RNEL	31 250 000	21. 82
4	CDH	25 000 000	17. 46
	合计	143 224 305	100. 00

上述步骤完成后，红筹架构如图 12 - 6 所示：

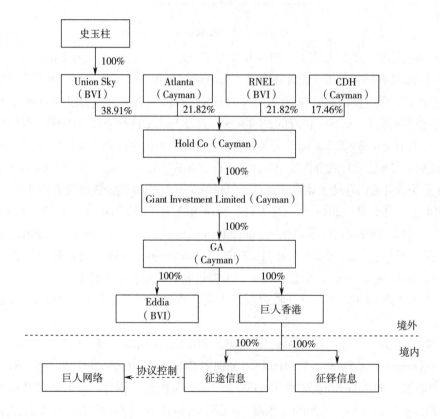

图 12 - 6   红筹架构 3

④管理层股份认购。2014 年 8 月 16 日，Hold Co 董事会通过决议，同意按照 2014
年 7 月 17 日股东协议（Shareholders Agreement）的约定，与巨人网络管理层签署股份
认购协议，以每股 0. 00001 美元的价格向管理层持股主体发行 Hold Co 的股份。

截至 2015 年 8 月 12 日，Hold Co 的股权结构如表 12 – 3 所示。

表 12 –3

序号	股东	持股数量（股）	股权比例（%）
1	Union Sky	55 724 305	35. 64
2	Atlanta	31 250 000	19. 99
3	RNEL	31 250 000	19. 99
4	CDH	25 000 000	15. 99
5	Dragon Reward Investment Limited	771 859	0. 49
6	Excel Summit Investment Limited	1 543 719	0. 99
7	Expect High Limited	5 403 016	3. 46
8	Fine View Overseas Limited	154 372	0. 10
9	Forever Dragon Limited	617 487	0. 39
10	Goodview Profit Holdings Limited	3 087 438	1. 97
11	Robinho Group Limited	154 372	0. 10
12	Schwarzer International Limited	308 744	0. 20
13	Sunny Reward Investment Limited	308 744	0. 20
14	Able Offer Group Limited	771 859	0. 49
	合计	156 345 915	100. 00

注：上述表格中序号 5～14 的股东为管理层持股主体，下同。

管理层股份认购完成后红筹架构如图 12 –7 所示：

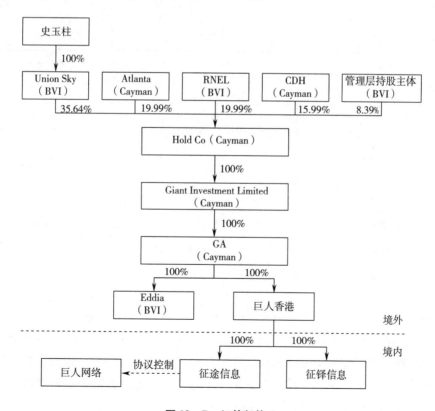

图 12 –7　红筹架构 4

（4）拆除红筹架构阶段

①相关方向巨人网络增资。2015 年 6 月 10 日，巨人网络、兰麟投资、中董翊源、澎腾投资、铼铈投资共同签署《增资协议》。本次增资完成后，巨人网络股权架构如表12－4 所示：

表 12－4

股东	出资额（万元）	股权比例（%）
兰麟投资	1 246.75	63.63
中董翊源	339.88	17.35
澎腾投资	304.73	15.55
铼铈投资	67.98	3.47
合计	1 959.33	100.00

2015 年 6 月 29 日，巨人网络、兰麟投资、腾澎投资、鼎晖孚远、铼铈投资、中董翊源、澎腾投资、弘毅创领、孚烨投资共同签署了《增资协议》，各方同意巨人网络的注册资本由 1 959.33 万元增至 3 529.56 万元，本次增资后，巨人网络股权架构如表 12－5 所示：

表 12－5

股东	出资额（万元）	股权比例（%）
兰麟投资	1 246.75	35.32
腾澎投资	432.17	12.25
鼎晖孚远	373.86	10.59
铼铈投资	364.84	10.34
中董翊源	339.88	9.63
澎腾投资	304.73	8.63
弘毅创领	280.40	7.94
孚烨投资	186.93	5.30
合计	3 529.56	100.00

②巨人网络向 Hold Co 增资。2015 年 8 月 14 日，巨人网络与 Hold Co 签订股份认购协议，以 186 390.76 万美元认购新增发的 286 755 009 股 Hold Co 股份。巨人网络本次投资已经国家发改委备案、上海市商务委员会《企业境外投资证书》批准，并在国家外汇管理局上海市分局办理了外汇登记手续。

本次增资完成后，截至 2015 年 8 月 26 日，Hold Co 的股权结构如表 12－6 所示。

表 12 - 6

序号	股东	持股数量（股）	股权比例（%）
1	巨人网络	286 755 009	64.72
2	Union Sky	55 724 305	12.58
3	Atlanta	31 250 000	7.05
4	RNEL	31 250 000	7.05
5	CDH	25 000 000	5.64
6	Dragon Reward Investment Limited	771 859	0.17
7	Excel Summit Investment Limited	1 543 719	0.35
8	Expect High Limited	5 403 016	1.22
9	Fine View Overseas Limited	154 372	0.03
10	Forever Dragon Limited	617 487	0.14
11	Goodview Profit Holdings Limited	3 087 438	0.70
12	Robinho Group Limited	154 372	0.03
13	Schwarzer International Limited	308 744	0.07
14	Sunny Reward Investment Limited	308 744	0.07
15	Able Offer Group Limited	771 859	0.17
	合计	443 100 924	100.00

本步骤完成后红筹架构如图 12 - 8 所示：

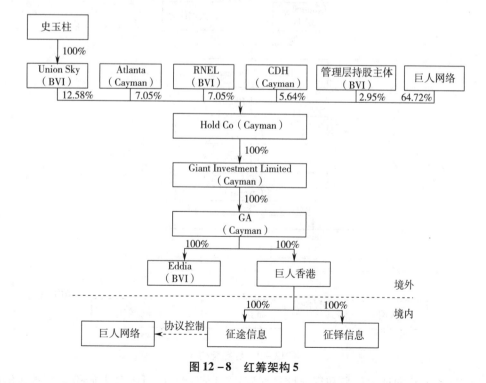

图 12 - 8 红筹架构 5

311

③Hold Co 回购境外投资人、管理层持股主体及 Union Sky 所持股份。2015 年 8 月 27 日，Hold Co 与股东 RNEL、CDH、Atlanta 达成一致，且 Hold Co 股东会及董事会分别于当日通过决议，一致同意 Hold Co 以 129 890.76 万美元回购 RNEL、Atlanta 和 CDH 所持共计 87 500 000 股 Hold Co 股份。

2015 年 9 月 4 日，Hold Co 与管理层持股主体及 Union Sky 达成一致，且 Hold Co 股东会及董事会分别于当日通过决议，一致同意 Hold Co 以每股 0.00001 美元的价格全数回购管理层持股主体所持有的 Hold Co 股份，共计 13 121 610 股；以每股 0.00001 美元价格回购 Union Sky 所持 40 631 936 股 Hold Co 股份。

上述回购完成后，截至 2015 年 9 月 4 日，Hold Co 的股权结构如表 12 - 7 所示：

表 12 - 7

序号	股东	持股数量（股）	股权比例（%）
1	巨人网络	286 755 009	95.00
2	Union Sky	15 092 369	5.00
	合计	301 847 378	100.00

本步骤完成后红筹架构如图 12 - 9 所示：

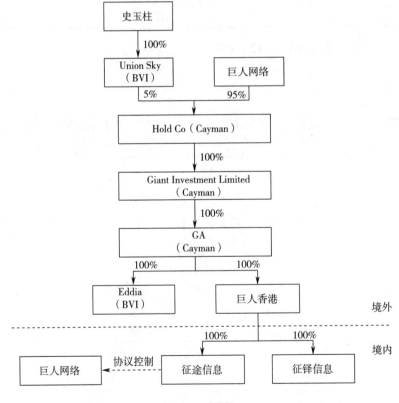

图 12 - 9　红筹架构 6

④巨人网络向征途信息和征铎信息增资；GA 所持有的巨人香港股份全部转让给巨

人网络，巨人网络将其持有的 Hold Co 股份进行支付。2015 年 8 月，巨人网络分别与巨人香港的境内全资子公司征途信息、征铎信息签订了增资协议。增资完成后，巨人网络直接持有征途信息、征铎信息各 75% 股权。

巨人网络对征途信息和征铎信息的增资，均已经获得上海市徐汇区人民政府批准（徐府〔2015〕653 号及徐府〔2015〕654 号）。增资完成后，征途信息和征铎信息办理了《中华人民共和国台港澳侨投资企业批准证书》的变更，征途信息和征铎信息的公司性质由外商独资企业变更为中外合资企业。

2015 年 9 月 7 日，巨人网络与 GA 签订股份置换协议（Share Swap Agreement），GA 将其持有的 100% 巨人香港的股权全部转让给巨人网络，巨人网络以其所持有的 95% Hold Co 的股权进行支付。

本步骤完成后红筹架构如图 12 - 10 所示：

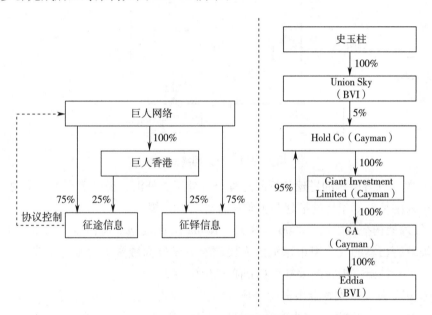

图 12 - 10　红筹架构 7

⑤VIE 控制协议的解除。2014 年 6 月，为私有化需要，征途信息与史玉柱、巨人网络及其当时的相关股东签署了两份《终止协议》，分别终止了 2006 年 9 月签署的《购买选择权及合作协议》、《股权质押协议》、《授权委托书》等相关协议以及 2014 年 3 月签署的《股权质押协议》，并于 2014 年 6 月签署了《独家转股期权协议》及其补充协议、《股东表决权委托协议》及《授权委托书》、《股权质押协议》等相关控制协议，以上 VIE 协议全部执行。

2015 年 6 月，征途信息与巨人网络及其相关股东签署了《终止协议》并后续签署了《补充协议》，终止了 2014 年 6 月签署的《股权质押协议》。

2015 年 9 月，征途信息与巨人网络及其相关股东签署了《终止协议》，终止了 2014 年 6 月签署的《独家转股期权协议》及其补充协议、《股东表决权委托协议》及

《授权委托书》，2014年3月签署的《独家资产购买期权协议》、自2006年9月签署的《网络游戏软件销售及许可协议》及其补充协议、自2006年9月签署的《独家技术咨询和服务协议》及其补充协议等相关控制协议。

据此，截至2015年9月30日，全部VIE协议以及VIE协议控制关系已彻底解除，其过程履行了相应的法律程序，不存在潜在的法律风险。VIE协议控制架构拆除后：巨人网络股权权属清晰，不会对本次交易产生实质不利影响；巨人网络的生产经营符合国家产业政策相关法律法规等规定；巨人网络董事、高级管理人员未发生重大变化、实际控制人未发生变更。

红筹架构拆除完成后，巨人网络的架构如图12－11所示：

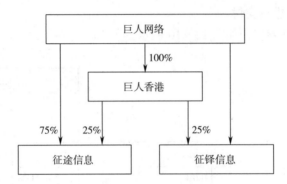

图12－11　巨人网络的架构

（5）关于红筹架构的搭建和拆除过程符合外资、外汇、税收等有关规定的说明

①巨人网络红筹架构的搭建和拆除符合外资有关规定。

A. 红筹架构搭建阶段。2006年9月，Eddia出资设立征途信息，取得了上海市徐汇区人民政府出具的《上海市徐汇区人民政府关于外商独资上海征途信息技术有限公司章程、可行性研究报告的批复》（徐府〔2006〕437号）。

2009年7月，巨人香港出资设立征铎信息，取得了上海市徐汇区人民政府出具的《上海市徐汇区人民政府关于上海征铎信息技术有限公司设立的批复》（徐府〔2009〕376号）。

B. 红筹架构拆除阶段。2015年9月，巨人网络对征途信息、征铎信息进行增资，分别取得上海市徐汇区人民政府出具的《上海市徐汇区人民政府关于同意上海征途信息技术有限公司增资扩股、调整出资比例的批复》（徐府〔2015〕653号）、《上海市徐汇区人民政府关于同意上海征铎信息技术有限公司增资扩股、调整出资比例、变更投资方法定代表人的批复》（徐府〔2015〕654号）。

②巨人网络红筹架构的搭建和拆除符合外汇有关规定。

A. 红筹架构搭建阶段。根据巨人网络的确认，GA设立时其各股东为史玉柱等自然人设立的境外持股主体SPV，史玉柱等自然人已根据《国家外汇管理局关于境内居民通过境外特殊目的公司融资及返程投资外汇管理有关问题的通知》（汇发〔2005〕75号）在国家外汇管理局上海分局办理了外汇登记，并取得了《境内居民个人境外投资外汇登记表》。

B. 红筹架构拆除阶段。2015 年 8 月，巨人网络与 Hold Co 签订股份认购协议，以 186 390.76 万美元认购新增发的 286 755 009 股 Hold Co 股份。巨人网络本次投资已经国家发改委备案、上海市商务委员会《企业境外投资证书》批准，并在国家外汇管理局上海市分局办理了外汇登记手续。

C. 根据国家外汇管理局网站查询结果及巨人网络的确认，巨人网络及其下属公司未受到外汇主管部门的处罚。

③巨人网络红筹架构的搭建和拆除符合税收有关规定。

A. 红筹架构搭建阶段。根据征途信息和征聚信息持有的《纳税登记证》（国地税沪字 310104792729245 号及国地税沪字 310104554296130 号），征途信息和征聚信息按照相关税收规定在主管税务部门办理了税务登记。

B. 红筹架构拆除阶段。巨人网络代扣代缴了因境外投资人 CDH、Atlanta、RNEL 退出 Hold Co 所产生的所得税，符合《中华人民共和国企业所得税法》及《关于非居民企业间接转让财产企业所得税若干问题的公告》（国家税局公告〔2015〕7 号）等税法法规中的相关规定。

红筹架构拆除前，征途信息及征铎信息为外商投资企业，红筹架构拆除后，征途信息及征铎信息是中外合资企业，仍为外商投资企业，不涉及税收补缴。

2015 年 9 月，巨人网络与 GA 签订股份置换协议（Share Swap Agreement），GA 将其持有的 100% 巨人香港的股权全部转让给巨人网络，巨人网络以其所持有的 95% Hold Co 的股权进行支付。根据《关于非居民企业间接转让财产企业所得税若干问题的公告》（国家税局公告〔2015〕7 号）规定，巨人网络已向主管税务机关报告了该股权转让事项，并按要求递交了全部资料。

根据巨人网络主管税务机关出具的合规证明及巨人网络的确认，巨人网络及其下属公司自设立以来按时缴纳税款，未受到税务主管部门的处罚。

综上所述，巨人网络在红筹架构的搭建和拆除过程符合外资、外汇、税收等有关规定。

（6）VIE 协议控制架构拆除后，巨人网络的生产经营符合国家产业政策相关法律法规等规定。VIE 协议控制架构拆除后，巨人网络的主营业务仍为以网络游戏为主的互联网产品开发和运营，经营范围未因 VIE 协议控制架构的拆除发生变更。巨人网络的控股子公司，包括因 VIE 协议控制架构拆除成为巨人网络子公司的征途信息、征铎信息等，亦未因 VIE 协议控制架构的拆除而发生经营范围的变更。

根据《国务院关于加快培育和发展战略性新兴产业的决定》以及《战略性新兴产业重点产品和服务指导目录》，主要依托互联网、手机和移动智能终端等新兴媒体进行传播数字音乐、动漫、游戏、演出、移动多媒体等服务的数字文化产业属于国家正在加快培育和发展的战略性新兴产业重点产品和服务的细分产业。根据《互联网信息服务管理办法》、《互联网文化管理暂行规定》、《互联网出版管理暂行规定》、《中华人民共和国电信条例》的相关规定，巨人网络及其控股子公司从事网络游戏的出版、运营等业务，应当取得增值电信业务经营许可证、网络文化经营许可证、互联网出版许可证等资质。

截至本报告书签署日，巨人网络及其控股子公司已取得与其主营业务相关的经营资质，主要情况如表12-8所示：

表12-8

序号	公司名称	证书名称	编号	有效期限
1	巨人网络	中华人民共和国增值电信业务经营许可证	沪B2-20050107	2015年5月15日至 2020年4月18日
2	巨人网络	中华人民共和国互联网出版许可证	新出网证（沪）字 008号	2013年4月1日至 2018年3月31日
3	巨人网络	网络文化经营许可证	沪网文〔2014〕 0582-132号	2014年9月至 2017年9月
4	巨人统平	中华人民共和国增值电信业务经营许可证	沪B2-20130060	2014年10月15日至 2018年8月20日
5	巨人统平	网络文化经营许可证	沪网文〔2016〕 0011-011号	2016年1月至 2019年1月
6	北京帝江	中华人民共和国电信与信息服务业务经营许可证	京ICP证140234号	2014年5月16日至 2019年5月16日
7	北京帝江	网络文化经营许可证	京网文〔2014〕 0800-200号	2014年10月31日至 2017年10月30日

综上所述，VIE协议控制架构拆除后，巨人网络的生产经营符合国家产业政策相关法律法规等规定。

2. 重大资产出售

（1）拟出售资产构成。根据《资产出售协议》，上市公司拟向彭建虎或其指定第三方出售本公司全部资产及负债（母公司口径），彭建虎或其指定第三方以现金方式向本公司支付。

（2）交易价格。根据《资产出售协议》，拟出售资产的评估值为60 423.62万元，各方协商确定的交易价格为60 424.00万元。

（3）过渡期损益安排。根据《资产出售协议》，自评估基准日至交割日止的过渡期间，拟出售资产运营所产生的盈利，由上市公司享有；所产生的亏损，由彭建虎承担。

（4）人员安排。根据"人随资产走"的原则，在上市公司向彭建虎出售拟出售资产的同时，上市公司将向彭建虎或其指定第三方转移与拟出售资产相关的且与上市公司具有劳动或劳务关系的全部人员，以及与上述人员相关的社会保险、住房公积金等员工福利关系。

3. 发行股份购买资产

（1）股份发行价格。本次发行股份购买资产所发行股份的定价基准日为上市公司第四届董事会第三次会议决议公告日，发行价格为经除权除息调整后的定价基准日前 20 个交易日上市公司股票交易均价的 90%，为 29.58 元/股。

（2）股份发行数量。本次拟注入资产交易作价为 1 312 424 万元，本次发行股份购买资产的发行股份数量为 443 686 270 股，具体如表 12 - 9 所示：

表 12 - 9

项目	发行前（股）	本次发行股份数量（股）	发行后（股）	本次发行股份数量占发行后总股本的比例
总股本	65 450 000	443 686 270	509 136 270	87.14%

向各交易主体具体发行的股份情况如表 12 - 10 所示：

表 12 - 10

序号	发行股份购买资产发行对象	发行股数（股）
1	兰麟投资	156 723 643
2	腾澎投资	54 326 299
3	鼎晖孚远	46 996 884
4	铼铈投资	45 862 513
5	中堇翊源	42 724 440
6	澎腾投资	38 306 386
7	弘毅创领	35 247 663
8	孚烨投资	23 498 442
	合计	443 686 270

（3）股份锁定期安排

①兰麟投资及腾澎投资承诺。本次交易所获上市公司股份自该股份登记至其名下之日起至 36 个月届满之日及业绩补偿义务履行完毕之日前（以较晚者为准）不上市交易或转让。

②鼎晖孚远、铼铈投资、中堇翊源、澎腾投资、弘毅创领和孚烨投资承诺。承诺人取得本次发行的股份时，如其对用于认购股份的资产持续拥有权益的时间不足 12 个月（以工商登记完成日为准），本次交易所获上市公司股份自该股份登记至其名下之日起至 36 个月届满之日及业绩补偿义务履行完毕之日前（以较晚者为准）不上市交易或转让。

承诺人取得本次发行的股份时，如其对用于认购股份的拟购买资产持续拥有权益的时间已满 12 个月（以工商登记完成日为准），则自该股份登记至其名下之日起 12 个月内不得转让，前述期限届满后，所持对价股份按如下比例分期解锁：自该股份登记至其名下之日起 12 个、24 个、36 个月届满之日且对之前年度业绩补偿义务履行完毕之日（以较晚者为准），其本次取得的对价股份总数的 33%、33%、34%（扣除补偿部分，若有）可解除锁定。

4. 募集配套资金

（1）募集配套资金总额及募投项目。拟募集配套资金总金额不超过 500 000 万元，占本次交易拟购买资产交易价格的比例为 38.10%。

募集配套资金将用于投资以下项目：

表 12－11   单位：万元

序号	募投项目	募集资金投资额
1	网络游戏的研发、代理与运营发行	221 952.00
2	在线娱乐与电子竞技社区	146 401.28
3	互联网渠道平台的建设	60 425.68
4	网络游戏的海外运营发行平台建设	57 859.80
5	大数据中心与研发平台的建设	13 361.24
	合计	500 000.00

（2）股份发行价格。配套融资发行股份的定价基准日为本公司第四届董事会第三次会议决议公告日，发行价格不低于经除权除息调整后的定价基准日前 20 个交易日上市公司股票交易均价的 90%，为 29.58 元/股。

（3）股份发行数量。以募集配套资金上限和发行底价计算，发行股份数量不超过 169 033 130 股。

实际募集配套资金过程中，发行价格为 94.00 元/股，各发行对象的配售数量如表 12－12 所示：

表 12－12

序号	认购对象名称	认购价格（元）	获配金额（元）	获配数量（股）
1	泰达宏利基金管理有限公司	94.00	1 029 999 924	10 957 446
2	国寿安保基金管理有限公司	94.00	1 000 999 984	10 648 936
3	颐和银丰实业有限公司	94.00	528 999 946	5 627 659
4	大成创新资本管理有限公司	94.00	499 999 912	5 319 148
5	鹏华资产管理（深圳）有限公司	94.00	499 999 912	5 319 148
6	华安未来资产管理（上海）有限公司	94.00	499 999 912	5 319 148
7	平安大华基金管理有限公司	94.00	499 999 912	5 319 148
8	民生资本投资管理有限公司	94.00	440 000 464	4 680 856
	合计		4 999 999 966	53 191 489

（4）锁定期安排。本次募集配套资金涉及的特定对象认购的股份自股份发行上市之日起 12 个月内不得转让。

（四）补偿安排

1. 盈利预测承诺。本次重组实施完毕后，巨人网络原全体股东共同承诺巨人网络在2016年、2017年、2018年（以下简称业绩承诺补偿期间）实现的扣除非经常性损益后归属于母公司股东的净利润分别不低于100 177.07万元、120 302.86万元、150 317.64万元，合计370 797.57万元。

2. 盈利预测补偿

（1）业绩承诺补偿方式及程序。补偿义务发生时，业绩承诺人以其通过在本次重组中获得的上市公司股份进行补偿，股份方式不足以补偿的部分由业绩承诺人以现金方式进行补偿。

对于上市公司股东大会审议通过股份回购注销方案的，上市公司以人民币1元的总价回购并注销业绩承诺人当年应补偿的股份，并在股东大会决议公告后5个工作日内将股份回购数量书面通知业绩承诺人。若股份回购注销事宜未获上市公司股东大会通过，则业绩承诺人将应补偿股份赠送给除业绩承诺人之外的其他股东。

（2）业绩承诺补偿期间内每年度的补偿股份数。当期补偿金额＝（巨人网络截至当年期末累计净利润承诺数－巨人网络截至当年期末累计实现的实际净利润数）÷业绩承诺补偿期间内巨人网络的净利润承诺数总额×上市公司为购买巨人网络100%股权交易作价－已补偿股份总数×发行股份价格－累计已补偿现金金额。

当期应当补偿股份数量＝当期补偿金额÷发行股份的价格。

在逐年计算补偿测算期间业绩承诺人应补偿股份时，按照上述公式计算的当年应补偿股份小于0时，按0取值，即已经补偿的股份不冲回。业绩承诺人最终支付的股份补偿数总计不超过其在本次重组中所获得的股份数。

（3）业绩承诺补偿顺序。在业绩承诺补偿期间，每一业绩承诺人应按其在本次交易中取得的上市公司发行的股份占业绩承诺人各方在本次交易中合计取得的上市公司发行的股份的比例分担补偿责任；若任一业绩承诺人的股份数不能满足其应当承担的补偿责任，则该业绩承诺人应当以现金方式予以补足。

3. 减值测试。若巨人网络减值额＞业绩承诺补偿期间内已补偿股份总数×股份发行价格＋现金补偿金额，则业绩承诺人应向上市公司另行补偿。业绩承诺人另行补偿时，应以其通过本次重组获得的上市公司股份进行补偿，不足部分以现金补偿。业绩承诺人应补偿股份数＝巨人网络减值额÷股份发行价格－业绩承诺补偿期间内已补偿股份总数。

任何情况下，业绩承诺人因减值测试和业绩承诺而发生的补偿合计不超过其在本次交易中获得的股份对价。

（五）本次交易对上市公司的影响

1. 本次交易对上市公司主要财务指标的影响。未考虑募集配套资金，本次交易完成前后，上市公司2014年及2015年1－9月的主要财务指标如表12－13所示。

表 12 – 13

财务指标	本次交易前	本次交易后（备考合并）	本次交易前	本次交易后（备考合并）
	2015 年 9 月 30 日		2014 年 12 月 31 日	
总资产（万元）	63 950.39	234 186.62	65 779.32	544 578.75
总负债（万元）	5 348.20	70 510.23	4 919.51	110 168.40
归属于母公司股东的净资产（万元）	58 602.19	156 920.33	60 859.81	429 010.80
资产负债率（%）	8.36	30.11	7.48	20.23
财务指标	本次交易前	本次交易后（备考合并）	本次交易前	本次交易后（备考合并）
	2015 年 1 – 9 月		2014 年度	
营业收入（万元）	35 575.03	154 762.40	51 607.66	233 936.97
归属于母公司股东的净利润（万元）	-2 494.72	22 239.11	1 058.15	116 142.84
扣除非经常性损益后归属于母公司股东的净利润（万元）	-3 434.57	50 810.15	159.10	100 157.33
基本每股收益（元/股）	-0.38	0.44	0.16	2.28
全面摊薄净资产收益率（%）	-4.26	14.17	1.74	27.07

本次交易完成后，上市公司净利润、每股收益及净资产收益率等指标均大幅提升，盈利能力加强，有利地保护了上市公司股东的利益。

2. 本次交易对股权结构的影响。本次交易前，上市公司总股本为 65 450 000 股；本次发行股份购买资产拟发行 443 686 270 股股份。本次交易完成后，兰麟投资将成为本公司的控股股东，史玉柱将成为本公司的实际控制人。

不考虑募集配套资金，本次交易完成前后公司的股权结构如表 12 – 14 所示：

表 12 – 14

股东名称	重组前		本次增减	重组后	
	持股数量（股）	持股比例（%）	股份数量（股）	持股数量（股）	持股比例（%）
兰麟投资	—	—	156 723 643	156 723 643	30.78
腾澎投资	—	—	54 326 299	54 326 299	10.67
鼎晖孚远	—	—	46 996 884	46 996 884	9.23
铼铈投资	—	—	45 862 513	45 862 513	9.01
中堇翊源	—	—	42 724 440	42 724 440	8.39
澎腾投资	—	—	38 306 386	38 306 386	7.52
弘毅创领	—	—	35 247 663	35 247 663	6.92
孚烨投资	—	—	23 498 442	23 498 442	4.62
彭建虎	43 721 700	66.80	—	43 721 700	8.59
彭俊珩	4 895 000	7.48	—	4 895 000	0.96
其他社会股东	16 833 300	25.72	—	16 833 300	3.31
总股本	65 450 000	100.00	443 686 270	509 136 270	100.00

（六）其他

1. 本次交易构成关联交易。本次交易完成后，兰麟投资将成为本公司的控股股东，史玉柱将成为本公司的实际控制人，史玉柱、兰麟投资及腾澎投资为上市公司的潜在关联方；本次交易中，拟出售资产交易对方为彭建虎，彭建虎目前为上市公司控股股东及实际控制人。根据《重组管理办法》和《上市规则》中相关规定，本次交易系本公司与实际控制人、潜在控股股东之间的交易，故本次交易构成关联交易。

2. 本次交易构成重大资产重组。拟购买、出售资产最近一期资产总额、资产净额及最近一年营业收入占上市公司最近一个会计年度经审计的合并财务报告相关指标的比例如表 12 – 15 所示：

表 12 – 15　　　　　　　　　　　　　　　　　　　　　　　　　　　　单位：万元

项目	拟购买、出售资产	世纪游轮（2014 年）	比例
购买、出售资产总额及交易额孰高	1 312 424.00	65 779.32	1 995.19%
购买、出售资产营业收入孰高	233 936.97	51 607.66	453.30%
购买、出售资产净额及交易额孰高	1 312 424.00	60 859.81	2 156.47%

拟购买（及出售）资产总额、净额与交易额的孰高值，以及拟购买（出售）资产营业收入孰高值，占上市公司 2014 年度相应指标的比例超过 50%，根据《重组管理办法》第十二条的规定，本次交易构成重大资产重组。

同时，本次交易涉及发行股份购买资产，需提交中国证监会上市公司并购重组审核委员会审核。

3. 本次交易构成借壳上市。本次交易前，彭建虎及其一致行动人彭俊珩持有本公司 48 616 700 股，占上市公司总股本的 74.28%，彭建虎为本公司控股股东及实际控制人。本次交易完成后，不考虑配套募集资金发行股份的影响，兰麟投资及其一致行动人腾澎投资将持有本公司 211 049 942 股，占公司发行后总股本的 41.45%，兰麟投资将成为本公司的控股股东，史玉柱将成为本公司的实际控制人。

本次交易中拟购买资产的交易价格为 1 312 424.00 万元，占上市公司 2014 年度经审计的合并财务报告期末资产总额的比例达到 100% 以上。

根据《重组管理办法》第十三条的规定，本次交易构成借壳上市。

四、重点问题分析

VIE 协议控制架构拆除是否导致巨人网络近 3 年主营业务和董事、高级管理人员发生重大变化、实际控制人发生变更，是否符合《首发管理办法（2015 年修订）》第十二条的规定的分析

1. 主营业务是否发生重大变化。VIE 协议控制架构拆除前，巨人网络与征途信息、征铎信息等作为一个整体从事网络游戏设计、研发及运营业务；VIE 协议控制架构拆除后，征途信息、征铎信息等公司成为巨人网络的子公司。该等公司在 VIE 协议控制架构拆除前的实际控制人与巨人网络的实际控制人相同，均为史玉柱；在 VIE 协议控制

架构拆除前后未发生经营范围的变更，主要从事的业务仍为网络游戏软件的设计、开发，继续与巨人网络作为一个整体从事网络游戏业务。

2. 董事、高级管理人员是否发生重大变化。巨人网络在报告期内经历了境外退市、VIE 协议控制架构拆除等过程，各阶段对巨人网络董事及高级管理人员的影响情况如下：

（1）董事变更情况。2012 年 1 月 1 日至 2015 年 8 月 25 日，对巨人网络重大事项具有最终决策权的董事会先后建立在 GA 层面（GA 在美国退市前）和 Hold Co 层面（GA 在美国退市后），巨人网络董事会对自身的重大事项未具有最终决策权。自 2015年 8 月 26 日之后，巨人网络董事会对自身的重大事项具有最终决策权。

①2012 年 1 月 1 日至 2014 年 7 月 17 日，GA 为美国纽交所上市公司，GA 董事会对巨人网络的重大事项具有最终决策权。在此期间，GA 董事会的情况如表 12 - 16所示：

表 12 - 16

序号	时间	董事会成员
1	2012 年 1 月 1 日 - 2013 年 9 月 15 日	史玉柱（董事长）、刘伟、张旅、江南春（独立董事）、Andrew Y Yan（独立董事）及 Peter Andrew Schloss（独立董事）
2	2013 年 9 月 16 日 - 2014 年 7 月 17 日	史玉柱（董事会主席）、刘伟、纪学锋、江南春（独立董事）、Andrew Y Yan（独立董事）及 Peter Andrew Schloss（独立董事）

注：2013 年 9 月，张旅因辞去 GA 董事职务，GA 股东会选举纪学锋为新任董事。

②2014 年 7 月 18 日至 2015 年 8 月 25 日，GA 已经从美国纽交所退市，Hold Co 作为 GA 间接控股股东，其董事会对巨人网络的重大事项具有最终决策权。在此期间，Hold Co 董事会的情况如表 12 - 17 所示：

表 12 - 17

序号	时间	董事会成员
1	2014 年 7 月 18 日 - 2014 年 8 月 15 日	史玉柱（董事长）、刘伟、纪学锋、袁兵、应伟及 Gordon Sun Kan Shaw
2	2014 年 8 月 16 日 - 2015 年 8 月 25 日	史玉柱（董事会主席）、刘伟、纪学锋、袁兵、应伟、Gordon Sun Kan Shaw 及 Peter Andrew Schloss（独立董事）

注 1：2014 年 7 月，GA 完成美国纽交所私有化退市，根据 Hold Co 股东 Union Sky、Atlanta、RNEL 及 CDH 签署的私有化系列协议安排，由史玉柱（董事会主席）、刘伟、纪学锋、袁兵、应伟及 Gordon Sun Kan Shaw 担任 Hold Co 董事会成员。

注 2：2014 年 8 月，Hold Co 增补 Peter Andrew Schloss 为独立董事。

③ 2015 年 8 月 26 日至今，巨人网络完成境外架构重组及其后完成控制协议的解除，使其董事会对自身的重大事项具有最终决策权。在此期间，巨人网络董事会的情况如表 12 - 18 所示。

表 12 – 18

序号	时间	董事会成员
1	2015 年 8 月 26 日 – 2015 年 9 月 6 日	史玉柱（董事长）、刘伟及纪学锋
2	2015 年 9 月 7 日至今	史玉柱（董事长）、刘伟、纪学锋、袁兵及应伟

注：2015 年 9 月，巨人网络股东兰麟投资、腾澎投资、鼎晖孚远、铼铈投资、中董翊源、澎腾投资、弘毅创领、孚烨投资召开股东会选举史玉柱（董事长）、刘伟、纪学锋、袁兵及应伟为巨人网络董事会成员。

报告期内，对巨人网络的重大事项具有最终决策权的董事会变更的主要原因是 GA 美国私有化退市及红筹架构拆除而引起的投资人变更所导致的，并且 VIE 协议控制架构拆除前后史玉柱、刘伟及纪学锋始终担任董事，史玉柱始终担任董事会主席及董事长，未发生重大变化。

（2）高级管理人员变更情况。同上，2012 年 1 月 1 日至 2015 年 8 月 25 日，对巨人网络经营管理事项具有最终决策权的高级管理层先后建立在 GA 层面（GA 在美国退市前）和 Hold Co 层面（GA 在美国退市后）。自 2015 年 8 月 26 日之后，巨人网络高级管理层对自身的经营管理事项具有最终决策权。拆除 VIE 协议控制架构前后，对巨人网络的经营管理事项具有最终决策权的高级管理层的变化主要是由于少数高级管理人员因个人原因的离职所导致，未产生重大变化。

综上所述，VIE 协议控制架构拆除未导致巨人网络近三年董事、高级管理人员发生重大变化。

3. 实际控制人是否发生重大变更。巨人网络最近三年的实际控制人的情况如下：

（1）近三年内，史玉柱直接持有巨人投资 95% 以上股权，巨人投资为兰麟投资控股股东，兰麟投资一直为巨人网络第一大股东。

（2）自 2012 年 1 月起至 2015 年 9 月，史玉柱为 GA 及 Hold Co 的第一大股东及实际控制人。根据 VIE 协议的安排，GA 及 Hold Co 先后对巨人网络的主要决策事项具有控制力。史玉柱为巨人网络的实际控制人。

①2012 年 1 月至 2014 年 7 月，史玉柱持有的 Union Sky 为 GA 的第一大股东，史玉柱为 GA 的实际控制人。根据 VIE 协议的安排，GA 对巨人网络的主要决策事项具有控制力。史玉柱持有的 Union Sky 为 GA 的第一大股东，截至 2012 年 12 月 31 日、2013 年 12 月 31 日及 2014 年 7 月 18 日退市前，Union Sky 持有的 GA 的股权比例均超过 30%，且截至 2014 年 7 月史玉柱一直担任 GA 的董事长。

②2014 年 7 月至 2015 年 8 月，史玉柱持有的 Union Sky 为 Hold Co 的第一大股东，史玉柱为 Hold Co 的实际控制人。根据 VIE 协议的安排，Hold Co 通过史玉柱对巨人网络的主要决策事项具有控制力。在此期间，Union Sky 持有 Hold Co 的股权比例超过 30%，且截至 2015 年 8 月史玉柱一直担任 Hold Co 的董事长。2015 年 8 月，巨人网络通过增资 Hold Co 成为 Hold Co 的控股股东及其后 2015 年 9 月 VIE 协议解除进行了架构调整，史玉柱仍对巨人网络的主要决策事项具有控制力。

综上所述，最近三年史玉柱均为巨人网络的实际控制人，VIE 协议控制架构的拆除未导致近三年内巨人网络实际控制人发生变更。

第二节　整体合并：宝钢股份吸收合并武钢股份

一、交易概览

吸收合并方	宝山钢铁股份有限公司（以下简称宝钢股份）		
被收合并方	武汉钢铁股份有限公司（以下简称武钢股份）		
合并方案	换股吸收合并		
换股价格（宝钢）	4.60 元/股	并购方式	吸收合并
换股价格（武钢）	2.58 元/股	并购目的	战略整合
换股比例	1:0.56	支付方式	上市公司股份
评估方式	—	标的类型	股权
控制权是否变更	否	股权转让比例	100%
是否有业绩承诺	否	是否有超额奖励	否

宝钢股份由宝钢集团于 2000 年 2 月独家发起设立，并于 2000 年 12 月登陆 A 股；本次吸收合并前，宝钢集团持有宝钢股份 69.98% 股权，为公司实际控股股东，实际控制人为国务院国资委。武钢股份成立于 1997 年 11 月，并于 1999 年 8 月 3 日在上交所上市。本次吸收合并前，武钢集团持有武钢股份 52.76% 股权，为公司控股股东，国务院国资委为实际控制人。

宝钢股份是中国最现代化的特大型钢铁联合企业，也是国际领先的世界级钢铁联合企业。根据《世界钢铁统计数据》，2015 年宝钢生产粗钢 3493.8 万吨，位列全球十大钢企第 5 名；《世界钢铁业指南》评定宝钢股份在世界钢铁行业的综合竞争力为前三名，认为也是未来最具发展潜力的钢铁企业。

武钢股份拥有炼焦、炼铁、炼钢、轧钢及配套公辅设施等一整套先进的全流程钢铁生产工艺设备，2015 年武钢粗钢产量为 2577.6 万吨，位列中国十大钢企第 6 位。随着我国经济发展进入新常态，钢铁行业多年高速发展累积的问题和矛盾越发凸显，2014 - 2015 年钢材市场供需矛盾尖锐，钢材价格持续下跌，武钢股份近几年业绩快速下滑；2015 年，武钢股份成为钢铁行业"亏损王"，净利润亏损 74 亿元。

通过本次合并，宝钢股份和武钢股份实现规模、品种、成本、技术、服务等全方位持续提升，建成代表中国钢铁工业最高技术和实力水平，拥有钢铁技术自主知识产权、拥有国际钢铁行业话语权和强大竞争力的一流上市公司。合并后上市公司将在全球上市钢铁企业中粗钢产量排名第三、全球汽车板产能排名第三、全球取向硅钢产能排名第一。

同时，本次合并后上市公司截至 2016 年 6 月 30 日的总资产达到 3 621 亿元，超过南北车合并后的 3 400 亿元，成为中国资本市场上最大的上市公司合并案例。

2016 年 10 月 29 日，宝钢股份发布公告，宝钢集团与武钢集团收到国务院国资委《关于宝山钢铁股份有限公司换股吸收合并武汉钢铁股份有限公司有关问题的批复》（国资产权〔2016〕1136 号），国务院国资委原则同意宝钢股份换股吸收合并武汉钢铁股份有限公司的总体方案。

2016 年 12 月 6 日，宝钢股份发布公告，控股股东中国宝武集团收到商务部反垄断局出具的《不实施进一步审查通知》（商反垄初审函〔2016〕第 327 号），对宝钢集团与武钢集团合并案不实施进一步审查，从即日起可以集中实施。

经证监会并购重组审核委员会于 2016 年 12 月 7 日召开的 2016 年第 94 次并购重组委工作会议审核，宝钢股份吸收合并武钢股份事项获无条件通过。

二、交易双方

（一）吸收合并方：宝钢股份（600019.SH）

宝钢股份由宝钢集团于 2000 年 2 月独家发起设立，并于 2000 年 12 月登陆 A 股。本次吸收合并前，宝钢集团持有宝钢股份 69.98% 股权，为公司实际控股股东，实际控制人为国务院国资委。

宝钢股份是中国最现代化的特大型钢铁联合企业，也是国际领先的世界级钢铁联合企业。宝钢股份专业生产高技术含量、高附加值的碳钢薄板、厚板与钢管等钢铁精品，主要产品被广泛应用于汽车、家电、石油化工、机械制造、能源交通等行业，在汽车板、电工钢、镀锡板、能源及管线用钢、高等级船舶及海工用钢、其他高端薄板产品等六大战略产品领域处于国内市场领导地位。

从生产工艺和技术研发来看，宝钢股份整体技术装备建立在当代钢铁冶炼、冷热加工、液压传感、电子控制、计算机和信息通信等先进技术的基础上，具有大型化、连续化、自动化的特点，处于世界钢铁行业领先者地位，已经跨越工业 3.0 阶段。

根据《世界钢铁统计数据》，2015 年宝钢生产粗钢 3493.8 万吨，位列全球十大钢企第 5 名。《世界钢铁业指南》评定宝钢股份在世界钢铁行业的综合竞争力为前三名，认为也是未来最具发展潜力的钢铁企业。

2014 年、2015 年和 2016 年 1－6 月，宝钢股份的资产总额分别为 2 286.53 亿元、2 341.23 亿元、2 662.65 亿元；营业收入分别为 1 878.73 亿元、1 642.39 亿元和 781.72 亿元，归属于母公司股东的净利润分别为 57.92 亿元、10.13 亿元和 34.68 亿元。

（二）被吸收合并方：武钢股份（600005.SH）

武钢股份成立于 1997 年 11 月，并于 1999 年 8 月 3 日在上交所上市。本次吸收合并前，武钢集团持有武钢股份 52.76% 股权，为公司控股股东，国务院国资委为实际控制人。

武钢股份拥有炼焦、炼铁、炼钢、轧钢及配套公辅设施等一整套先进的全流程钢铁生产工艺设备，始终专注于冶金产品及副产品、钢铁延伸产品制造及冶金产品的技术开发，形成了以冷轧硅钢片、汽车板、高性能结构用钢、精品长材四大战略产品为重点的一批名牌产品。根据《世界钢铁统计数据》，2015 年武钢粗钢产量为 2 577.6 万吨，位列中国十大钢企第 6 位。

随着我国经济发展进入新常态，钢铁行业多年高速发展累积的问题和矛盾越发凸显，2014－2015 年钢材市场供需矛盾尖锐，钢材价格持续下跌。2014 年、2015 年和 2016 年 1－6 月，武钢股份的营业收入分别为 993.73 亿元、583.38 亿元、288.50 亿元，逐年下降；归属于母公司股东的净利润分别为 13.01 亿元、－74.61 亿元、－1.3 亿元，近两年都在亏损。2014 年、2015 年和 2016 年 1－6 月，武钢股份的总资产分别为 949.19 亿元、933.65 亿元、958.69 亿元。

宝钢股份和武钢股份作为中国的特大型钢铁联合企业，拟通过本次合并，实现规模、品种、成本、技术、服务等全方位持续提升，建成代表中国钢铁工业最高技术和实力水平，拥有钢铁技术自主知识产权、拥有国际钢铁行业话语权和强大竞争力的一流上市公司。合并后上市公司将在全球上市钢铁企业中粗钢产量排名第三、全球汽车板产能排名第三、全球取向硅钢产能排名第一；并通过对采购、销售、产品研发、技术创新、企业文化等方面的有效整合，充分发挥规模效应和协同效应，实现一体化运营，并进一步加强持续经营能力。

三、交易方案

（一）总体方案

宝钢股份向武钢股份全体换股股东发行股票，换股吸收合并武钢股份。宝钢股份为本次合并的合并方暨存续方，武钢股份为本次合并的被合并方暨非存续方。武钢股份现有的全部资产、负债、业务、人员、合同、资质及其他一切权利与义务由武钢有限承接与承继，自交割日起，武钢有限的 100% 股权由宝钢股份控制。

（二）本次交易的定价依据及支付方式

1. 换股对象。本次吸收合并中，换股对象为于换股实施股权登记日收市后登记在册的武钢股份全体股东，包括未申报、无权申报或无效申报行使现金选择权的武钢股份股东以及武钢股份异议股东的现金选择权提供方。

2. 换股价格及换股比例。宝钢股份本次换股吸收合并武钢股份的换股价格以宝钢股份审议本次换股吸收合并事项的董事会决议公告日前 20 个交易日的股票交易均价为市场参考价，并以不低于市场参考价的 90% 作为定价原则，换股价格确定为 4.60 元/股。

武钢股份的换股价格以武钢股份审议本次换股吸收合并事项的董事会决议公告日

前 20 个交易日的股票交易均价为市场参考价，并以不低于市场参考价的 90% 作为定价原则，换股价格确定为 2.58 元/股。

由此确定武钢股份与宝钢股份的换股比例为 1∶0.56，即每 1 股武钢股份的股份可以换取 0.56 股宝钢股份的股份。

（三）异议股东利益保护机制

1. 宝钢股份异议股东的保护机制。为充分保护宝钢股份股东的利益，宝钢股份将赋予其异议股东以现金选择权。有权行使现金选择权的宝钢股份异议股东，可就其有效申报的每一股宝钢股份的股份，在现金选择权实施日，获得由现金选择权提供方按照换股价格（即每股 4.60 元）支付的现金对价，同时，异议股东将相对应的股份过户到现金选择权提供方名下。

宝钢股份异议股东行使现金选择权需同时满足以下条件：（1）在宝钢股份审议本次合并的股东大会就关于本次合并方案的相关议案和就关于本次合并双方签订合并协议的相关议案表决时均投出有效反对票；（2）自宝钢股份审议本次合并的股东大会的股权登记日起，作为有效登记在宝钢股份股东名册上的股东，持续保留拟行使现金选择权的股票至现金选择权实施日；（3）在现金选择权申报期内成功履行相关申报程序。

持有以下股份的宝钢股份异议股东无权就其所持股份主张行使现金选择权：（1）存在权利限制的宝钢股份股票；（2）其合法持有人已向宝钢股份承诺放弃现金选择权的股票；（3）其他根据中国法律不得行使现金选择权的股票。

宝钢股份异议股东现金选择权提供方为宝钢集团。

2. 武钢股份异议股东的保护机制。为充分保护武钢股份股东的利益，武钢股份将赋予其异议股东以现金选择权。有权行使现金选择权的武钢股份异议股东，可就其有效申报的每一股武钢股份的股份，在现金选择权实施日，获得由现金选择权提供方按照换股价格（即每股 2.58 元）支付的现金对价，同时，异议股东将相对应的股份过户到现金选择权提供方名下。

武钢股份异议股东行使现金选择权的前置条件以及无权行使现金选择权的条件均与宝钢股份的异议股东相似。

武钢股份异议股东现金选择权提供方为武钢集团。

（四）债权人利益保护安排

本次合并完成后，武钢股份将注销法人资格，其债权债务依法将由武钢有限承继。宝钢股份、武钢股份将根据《公司法》等相关规定开展债权人通知及公告工作。

对于根据债权人通知及公告进行有效申报的债权人，宝钢股份、武钢股份将在本次交易获得中国证监会等有权监管部门核准或批准后，根据债权人的要求对相关债务进行提前清偿或提供担保。对于未进行有效申报的债权人，其所持有的宝钢股份债权由合并后上市公司承接，其所持有的武钢股份债权由武钢有限承接。对于本次交易前发行的债务融资工具，宝钢股份、武钢股份将按照募集说明的规定，根据需要召开债券持有人会议，并根据债券持有人会议的决议履行相关义务。

（五）职工安置

本次换股吸收合并完成后，武钢股份全体员工的劳动合同由武钢有限承继与履行。武钢股份作为现有员工雇主的任何及全部权利和义务将由武钢有限享有和承担；武钢股份控股子公司的员工与相关企业的劳动关系不因本次交易发生变化，不涉及员工安置问题。

宝钢股份全体员工的劳动合同保持不变，不涉及员工安置问题。

（六）相关资产过户或交付的安排

武钢股份将设立全资子公司武钢有限，武钢股份现有的全部资产（包括其下属公司的股权）、负债、业务、资质、人员、合同及其他一切权利和义务将由武钢有限承继与履行并承担经营后果；自交割日起，武钢有限的100%股权由宝钢股份控制。武钢股份自交割日起十二个月内负责办理将相关资产移交至武钢有限名下的相关手续，包括但不限于移交、过户、登记、备案；如因不可归责于被合并方的原因而导致自交割日起十二个月内不能完成前述手续的，双方应根据实际情况商议需延长办理前述手续的时间。

（七）滚存利润安排

截至交割日的双方滚存未分配利润将由合并后宝钢股份的全体股东共同享有。

（八）本次交易对上市公司的影响

1. 对股权结构的影响。本次合并完成后，合并后上市公司股份总数为22 119 443 925股，股本结构（未考虑宝钢集团、武钢集团因提供现金选择权而取得的上市公司股份的影响）如表12-19所示：

表12-19

股东	合并前宝钢股份		合并前武钢股份		合并后上市公司	
	持股数量（万股）	持股比例（%）	持股数量（万股）	持股比例（%）	持股数量（万股）	持股比例（%）
宝钢集团	1 152 338.58	69.98	—	—	1 152 338.58	52.10
武钢集团	—	—	532 530.80	52.76	298 217.25	13.48
宝钢股份其他股东	494 354.14	30.02	—	—	494 354.14	22.35
武钢股份其他股东	—	—	476 847.18	47.24	267 034.42	12.07
合计	1 646 692.72	100.00	1 009 377.98	100.00	2 211 944.39	100.00

注：宝钢集团拟通过无偿划转方式将持有的宝钢股份800 000 000股A股股份划转给中石油，并已取得国务院国资委的批准；将持有的宝钢股份403 439 717股、403 439 717股A股股份分别划转给国新、诚通，并已取得国务院国资委的批准。武钢集团拟通过无偿划转方式将持有的武钢股份247 297 606股、247 297 606股A股股份分别划转给国新、诚通，并已取得国务院国资委的批准。相关股份变更登记工作均已完成，以上股权结构已经考虑了上述股份划转的影响。

2. 对财务指标的影响

本次交易对上市公司财务指标的影响如表12-20所示。

表 12 − 20　　　　　　　　　　　　　　　　　　　　　　　　　　　　　　单位：万元

项目	宝钢股份		武钢股份		合并后上市公司	
	2016 − 06 − 30	2015 − 12 − 31	2016 − 06 − 30	2015 − 12 − 31	2016 − 06 − 30	2015 − 12 − 31
总资产	26 626 532.20	23 412 314.70	9 586 857.67	9 336 447.64	36 208 530.48	32 746 758.40
总负债	14 057 873.26	11 197 672.20	6 838 929.84	6 586 191.43	20 892 914.81	17 782 035.72
股东权益合计	12 568 658.94	12 214 642.49	2 747 927.83	2 750 256.21	15 315 615.68	14 964 722.68
归属于母公司股东权益合计	11 562 493.83	11 280 324.38	2 716 949.97	2 719 214.78	14 278 472.70	13 999 363.14
资产负债率	52.80%	47.83%	71.34%	70.54%	57.70%	54.30%
项目	2016 年 1 − 6 月	2015 年度	2016 年 1 − 6 月	2015 年度	2016 年 1 − 6 月	2015 年度
营业收入	7 799 279.98	16 378 954.85	2 884 954.96	5 833 803.99	10 675 171.21	22 196 132.99
营业利润	511 201.82	185 045.19	− 6 301.75	− 788 151.12	504 104.99	− 603 281.94
利润总额	502 195.23	185 413.07	− 4 291.05	− 782 605.79	497 109.09	− 597 368.73
净利润	362 140.88	71 407.02	− 12 943.90	− 745 737.09	348 401.90	− 674 506.09
归属于母公司股东的净利润	346 848.28	101 287.17	− 12 992.98	− 746 098.87	333 060.22	− 644 987.71
毛利率	14.00%	8.87%	7.64%	− 3.31%	12.29%	5.68%
基本每股收益（元/股）	0.21	0.06	− 0.01	− 0.74	0.15	− 0.29

（九）其他

1. 本次交易构成关联交易。宝钢股份、武钢股份的控股股东宝钢集团、武钢集团将进行联合重组，宝钢集团将更名为"中国宝武钢铁集团有限公司"，武钢集团股权将无偿划转至中国宝武集团。联合重组完成后，宝钢股份、武钢股份均为中国宝武集团控制的下属企业，中国宝武集团将控股合并后上市公司。

根据《上市规则》的相关规定，未来十二个月内，武钢股份将成为重组后的中国宝武集团控制的除宝钢股份以外的其他法人，因此，武钢股份为宝钢股份的关联法人，宝钢股份与武钢股份的本次合并构成关联交易。

宝钢股份审议本次交易的董事会表决时，关联董事已回避表决；武钢股份审议本次吸收合并的董事会表决时，关联董事已回避表决；宝钢股份、武钢股份分别召开股东大会正式表决本次交易方案时，关联股东将依据《上市规则》等回避表决。

2. 本次交易不构成重大资产重组。根据《重组办法》，本次交易相关财务指标计算如表 12 − 21 所示。

表 12 – 21   单位：万元

项目	2015 年末资产总额	2015 年末资产净额	2015 年度营业收入
武钢股份	9 336 447.64	2 719 214.78	5 833 803.99
交易对价	2 600 157.68	2 600 157.68	—
孰高值	9 336 447.64	2 719 214.78	5 833 803.99
宝钢股份	23 412 314.70	11 280 324.38	16 378 954.85
占比	39.88%	24.11%	35.62%

根据《重组办法》的相关规定，本次交易不构成上市公司重大资产重组。

3. 本次吸收合并不构成借壳上市。宝钢股份自上市以来，实际控制人未发生过变更。本次吸收合并实施完毕后，宝钢股份的控股股东仍为宝钢集团，宝钢集团系国务院国资委监管的国有企业，本次交易不会导致宝钢股份控股股东或实际控制人发生变化。因此，本次合并不构成《重组办法》第十三条规定的交易情形，即不构成借壳上市。

四、重点问题分析：本次交易的定价依据及公平合理性分析

从并购交易的实践操作来看，一般可以通过可比公司法、可比交易法和现金流折现法等方法进行交易价格合理性分析。

1. 可比公司法。可比公司法是根据相关公司的特点，选取与其可比的上市公司的估值倍数作为参考，其核心思想是利用二级市场的相关指标及估值倍数对本次交易定价进行分析。

常用的估值指标主要包括市盈率、市净率、市销率和企业价值比率（EV/EBITDA）等，以上估值指标是否适用于合并双方分析如表 12 – 22 所示：

表 12 – 22

估值指标	是否适用于宝钢股份和武钢股份
市盈率	不适用。受行业整体波动影响，部分钢铁行业上市公司 2015 年及 2016 年上半年出现亏损，不适宜采用市盈率指标进行比较
市净率	适用。由于合并双方属于钢铁行业，其资产大部分为实物资产，净资产的账面价值能够较为准确的反映企业真实拥有的资产情况。此外，每股净资产比每股收益更加稳定，因此当每股收益剧烈波动时市净率指标往往更加有用
市销率	适用。市销率对于经营亏损的公司依旧适用，且不像市盈率那样波动剧烈
企业价值比率（EV/EBITDA）	适用。企业价值比率指标对于评估重资产高折旧的公司具有帮助，且能够消除不同可比公司的杠杆差异

A 股市场可比公司在对应区间的交易均价及对应的估值指标如表 12 – 23 所示。

表 12 – 23

证券代码	证券简称	交易均价（元/股）	2016 年 6 月 30 日市净率（倍）	2015 年底市净率（倍）	2016 年上半年年化市销率（倍）	2015 年度市销率（倍）	2016 年上半年年化 EV/EBITDA
000709. SZ	河钢股份	2.73	0.66	0.66	0.38	0.40	6.84
000898. SZ	鞍钢股份	3.78	0.63	0.63	0.54	0.52	9.44
600022. SH	山东钢铁	2.40	1.21	1.21	0.46	0.52	14.07
000959. SZ	首钢股份	3.75	0.91	0.85	0.54	1.11	11.15
600808. SH	马钢股份	2.41	0.98	1.00	0.44	0.41	8.01
平均值			0.88	0.87	0.47	0.59	9.90
中值			0.91	0.85	0.46	0.52	9.44
最大值			1.21	1.21	0.54	1.11	14.07
最小值			0.63	0.63	0.38	0.40	6.84

若充分考虑目前市场情况，选择可比公司市净率、市销率及 EV/EBITDA 估值区间，作为本次宝钢股份、武钢股份换股发行价格的估值参考区间，对应 2016 年 6 月 30 日市净率和 2015 年底市净率为 0.63 ~ 1.21 倍，对应 2016 年上半年年化市销率为 0.38 ~ 0.54 倍，对应 2015 年度市销率为 0.40 ~ 1.11 倍，对应 2016 年上半年年化 EV/EBITDA 为 6.84 ~ 14.07 倍。

交易双方上市公司的换股价格所对应的市净率、市销率和 EV/EBITDA 指标如表 12 – 24 所示：

表 12 – 24

市公司	换股价格（元/股）	2016 年 6 月 30 日市净率（倍）	2015 年底市净率（倍）	2016 年上半年年化市销率（倍）	2015 年度市销率（倍）	2016 年上半年年化 EV/EBITDA
宝钢股份	4.60	0.66	0.67	0.48	0.46	6.94
武钢股份	2.58	0.96	0.96	0.45	0.45	9.04

综上所述，本次交易宝钢股份的换股价格：

（1）对应的 2016 年 6 月 30 日市净率和 2015 年底市净率分别为 0.66 倍和 0.67 倍，低于可比公司对应市净率平均值和中值，处于可比公司对应市净率的估值区间内；

（2）对应的 2016 年上半年年化市销率为 0.48，高于可比公司对应市销率的平均值和中值，处于可比公司对应市销率的估值区间内；对应的 2015 年度市销率为 0.46 倍，低于可比公司市销率平均值和中值，处于可比公司市销率估值区间内；

（3）对应的 2016 年上半年年化 EV/EBITDA 为 6.94，低于可比公司 EV/EBITDA 平均值和中值，处于可比公司 EV/EBITDA 估值区间内。

本次交易武钢股份的换股价格：

（1）对应 2016 年 6 月 30 日市净率和 2015 年底市净率均为 0.96 倍，高于可比公司对应市净率平均值和中值，并处于可比公司对应市净率估值区间内；

（2）对应 2016 年上半年年化市销率和 2015 年度市销率均为 0.45 倍，低于可比公司市销率平均值和中值，处于可比公司市销率估值区间内；

（3）对应的 2016 年上半年年化 EV/EBITDA 为 9.04，略低于可比公司 EV/EBITDA 平均值和中值，处于可比公司 EV/EBITDA 估值区间内。

2. 可比交易法。挑选与标的公司同行业、在本次交易前一段合适时期内被投资、并购的公司，基于融资或并购交易的定价依据作为参考，据此评估本次交易的定价是否合理。

（1）可比交易基本情况

①济南钢铁（600022.SH）换股吸并莱钢股份（600102.SH）。2011 年 4 月 13 日，济南钢铁以换股方式吸收合并莱钢股份，同时济南钢铁向济钢集团和莱钢集团发行股份购买资产。换股价格济南钢铁为 3.44 元/股、莱钢股份为 7.18 元/股，同时考虑给予莱钢股份股东 16.27% 的换股风险溢价，由此确定莱钢股份与济南钢铁的换股比例为 1:2.43。

②唐钢股份（000709.SZ）换股吸并邯郸钢铁（600001.SH）和承德钒钛（600357.SH）。2008 年 12 月 29 日，唐钢股份换股吸收合并邯郸钢铁和承德钒钛，换股价格唐钢股份为 5.29 元/股，邯郸钢铁为 4.10 元/股，承德钒钛为 5.76 元/股；邯郸钢铁与唐钢股份的换股比例为 1:0.775，承德钒钛与唐钢股份的换股比例为 1:1.089。

（2）可比交易法分析结果

通过分析可比交易的市净率、市销率和 EV/EBITDA 水平，与本次交易中宝钢股份、武钢股份的市净率、市销率和 EV/EBITDA 水平进行比较，如表 12 – 25 所示。

表 12 – 25

首次披露日	公司 （吸并方/被吸并方）	股权价值 （亿元）	企业价值 （亿元）	市净率 （倍）	市销率 （倍）	EV/EBITDA （倍）
2011 – 04 – 13	济南钢铁（吸并方）	107.34	203.45	1.17	0.27	9.56
2011 – 04 – 13	莱钢股份（被吸并方）	66.22	98.24	0.87	0.13	5.85
2008 – 12 – 29	唐钢股份（吸并方）	191.82	242.71	1.22	0.25	5.02
2008 – 12 – 29	邯郸钢铁（被吸并方）	115.47	115.38	0.71	0.23	4.85
2008 – 12 – 29	承德钒钛（被吸并方）	56.49	102.04	1.22	0.23	11.34
平均值				1.04	0.22	7.32
中值				1.17	0.23	5.85

本次交易宝钢股份的换股价格对应的 2016 年 6 月 30 日市净率和 2015 年底市净率分别为 0.66 倍和 0.67 倍，武钢股份的换股价格对应 2016 年 6 月 30 日市净率和 2015 年底市净率均为 0.96 倍，低于可比交易对应市净率平均值和中值。

本次交易宝钢股份的换股价格对应的 2016 年上半年年化市销率和 2015 年市销率分别为 0.48 倍和 0.46 倍，武钢股份的换股价格对应的 2016 年上半年年化市销率和 2015 年市销率均为 0.45 倍，高于可比交易对应市销率平均值和中值。

本次交易宝钢股份的换股价格对应的2016年上半年年化EV/EBITDA为6.94倍，高于可比交易中值，低于可比交易平均值，处于可比交易EV/EBITDA估值区间内。武钢股份的换股价格对应的2016年上半年年化EV/EBITDA为9.04倍，高于可比交易EV/EBITDA的平均值和中值。

3. 与历史交易价格比较。本次交易中，以不低于宝钢股份审议本次合并有关事宜的董事会决议公告日前20个交易日的交易均价的90%作为定价原则，宝钢股份的换股价格确定为4.60元/股。该等换股价格与董事会决议公告日之前一段时间宝钢股份股票交易均价的90%比较如表12-26所示：

表12-26

董事会决议公告日	宝钢股份股票交易均价的90%（元/股）	宝钢股份换股价格/交易均价的90%
前1个交易日	4.43	103.84%
前5个交易日	4.48	102.68%
前10个交易日	4.51	102.00%
前20个交易日	4.60	100.00%

本次交易中，以不低于武钢股份审议本次合并有关事宜的董事会决议公告日前20个交易日的交易均价的90%作为定价原则，武钢股份的换股价格确定为2.58元/股。该等换股价格与董事会决议公告日之前一段时间武钢股份股票交易均价的90%比较如表12-27所示：

表12-27

董事会决议公告日	武钢股份股票交易均价的90%（元/股）	武钢股份换股价格/交易均价的90%
前1个交易日	2.49	103.61%
前5个交易日	2.52	102.38%
前10个交易日	2.53	101.98%
前20个交易日	2.57	100.39%

如表12-27所示，宝钢股份和武钢股份的换股价格与董事会决议公告日前1个交易日、前5个交易日、前10个交易日、前20个交易日的股票交易均价的90%相比，差异较小。

此外，根据《重组办法》的规定，上市公司发行股份的价格不得低于市场参考价的90%，其中，市场参考价为发行股份购买资产的董事会决议公告日前20个、60个或者120个交易日的交易均价之一。换股吸收合并涉及上市公司的，上市公司的股份定价及发行按照上述规定执行。宝钢股份与武钢股份历史交易均价所对应的换股比例如表12-28所示。

表 12－28

	董事会决议公告日			
	前 1 个交易日	前 20 个交易日	前 60 个交易日	前 120 个交易日
宝钢股份交易均价（元/股）	4.92	5.11	5.50	5.49
武钢股份交易均价（元/股）	2.77	2.86	3.22	3.20
对应的换股比例	0.56	0.56	0.59	0.58

如表 12－28 所示，本次合并中换股价格的确定符合《重组办法》的相关规定，换股比例相较宝钢股份和武钢股份近期历史交易均价比例，差异较小。

综上所述，本次交易中双方上市公司的换股价格与换股比例的确定以停牌前的市场历史价格为基础，反映了资本市场对于宝钢股份与武钢股份投资价值的判断，符合市场惯例，具有合理性。

第三节 债务重组：国信集团重组 ＊ST 舜船

一、交易概览

上市公司	江苏舜天船舶股份有限公司（以下简称舜天船舶）		
重组交易方	江苏省国信资产管理集团有限公司（以下简称国信集团）		
收购方案	债务重整 + 发行股份购买资产		
交易价值（万元）	2 101 302.46	并购方式	发行股份购买资产
现金支付金额（万元）	—	并购目的	债务重组
评估价值（万元）	2 101 302.46	支付方式	股份
评估方式	收益法	标的类型	股权
控制权是否变更	否	股权转让比例	部分
是否有业绩承诺	是	是否有超额奖励	否

舜天船舶成立于 2003 年 6 月，主营业务为船舶建造和国际船舶贸易，后于 2011 年 8 月 10 日在深交所挂牌交易，实际控制人为江苏省国资委。

由于行业不景气、公司经营不善，舜天船舶在 2014 年出现巨额亏损，被会计师事务所出具无法表示意见的审计报告，且公司股票自 2015 年 4 月 30 日起被实行"退市风险警示"特别处理，股票简称变更为"＊ST 舜船"。＊ST 舜船自 2014 年开始连续 3 年亏损，并从 2015 年下半年开始，多笔融资出现逾期，船舶业务已经不具备持续经营能力，甚至在 2015 年年底出现资不抵债的情况。

因无力偿还债务，2015 年 12 月 22 日，中行崇川支行向南京中院提出对舜天船舶进行重整的申请。南京中院于 2016 年 2 月裁定受理此案，并依法指定北京市金杜律师事务所担任管理人负责舜天船舶的债务重整工作。

若 * ST 舜船被破产清算将面临被终止上市的风险；同时，若 * ST 舜船在 2016 年底不能使净利润、净资产转为正数，将在 2016 年年报出具后面临暂停上市的风险。

为保住上市壳公司，* ST 舜船推出国内首个债务重整与资产重组同步进行的方案。通过资产处置与债转股，可使得 * ST 舜船变为净壳，为资产注入创造条件；同时，有优质资产注入预期，* ST 舜船有股价上涨预期，债权人将债权转为股权之后，有望获得 100% 清偿甚至获得超额收益。* ST 舜船的重整计划已经在 2016 年 9 月 23 日的第二次债权人会议及出资人组会议暨 2016 年第二次临时股东大会上获得高票表决通过，各个债权人组及出资人组投的赞同票比例均在 98% 以上，高度认可前述重整方案。

同时，本次注入的资产中包括江苏信托，这是 2016 年内首个信托曲线上市成功过会的案例。目前，A 股市场的信托上市公司仅有陕国投 A、安信信托、安建集团 3 家；由于发展创新型业务需要提高净资本水平，很多信托公司谋求上市，且于 2016 年内推出曲线上市方案，但目前过会的仅 * ST 舜船一家。

经证监会并购重组审核委员会于 2016 年 12 月 1 日召开的 2016 年第 91 次并购重组委工作会议审核，本次重大资产重组事项获无条件通过。

二、交易双方

（一）上市公司：舜天船舶（002608. SZ）

舜天船舶成立于 2003 年 6 月，主营业务为船舶建造和国际船舶贸易，后于 2011 年 8 月 10 日在深交所挂牌交易。舜天国际为公司的控股股东，江苏省国资委为舜天船舶实际控制人；本公司上市以来，公司控制权未发生变更。

因国际航运与船舶市场持续低迷，交船难、船东弃船等情形增多；合作造船方资金困难无法完成船舶订单，公司作为共同卖方需承担返还船舶预付款的责任；同时，公司船舶租赁业务项下承租人拖欠租金的情况严

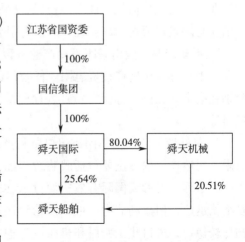

图 12 – 12　股权关系结构

重，上述因素导致公司经营和资金方面均面临严峻形势，自 2014 年起，公司本部及合并范围内均出现巨额亏损。此外，因公司对明德重工债权的可回收金额无法确定，加之会计师事务所认为公司的持续经营能力存在重大不确定性，因此，公司 2014 年度财务会计报告被会计师事务所出具无法表示意见的审计报告，公司股票交易因上述原因自 2015 年 4 月 30 日起被实行"退市风险警示"特别处理，股票简称由"舜天船舶"变更为"＊ST 舜船"。

因无力偿还债务，2015 年 12 月 22 日，中行崇川支行向南京中院提出对舜天船舶进行重整的申请。南京中院经审查后认为，舜天船舶不能清偿到期债务，且现有资产不足以清偿全部债务，符合重整受理条件。2016 年 2 月 5 日，南京中院依法作出 (2015) 宁商破字第 26 号《民事裁定书》，裁定受理舜天船舶重整一案，并于 2016 年 2 月 7 日作出 (2015) 宁商破字第 26 号《决定书》，依法指定北京市金杜律师事务所担任舜天船舶管理人。

（二）重组交易方：国信集团

本次重组交易方国信集团成立于 2002 年 2 月 22 日，注册资本 200 亿元，为江苏省国资委 100% 控股的大型地方国企。目前，国信集团已发展成为以能源基础产业、金融服务业、不动产业、对外贸易四大产业为支柱，涉及资产管理、旅游业、文化业、实业投资等领域的多元化综合业务集团公司。

1. 能源基础产业。能源基础产业包括火力发电、清洁能源项目和天然气，是国信集团重要的产业板块。火力发电主要由下属子公司国信扬电、扬州二电、新海发电、射阳港发电、淮阴发电、国信扬电、协联燃气等子公司经营；江苏省新能源开发有限公司及江苏国信溧阳抽水蓄能发电有限公司主要负责集团清洁能源项目；天然气板块业务主要由江苏省天然气有限公司运营。

2. 金融服务业。金融服务产业为国信集团另一大支柱性投资领域。目前集团旗下金融业务主要包括信托、证券、担保、融资租赁和保险经纪。核心企业包括江苏省国际信托有限责任公司、华泰证券股份有限公司及江苏省国信信用担保有限公司。

3. 不动产业。国信集团不动产业务以房地产业务为主，酒店业务为辅，其中房地产业务由江苏省房地产投资有限责任公司运营。项目主要分布在江苏省内各主要城市，分别在南京、无锡、苏州、镇江、徐州等地开发建设民用住宅、酒店物业、工业地产项目等。

4. 对外贸易。国信集团进出口贸易产业主要由下属全资子公司江苏舜天国际集团有限公司运作。内贸主要包括服装纺织品、机械设备、有色金属等，由于国内贸易竞争极为激烈，且舜天国际有效资源分散在较多的国内贸易经营范围上，内贸销售收入虽增长迅速，但盈利能力一般。国信集团进口产品以生产设备和原材料为主，产品结构比较稳定，进口化工原料和机械设备进口额占进口总额的 56% 左右。国信集团出口商品以服装纺织类产品、有色金属、船舶和机电产品为主。

2014 年、2015 年，国信集团的总资产分别为 1 447.90 亿元、1 449.73 亿元，净资产分别为 739.87 亿元、688.19 亿元；营业收入分别为 499.53 亿元、484.56 亿元，净利润分别为 55.96 亿元、46.28 亿元。

本次交易将以发行股份购买资产的方式实现国信集团优质信托及火电资产的整体上市，推动优化法人治理结构，建立市场化经营决策机制，促进经营模式转型，培育新的利润增长点，提升企业持续发展能力。通过注入上市公司以增强国有资产改革发展的动力和创新转型的活力，进而增强核心竞争力、以提高国有资本流动性，实现国有资产保值增值。

三、交易方案

（一）总体方案

本次交易方案包括：（1）债务重整；（2）发行股份购买资产。本次债务重整和发行股份购买资产同时进行。

1. 债务重整。舜天船舶债权人会议审议通过《财产管理及变价方案》，约定对舜天船舶除货币资金外的全部资产进行拍卖，为后续资产注入奠定基础。但连续三次公开拍卖，均无合格竞买者参与；经舜天船舶债权人委员会同意，按照第三次拍卖的保留价（138 014.77 万元）将舜天船舶标的资产整体转让予舜天集团的全资子公司江苏舜天资产经营有限公司。

根据资产实际处置的变现价值、公司可用的货币资金以及重整期间收回债权及经营收入所得价款，上市公司清算状态下可用偿还资金预计 144 471.87 万元。按照《破产法》规定的清偿顺序，舜天船舶整体资产变现所得中的 14 355.04 万元将优先用于偿还有财产担保债权，剩余其他财产变现所得在依次支付破产费用 12 325.59 万元、职工安置所支付及提留的补偿金 1 885.30 万元、共益债务 7 454.84 万元、税款债权 19 412.80 万元后，剩余可供向普通债权人进行分配的无担保财产总额为 89 038.29 万元。按照普通债权总额 802 199.35 万元进行分配，舜天船舶普通债权的清偿比例约为 11.099%。

管理人对舜天船舶的出资人权益进行调整，将舜天船舶全部账面资本公积 51 993.12万元转增 51 993.12 万股股票，转增的股票向全体普通债权人分配。

就普通债权及有财产担保债权无法就担保物优先受偿而转入普通债权组清偿的部分：（1）每家债权人 30 万元以下（含 30 万元）的债权部分将获得全额现金清偿；（2）每家债权人超过 30 万元的债权部分，按 10.56% 的比例以现金方式清偿；（3）扣除以现金清偿债权的部分后，剩余普通债权以舜天船舶资本公积金转增的股票抵偿，每股抵债价格为 13.72 元，每 100 元债权可分得约 7.288 股股票。根据该等清偿方案，相关普通债权人预计可获得 51 993.12 万股股份。上述权益调整方案顺利执行后，公司的总股本将由目前的 37 485.00 万股增加至 89 478.12 万股。

2. 发行股份购买资产。舜天船舶通过发行股份方式购买国信集团持有的江苏信托 81.49% 的股权、新海发电 89.81% 的股权、国信扬电 90% 的股权、射阳港发电 100%

的股权、扬州二电 45% 的股权、国信靖电 55% 的股权、淮阴发电 95% 的股权、协联燃气 51% 的股权。本次交易标的资产的交易价格以评估值为基础，经交易双方协商确定，标的资产的交易价格为 2 101 302.46 万元，舜天船舶拟全部以 8.91 元/股发行股份的方式向交易对方支付对价，发行的股票数量合计 235 836.42 万股。

（二）估值与作价

1. 处置资产的估值与作价

（1）资产处置的估值。立信评估采用资产基础法对舜天船舶本次处置资产进行了评估。根据立信评估出具的《资产评估报告》（信资评报字（2016）第 2020 号），以 2016 年 2 月 5 日为基准日，舜天船舶全部资产账面价值为 206 295.12 万元，评估价值为 221 157.84 万元，评估增值 14 862.72 万元，评估增值率为 7.20%。本次处置资产为舜天船舶扣除货币资金外的全部资产，评估值为 215 648.08 万元，具体如表 12 - 29 所示：

表 12 - 29   单位：万元

序号	科目名称	账面价值	评估价值
一	流动资产合计	181 095.62	194 101.61
1	货币资金	5 509.77	5 509.77
2	应收账款	14 685.78	18 168.17
3	预付款项	111 943.79	117 239.56
4	其他应收款	39 126.99	42 692.63
5	存货	7 239.01	7 845.99
6	其他流动资产	2 590.28	2 645.48
二	非流动资产合计	25 199.50	27 056.23
1	长期股权投资	0.00	0.00
2	固定资产	25 199.50	27 056.23
	资产总计	206 295.12	221 157.84

（2）资产处置价格确定。根据舜天船舶第一次债权人会议审议通过的《财产管理及变价方案》，由管理人申请南京中院通过网络拍卖处置舜天船舶财产；对拟处置的标的资产，以不低于《资产评估报告》所确定的评估价值作为第一次拍卖的起拍价格，前次拍卖未能成交的，下次拍卖降价幅度不超过 20%；如果经过两次降价拍卖仍无人竞拍而流拍的，管理人可以根据标的资产的具体情况，决定继续降价拍卖或通过协议转让等其他合法方式予以处置变价。

2016 年 4 月 16 日、2016 年 4 月 25 日、2016 年 5 月 3 日，管理人前后三次对舜天船舶合法拥有的除货币资金外的全部资产进行公开拍卖，但均因无合格竞买者参与竞买而流拍。经舜天船舶债权人委员会同意，管理人以协议方式，按照第三次拍卖的保留价整体转让，第三次拍卖的保留价为评估价值的 64%，即人民币 138 014.77 万元。

2. 发行股份购买资产的估值与作价

本次重组的资产评估机构立信评估对标的资产进行了评估，并出具了资产评估报告。本次评估对江苏信托81.49%股权采用资产基础法和收益法进行评估，并最终选用收益法评估结果，对火电板块对应股权采用收益法和市场法进行评估，并最终选用收益法评估结果，评估基准日为2015年12月31日。拟购买资产的评估结果已经江苏省国资委核准确认。

根据经江苏省国资委核准的立信评估出具的以2015年12月31日为评估基准日的评估报告，江苏信托81.49%的股权、新海发电89.81%的股权、国信扬电90%的股权、射阳港发电100%的股权、扬州二电45%的股权、国信靖电55%的股权、淮阴发电95%的股权、协联燃气51%的股权评估值合计为2 101 302.46万元，总体评估增值率为53.90%。经交易双方公平协商后确定本次交易的交易价格合计为2 101 302.46万元，具体情况如表12-30所示：

表12-30
单位：万元

交易标的	账面价值	评估价值	增值率	交易价格
江苏信托81.49%股权	713 221.94	834 790.00	17.04%	834 790.00
新海发电89.81%股权	113 919.33	302 300.46	165.36%	302 300.46
国信扬电90%股权	118 927.32	292 320.00	145.80%	292 320.00
射阳港发电100%股权	98 767.41	259 500.00	162.74%	259 500.00
扬州二电45%股权	96 391.06	175 905.00	82.49%	175 905.00
国信靖电55%股权	92 264.60	90 695.00	-1.70%	90 695.00
淮阴发电95%股权	110 482.81	83 980.00	-23.99%	83 980.00
协联燃气51%股权	21 411.10	61 812.00	188.69%	61 812.00
合计	1 365 385.57	2 101 302.46	53.90%	2 101 302.46

（三）债务重整过程

1. 资产处置

（1）资产处置方案确定

①根据《破产法》的规定，破产重整程序中的资产处置方案由债权人会议批准，并由管理人实施。

2016年2月5日，南京中院作出"（2015）宁商破字第26号"《民事裁定书》，受理申请人中国银行股份有限公司南通崇川支行对舜天船舶的重整申请，并指定北京市金杜律师事务所担任舜天船舶破产重整的管理人。在舜天船舶重整期间，舜天船舶债权人会议有权决定对舜天船舶的财产进行管理和处分，管理人根据债权人会议决议所开展的资产处置事宜符合《破产法》的规定。

②公司债权人会议审议通过本次财产处置方案。

2016年2月18日，舜天船舶启动了债权申报工作，2016年3月25日，舜天船舶重整案召开第一次债权人会议，本次债权人会议审议通过《财产管理及变价方案》。考虑重整后公司未来持续经营的需要，《财产管理及变价方案》约定对舜天船舶除货币资金外的全部资产进行拍卖，为后续资产注入奠定基础。

（2）资产处置范围。本次资产处置的范围为舜天船舶除货币资金以外的全部资产，主要包括应收账款、预付账款、其他应收款、存货等流动资产，以及长期股权投资、固定资产等非流动资产等。

（3）资产处置程序。根据《财产管理及变价方案》，2016 年 3 月 31 日，南京中院于淘宝网司法拍卖网络平台（网址：http：//sf. taobao. com）刊登舜天船舶整体资产拍卖公告，启动拍卖程序，并分别于 2016 年 4 月 16 日、2016 年 4 月 25 日、2016 年 5 月 3 日前后三次对舜天船舶合法拥有的标的资产进行公开拍卖，但均因无合格竞买者参与竞买而流拍。

由于标的资产无法通过公开拍卖处置变现，不能筹集清偿债务的必要资金，舜天船舶面临重整进展受阻的风险，为保证舜天船舶重整程序的顺利推进，确保筹集必要资金向债权人进行清偿，根据《财产管理及变价方案》，并经舜天船舶债权人委员会同意，管理人决定通过协议方式，按照第三次拍卖的保留价（即人民币 1 380 147 700.00 元）将舜天船舶标的资产整体转让予舜天集团的全资子公司江苏舜天资产经营有限公司。

2016 年 5 月 12 日，舜天船舶管理人与资产经营公司签署了《资产转让协议》，资产经营公司同意以现金方式收购拍卖资产，收购价格为 138 014.77 万元。

2016 年 6 月 29 日，舜天船舶管理人与资产经营公司签署了《资产转让协议之补充协议》，进一步明确了资产转让相关事宜。

截至 2016 年 10 月 14 日，根据《资产转让协议》及《资产转让协议之补充协议》的规定，资产经营公司已向舜天船舶管理人账户支付完毕 138 014.77 万元的资产收购价款。

截至资产处置报告书签署日，除房屋及部分船舶资产（船舶存在抵押）外，其他资产都已经完成了过户。

2. 职工安置。2016 年 6 月 20 日，舜天船舶召开第二届第二次职工代表大会，会议表决通过了《江苏舜天船舶股份有限公司破产重整职工安置方案》。

舜天船舶原有职工 108 人，已有 93 人已与舜天船舶签署解除劳动合同协议，剩余 15 人系因上市公司正常运转需要暂时保留职位的财务、法务、证券等 13 名员工以及涉及刑事犯罪正在侦查阶段的 2 名员工。

经测算，上述 108 名职工的安置费用共计 1 885.30 万元，相关费用管理人已经在重整费用中列支。管理人已向其中的 58 人发放了经济补偿金 700.12 万元，剩余 1 185.18 万元将全部从舜天船舶资产处置所得费用中予以优先支付。

3. 债权申报。截至 2016 年 9 月 6 日，共有 171 家债权人向管理人申报债权，申报金额总计 884 729.96 万元，其中：申报的有财产担保债权为 112 308.21 万元，申报的税款债权为 19 412.80 万元，申报的普通债权为 753 008.94 万元。

上述已申报债权中，已经管理人审查确认并经南京中院裁定确认的债权总额为

726 692.72 万元，其中：有财产担保债权为 46 231.84 万元、税款债权为 11 289.35 万元、普通债权为 669 171.53 万元。

此外，债权人已进行债权申报，但由于诉讼、仲裁未决，条件未成立或其他原因导致债权暂时无法审查确认的债权总额为 91 994.73 万元，其中：普通债权为 83 871.28 万元，税款债权为 8 123.45 万元。

另外，根据公司财务账簿记载及公司说明，尚有约 17 279.75 万元普通债权尚未向管理人申报。

4. 重整计划草案的制定、通过及裁定。管理人已于 2016 年 9 月 7 日将重整计划草案提交至南京中院。

2016 年 9 月 23 日舜天船舶召开第二次债权人会议及出资人组会议暨 2016 年第二次临时股东大会，债权人会议表决通过了重整计划草案，出资人组会议暨 2016 年第二次临时股东大会表决通过了出资人权益调整方案和重大资产重组方案。

2016 年 9 月 26 日，管理人向南京中院申请裁定批准重整计划草案。

2016 年 10 月 24 日，南京中院裁定批准舜天船舶重整计划，并终止舜天船舶重整程序。

5. 主要债权人的债权金额、占债权总额的比例以及可能获得的股份数量。

（1）有财产担保债权人优先清偿。根据舜天船舶债权申报及审查情况，截至重整报告书签署日，有财产担保债权总额为 46 231.84 万元，共计 4 家债权人。

根据《企业破产法》的规定，有财产担保债权人可就舜天船舶资产中的抵押担保财产享有优先受偿的权利。根据已处置担保财产的成交情况，有财产担保债权中预计有 14 355.04 万元可以就担保财产获得优先清偿，其余 31 876.80 万元债权由于无法就担保财产优先受偿，应转入普通债权组获得清偿，具体情况如表 12 - 31 所示：

表 12 - 31　　　　　　　　　　　　　　　　　　　　　　　　　　　　　单位：万元

序号	债权人名称	有财产担保债权金额	就担保财产优先受偿金额	转入普通债权金额
1	南京银行南京分行	10 000.00	3 015.54	6 984.46
2	包商银行北京分行	12 805.77	3 353.82	9 451.96
3	苏州银行南京分行	8 874.78	3 617.96	5 256.82
4	浦东银行南京分行	14 551.29	4 367.73	10 183.56
	合计	46 231.84	14 355.04	31 876.80

（2）普通债权的偿债比例。根据资产实际处置结果，舜天船舶除货币资金外的整体资产的变现价值为 138 014.77 万元，另加上公司进入重整程序时可用的货币资金 615.77 万元，以及在重整期间收回债权及经营收入所得 5 841.33 万元，公司清算状态下可用偿债资金预计为 144 471.87 万元。

按照《破产法》规定的清偿顺序，舜天船舶整体资产变现所得中的 14 355.04 万元将优先用于偿还有财产担保债权，剩余其他财产变现所得在依次支付破产费用 12 325.59 万元、职工安置所支付及提留的补偿金 1 885.30 万元、共益债务 7 454.84 万元、税款债权 19 412.80 万元后，剩余可供向普通债权人进行分配的无担保财产总额为 89 038.29 万元。按照普通债权总额 802 199.35 万元（包括债权人申报并经管理人确认的普通债权 669 171.53 万元、已申报但尚未确认的普通债权 83 871.28 万元、尚未申报的普通债权 17 279.75 万元以及担保债权中未能优先受偿而转入普通债权部分 31 876.80 万元）进行分配，舜天船舶普通债权的清偿比例约为 11.099%，具体计算过程见表 12-32。

表 12-32　　　　　　　　　单位：元

项目	清偿测算
可分配现金总额	1 444 718 680.29
减：有财产担保债权优先受偿金额	143 550 400.00
减：破产费用	123 255 913.49
减：职工安置所支付、提留的补偿金	18 853 033.00
减：共益债务	74 548 409.59
减：税款债权	194 128 033.95
剩余可供向普通债权人进行分配的财产	890 382 890.26
清算下普通债权	8 021 993 545.31
清算状态下普通债权的清偿比例	11.099%

（3）出资人权益调整。根据管理人于 2016 年 3 月 29 日发布的公告，鉴于公司的资产评估值远低于债权金额，为提高债权清偿率，管理人拟对舜天船舶的出资人权益进行调整，将舜天船舶全部账面资本公积 51 993.12 万元转增 51 993.12 万股股票，转增的股票向全体普通债权人分配。

2016 年 9 月 23 日，舜天船舶出资人组会议暨 2016 年第二次临时股东大会表决通过了重整计划草案中涉及的出资人权益调整方案。上述权益调整方案已于 2016 年 10 月 24 日经南京中院裁定并生效。上述权益调整方案顺利执行后，公司的总股本将由目前的 37 485.00 万股增加至 89 478.12 万股。

（4）普通债权清偿。就普通债权及有财产担保债权无法就担保物优先受偿而转入普通债权组清偿的部分：

①每家债权人 30 万元以下（含 30 万元）的债权部分将获得全额现金清偿；

②每家债权人超过 30 万元的债权部分，按 10.56% 的比例以现金方式清偿；

③扣除以现金清偿债权的部分后，剩余普通债权以舜天船舶资本公积金转增的股票抵偿，每股抵债价格为 13.72 元，每 100 元债权可分得约 7.288 股股票。

根据该等清偿方案，相关普通债权人预计可获得的股份数量情况如表 12-33 所示。

表 12 – 33

序号	债权人名称	债权金额（万元）	债权占普通组比例	可获得分配/预留的抵债股票数量（万股）	备注
1	国信集团	138 173.56	17.22%	9 005.51	—
	舜天国际	121 343.48	15.13%	7 908.37	其中1.12亿元债权暂未审查完毕，主要原因为舜天集团为舜天船舶提供的保证担保（主要是担保招商银行融资），待舜天集团实际承担担保责任后予以确认
	顺高船务	3 346.55	0.42%	216.20	—
	扬州舜天	23 574.09	2.94%	1 534.83	—
	舜天机械	985.60	0.12%	62.30	—
	顺越船务	108.30	0.01%	5.10	—
	舜天造船	4 369.48	0.54%	282.89	—
	江苏舜天	32.00	0.00%	0.13	—
	国信集团及关联方小计	291 933.05	36.39%	19 015.33	
2	南京银行南京分行	171 779.33	21.41%	11 196.25	包括从担保债权转入的部分债权；其中约3.75亿元债权暂未审查完毕，主要原因为涉及保函责任，待南京银行实际承担保函责任后确认相关债权
3	浦东银行南京分行	51 697.71	6.44%	3 368.19	包括从担保债权转入的部分债权
4	江苏银行	42 828.34	5.34%	2 790.00	—
5	中国银行江苏省分行	28 399.52	3.54%	1 849.40	—
6	广发银行南京分行	19 173.48	2.39%	1 247.95	—
7	中国进出口银行	40 221.20	5.01%	2 620.04	其中1.31亿元债权暂未审查完毕，主要原因为涉及保函责任，待口行实际承担保函责任后确认相关债权
8	苏州银行南京分行	13 318.61	1.66%	866.28	包括从担保债权转入的部分债权
9	包商银行北京分行	14 234.99	1.77%	926.02	包括从担保债权转入的部分债权
10	航鹏有限公司	13 400.35	1.67%	871.61	—

续表

序号	债权人名称	债权金额（万元）	债权占普通组比例	可获得分配/预留的抵债股票数量（万股）	备注
11	其他普通债权人	97 933.02	12.21%	6 222.08	其中约 2.20 亿元债权尚未审查完毕，主要原因为涉及待债权人补充证据资料、新近申报等原因
	2－11 项普通债权人小计	492 986.56	61.46%	31 957.82	—
	已申报普通债权人小计	784 919.61	97.85%	50 973.15	—
12	未申报普通债权	17 279.75	2.15%	1 019.97	—
	普通债权合计	802 199.35	100.00%	51 993.12	

（四）发行股份购买资产

（1）股份发行价格。本次重组交易中，上市公司发行股份购买资产的股份发行定价基准日为其审议本次交易相关事项的董事会即上市公司第三届董事会第七十二次会议决议公告日，发行价格不低于定价基准日前 20 个交易日、60 个交易日或 120 个交易日公司股票交易均价的 90%，分别为 8.91 元/股、11.24 元/股或 11.53 元/股。

鉴于 A 股市场自公司股票停牌日 2015 年 8 月 6 日后经历了较大幅度调整，通过与交易对方之间的协商确定采用定价基准日前 20 个交易日均价的 90% 即 8.91 元/股作为本次发行股份购买资产的发行价格。

（2）股份发行数量。本次交易标的资产交易总对价确定为 2 101 302.46 万元，按照发行价格 8.91 元/股计算，因本次购买资产而发行股票的数量为 235 836.42 万股。

（3）锁定期安排。本次交易完成后，国信集团仍为上市公司控股股东，国信集团承诺其通过本次交易所获得的舜天船舶新增股份，自本次股份发行结束之日起 36 个月内将不以任何方式进行转让，包括但不限于通过证券市场公开转让或通过协议方式转让，也不委托他人管理其持有的舜天船舶股份。

除根据国有资产管理要求需要将国有股份转让或无偿划转给国信集团控制的其他公司外，国信集团及相关关联方在本次交易完成前持有的上市公司股份，在本次交易过程中不得进行转让，自本次交易完成后 12 个月内不得进行转让。

（五）补偿安排

1. 盈利预测承诺。采用收益法估值的相关标的公司和业务包括：江苏信托信托业务、新海发电、国信扬电、射阳港发电、扬州二电、国信靖电、淮阴发电、协联燃气（以下简称收益法评估资产）。其 2016 年度、2017 年度和 2018 年度经审计的合并报表范围扣除非经常性损益后归属于上市公司股东的净利润（以下简称承诺净利润数）分别不低于人民币 165 571.76 万元、173 636.34 万元和 174 835.02 万元。

根据《江苏省国信资产管理集团有限公司关于业绩承诺事宜的说明及承诺函》，国信集团承诺：若本次交易未能在 2016 年度实施完毕，则本次交易盈利补偿期间将相应顺延一年（即顺延至 2019 年），国信集团承诺收益法评估资产 2019 年度的净利润数不低于 177 656.40 万元。届时国信集团将与舜天船舶就变更补偿期等相关事宜另行签署补充协议。

根据上市公司与国信集团签署的《盈利预测补偿协议》，在计算业绩承诺实现程度时，仅将八个交易标的实现的业绩总和与承诺净利润数对比，单个交易标的不再另有业绩承诺指标。业绩承诺额计算公式为：

每年扣除非经常性损益归属于母公司的净利润 = 江苏信托信托业务扣除非经常性损益的净利润 ×81.49% + 新海发电扣除非经常性损益的净利润 ×89.81% + 国信扬电扣除非经常性损益的净利润 ×90% + 射阳港发电扣除非经常性损益的净利润 ×100% + 扬州二电扣除非经常性损益的净利润 ×45% + 国信靖电扣除非经常性损益的净利润 ×55% + 淮阴发电扣除非经常性损益的净利润 ×95% + 协联燃气扣除非经常性损益的净利润 ×51% 并扣除各标的资产之间关联交易利润的影响。

2. 盈利预测补偿。收益法评估资产在盈利补偿期间内的截至当期期末累积实现的净利润数低于承诺净利润数，则由国信集团予以补偿。

（1）补偿方式：上市公司应于股东大会审议通过股份补偿事宜之日起 1 个月内对应补偿股份以人民币 1.00 元的总价格进行回购并予以注销。

国信集团补偿的具体数量按以下公式确定：

每年国信集团应补偿股份数 = （截至当期期末收益法评估资产累积承诺净利润数 − 截至当期期末收益法评估资产经审计的累积实现净利润数）/利润补偿期间累积承诺净利润数 × 国信集团持有收益法评估资产的股权交易价格/本次发行价格 − 国信集团就收益法评估资产已补偿股份数。

其中：国信集团持有收益法评估资产的股权交易价格 = 江苏信托信托业务的评估价值 ×81.49% + 新海发电 89.81% 股权的交易价格 + 国信扬电 90% 股权的交易价格 + 射阳港发电 100% 股权的交易价格 + 扬州二电 45% 股权的交易价格 + 国信靖电 55% 股权的交易价格 + 淮阴发电 95% 股权的交易价格 + 协联燃气 51% 股权的交易价格 =1 384 532.46 万元。

国信集团应补偿股份的总数不超过上市公司购买国信集团持有的收益法评估资产的股权发行的股份总数。在逐年补偿的情况下，各年计算的应补偿股份数量小于 0 时，按 0 取值，即已经补偿的股份不冲回。

（2）减值测试：在利润补偿期间届满时，上市公司应当聘请会计师事务所在出具当年度财务报告时对收益法评估资产进行减值测试，如：以收益法评估资产期末减值额 > 补偿期间内国信集团就收益法评估资产已补偿股份总数 × 本次发行价格，则国信集团应当另行对上市公司进行补偿，另需补偿的股份数量 = 期末减值额/本次发行价格 − 补偿期限内国信集团就收益法评估资产已补偿股份总数。

（3）补偿股份的调整：公司与国信集团同意，若上市公司在补偿期限内有现金分红的，其应补偿股份数在回购股份实施前上述年度累积获得的分红收益，应随之赠送给上市公司；若公司在补偿期限内实施送股、公积金转增股本的，则补偿股份的数量应调整为：按前述公式计算的应补偿股份数 × （1 + 送股或转增比例）。

3. 江苏信托固有业务 15 家公司股权减值测试及补偿。

（1）江苏信托股权投资业务评估。江苏信托固有业务中包含江苏银行等 15 家参股公司股权，该等 15 家参股公司股权的总体评估值为 715 855.63 万元，因国信集团目前持有江苏信托 81.49% 股权，因此该等 15 家参股公司总体评估值的 81.49% （即 583 350.75 万元）纳入本次交易范围，以下对纳入本次交易范围的 15 家参股公司股权简称"15 家公司股权资产"，15 家公司股权资产对应的评估值为 583 350.75 万元，具体如表 12 - 34 所示：

表 12 - 34 　　　　　　　　　　　　　　　　　　　　　　　　　　　　　　单位：万元

序号	被投资单位名称	持股比例（%）	账面价值	评估价值
1	江苏省国信信用担保有限公司	5.41	4 000.00	4 321.63
2	南通黄海投资发展股份有限公司	1.17	500.00	500.00
3	高投名力成长创业投资有限公司	19.67	7 200.00	8 339.99
4	常州国信现代创业投资中心（有限合伙）	28.37	346.05	346.05
5	江苏国投衡盈创业投资中心（有限合伙）	19.99	18 282.83	18 282.83
6	利安人寿保险股份有限公司	4.98	16 891.35	25 344.00
7	江苏南通农村商业银行股份有限公司	0.90	1 000.00	2 470.00
8	江苏扬州农村商业银行股份有限公司	1.63	763.00	2 947.53
9	江苏紫金农村商业银行股份有限公司	1.00	5 200.00	5 821.20
10	江苏丹阳保得村镇银行有限责任公司	10.00	1 800.00	4 482.00
11	江苏如皋农村商业银行股份有限公司	3.32	4 000.00	14 882.40
12	江苏海门农村商业银行股份有限公司	6.67	8 000.00	21 720.00
13	阜宁民生村镇银行股份有限公司	10.00	1 000.00	2 856.00
14	江苏民丰农村商业银行股份有限公司	6.00	9 000.00	20 232.00
15	江苏银行股份有限公司	8.76	580 572.94	583 310.00
	合计		658 556.17	715 855.63

（2）减值测试及补偿。在补偿期间，舜天船舶在进行年度审计时应对 15 家公司股权资产单独进行减值测试，并由负责舜天船舶年度审计的具有证券业务资格的会计师事务所在出具年度财务报告时对减值情况出具专项审核意见，前述减值测试应当扣除补偿期间内 15 家公司股权资产范围内的相关公司增资、减资、接受赠与以及利润分配的影响。

如果当年 15 家公司股权资产的评估值低于本次交易评估基准日评估值，则国信集团应该另行补偿。

另行补偿股份数量 = 15 家公司股权资产期末减值额/本次发行价格 - 国信集团就 15 家公司股权资产已补偿股份总数

国信集团应补偿股份的总数不超过上市公司因买 15 家公司股权资产向国信集团发行的股份总数。在逐年补偿的情况下，各年计算的应补偿股份数量小于 0 时，按 0 取值，即已经补偿的股份不冲回。

（六）本次交易对上市公司的影响

1. 本次交易对上市公司股权结构的影响。2016年10月24日，南京中院已裁定批准舜天船舶重整计划，按照重整计划管理人将对出资人的权益进行调整，即将公司全部账面资本公积51 993.12万元转增51 993.12万股股票向债权人分配以提高债权清偿率，本次重整及发行股份前后公司股权结构变化情况如表12-35所示：

表12-35

股东名称	重组前公司股权结构		权益调整偿债股票（万股）	发行股份购买资产新增股票（万股）	出资人权益调整和发行股份购买资产后	
	股份数量（万股）	持股比例（%）			股份数量（万股）	持股比例（%）
国信集团	—	—	9 005.51	235 836.42	244 841.93	75.26
舜天国际	9 612.77	25.64	7 908.37	—	17 521.14	5.39
舜天机械	7 686.99	20.51	62.30	—	7 749.29	2.38
顺高船务	—	—	216.20		216.20	0.07
顺高造船	—	—	1 534.83		1 534.83	0.47
顺越船务	—	—	5.10		5.10	0.00
扬州船厂	—	—	282.89		282.89	0.09
江苏舜天	—	—	0.13		0.13	0.00
国信集团及关联方合计	17 299.76	46.15	19 015.33	235 836.42	272 151.51	83.66
其他债权人	—	—	32 977.79		32 977.79	10.14
其他股东	20 185.24	53.85	—		20 185.24	6.20
合计	37 485.00	100	51 993.12	235 836.42	325 314.54	100

本次发行股份购买资产和出资人权益调整后，公司总股本将从3.75亿股增至32.53亿股，超过4亿股并且社会公众股东持有的股份数占发行后股本总额的比例为16.34%，不低于10%。因此，本次交易完成后，公司股权分布仍符合股票上市条件，符合《证券法》、《上市规则》等法律、法规和规范性文件的规定。

2. 本次交易对上市公司主要财务指标的影响。根据天衡审计出具的舜天船舶《2015年财务报表审计报告》（天衡审字〔2016〕01278号）和《2016年5月31日财务报表审计报告》（天衡审字〔2016〕01753号）及苏亚金诚出具的标的公司《备考财务报表审阅报告》（苏亚阅〔2016〕9号），本次交易完成前后上市公司主要财务数据比较如表12-36所示。

表 12 –36　　　　　　　　　　　　　　　　　　　　　　　　　　单位：万元

项目	2016.5.31/ 2016 年 1 – 5 月实现数	2016.5.31/ 2016 年 1 – 5 月备考数	增加额
总资产	138 179.82	4 029 435.67	3 891 255.85
归属于母公司的所有者权益	– 624 648.71	1 469 646.46	2 094 295.17
营业收入	1 963.68	593 299.31	591 335.63
营业利润	– 15 686.27	184 819.68	200 505.95
利润总额	– 100 986.88	185 023.99	286 010.87
归属于母公司所有者的净利润	– 100 893.71	115 616.88	216 510.59
基本每股收益（元/股）	– 2.69	0.36	3.05
项目	2015.12.31/ 2015 年度实现数	2015.12.31/ 2015 年度备考数	增加额
总资产	312 646.83	3 992 611.32	3 679 964.49
归属于母公司的所有者权益	– 523 425.94	1 365 394.92	1 888 820.86
营业收入	100 486.65	1 442 470.95	1 341 984.30
营业利润	– 543 133.15	486 449.75	1 029 582.90
利润总额	– 544 794.75	484 156.93	1 028 951.68
归属于母公司所有者的净利润	– 545 040.34	294 013.16	839 053.50
基本每股收益（元/股）	– 14.54	0.90	15.44

本次交易完成后，上市公司总资产规模、净资产规模、收入规模、净利润水平、基本每股收益均有较大幅度增加，不存在因本次交易而导致即期每股收益被摊薄的情况。

（七）其他

1. 本次交易构成重大资产重组。

（1）发行股份购买资产。根据舜天船舶经审计的 2015 年度合并报表财务数据、收购的标的资产 2015 年模拟合并财务报表数据及交易作价情况，相关财务指标及占比情况如表 12 – 37 所示。

表 12 –37　　　　　　　　　　　　　　　　　　　　　　　　　　单位：万元

项目	标的资产	交易作价	舜天船舶	财务指标占比
资产总额	3 992 611.32	2 101 302.46	312 646.83	1 277.04%
资产净额	1 365 394.92		– 523 425.94	—
营业收入	1 442 470.95	—	100 486.65	1 435.49%

（2）资产处置。舜天船舶 2015 年度经审计的合并财务会计报表期末资产总额为 312 646.83 万元，根据天衡审计出具的《江苏舜天船舶股份有限公司审计报告》（天衡审字〔2016〕01910 号），本次处置资产截至 2016 年 2 月 5 日经审计的资产总额为

299 472.83万元（上市公司合并报表总资产扣除母公司货币资金），占舜天船舶2015年度经审计的合并财务会计报表期末资产总额的95.79%。

根据《重组管理办法》的规定，本次交易构成重大资产重组，且涉及发行股份购买资产，需提交中国证监会并购重组委员会审核。

2. 本次交易构成关联交易。本次发行股份购买资产交易对方国信集团为上市公司的间接控股股东。根据《深圳证券交易所股票上市规则》，本次交易构成关联交易。本公司召开董事会审议相关议案时，关联董事已回避表决；在召开股东大会审议本次交易相关议案时，关联股东已回避表决。

本次处置资产的接收方资产经营公司为上市公司的控股股东舜天国际下属全资子公司。根据《上市规则》，本次交易构成关联交易。本次资产处置是舜天船舶管理人按照《破产法》规定，经过债权人会议及债权人委员会批准后进行的司法处置行为。

3. 本次交易不构成借壳上市。本次交易前后，上市公司实际控制人均为江苏省国资委，实际控制人未发生变更。本次交易不构成借壳上市。

四、重点问题分析

（一）关于标的资产之江苏信托在非标资金池清理、风险实质化解等方面的执行情况以及可能存在风险的分析

本次发行股份购买资产的标的之一为江苏信托，其也是2016年来首例信托曲线上市的例子。由于近些年信托行业风险项目频发，且2016年3月8日银监会下发《关于进一步加强信托公司风险监管工作的意见》（银监办发〔2016〕58号），对防范化解信托业风险，促进信托业稳健发展提出了新的要求。因此，监管部门要求补充披露标的资产江苏信托在对非标资金池清理、风险实质化解、提升资产管理能力等方面的具体执行情况，并提示可能存在的风险。

1. 江苏信托对非标资金池清理的执行情况。2014年4月，银监会发布99号文，对非标资金池清理规定：信托公司不得开展非标准化理财资金池等具有影子银行特征的业务。对已开展的非标准化理财资金池业务，要查明情况，摸清底数，形成整改方案，于2014年6月30日前报送监管机构。

随后，《关于99号文的执行细则》对非标资金池清理规定：一是必须尽快推进清理工作，不许拖延，更不许新开展此类业务；二是不搞"一刀切"，而要各家信托公司依据自身实际，"因地制宜、因司制宜"，自主自行制定清理整顿方案；三是不搞"齐步走"，而要各家公司遵循规律，循序渐进，不设统一时间表，不设标准路线图，确保清理整顿工作不引发新的风险。

2016年3月，银监会发布58号文，对非标资金池清理规定：要加大非标资金池信托排查清理力度，摸清底数，督促信托公司积极推进存量非标资金池清理，严禁新设非标资金池，按月报送非标资金池信托清理计划执行情况，直至达标为止。

江苏信托资金池于2012年设立，在银监会相关指导意见出台后，江苏信托积极稳

妥地推动资金池业务清理工作。主要体现为：（1）积极开展非标资金池排查工作，组织专项讨论形成整改方案，并于 2014 年 6 月底报送江苏银监局；（2）严格按照 58 号文的相关要求，未新增非标资产投资业务或新设非标资金池产品；（3）认真做好存量非标资产投资的后续管理，切实防范非标资产违约风险，加强存量非标资产投资和资金来源的期限结构调整优化，有效防范非标资金池流动性风险；（4）逐月向银监会报送非标资金池信托清理执行情况。

截至 2016 年 10 月末，江苏信托非标资金池投资余额 58.53 亿元，较 2016 年 3 月末非标资产余额 90.02 亿元减少 31.49 亿元，降幅 34.98%。截至重组前，江苏信托不存在因新设非标资金池或存量非标资金池清理等违规经营行为而受到中国银监会或江苏监管局监管处罚的情形。

2. 江苏信托对风险实质化解的执行情况。对于风险项目的化解，在固有业务方面，江苏信托通过持续向债务人及其债务承继人沟通协调，于 2014 年底，成功收回损失类不良债权 100 万元。截至重组前，江苏信托固有业务不良资产余额为零。在信托业务方面，江苏信托目前存在信托业务涉诉项目 2 例（江苏信托为原告），均为事务管理类信托业务，江苏信托自身并不承担项目投资风险，对江苏信托不构成影响。

面对风险项目，江苏信托一方面积极配合委托人办理诉讼追索等手续程序，认真履行受托人管理义务；另一方面积极响应舆情监测，向投资者进行充分披露，有效化解声誉风险。同时，江苏信托着力健全全面风险管理体系，加强风险识别和防范机制，建立《风险处置预案》、《恢复与处置计划》和资本补充机制，严格执行"双录"（录音录像）规定把控执业风险。截至重组前，江苏信托不存在通过接盘方式化解信托项目兑付风险的情形。

3. 可能存在的风险。江苏信托如果没有能够按照监管部门的规定要求，积极稳妥地推进非标资金池业务清理，可能会存在合规风险；江苏信托如果未能建立健全风险防控体系并得以有效执行，可能会导致项目风险不能得到有效管理或实质化解；江苏信托如果未能有效提升资产管理能力，可能会导致公司在未来的业务转型和同业竞争中处于不利地位。

另外，根据《信托公司净资本管理办法》第四章"风险控制指标"第十五条规定"信托公司净资本不得低于人民币 2 亿元"，第十六条规定"信托公司应当持续符合下列风险控制指标：净资本不得低于各项风险资本之和的 100%；净资本不得低于净资产的 40%"。报告期内，江苏信托的各项风险监管指标均符合《信托公司净资本管理办法》的相关要求，不存在异常情形，具体情况如表 12 – 38 所示：

表 12 –38

项目	2016.5.31	2015.12.31	2014.12.31	监管标准
净资本（亿元）	77.13	73.26	67.61	≥2
净资本/各项业务风险资本之和	121%	128.63%	139.05%	≥100%
净资本/净资产	84.26%	83.71%	85.73%	≥40%

（二）本次交易定价合理公允性的分析

1. 本次交易定价情况。根据标的公司的审计报告，标的公司具有较强的盈利能力。标的公司 2015 年净利润及 2015 年 12 月 31 日净资产如表 12 - 39 所示：

表 12 - 39　　　　　　　　　　　　　　　　　　　　　　　　　　　　单位：万元

标的公司	标的资产对应股权 2015 年净利润	标的资产对应股权 2015 年 12 月 31 日净资产	评估值
江苏信托 81.49% 股权	109 198.05	713 221.94	834 790.00
新海发电 89.81% 股权	23 954.86	113 919.33	302 300.46
国信扬电 90% 股权	46 051.72	118 927.32	292 320.00
扬州二电 45% 股权	29 667.39	98 767.41	175 905.00
射阳港发电 100% 股权	48 367.63	96 391.06	259 500.00
国信靖电 55% 股权	12 536.08	92 264.60	90 695.00
淮阴发电 95% 股权	14 654.12	110 482.81	83 980.00
协联燃气 95% 股权	9 626.58	21 411.10	61 812.00
火电资产对应股权合计	184 858.38	652 163.63	1 266 512.46
标的资产对应股权合计	294 056.43	1 365 385.57	2 101 302.46

本次交易评估基准日为 2015 年 12 月 31 日，标的资产按照评估值作价 2 101 302.46 万元；其中江苏信托 81.49% 股权评估值为 834 790.00 万元，火电资产对应股权评估值为 1 266 512.46 万元。根据上述相关数据，标的资产中江苏信托和火电资产的市盈率、市净率分别如表 12 - 40 所示：

表 12 - 40

估值指标	江苏信托 81.49% 股权	火电板块标的资产对应股权
交易市盈率 PE（2015 年）	7.64	6.85
交易市净率 PB（2015 年 12 月 31 日）	1.17	1.94

2. 可比交易定价分析。

（1）信托资产。在本报告书中，选取 A 股市场最近两年交易案例中包含信托资产的可比交易，对目标资产估值水平与可比信托业务资产交易进行对比分析，从市盈率、市净率角度与可比交易进行对比，作为判断目标资产交易估值合理性的参考，具体列表如表 12 - 41 所示：

表 12 - 41

序号	上市公司	购买资产	发生年度	市盈率 PE	市净率 PB
1	绿地控股	杭州工商信托	2015/9/30	13.21	2.06
2	海航投资	渤海信托	2014/9/30	24.28	1.85
3	中航资本	中航信托	2014/8/31	8.93	1.71
4	浦发银行	上海信托	2015/3/31	14.13	2.38
		平均值		15.14	2.00
		江苏信托		7.64	1.17

根据上述相关数据，本次拟注入江苏信托 2015 年市盈率为 7.64 倍，低于可比交易案例均值 15.14 倍；江苏信托对应的市净率为 1.17 倍，低于可比交易案例均值 2.00 倍。江苏信托估值较低的原因主要是由于公司持有的江苏银行股权价值较大，银行股权对应的 PE 和 PB 较低。因此本次交易江苏信托的评估作价合理、公允。

（2）火电资产。选取 A 股市场最近两年重大资产重组中包含火电类资产的可比交易，对本次拟收购的国信集团旗下火电板块资产估值水平与可比火电业务资产交易进行对比分析，从市盈率、市净率角度与可比交易进行对比，作为判断标的资产交易估值合理性的参考，具体列表如表 12－42 所示：

表 12－42

序号	上市公司	购买资产	评估基准日	市盈率 PE	市净率 PB
1	京能电力	京能煤电	2015.12.31	8.27	1.36
2	皖能电力	铜陵发电、蚌埠发电	2015.06.30	8.42	2.51
3	皖江物流	淮沪煤电等	2015.06.30	6.09	1.19
4	永泰能源	北京三吉利	2014.09.30	8.19	2.15
5	华银电力	湘潭公司等	2014.06.30	6.92	2.18
6	金山股份	铁岭公司	2014.06.30	9.22	2.77
平均值				7.85	2.03
火电资产				6.85	1.94

从表 12－42 中可知，本次交易市盈率 6.85 倍低于上市公司可比交易平均值 7.85 倍，交易市净率 1.94 倍低于可比交易平均值 2.03 倍。考虑到国信集团下属七家位于江苏省的地域和资源优势、行业地位以及未来发展能源服务的战略，本次交易标的资产作价公允、合理。

3. 可比上市公司估值分析

（1）信托资产。按照中国证监会的行业划分，截至评估基准日，与江苏信托相同行业的 A 股主营业务为信托行业上市公司共计 3 家，江苏信托本次交易估值对应的市盈率和市净率与同行业上市公司对比情况如表 12－43 所示：

表 12－43

证券代码	证券简称	市盈率 PE	市净率 PB
000563.SZ	陕国投 A	41.38	3.05
600643.SH	爱建集团	37.95	3.66
600816.SH	安信信托	21.72	6.39
样本平均值		33.67	4.37
江苏信托		7.64	1.17

根据上述相关数据，本次拟注入江苏信托 2015 年市盈率为 7.64 倍，低于行业均值 33.67 倍；江苏信托对应的市净率为 1.17 倍，低于行业均值 4.37 倍。在本次评估中，江苏信托所持江苏银行股权的评估值在江苏信托评估值中占比较高，比例为 56.94%。

因江苏银行采用市场法进行评估，目前二级市场对银行估值相对偏低，导致本次评估的市盈率和市净率低于同行业均值。本次江苏信托的评估作价合理、公允。

（2）火电资产。火电板块交易标的属于火电资产，国内可比上市公司市盈率、市净率指标如表12-44所示：

表 12-44

序号	证券代码	证券简称	市盈率 PE（2015）	市净率 PB（2015.12.31）
1	000027	深圳能源	21.80	1.79
2	000531	穗恒运 A	18.71	2.36
3	000539	粤电力 A	11.85	1.63
4	000543	皖能电力	13.03	1.66
5	000600	建投能源	9.35	1.80
6	000601	韶能股份	42.35	3.02
7	000690	宝新能源	26.43	3.34
8	000767	漳泽电力	32.06	2.25
9	000899	赣能股份	12.99	2.85
10	000966	长源电力	8.62	2.59
11	001896	豫能控股	18.63	2.67
12	600011	华能国际	9.19	1.67
13	600021	上海电力	23.74	3.07
14	600023	浙能电力	13.87	1.83
15	600027	华电国际	8.10	1.58
16	600098	广州发展	26.31	2.33
17	600452	涪陵电力	28.35	7.58
18	600483	福能股份	20.22	3.27
19	600642	申能股份	16.06	1.44
20	600744	华银电力	37.13	3.85
21	600780	通宝能源	22.16	1.78
22	600795	国电电力	17.86	1.54
23	600863	内蒙华电	37.25	2.53
24	600886	国投电力	10.44	2.13
25	601991	大唐发电	24.48	1.52
	均值		20.44	2.48
	火电板块标的资产		6.85	1.94

根据上述相关数据，本次拟注入火电板块标的资产2015年市盈率为6.85倍，低于行业均值20.44倍；拟注入火电板块标的资产对应的市净率为1.94倍，低于行业均值2.48倍。

综上所述，本次交易的定价能公允地反映出标的资产的价值；且从标的资产评估值对应的市盈率和市净率指标综合来看，本次发行股份的价格处于合理的水平，对公司包括中小股东在内的原有全体股东有利，不存在损害上市公司及股东利益的情况。

第十三章　未过会案例汇编

在防风险、去杠杆的大背景下，监管机构对并购重组的审核趋严。

至 2016 年 12 月 30 日，重组委共审核 275 家公司，其中，获得无条件通过的共 131 家公司，获得有条件通过的共 120 家公司，被否的共计 24 家公司；审核通过率为 91.1%（无条件通过率为 47.6%，有条件通过率为 43.6%），未通过率为 8.7%。

一、2016 年度被否决的重组事项包含问题

根据重组委审核结果反馈，未通过审核的公司主要涉及《上市公司重大资产重组管理办法》第四、第十一、第四十三条等相关规定，包括如下问题：

1. 交易不利于提高上市公司资产质量、改善财务状况和增强持续盈利能力；
2. 标的公司核心知识产权涉诉；
3. 标的公司业绩真实性存疑，以及盈利能力具有较大不确定性；
4. 标的公司的独立性问题未作充分披露；
5. 未充分披露本次交易标的公司两次作价差异的合理性；
6. 标的公司经营模式及盈利预测的披露不充分，且盈利预测可实现性及评估参数预测合理性披露不充分；
7. 公司权益存在被控股股东或实际控制人严重损害且尚未解除情形；
8. 关于标的公司的重要数据披露不准确、不完整。

二、2016 年度有条件同意的重组事项包含的问题

根据重组委审核结果反馈，有条件通过公司的审核意见主要集中在如下问题：

1. 公司高管及股东变化对主体治理结构和持续经营能力的影响；
2. 外资股东持股变化可能影响上市公司经营互联网文化业务合规性的应对措施；
3. 本次重组对上市公司股权结构的影响，且重组完成后保持上市公司控制权稳定性的具体措施；
4. 标的公司业务类别、业务模式、收入构成、未来发展前景、竞争优势及可持续盈利能力；
5. 标的资产业绩持续增长的依据，国家相关规定对标的公司经营模式及持续盈利能力的影响、风险及应对措施，以及标的公司未来持续盈利的稳定性；
6. 标的公司年预测营业收入的可实现性、毛利率变动的合理性；

7. 标的公司收益法现金流预测假设与实际经营情况不一致的原因；

8. 标的资产两次估值差异较大的原因及合理性；

9. 完善标的公司应收账款坏账准备计提政策及对标的资产财务状况的影响；

10. 股份代持问题；

11. 同业竞争与公司独立性问题；

12. 相关收购行为是否构成一致行动关系；

13. 切实保护中小投资者的合法权益；

14. 关联交易的性质及金额，以及对收入和利润的影响；

15. 是否存在知识产权侵权问题；

16. 本次交易募投项目的发展前景和盈利能力，募集配套资金的必要性、可行性及募集资金失败的补救措施，以及配套融资发行对象认购资金到位情况；

17. 业绩承诺中是否包含本次配套募集资金投入的收益；

18. 减值测试的具体实施方案；

19. 未取得业务资质的相关风险、应对措施以及对标的资产生产经营的影响；

20. 重组需履行的其他法律审批程序，以及是否符合国家相关法律法规及产业政策。

三、2016 年度被否决的重组案例汇编

本章旨在总结 2016 年度被重组委否决的案例，从中提炼出上市公司并购重组不能逾越的监管红线，以给投资者更多的启示。以下为 2016 年度未过会及否决的理由案例汇编：

表 13 - 1

序号	并购重组委会议次序	公司名称	否决理由
1	2016 年第 9 次会议	浙江升华拜克生物股份有限公司	本次重组导致上市公司实际控制人违反 2015 年 6 月取得上市公司实际控制权时信息披露的内容，不符合《上市公司重大资产重组管理办法》第四条规定
2	2016 年第 19 次会议	海南神农基因科技股份有限公司	申请材料显示标的公司预测 2015 - 2019 年持续亏损，本次交易不利于提高上市公司资产质量、改善财务状况和增强持续盈利能力，不符合《上市公司重大资产重组管理办法》第四十三条规定
3	2016 年第 29 次会议	富春通信股份有限公司	标的公司核心知识产权涉诉，不符合《上市公司重大资产重组管理办法》第十一条第四款的相关规定
4	2016 年第 29 次会议	唐人神集团股份有限公司	根据申请材料所披露的信息，无法判断本次重组标的公司之一比利美英伟业绩的真实性，不符合《上市公司重大资产重组管理办法》第四条的相关规定
5	2016 年第 32 次会议	北京世纪瑞尔技术股份有限公司	申请材料显示，标的公司的独立性问题未作充分披露，不符合《上市公司重大资产重组管理办法》第四十三条第（一）款规定

续表

序号	并购重组委会议次序	公司名称	否决理由
6	2016 年第 35 次会议	三联商社股份有限公司	标的公司盈利能力具有较大不确定性，不符合《上市公司重大资产重组管理办法》第四十三条的相关规定
7	2016 年第 39 次会议	深圳九有股份有限公司	本次交易中盛鑫元通违反公开承诺，不符合《上市公司重大资产重组管理办法》第四条规定
8	2016 年第 41 次会议	北京暴风科技股份有限公司	申请材料显示，标的公司盈利能力具有较大不确定性，不符合《上市公司重大资产重组管理办法》第四十三条的相关规定
9	2016 年第 44 次会议	常州天晟新材料股份有限公司	2015 年 12 月，上市公司实际控制人和董事长吴海宙与本次交易对方签署了关于约定本次重组期限的协议，申请人未披露上述协议，不符合《上市公司重大资产重组管理办法》第四条的规定
10	2016 年第 51 次会议	宁波华翔电子股份有限公司	申请材料未充分披露本次交易标的公司两次作价差异的合理性，不符合《上市公司重大资产重组管理办法》第十一条相关规定
11	2016 年第 52 次会议	电光防爆科技股份有限公司	申请材料显示本次交易标的公司未来持续盈利能力存在重大不确定性，不符合《上市公司重大资产重组管理办法》第十一、第四十三条相关规定
12	2016 年第 53 次会议	沈阳商业城股份有限公司	申请材料显示上市公司权益存在被控股股东或实际控制人严重损害且尚未解除情形，且标的公司的持续盈利能力具有重大不确定性，不符合《上市公司重大资产重组管理办法》第四十三条相关规定
13	2016 年第 54 次会议	上海新文化传媒集团股份有限公司	申请材料关于标的公司经营模式及盈利预测的披露不充分，不符合《上市公司重大资产重组管理办法》第四条的相关规定
14	2016 年第 56 次会议	申科滑动轴承股份有限公司	申请材料显示，本次交易完成后上市公司实际控制人认定依据披露不充分，标的公司本次交易作价与历次股权转让定价差异合理性披露不充分，不符合《上市公司重大资产重组管理办法》第四条的相关规定
15	2016 年第 59 次会议	广东金刚玻璃科技股份有限公司	申请材料显示，标的公司盈利预测可实现性及评估参数预测合理性披露不充分，不符合《上市公司重大资产重组管理办法》第四条相关规定
16	2016 年第 64 次会议	北海国发海洋生物产业股份有限公司	根据申请材料，标的公司持续经营能力和持续盈利能力存在重大不确定性，不符合《上市公司重大资产重组管理办法》第十一条第五款和第四十三条第一款的规定

续表

序号	并购重组委会议次序	公司名称	否决理由
17	2016 年第 67 次会议	奥维通信股份有限公司	申请材料显示，本次交易标的公司未来盈利预测依据不充分，预测收益实现不确定性较大，不符合《上市公司重大资产重组管理办法》第十一条的相关规定
18	2016 年第 68 次会议	海南神农基因科技股份有限公司	申请材料显示，标的公司未来持续盈利能力具有重大不确定性，不利于提高上市公司资产质量、改善财务状况、增强持续盈利能力，不符合《上市公司重大资产重组管理办法》第四十三条规定
19	2016 年第 74 次会议	南通锻压设备股份有限公司	申请材料未充分披露上市公司和标的公司实际控制结构及法人治理结构，标的资产的持续盈利能力存在不确定性，不符合《上市公司重大资产重组管理办法》第十一条第（七）款和第四十三条第（一）款的规定
20	2016 年第 76 次会议	广东明家联合移动科技股份有限公司	申请材料关于标的资产未来持续盈利能力的披露不充分，不符合《上市公司重大资产重组管理办法》第四十三条第（一）款的规定 申请材料披露的关于标的公司的重要数据不准确、不完整，不符合《上市公司重大资产重组管理办法》第四条的相关规定
21	2016 年第 79 次会议	长城国际动漫游戏股份有限公司	申请材料关于标的资产盈利预测的信息披露不充分，不符合《上市公司重大资产重组管理办法》第四条的规定
22	2016 年第 81 次会议	浙江巨龙管业股份有限公司	申请材料关于标的资产未来盈利能力的持续性与稳定性披露不充分，不符合《上市公司重大资产重组管理办法》第四十三条第（一）款的规定
23	2016 年第 83 次会议	方大锦化化工科技股份有限公司	申请材料对交易完成后维持上市公司控制权稳定性的披露不充分，上市公司控制权存在不确定性，不符合《上市公司重大资产重组管理办法》第十一条的相关规定
24	2016 年第 101 次会议	宁波先锋新材料股份有限公司	申请材料显示，标的资产未来盈利能力有较大的不确定性，不符合《上市公司重大资产重组管理办法》第四十三条的相关规定

附录一 中国证监会并购重组共性问题 审核意见关注点

《并购重组共性问题审核意见关注要点》（以下简称《关注要点》），是中国证监会在梳理 2009 年并购重组项目审核反馈意见所关注共性问题的基础上编制的，体现了现行法律法规的具体监管要求，并将通过定期增补、调整、充实、完善，供申请人和有关中介机构参考和借鉴，以便申请人完善申请方案，同时有助于中介机构在尽职调查中重点关注并督导解决共性问题，提高中介机构执业质量。

根据 2015 年 5 月 15 日最新发布的《关注要点》，包含以下十三项关注点。

关注一：交易价格公允性

一、交易价格以法定评估报告为依据的交易项目

（一）上市公司是否提供标的资产的评估报告和评估技术说明（重点关注"特别事项说明部分"）。

（二）评估报告与盈利预测报告、公司管理层讨论与分析之间是否存在重大矛盾，例如对未来销售单价、销售数量、费用种类、费用金额等的测算是否存在重大差异。

（三）评估基准日的选择是否合理，基准日后至审核期间是否发生了重大变化，导致评估结果与资产当前公允价值已存在重大偏差，在此情况下，评估机构是否已视情况重新出具评估报告。

（四）标的资产在拟注入上市公司之前三年内是否进行过评估，两次评估值之间是否存在较大差异，如存在，是否已详细说明评估差异的合理性关联交易问题。

二、评估方法与参数

（一）基本原则

1. 评估方法选择是否得当。

2. 是否采用两种以上评估方法。

3. 评估参数选择是否得当。

4. 不同评估方法下评估参数取值等是否存在重大矛盾。

（二）收益现值法

1. 评估的假设前提是否具有可靠性和合理性。

2. 对未来收益的预测是否有充分、合理的依据，包括但不限于是否对细分行业、细分市场的历史、现状及未来进行严谨分析，所作预测是否符合产品生命周期曲线、是否符合超额收益率等通常规

律（例如，特定公司或产品在较长周期后难以再获取超额收益）；未来收入是否包含非经常性项目；未来收入增长是否与费用增长相匹配等。

3. 折现率的计算是否在无风险安全利率（通常取无风险长期国债利率）的基础上考虑了行业风险（以方差或其他形式求出）及公司个别风险并进行调整。

（三）成本法

1. 重置成本的确定是否有充分、合理的依据，取值是否符合有关部门最新颁布的标准。

2. 成新率的计算是否符合实际，而不是主要依赖使用年限法，是否对建筑物、设备进行必要的实地测量、物理测验；寿命期的测算是否通过对大量实际数据的统计分析得出。

（四）市价法

参照对象与评估标的是否具有较强的可比性，是否针对有关差异进行了全面、适当的调整。例如，是否充分考虑参照对象与评估标的在资产负债结构、流动性、股权比例等方面的差异成新率的计算是否符合实际，而不是主要依赖使用年限法，是否对建筑物、设备进行必要的实地测量、物理测验；寿命期的测算是否通过对大量实际数据的统计分析得出。

三、评估机构

（一）资产评估机构是否具备证券期货从业资格。

（二）以土地使用权为评估对象的，评估机构是否同时执行国土资源部制定的《城镇土地估价规程》，土地估价机构是否具备全国范围内执业资格。

（三）上市公司聘请的资产评估机构与审计机构之间是否存在影响其独立性的因素。

（四）上市公司与评估机构签订聘用合同后，是否更换了评估机构；如更换，是否说明具体原因及评估机构的陈述意见。

（五）上市公司在涉及珠宝类相关资产的交易活动中，是否聘请专门的机构进行评估。从事上市公司珠宝类相关资产评估业务的机构是否具备相关条件。已取得证券期货相关业务资格的资产评估机构执行证券业务时如涉及珠宝类相关资产，是否引用了符合上述要求的珠宝类资产评估机构出具的评估报告中的结论。

四、特别资产类型

（一）企业股权价值

对未来收益指标进行预测时是否考虑多种因素，包括行业发展趋势、行业地位、市场需求、市场竞争、对企业未来收入、利润的影响等，与此同时，对主要产品市场价格敏感性的分析是否充分。

（二）流动资产

坏账准备、减值准备的冲回是否有足够依据。

（三）开发性房地产

土地使用权性质（依据相关权属证明认定是划拨地还是出让地，商业用地、工业用地还是综合用地等）是否与土地实际用途相符合；土地使用是否符合规划（包括容积率、绿化率等）；是否在确定评估参数（包括但不限于开发面积、土地成本、可比售价、预计售价等）时结合了目前房地产行业的政策环境、市场环境和标的公司的实际情况；是否考虑批量折扣、再次转让的税费等因素。对采用市价法进行评估的，是否已关注标的土地的地段、具体位置、规模、形状等与参照对象的可比性。

（四）土地使用权与投资性房地产

是否充分说明评估所需各类参数的选取原因、选取过程，是否提供与标的土地使用权相类似的其他交易案例的评估参考数据；在对投资性房地产采用收益现值法进行评估中，折现率的选取是否充分考虑了持有物业出租与开发房屋出售的区别。

（五）知识产权

关注权属是否清晰、完整，评估假设的依据是否充分；实用新型专利（包括包装、外观等）、商标、专有技术等无形资产，其评估价值是否与实际价值匹配；在测算该等无形资产对收益的贡献率时，是否已较全面剔除广告开支等其他影响因素；是否存在重复计算的问题。

（六）采矿权

重组交易对方是否已取得国土资源部评审备案的储量报告，评估方法是否符合矿业权评估技术基本准则、矿业权评估参数确定指导意见和收益途经评估方法等行业规范，是否对比同类、同地区资源量价格和同类采矿权交易评估案例。

五、交易价格不以法定评估报告为依据的交易项目

关注内容

上市公司吸收合并其他上市公司的交易价格以双方股票市价、独立财务顾问估值、净资产账面值等为定价依据，关注以下内容：

（一）申请人是否提供独立财务顾问对交易定价的意见；

（二）交易价格是否充分考虑合并双方的股票市价、公司估值（资产和盈利能力）、盈利预测以及隐含资产价值（土地、无形资产）等因素是否充分考虑市盈率、市净率的市场平均值等参数；

（三）是否充分揭示交易价格的影响和风险并确保投资者在知悉该风险的情况下，严格履行法定表决程序。

关注二：盈利能力与预测

一、审计报告关注事项

（一）标的资产是否提供最近两年经审计的标的资产财务报告。

（二）审计机构是否具备证券期货从业资格。

（三）非标准审计报告：对于有保留意见的审计报告，关注保留事项所造成的影响是否已消除；对以带强调事项段的无保留意见的审计报告，关注强调事项可能给上市公司带来的影响。

二、利润表关注事项

（一）是否对标的资产最近两年收入的稳定性作出说明。

（二）是否对标的资产最近两年盈利的稳定性作出说明；主营业务税金及所得税项目是否与收入或利润匹配。

（三）标的资产最近两年净利润是否主要依赖非经常性损益；如存在非经常性损益的，是否对扣除非经常性损益后净利润的稳定性作出说明、该非经常性损益项目（如财政补贴）是否具备持续性和可实现性。

（四）标的资产最近两年的毛利率与同行业相比是否存在异常；如存在异常，是否作出合理

解释。

（五）标的资产的产品销售是否严重依赖于重组方或其他关联方；产品销售严重依赖于关联方的，是否对该产品销售价格的合理性作出充分论证和说明。

三、资产负债表关注事项

（一）巨额应收或预付款项是否存在关联方占款情形。

（二）标的资产是否存在固定资产折旧、坏账准备少提、资产减值少计等情形；如存在，是否对标的资产历史经营业绩造成的影响作出说明。

（三）短期借款项目是否存在大额到期借款未偿还情形，是否导致上市公司面临财务风险。

四、盈利预测报告关注事项

（一）假设前提是否合理，是否难以实现。

（二）预测利润是否包括非经常性损益。

（三）对未来收入、成本费用的预测是否有充分、合理的分析和依据。

（四）盈利预测报告中是否存在预测数据与历史经营记录差异较大的情形。

（五）盈利预测数据与历史经营记录差异较大的，相关解释是否合理。

（六）盈利预测报告中的预测盈利数据与评估报告中（收益法评估）的预测盈利数据及管理层讨论与分析中涉及的预测数据是否相符。

（七）盈利预测报告、评估报告及管理层讨论与分析中对未来的各项假设如不相符，相关解释是否合理。

五、其他关注事项

（一）资产负债表与损益表相关项目及现金流量表之间的勾稽关系是否对应。

（二）标的资产涉及的产品交易是否存在公开市场且能够实现正常销售。

（三）标的资产涉及的产品或业务是否受到合同、协议或相关安排约束，如特许经营权、特种行业经营许可等，具有不确定性。

（四）会计政策与会计估计是否与上市公司一致；标的资产是否存在重组前调整会计政策、变更会计估计或者更正前期差错情形；如存在，相关调整、变更或者更正是否符合《企业会计准则》第28号的规定，且是否对标的资产历史经营业绩产生的影响作出说明。

（五）该项资产或业务是否在同一管理层下运营两年以上；该项资产或业务注入上市公司后，上市公司是否能够对其进行有效管理。

（六）标的资产在过去两年内是否曾进行剥离改制；如存在，是否对标的资产的业务剥离、资产与负债剥离以及收入与成本剥离的合理性作出论证和说明。

（七）补偿措施是否合理可行：

1. 是否已根据《上市公司重大资产重组管理办法》的要求签订了切实可行的补偿协议，补偿方式是否符合要求（现金补偿方式或股份补偿方式）；

2. 股份补偿协议是否包含了资产减值测试的相关内容，包括减值测试的具体方式是否可行，以及补偿金额计算是否准确等。

关注三：资产权属及完整性

一、标的资产是否已取得相应权证

（一）标的资产的权证办理情况是否已分类详细披露。

（二）对于采矿权证、探矿权证、特许经营许可证、药品食品注册证、商标权证、专利权证等其他相应权属或资质证书的办理情况，比照土地使用权、房屋建筑物权证的关注要点把握。

（三）对于土地使用权、房屋建筑物未取得相应权证的，关注以下事项：

1. 申请人是否补充披露尚未取得相应权证资产对应的面积、评估价值、分类比例，相应权证办理的进展情况，预计办毕期限，相关费用承担方式，以及对本次交易和上市公司的具体影响等；

2. 在明确办理权证的计划安排和时间表的基础上，关注是否提供了相应层级土地、房屋管理部门出具的办理权证无障碍的证明。如办理权证存在法律障碍或存在不能如期办毕的风险，是否提出相应切实可行的解决措施（例如，由重组交易对方承诺，如到期未办毕，则以现金方式向上市公司补偿相应的评估价值，或者对上市公司进行赔偿，赔偿范围包括但不限于上市公司因该等事项承担任何民事、行政及刑事责任而引起的全部经济损失）；

3. 本次交易标的资产评估及作价是否已充分考虑前述瑕疵情况，如未考虑，是否已提出切实可行的价值保障措施；

4. 律师和独立财务顾问是否对前述问题进行核查并明确发表专业意见，包括但不限于该等情形是否对本次交易作价产生重大影响，是否对交易进展构成障碍、申请人提出的解决措施是否有效可行。

二、标的资产权属是否存在争议或限制

1. 标的资产（包括标的公司股权及标的公司持有的主要资产）权属存在抵押、质押等担保权利限制或相关权利人未放弃优先购买权等情形的，申请人是否逐项披露标的资产消除权利限制状态等或放弃优先购买权等办理进展情况及预计办毕期限，是否列明担保责任到期及解除的日期和具体方式。针对不能按期办妥的风险，是否已充分说明其影响，作出充分的风险提示，提出切实可行的解决措施。标的资产作为担保物对应的债务金额较大的，关注是否已充分分析说明相关债务人的偿债能力，证明其具有较强的偿债能力和良好的债务履行记录，不会因为担保事项导致上市公司重组后的资产权属存在重大不确定性。独立财务顾问和律师是否对此进行充分核查并发表明确的专业意见。

2. 标的资产涉及被行政处罚的，应披露处罚的具体事由、处罚进展或结果，分析其对上市公司的影响。律师和独立财务顾问是否就该等处罚对本次交易的影响发表明确意见。涉及诉讼、仲裁、司法强制执行或其他争议的，比照办理。

三、标的资产的完整情况是否充分披露

（一）上市公司拟购买（或出售）的资产涉及完整经营实体的，关注相关资产是否将整体注入（或置出）上市公司。除有形资产外，相关资产是否包括生产经营所需的商标权、专利权、非专利技术、特许经营权等无形资产。如包括，是否详细披露权属变动的具体安排和风险；如未包括，是否需

要向关联方支付（或收取）无形资产使用费，如何确定金额和支付方式。

（二）涉及完整经营实体中部分资产注入上市公司的，关注重组完成后上市公司能否（如何）实际控制标的资产，相关资产在研发、采购、生产、销售和知识产权等方面能否保持必要的独立性。

（三）标的资产涉及使用他人商标、专利或专有技术的，关注是否已披露相关许可协议的主要内容，是否充分说明本次重组对上述许可协议效力的影响，该等商标、专利及技术对上市公司持续经营影响。关注是否结合许可协议的具体内容以及商标、专利和技术使用的实际情况，就许可的范围、使用的稳定性、协议安排的合理性等进行说明。如果商标权有效期已经或临近届满，关注是否说明期限届满后的权利延展安排以及对标的资产可能产生的不利影响。

（四）独立财务顾问和律师是否已审慎核查上述问题，并发表明确的专业意见。

四、其他问题

（一）土地使用权问题

1. 拟注入上市公司的标的资产是否涉及现行法规或政策限制或禁止交易的划拨用地或农业用地（标的公司为特殊农业公司的除外）。极特殊情况下涉及划拨用地注入上市公司的，关注申请人是否已结合《国务院关于促进节约集约用地的通知》（国发〔2008〕3号）及其他划拨用地政策，明确说明拟采取划拨方式取得国有土地使用权的相关资产注入上市公司是否违反相关规定；如涉嫌违反，是否已采取必要措施进行纠正，并说明由此形成的相关费用的承担方式及对评估值的影响。

2. 拟注入标的资产涉及农用地转用征收的，是否说明征用农地已取得了相关有权部门的批准，相关程序是否完备有效，相关补偿费用是否已经依法支付，是否存在重大争议及未决事项。同时，对于农业用地的后续审批申请，是否充分说明政策风险和其他重大不确定性因素，是否已采取切实可行的措施避免前述风险影响重组后上市公司的正常生产经营。

3. 拟注入标的资产涉及土地授权经营的，是否已提供有权土地管理部门对授权经营土地的授权或批准文件，以及对本次交易相关的土地处置方案的批准文件；如尚未取得有关权利或批准文件，是否充分披露该等情况对本次交易及上市公司的影响。

4. 拟注入标的资产涉及的土地可能涉及规划调整或变更的，关注是否已明确披露存在变更土地用途的规划或可能性，是否已明确由此产生的土地收益或相关费用的归属或承担方式。

（二）标的资产涉及项目审批或特许经营的

1. 拟注入上市公司的标的资产（项目公司本身）涉及立项、环保、用地、规划、施工建设、行业准入、外资管理、反垄断等有关报批事项的，是否已充分披露办理的许可证书或相关主管部门的批复文件。

2. 标的资产业务涉及特许经营的，关注是否充分说明特许经营授权具有的排他性、不可撤销性等特殊属性，是否充分解释特许协议约定的相关计算公式、相关参数的变更方式及其具体影响等。特许经营事项需要相关主管部门确认或批准的，关注是否已提供相应的确认或批准意见。特许经营事项已有经营记录的，关注以往开展经营是否获得了相关主管部门批准的经营许可资质，是否已履行了必要的登记或备案等法律手续，是否按期足额缴纳各种资费等（提供相应证明文件）。独立财务顾问和律师是否核查上述问题并发表明确的专业意见。

（三）标的资产涉及税务事项的

1. 对拟注入上市公司的标的公司及标的资产，关注律师和独立财务顾问是否已充分核查其以往合理期间内的纳税合规情况并发表明确专业意见，是否已提供相关税务部门关于公司纳税合规情况的证明文件。

2. 拟注入上市公司的资产存在盈利严重依赖税收返还、税收优惠情况的，关注是否充分说明相关税收返还或优惠的依据以及税收政策的持续性和影响。

3. 对于拟注入上市公司的土地使用权，关注是否说明已按国家现行标准足额缴纳土地出让税费。

4. 拟注入资产为资源类企业股权的，关注是否充分说明资源税政策对标的资产未来盈利能力及评估作价的影响。

5. 资产交易产生较大税负的，关注是否说明相关税负的具体金额、交易各方如何分担，以及对上市公司未来业绩的影响。

关注四：同业竞争

一、竞争性业务的披露范围

（一）是否已详细披露收购交易中的收购人（包括豁免要约收购申请人）、收购人的实际控制人及该实际控制人的下属企业（或重组交易中的交易对方、交易对方的实际控制人及该实际控制人的下属企业）。

（二）是否已结合上述企业的财务报告及主营业务构成等相关数据，详细披露其与上市公司的经营和业务关系，并就是否存在现实或潜在的同业竞争（包括但不限于双方在可触及的市场区域内生产或销售同类或可替代的商品，或者提供同类或可替代的服务，或者争夺同类的商业机会、客户对象和其他生产经营核心资源）进行说明和确认。

（三）独立财务顾问和律师是否对上述问题进行核查并发表清晰、明确的专业意见。

二、报告书披露不存在现实同业竞争的

（一）经披露或核查确认不存在现实同业竞争的，关注收购人或重组交易对方及其实际控制人是否进一步为避免潜在的同业竞争作出明确承诺，承诺交易完成后收购人、收购人的实际控制人及该实际控制人的下属企业（或重组交易对方、交易对方的实际控制人及该实际控制人的下属企业）与上市公司不存在同业竞争情形，并放弃将来可能与上市公司产生同业竞争及利益冲突的业务或活动。重点关注对不存在现实或潜在同业竞争（利益冲突）关系的解释说明是否充分、确切，普通投资者能否据此判断相关企业与上市公司在业务发展方面的划分定位、判断相关承诺是否限制上市公司的正常商业机会。

（二）独立财务顾问和律师是否对上述问题进行核查并发表清晰、明确的专业意见。

三、报告书披露存在同业竞争的

（一）经披露或核查确认存在现实的同业竞争的，关注相关各方是否就解决现实的同业竞争及避免潜在同业竞争问题作出明确承诺和安排，包括但不限于解决同业竞争的具体措施、时限、进度与保障，是否对此进行了及时披露。重点关注解决同业竞争的时间进度安排是否妥当、采取特定措施的理由是否充分，具体措施是否详尽、具有操作性。

（二）相关各方为消除现实或潜在同业竞争采取的措施是否切实可行，通常关注具体措施是否包括（但不限于）限期将竞争性资产/股权注入上市公司、限期将竞争性业务转让给非关联第三方、在

彻底解决同业竞争之前将竞争性业务托管给上市公司等；对于该等承诺和措施，重点关注其后续执行是否仍存在重大不确定性，可能导致损害上市公司和公众股东的利益；重点关注上市公司和公众股东在后续执行过程中是否具有主动权、优先权和主导性的决策权。涉及竞争性业务委托经营或托管的，关注委托或托管的相关安排对上市公司财务状况的影响是否已充分分析和披露，有关对价安排对上市公司是否公允，如可能存在负面影响，申请人是否就消除负面影响作出了切实有效的安排。

（三）独立财务顾问和律师是否本着勤勉尽职的原则进行核查，并对承诺安排是否切实可行发表明确专业意见。

关注五：关联交易

一、重大资产重组行为是否构成关联交易

（一）上市公司首次董事会会议是否就本次重组是否构成关联交易作出明确判断，并作为董事会决议事项予以披露；存在关联关系的董事、股东是否依照法律法规和章程规定，在相关董事会、股东大会会议上回避表决。

（二）重组交易对方是否已经与上市公司控股股东就受让上市公司股权或者向上市公司推荐董事达成协议或者默契，可能导致上市公司的实际控制权发生变化；该等股东是否回避表决。

（三）独立财务顾问和律师事务所是否已审慎核查本次重组是否构成关联交易，并依据核查确认的相关事实发表明确意见。

（四）中介机构经核查确认本次重组涉及关联交易的，独立财务顾问是否就本次重组对上市公司非关联股东的影响发表明确意见。

（五）上市公司董事会或中介机构确认本次重组涉及关联交易的，独立董事是否另行聘请独立财务顾问就本次重组对上市公司非关联股东的影响发表意见。

二、重大资产重组对关联交易状况的影响

（一）原则关注要点

重组报告书是否充分披露本次重组前后的关联交易变化情况；重组是否有利于上市公司增强经营独立性，减少和规范关联交易；重组方案是否严格限制因重组而新增可能损害上市公司独立性的持续性关联交易；对于重组完成后无法避免或可能新增的关联交易，是否采取切实有效措施加以规范，相关各方是否作出了明确具体的承诺或签订了完备的协议，以提高关联交易的决策透明度和信息披露质量，促进定价公允性。

（二）具体关注要点

1. 是否充分披露关联方和关联人员。是否以列表等有效方式，充分披露交易对方及其实际控制人按产业类别划分的下属企业名录，并注明各企业在本次重组后与上市公司的关联关系性质或其他特殊联系；是否充分披露交易对方的实际控制人及其关联方向上市公司（或其控股或控制的公司）推荐或委派董事、高级管理人员及核心技术人员的情况。

2. 是否充分披露关联交易在重组前后的变化及其原因和影响。是否以分类列表等有效方式，区分销售商品、提供劳务、采购商品、接受劳务、提供担保、接受担保、许可或接受许可使用无形资产等交易类型，充分披露本次交易前后的关联交易及变化情况，披露内容包括但不限于具体的关联方、

关联方与上市公司的关系性质（例如母子公司、同一方控制等）、交易事项内容、交易金额、主要定价方式、占上市公司同类/同期营业收入（或营业成本、利润等核心量化指标）的比重等，同时，是否说明各类交易是属于经常性关联交易或偶发性关联交易；是否充分披露上市公司重组完成后（备考）关联销售收入占营业收入、关联采购额占采购总额、关联交易利润占利润总额等比例，相关比例较高的（例如接近或超过30%），是否充分说明对上市公司经营独立性和业绩稳定性的影响；如重组前后相关数据指标存在较大变动或波动，是否充分说明其真实性和具体原因，并提出必要的应对解决措施。

3. 是否充分披露关联交易定价依据，以及是否详细分析交易定价公允性。是否对照市场交易价格或独立第三方价格进行充分分析说明，对于关联交易定价与市场交易价格或独立第三方价格存在较大差异，或者不具有可比的市场价格或独立第三方价格的，是否充分说明其原因，是否存在导致单方获利性交易或者导致显失公允的情形。

4. 对于交易对方或其实际控制人与交易标的之间存在特定债权债务关系的，结合关联方应收款项余额占比及其可收回性的分析情况，重点关注是否可能导致重组完成后出现上市公司违规对外担保、资金资源被违规占用，是否涉及对关联财务公司的规范整改，对此类问题能否在确定最终重组方案前予以彻底规范和解决。

5. 特殊情况下涉及重组方将其产业链的中间业务注入上市公司，重组后的持续关联交易难以避免的，是否已考虑采取有效措施（督促上市公司）建立对持续性关联交易的长效独立审议机制、细化信息披露内容和格式，并适当提高披露频率。

6. 是否存在控股股东、实际控制人及其关联方通过本次重组占用上市公司资金、资源或增加上市公司风险的其他情形，相关影响和解决措施是否已充分披露。

7. 独立财务顾问是否充分核查关联交易的具体构成及其（积极和消极）变化和影响，是否已充分分析说明关联交易的发生原因、必要性和定价公允性，是否已审慎核实减少和规范关联交易的承诺和措施，是否明确发表专业意见。

三、注意

收购和豁免要约收购义务的行政许可事项，按照相关信息披露准则的要求，比照重大资产重组的上述审核要点予以关注。

关注六：持续经营能力

一、重组完成后上市公司是否做到人员、资产、财务方面独立。财务方面独立包括但不限于独立开设银行账户、独立纳税，以及独立做出财务决策。

二、重组完成后上市公司负债比率是否过大（如超过70%），导致上市公司财务风险很高。

三、重组完成后上市公司是否将承担重大担保或其他连带责任，导致上市公司财务风险明显偏高。

四、重组完成后控股股东或关联方是否占用上市公司资金，或上市公司是否为控股股东或关联方提供担保。

五、重组完成后上市公司与控股股东及其实际控制人之间是否存在同业竞争问题，如存在，是否已就同业竞争问题作出合理安排。

六、交易完成后上市公司收入是否严重依赖于关联交易，关联交易收入及相应利润在上市公司收入和利润中所占比重是否合理。

关注七：债权债务处置

一、独立财务顾问和律师是否已对上市公司重组中债权、债务的处理的全过程和结果的合法性明确发表专业意见，包括但不限于是否已及时通知债权人、是否有效地提前偿还债务、是否提供了充分的担保、银行等特殊债权人出具的同意函是否取得相应层级或上级主管部门的有效批准或授权。

二、申请材料是否已经详细披露本次交易拟转移的债务总金额及债权人的总数目，在此基础上，是否披露已经同意本次重组的债权人对应的债务金额占债务总金额的比例。

三、如确实存在无法联系到债权人或债权人对本次重组债权处理方式不发表意见的，是否明确披露其对应的债权债务数量。

四、如果存在明确表示不同意本次重组的债权人，则其对应的债务是否在合理期限内（例如，提交并购重组委审核之前）已经偿还完毕，独立财务顾问和律师是否就此事项对本次重组的影响明确发表专业意见。

五、上市公司、重组交易对方、原有控股股东或实际控制人等，是否对没有取得债权人明确意见的占比较小的债务处理提出明确的、切实可行的方案，独立财务顾问和律师是否就方案的合法性和可行性明确发表意见，律师是否就以上方案是否存在潜在的法律纠纷发表明确意见，如存在，相关方是否提供了担保等保障措施，确保上市公司、股东和相关债权人的利益不受损害。

六、部分债权人因前期无法联系或发表意见不及时，但在后续审核过程中又明确发表同意或不同意意见的，是否已经按以上的原则进行处理，上市公司和相关中介机构是否及时充分披露了债权债务处置的最新进展和影响。

关注八：股权转让和权益变动

一、注入（置出）存续上市公司的标的公司股权

（一）标的公司在重组前增减资或发生股权转让的，是否详细说明历次增减资及股权转让的原因和必要性，增减资或转让股权的作价依据及其合理性，每次增减资或转让涉及的价款来源是否合法、支付是否到位；是否详细披露股权变动相关各方的关联关系；标的公司存在出资不实或变更出资方式的，关注相关股东是否已补足未到位资金或资产，消除了出资不到位的法律风险，对出资不实或未及时到位对上市公司的影响是否已充分披露。

（二）结合相关内部决策文件和股权转让协议，说明股权转让是否履行必要的审议和批准程序，是否符合相关法律法规及公司章程的规定，是否存在违反限制或禁止性规定而转让的情形；属于有限责任公司的，还需关注相关股权转让是否已取得其他股东的同意或符合公司章程的规定，是否取得其他股东放弃优先购买权的承诺。相关政府部门对产权的确认是否具备足够的法律效力；是否引致诉讼、仲裁或其他形式的纠纷。

（三）历次增减资及股权转让是否存在"利益输送"问题。向上市公司转让标的公司股权时，是否存在做高估价的情形；上市公司转让标的公司股权时，是否存在做低估价的情形。

（四）上市公司在交易完成后将成为持股型公司的，关注上市公司在交易完成后直接和间接持有的企业股权是否为控股权。

二、上市公司股份转让、权益变动

上市公司重组或收购涉及的上市公司股份转让、权益安排（包括股份转让、实质权益托管或让渡等）安排是否已充分披露；是否取得相关部门批准；是否违反特定主体的股份锁定规则或承诺；是否可能导致不正当的利益输送；是否可能导致控制权不稳定或因控制权恶性争夺致使公司陷入僵局；是否可能产生规避信息披露和要约义务等法定义务的效果；是否存在侵害上市公司和公众股东利益的其他情形；对于上述权益变动的风险，是否已充分披露并采取必要的应对措施。

三、其他关注事项

（一）增资及股权转让过程中是否存在非法募资行为。

（二）股权或股份代持情况是否充分披露，相关报告期内的代持情况是否发生过变化，相关变动是否可能引发法律争议。

（三）相关报告期内是否存在股东超过法定人数限制的情形。

（四）标的公司股东及实际控制人是否涉及由工会或职工持股会持有主要权益的问题，相关问题是否已有效整改。

（五）标的公司股权在相关报告期内涉及债转股的，相关债权债务是否真实有效，相关转股程序是否完备、合法、有效。

（六）独立财务顾问和律师是否在充分核查相关交易事实的基础上发表明确专业意见。

关注九：过渡期间损益安排

一、上市公司拟发行股份购买资产，对于以收益现值法、假设开发法等基于未来收益预期的估值方法作为主要评估方法的，关注拟购买资产的在过渡期间（从评估基准日至资产交割日）等相关期间的损益承担安排是否可能损害上市公司和公众股东利益，期间盈利是否归上市公司所有。如期间盈利按约定非由上市公司享有，则关注是否影响标的资产估值作价的合理性，关注交易双方是否做出了其他对等性安排（例如，双方约定资产出售方不享受上市公司在过渡期间的收益，并采取具体措施确保资产出售方不能享有上市公司该项收益）。

二、上市公司拟发行股份购买资产，标的资产作价自始确定不变的，关注标的资产在过渡期间如发生亏损，资产出售方是否向上市公司以现金等合理方式补足亏损部分。

关注十：收购资金来源

一、收购资金来源于融资安排的关注点

（一）收购人是否提供借贷协议，是否充分披露借贷协议的主要内容，包括借贷方、借贷数额、利息、借贷期限、担保及其他重要条款、偿付本息的计划及还款资金来源。除借贷协议外，是否就上市公司股份的取得、处分、质押及表决权的行使等与借款人或其他第三方存在特殊安排，是否披露该安排的具体内容。

（二）结合收购人过往的财务资料及业务、资产、收入、现金流的最新情况，关注收购人是否具备偿还能力以及偿还借款的资金来源，收购人是否具备收购实力，相关借贷协议是否真实、合法。

二、管理层收购中的收购资金来源关注点

（一）关注上市公司的分红政策与高管人员的薪酬待遇；上市公司及其关联方在过去两年内是否与管理层及其近亲属以及其所任职的企业存在资金、业务往来，是否存在资金占用、担保行为及其他上市公司向管理层利益输送行为。

（二）如收购资金部分来源于员工安置费、补偿费或者身份置换费，是否已取得员工的同意，是否符合相关规定并已取得有关部门的批准；如收购资金部分来源于奖励基金，奖励基金的提取是否履行了必要的批准程序以及奖励基金的发放情况。

三、自然人或者自然人控制的壳公司进行收购的收购资金来源关注点

上市公司及其关联方在过去两年内是否与收购人及其近亲属以及其关联方存在资金、业务往来，是否存在资金占用、担保行为及其他上市公司向收购人利益输送行为；收购人是否具备收购实力；收购人的真实身份是否充分披露，是否具备持续的诚信记录，是否存在代他人收购的情形。

关注十一：挽救上市公司财务困难的重组方案可行性

收购人拟以重组面临严重财务困难的上市公司为理由申请豁免要约收购义务时，关注重组方案是否切实可行，包括以下内容：

一、重组方案的授权和批准

（一）收购人及上市公司董事会提出完整的重组方案，是否已通过相关决议。

（二）重组方案是否取得上市公司股东大会的批准。

（三）上市公司是否同时向证监会提交重大资产重组申请材料；并且在收购协议中注明生效的前提条件包括"重大资产重组方案经证监会核准"。

（四）重组方案如涉及其他相关部门批准的，是否已取得批准。

（五）是否存在影响方案实施的重大不确定性因素。

二、重组方案对上市公司的影响

（一）重组完成后，上市公司是否具备持续经营能力及盈利能力。

（二）置入上市公司的资产权属是否清晰，重组完成后上市公司是否具有独立性，是否具有完整的经营性资产、独立的产供销体系，法人治理结构是否完整。

（三）重组方案是否有利于保护公司和中小股东的合法权益，是否在消除公司债务等风险的同时，还兼顾各方利益（如职工的妥善安置）。

（四）上市公司存在的大股东欠款等历史遗留问题是否已予以解决。

关注十二：矿业权的信息披露与评估

一、矿业权信息披露的关注点

标的资产涉及矿业权的，关注重组报告书是否充分披露标的资产的有关情况，包括：

（一）矿业权证（勘察许可证或采矿许可证）情况，取得时间、有效期、开采矿种、开采方式、矿区面积、开采深度、生产规模等，如矿业权是出让取得，披露矿业权出让的合同号、批准文件和文号、矿业权价款已缴及欠缴情况；如矿业权是转让取得，披露矿业权交易价格及依据；矿业权人出资勘察形成的矿业权，披露目前勘察及其投入情况。

（二）生产许可证书取得的情况，最近三年是否存在超能力生产和重大安全事故，如果实际生产能力与矿业权证书登记的生产能力有差异，提供证明实际生产能力经过合法审批的文件。

（三）生产是否符合环保法规、政策要求，最近三年是否曾经受到环保部门处罚，环境恢复治理方案审批及落实情况等。

（四）其他相关许可资质证书齐备情况，如黄金开采许可证、煤炭生产许可证、尾矿经营许可证等。

（五）资源储量情况，国土资源部门出具的矿产资源储量审及备案证明的时间和文号。

（六）矿业权评估的基本情况，包括评估对象和范围、评估机构、评估委托人、评估目的、评估基准日、评估方法及评估价值等。评估选取的主要技术经济指标参数，包括可采储量、生产规模、矿山服务年限及评估计算服务年限、产品方案、评估采用的销售价格及基准日的市场价格、固定资产投资、单位总成本费用、折现率等。

（七）矿业权评估增减值的原因及合理分析。

（八）对应处置矿业权价款而未进行处置的，披露价款未来支付相关框架协议或意向，在对价中是否充分考虑该因素。

（九）在重组报告书中提示投资者关注评估报告全文，例如，注明"××内容摘自××公司采（探）矿权评估报告书，欲了解采（探）矿权评估报告书的详细情况，请阅读该采（探）矿权评估报告书全文。"

二、矿业权资产评估的关注点

标的资产涉及矿业权的，对资产评估关注以下事项：

（一）矿业权的有效期。

（二）有偿取得探矿权、采矿权时价款缴纳的情况。价款实际缴纳情况与矿业权出让协议约定是否相符。如果是上市公司购买拥有矿业权的公司的股权，是否已将应分期支付的款项足额记为负债。

（三）最近三年进行过储量评审的，提供由具有相应地质勘查资质的单位编制的地质勘查报告或《矿产资源储量核实报告》、《矿产资源储量评审意见书》、《矿产资源储量评审备案证明》。对于本次交易和最近 次历史储量核实报告存在差异的，披露差异的合理性。

（四）对于煤矿开采企业，关注安全生产问题。在煤炭生产许可证上登记的生产能力，是否超过由煤矿安全生产管理部门核定的生产能力。对于国家进行产品总量宏观调控的矿种，评估中生产规模的确定不超过按管理部门下达的生产指标。

（五）评估参数的合理性。

（六）对于资源储量大、服务年限长、一次性缴纳采矿价款确有困难的矿山企业的评估，评估范围是否与有偿出让的范围一致；可开采年限是否合理。

（七）采用现金流量法等方法评估时是否充分考虑审批时间的影响。

关注十三：审计机构与评估机构独立性

在上市公司重大资产重组中，关注为上市公司重大资产重组活动提供服务的审计机构、人员与评估机构、人员是否能够保持独立性，包括：

一、公司聘请的对标的资产进行审计的审计机构与对资产进行评估的评估机构是否存在主要股东相同、主要经营管理人员双重任职、受同一实际控制人控制等情形。

二、是否由同时具备注册会计师及注册资产评估师的人员对同一标的资产既执行审计业务又执行评估业务。

附录二　上市公司监管法律法规
常见问题与解答修订汇编

（2015 年 9 月 18 日中国证监会发布）

一、上市公司计算相关交易是否达到重大资产重组标准时，其净资产额是否包括少数股东权益？

答：上市公司根据《上市公司重大资产重组管理办法》第十二条、第十四条等条款，计算购买、出售的资产净额占上市公司最近一个会计年度经审计的合并财务会计报告期末净资产额的比例时，应当参照《公开发行证券的公司信息披露编报规则第 9 号——净资产收益率和每股收益的计算及披露》的相关规定，前述净资产额不应包括少数股东权益。

二、上市公司发行股份购买资产同时募集配套资金的，有哪些注意事项？

1. 《上市公司重大资产重组管理办法》第四十四条规定："上市公司发行股份购买资产的，可以同时募集部分配套资金"。募集配套资金的用途有何要求？

答：募集配套资金的用途应当符合《上市公司证券发行管理办法》、《创业板上市公司证券发行管理暂行办法》的相关规定。考虑到并购重组的特殊性，募集配套资金还可用于：支付本次并购交易中的现金对价；支付本次并购交易税费、人员安置费用等并购整合费用；标的资产在建项目建设等。

募集配套资金用于补充公司流动资金的比例不应超过交易作价的 25%；或者不超过募集配套资金总额的 50%，构成借壳上市的，不超过 30%。

2. 募集配套资金的定价方法、锁定期、聘请中介机构的具体要求有哪些？

答：发行股份购买资产部分应当按照《上市公司重大资产重组管理办法》、《上市公司并购重组财务顾问业务管理办法》等相关规定执行，募集配套资金部分应当按照《上市公司证券发行管理办法》、《创业板上市公司证券发行管理暂行办法》、《证券发行上市保荐业务管理办法》等相关规定执行。募集配套资金部分与购买资产部分应当分别定价，视为两次发行。具有保荐人资格的独立财务顾问可以兼任保荐机构。

3. 上市公司按照《公开发行证券的公司信息披露内容与格式准则第 26 号——上市公司重大资产重组（2014 年修订）》的规定披露募集配套资金方案时，还应注意什么？

答：上市公司在披露募集配套资金的必要性时，应结合以下方面进行说明：上市公司前次募集资金金额、使用进度、效益及剩余资金安排；上市公司、标的资产报告期末货币资金金额及用途；上市公司资产负债率等财务状况与同行业的比较；本次募集配套资金金额是否与上市公司及标的资产现有生产经营规模、财务状况相匹配等。

上市公司还应披露募集配套资金选取询价或锁价方式的原因。如采用锁价方式，锁价发行的可行性，锁价发行对象与上市公司、标的资产之间的关系，锁价发行对象认购本次募集配套资金的资金来源，放弃认购的违约责任，以及发行失败对上市公司可能造成的影响。

三、上市公司实施并购重组中，向特定对象发行股份购买资产的发行对象数量是不超过 10 名还是不超过 200 名？

答：上市公司实施并购重组中向特定对象发行股份购买资产的发行对象数量原则上不超过 200 名。

四、《上市公司重大资产重组管理办法》第四十五条"本次发行股份购买资产的董事会决议应当说明市场参考价的选择依据"应当如何理解？

答：《上市公司重大资产重组管理办法》规定了发行股份购买资产的市场参考价可以是董事会决议公告日前 20 个交易日、60 个交易日或者 120 个交易日的公司股票交易均价之一。上市公司应当充分说明市场参考价的选择原因。

五、上市公司重大资产重组涉及其他主管部门批复的有什么要求？

答：《上市公司重大资产重组管理办法》第十一条规定，"上市公司实施重大资产重组，应当就本次交易符合下列要求作出充分说明，并予以披露：（一）符合国家产业政策和有关环境保护、土地管理、反垄断等法律和行政法规的规定"。对于涉及其他主管部门批复的，中介机构应当就本次交易涉及哪些部门批复、是否为前置审批、批复进度、不确定性风险，以及无法获取相关批复对本次交易的影响等事项发表明确意见并予以披露。

六、上市公司公告重大资产重组预案后，如对重组方案进行调整，有什么要求？

答：（一）股东大会作出重大资产重组的决议后，根据《上市公司重大资产重组管理办法》第二十八条规定，对于如何认定是否构成对重组方案的重大调整问题，明确审核要求如下：

1. 关于交易对象

（1）拟增加交易对象的，应当视为构成对重组方案重大调整。

（2）拟减少交易对象的，如交易各方同意将该交易对象及其持有的标的资产份额剔除出重组方案，且剔除相关标的资产后按照下述第 2 条的规定不构成重组方案重大调整的，可以视为不构成重组方案重大调整。

（3）拟调整交易对象所持标的资产份额的，如交易各方同意交易对象之间转让标的资产份额，且转让份额不超过交易作价 20% 的，可以视为不构成重组方案重大调整。

2. 关于交易标的

拟对标的资产进行变更，如同时满足以下条件，可以视为不构成重组方案重大调整。

（1）拟增加或减少的交易标的的交易作价、资产总额、资产净额及营业收入占原标的资产相应指标总量的比例均不超过 20%；

（2）变更标的资产对交易标的的生产经营不构成实质性影响，包括不影响标的资产及业务完整性等。

3. 关于配套募集资金

（1）调减或取消配套募集资金不构成重组方案的重大调整。重组委会议可以审议通过申请人的重组方案，但要求申请人调减或取消配套募集资金。

（2）新增配套募集资金，应当视为构成对重组方案重大调整。

（二）上市公司公告预案后，对重组方案进行调整达到上述调整范围的，需重新履行相关程序。

七、中介机构被立案调查是否影响上市公司并购重组行政许可的受理？

答：上市公司并购重组行政许可中，涉及的中介机构主要有：独立财务顾问、律师事务所、审计机构、评估机构。

根据《上市公司并购重组财务顾问业务管理办法》以及《证券发行上市保荐业务管理办法》的规定，独立财务顾问（暨保荐机构）因从事并购重组、保荐业务被立案调查后，我会对其出具的文件暂不受理，待立案调查影响消除后，视情况受理。

根据《律师事务所从事证券法律业务管理办法》的规定，律师事务所被立案调查后，我会对其出具的文件暂不受理，待立案调查影响消除后，视情况受理。

审计机构、评估机构被立案调查的，我会在受理其出具的财务报告、评估报告等文件后，在审核中将重点关注其诚信信息及执业状况。

八、《上市公司重大资产重组管理办法》第三十五条"交易对方应当与上市公司就相关资产实际盈利数不足利润预测数的情况签订明确可行的补偿协议"应当如何理解？

答：交易对方为上市公司控股股东、实际控制人或者其控制的关联人，应当以其获得的股份和现金进行业绩补偿。如构成借壳上市的，应当以拟购买资产的价格进行业绩补偿的计算，且股份补偿不低于本次交易发行股份数量的90%。业绩补偿应先以股份补偿，不足部分以现金补偿。

在交易对方以股份方式进行业绩补偿的情况下，通常按照下列原则确定应当补偿股份的数量及期限：

（一）补偿股份数量的计算

1. 基本公式

（1）以收益现值法、假设开发法等基于未来收益预期的估值方法对拟购买资产进行评估或估值的，每年补偿的股份数量为：

当期补偿金额 =（截至当期期末累积承诺净利润数 − 截至当期期末累积实现净利润数）÷ 补偿期限内各年的预测净利润数总和 × 拟购买资产交易作价 − 累积已补偿金额

当期应当补偿股份数量 = 当期补偿金额 ÷ 本次股份的发行价格

当期股份不足补偿的部分，应现金补偿。

采用现金流量法对拟购买资产进行评估或估值的，交易对方计算出现金流量对应的税后净利润数，并据此计算补偿股份数量。

此外，在补偿期限届满时，上市公司应当对拟购买资产进行减值测试，如：期末减值额 ÷ 拟购买资产交易作价 > 补偿期限内已补偿股份总数 ÷ 认购股份总数，则交易对方需另行补偿股份，补偿的股份数量为：

期末减值额 ÷ 每股发行价格 − 补偿期限内已补偿股份总数

（2）以市场法对拟购买资产进行评估或估值的，每年补偿的股份数量为：期末减值额 ÷ 每股发行价格 − 补偿期限内已补偿股份总数

当期股份不足补偿的部分，应现金补偿。

2. 其他事项

按照前述第（1）、（2）项的公式计算补偿股份数量时，遵照下列原则：

前述净利润数均应当以拟购买资产扣除非经常性损益后的利润数确定。

前述减值额为拟购买资产交易作价减去期末拟购买资产的评估值并扣除补偿期限内拟购买资产股东增资、减资、接受赠与以及利润分配的影响。会计师应当对减值测试出具专项审核意见，同时说明与本次评估选取重要参数的差异及合理性，上市公司董事会、独立董事及独立财务顾问应当对此发表意见。

在逐年补偿的情况下，在各年计算的补偿股份数量小于 0 时，按 0 取值，即已经补偿的股份不冲回。

拟购买资产为非股权资产的，补偿股份数量比照前述原则处理。

拟购买资产为房地产公司或房地产类资产的，上市公司董事会可以在补偿期限届满时，一次确定补偿股份数量，无须逐年计算。

3. 上市公司董事会及独立董事应当关注拟购买资产折现率、预测期收益分布等其他评估参数取值的合理性，防止交易对方利用降低折现率、调整预测期收益分布等方式减轻股份补偿义务，并对此发表意见。独立财务顾问应当进行核查并发表意见。

（二）补偿期限

业绩补偿期限一般为重组实施完毕后的三年，对于拟购买资产作价较账面值溢价过高的，视情况延长业绩补偿期限。

九、《上市公司重大资产重组管理办法》第 35 条规定"上市公司应当在重大资产重组实施完毕后的有关年度报告中单独披露上市公司及相关资产的实际盈利数与利润预测数的差异情况"，前述"实施完毕"是指上市公司取得相关批文还是办理资产过户？

答："实施完毕"是指资产过户实施完毕。

十、上市公司实施重大资产重组中，对过渡期间损益安排有什么特殊要求？

答：对于以收益现值法、假设开发法等基于未来收益预期的估值方法作为主要评估方法的，拟购买资产在过渡期间（自评估基准日至资产交割日）等相关期间的收益应当归上市公司所有，亏损应当由交易对方补足。

十一、上市公司实施重大资产重组中，对审计机构和评估机构独立性有什么特殊要求？

答：在上市公司重大资产重组中，为上市公司重大资产重组活动提供服务的审计机构及其人员与评估机构及其人员应当在以下方面保持独立性：

1. 不存在主要股东相同、主要经营管理人员双重任职、受同一实际控制人控制等情形。

2. 不存在由同一人员对同一标的资产既执行审计业务又执行评估业务的情形。

十二、在上市公司并购重组审核中，拟购买资产为游戏公司的，在重组报告书中应当披露哪些内容？对独立财务顾问有什么特殊要求？

答：申请人应当结合游戏公司特点及运营模式，在重组报告书中分析并披露以下业务数据：主要游戏的总玩家数量、付费玩家数量、活跃用户数、付费玩家报告期内每月人均消费值、充值消费比、玩家的年龄和地域分布、开发人员等。同时，披露将未开发项目纳入收益法评估范围的说明，以及作为高风险、高波动公司的折现率和风险系数取值合理性的说明。

独立财务顾问应当围绕游戏公司业绩真实性进行专项核查，专项核查报告应当在申请人向监管机构报送申请文件时一并提交，同时提供关于拟购买资产销售真实性的核查方法、核查经过、核查范围等事项的说明。

十三、上市公司并购重组行政许可审核中，对私募投资基金备案及资产管理计划设立有何要求？

答：（一）私募投资基金备案要求

1. 资产重组行政许可申请中，独立财务顾问和律师事务所应当对本次重组是否涉及私募投资基金以及备案情况进行核查并发表明确意见。涉及私募投资基金的，应当在重组方案实施前完成备案程序。

如向我会提交申请材料时尚未完成私募投资基金备案，申请人应当在重组报告书中充分提示风险，并对备案事项作出专项说明，承诺在完成私募投资基金备案前，不能实施本次重组方案。

在我会审核期间及完成批准程序后，完成私募投资基金备案的，申请人应当及时公告并向我会出具说明。独立财务顾问和律师事务所应当对备案完成情况进行核查并发表明确意见。之后，方可实施重组方案。

2. 要约豁免义务申请中，申请人为私募投资基金的，应当在我会受理前完成备案程序。财务顾问（如有）、律师事务所应当在《财务顾问报告》、《法律意见书》中对本次申请涉及的私募投资基金以及备案完成情况进行核查并发表明确意见。

（二）资产管理计划监管要求

资产管理计划参与配套募集资金且尚未成立的，在重组方案提交上市公司股东大会审议时，应当已有明确的认购对象以及确定的认购份额。

十四、重大资产重组方案被重组委否决后，上市公司应当采取哪些处理措施？

答：《上市公司重大资产重组管理办法》第三十一条规定："上市公司收到中国证监会就其重大资产重组申请作出的予以核准或者不予核准的决定后，应当在次一工作日予以公告"，结合实践，上市公司重大资产重组方案被重组委否决后应当采取以下处理措施：

1. 上市公司董事会可以在重组委审议结果公告后，就是否修改或终止本次重组方案做出决议并予以公告；

2. 上市公司应当在收到中国证监会不予核准的决定后次一工作日予以公告；

3. 上市公司董事会应当根据股东大会的授权，在收到中国证监会不予核准的决定后 10 日内，就是否修改或终止本次重组方案做出决议并予以公告，同时撤回相关的豁免申请的材料（如涉及）；

4. 如上市公司董事会根据股东大会的授权决定终止方案，应当在以上董事会的公告中明确向投资者说明；

5. 如上市公司董事会根据股东大会的授权准备落实重组委的意见并重新上报，应当在以上董事会公告中明确说明重新上报的原因、计划等。

十五、投资者在股份减持行为中是否适用一致行动人的定义，是否需合并计算相关股份？

答：按《证券法》第八十六条规定，投资者持有或者通过协议、其他安排与他人共同持有上市公司的股份达到 5% 或达到 5% 后，无论持股比例增加或者减少 5% 时，均应当履行报告和公告义务。《上市公司收购管理办法》第十二、第十三、第十四条以及第八十三条进一步规定，投资者及其一致行动人持有的股份应当合并计算，其增持、减持行为都应当按照规定履行相关信息披露及报告义务。

《上市公司收购管理办法》所称一致行动情形，包括《上市公司收购管理办法》第八十三条第二款所列举的十二条情形，如无相反证据，即互为一致行动人，该种一致行动关系不以相关持股主体是否增持或减持上市公司股份为前提。

十六、如何计算一致行动人拥有的权益？

答：《上市公司收购管理办法》第十二条规定"投资者在一个上市公司中拥有的权益，包括登记在其名下的股份和虽未登记在其名下但该投资者可以实际支配表决权的股份。投资者及其一致行动人在一个上市公司中拥有的权益应当合并计算"，第八十三条进一步规定"一致行动人应当合并计算其所持有的股份。投资者计算其所持有的股份，应当包括登记在其名下的股份，也包括登记在其一致行动人名下的股份"。因而，《上市公司收购管理办法》所称合并计算，是指投资者与其一致行动人能够控制上市公司股份的总数。

十七、自然人与其配偶、兄弟姐妹等近亲属是否为一致行动人？

答：自然人及其近亲属符合《上市公司收购管理办法》第八十三条第二款第（九）项规定以及第（十二）项"投资者之间具有其他关联关系"的情形，如无相反证据，应当被认定为一致行动人。

十八、《上市公司收购管理办法》有在"事实发生之日"起3日内披露上市公司收购报告书（摘要）的规定，对于"事实发生之日"怎么理解？

答：《上市公司收购管理办法》及《公开发行证券的公司信息披露内容与格式准则第16号——上市公司收购报告书（2014年修订）》有"事实发生之日"起3日内披露上市公司收购报告书（摘要）的原则规定，对此规定应当理解如下：

1. 协议收购的，在达成收购协议之日起3日内，其中共同出资设立新公司的，在达成出资协议之日起3日内；

2. 以协议等方式一致行动的，在达成一致行动协议或者其他安排之日起3日内；

3. 行政划转的，在获得上市公司所在地国资部门批准之日起3日内；

4. 司法裁决的，在收到法院就公开拍卖结果裁定之日起3日内；

5. 继承、赠与的，在法律事实发生之日起3日内；

6. 认购上市公司发行新股的，在上市公司董事会作出向收购人发行新股的具体发行方案的决议之日起3日内。

十九、《上市公司收购管理办法》第六十二条第一款第（一）项规定，"收购人与出让人能够证明本次股份转让是在同一实际控制人控制的不同主体之间进行，未导致上市公司的实际控制人发生变化"，应当如何理解？

答：（一）存在以下情形之一的，属于股权转让完成后上市公司的实际控制人未发生变化：

1. 收购人与出让人在同一控股集团内，受同一自然人或法人控制。

2. 收购人与出让人属于同一出资人出资且控制。对于国有控股的，同一出资人系指同属于国务院国资委或者同属于同一省、自治区、直辖市地方人民政府。

（二）上市公司国有股在不同省、自治区、直辖市的国有企业之间，国务院国资委和地方国有企业之间进行转让时，视为实际控制人发生变化。

二十、收购人收购上市公司后对上市公司的持股（包括直接和间接持股）比例不足 30% 的，是否需要锁定 12 个月？

答：《证券法》第九十八条、《上市公司收购管理办法》第七十四条规定："在上市公司收购中，收购人持有的被收购上市公司的股票，在收购行为完成后的十二个月内不得转让"。结合实践，对于本条款的适用问题，明确要求如下：

对于投资者收购上市公司股份成为第一大股东但持股比例低于 30% 的，也应当遵守《证券法》第九十八条、《上市公司收购管理办法》第七十四条有关股份锁定期的规定。

二十一、《上市公司收购管理办法》第十三条第二款中"占该上市公司已发行股份的比例每增加或者减少 5%"是指上市公司总股本的 5% 或其整数倍，还是指每次股份变动的幅度达到 5%？此外该条中的"3 日"、"2 日"是指自然日还是交易日？

答：1. 该条"占该上市公司已发行股份的比例每增加或者减少 5%"是指通过证券交易所的证券交易，投资者及其一致行动人拥有权益的股份"变动数量"达到上市公司已发行股份的 5% 时（如从 11% 降至 9%，虽然跨越 10% 刻度，也不触发相关义务），应当依照相关规定进行公告。在公告后 2 日内，不得再行买卖该上市公司的股票。

2. 根据《证券法》第八十六条规定，如通过证券交易所的证券交易，投资者及其一致行动人拥有权益的股份降至 5% 以下时，即使"变动数量"未达到上市公司已发行股份的 5%（如从 5.5% 降至 4%），也应当披露权益变动报告书、履行相关限售义务。但上市公司披露的上市公告书中已包含权益变动信息的，可不再单独披露权益变动报告书。对于因增发股份等原因导致持股比例被动降至 5% 以下后又主动减持股份的，应当披露权益变动报告书、履行相关限售义务。

3. 该条中"3 日"、"2 日"是指交易日，不含公告日当天。

二十二、关于上市公司并购重组行政许可事项封卷时间有哪些要求？

答：1. 对提交并购重组委审议的行政许可事项：审核结果为无条件通过或未通过的，财务顾问应于重组委会议召开后两个工作日内来我部进行封卷；审核结果为有条件通过的，财务顾问应于申请人落实重组委审核意见后两个工作日内来我部进行封卷。

2. 对要约收购义务豁免类行政许可事项，财务顾问应于取得核准批文后两个工作日内来我部进行封卷。

3. 财务资料过期的，财务顾问应及时报送更新后的财务资料；封卷时间在前述时间基础上延后，于更新财务资料后两个工作日内来我部进行封卷。

4. 财务顾问应在领取核准批文两个工作日内，来我部核对并确认封卷信息。

二十三、关于沪港通权益变动相关信息披露中有何注意事项？

1. 在沪港通实行名义持有人制度下，上市公司前十大股东的认定和披露是以名义持有人为准还是以实际权益拥有人为准？

答：根据《公开发行证券的公司信息披露内容与格式准则第 2 号——年度报告的内容与格式》的规定，年报中应当披露报告期末股东总数、持股 5% 以上股份的股东名称等，若持股 5% 以上股东少于 10 人，则应列出至少前 10 名股东的持股情况。目前，A 股市场是依照记载于登记结算机构的股东名册确认股东身份的，也即按名义持有人进行确认。在沪港通实施初期，以名义持有人披露前十大股东是确保市场效率的重要制度安排。

2. 在披露持股5%以上的股东、控股股东和实际控制人方面，是以实际权益拥有人为准还是以名义股东为准？权益变动的信息披露义务主体是谁？是否需要合并计算相关权益？

答：《证券法》第六十七条规定，"持有公司百分之五以上股份的股东或者实际控制人，其持有股份或者控制公司的情况发生较大变化"时，上市公司需要报告、公告临时报告。《上市公司收购管理办法》规定，投资者在一个上市公司中拥有的权益，包括登记在其名下的股份和虽未登记在其名下但该投资者可以实际支配表决权的股份。投资者及其一致行动人在一个上市公司中拥有的权益应当合并计算。持股5%以上的股东、控股股东或实际控制人应按照上述规定切实履行权益披露义务。

根据《沪港股票交易互联互通机制试点若干规定》第十三条第四款规定：香港投资者通过沪股通买卖股票达到信息披露要求的，应当依法履行报告和信息披露义务。因此，通过沪股通买入内地市场上市公司股票的香港投资者，是信息披露的义务人。

3. 根据沪港通相关规定，单个境外投资者对单个上市公司的持股比例上限是10%。在持股比例上限的计算和认定方面，是以名义股东还是以实际权益拥有人为准？境内和境外的上市股是否需要合并计算？

答：根据《上市公司收购管理办法》规定，"投资者及其一致行动人在一个上市公司中拥有的权益应当合并计算"。"本办法所称一致行动，是指投资者通过协议、其他安排，与其他投资者共同扩大其所能够支配的一个上市公司股份表决权数量的行为或者事实。""在上市公司的收购及相关股份权益变动活动中有一致行动情形的投资者，互为一致行动人"。

根据《合格境外机构投资者境内证券投资管理办法》（以下简称 QFII 办法）规定，境外投资者履行信息披露义务时，应当合并计算其持有的同一上市公司的境内上市股和境外上市股。在境外投资者申请 QFII 资格时，应当切实履行持股信息披露和禁止短线交易的有关要求。QFII 及其一致行动人应当合并计算持有上市公司股份，同一 QFII 管理的不同产品的持股情况应当合并计算。

沪港通下，境外投资者应当按照上述规定切实履行信息披露。

4. 资产管理公司或者拥有多家子公司的集团公司，如何履行权益披露义务？是否需要合并计算子公司在同一家上市公司中持有的股份？

答：《上市公司收购管理办法》规定，投资者在一个上市公司中拥有的权益，包括登记在其名下的股份和虽未登记在其名下但该投资者可以实际支配表决权的股份。投资者及其一致行动人在一个上市公司中拥有的权益应当合并计算。沪港通下，资产管理公司或者集团公司按照上述规定履行权益披露义务。